A teia mercantil

NEGÓCIOS E PODERES EM SÃO PAULO COLONIAL
(1711-1765)

A teia mercantil

NEGÓCIOS E PODERES EM SÃO PAULO COLONIAL
(1711-1765)

Maria Aparecida de Menezes Borrego

Copyright © 2010 Maria Aparecida de Menezes Borrego

Edição: Joana Monteleone
Editor Assistente: Vitor Rodrigo Donofrio Arruda
Projeto gráfico e diagramação: Vitor Rodrigo Donofrio Arruda
Capa e encarte: Patrícia Jatobá U. de Oliveira
Revisão: Gabriela Ghetti
Imagem da capa: *Dezenho por Idea da Cidade de São Paulo.* Original manuscrito na Biblioteca Nacional, Rio de Janeiro. 1765-1775.

CIP-BRASIL. CATALOGAÇÃO-NA-FONTE
SINDICATO NACIONAL DOS EDITORES DE LIVROS, RJ

B743t

Borrego, Maria Aparecida de Menezes
A TEIA MERCANTIL: NEGÓCIOS E PODERES EM SÃO PAULO COLONIAL (1711-1765)
Maria Aparecida de Menezes Borrego – São Paulo: Alameda, 2010.
336p. il.

Inclui bibliografia
ISBN 978-85-7939-012-8

1. São Paulo (SP) – História. 2. São Paulo (SP) – Condições econômicas. 3. Brasil – História – Período Colonial, 1500-1822. I. Título.

09-5325.   CDD: 981.611
                            CDU: 94(816.11)

015715

[2010]
ALAMEDA CASA EDITORIAL
Rua Conselheiro Ramalho, 694 – Bela Vista
CEP: 01325-000 – São Paulo – SP
Tel: (11) 3012-2400
www.alamedaeditorial.com.br

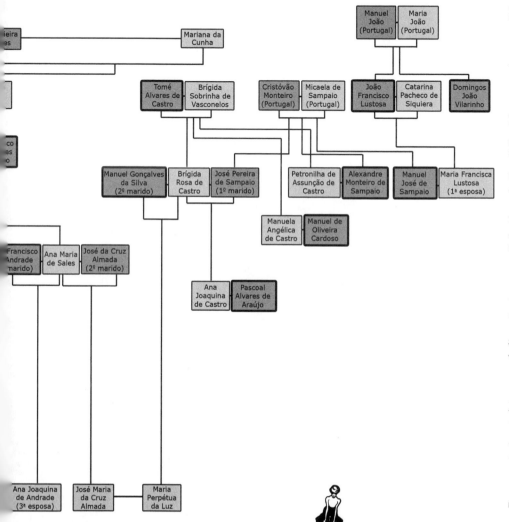

A teia mercantil
NEGÓCIOS E PODERES EM SÃO PAULO COLONIAL
(1711–1765)

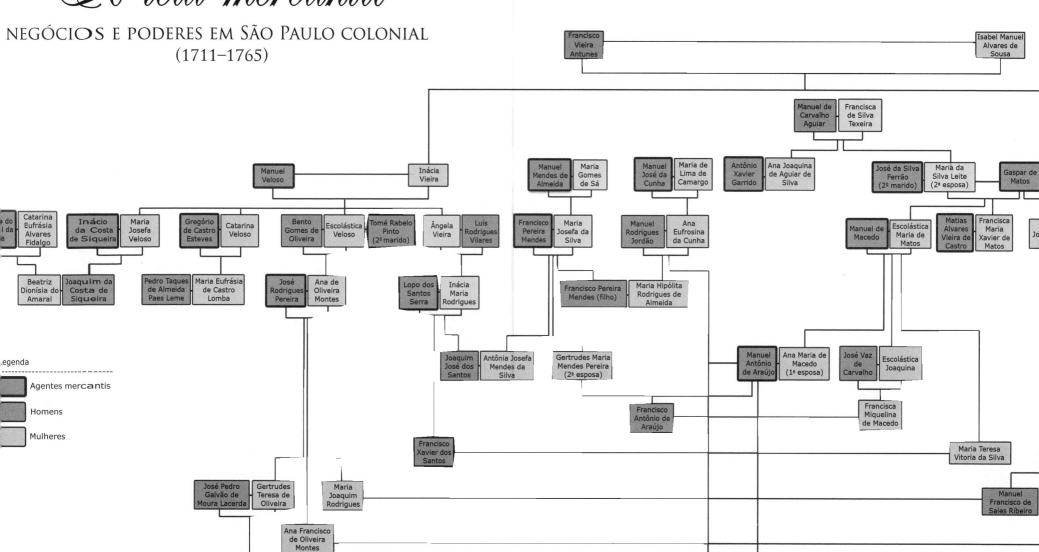

Relações familiares dos agentes mercantis do universo de pesquisa

À minha querida família.

Sumário

Índice das tabelas, dos gráficos e da das figuras   9

Abreviaturas   11

Prefácio   15

Introdução   21

Capítulo 1
Os vestígios mercantis nos impressos e manuscritos   33

1.1 Das margens ao centro   37

1.2 Do reino a São Paulo   55

Capítulo 2
A circulação de homens e mercadorias   77

2.1 Agentes formais e circunstanciais de comércio   88

2.2 Para além das lojas: os negócios dos mercadores   105

Capítulo 3
A busca por poder e distinção social   133

3.1 Camaristas, provedores e confrades   140

3.2 Familiares do Santo Ofício e
cavaleiros da Ordem de Cristo   173

Capítulo 4
Negócios e fortunas   189

4.1 A composição da riqueza   194

4.2 Bens de raiz e escravos 213

4.3 O comerciante na sociedade paulistana 227

Capítulo 5
O comércio em retalhos de vida 235

5.1 Família de Manuel Veloso 244

5.2 Família de Manuel Mendes de Almeida 255

5.3 Família de Manuel José da Cunha 259

5.4 Família de Gaspar de Matos 263

5.5 Família de Tomé Alvares de Castro 278

5.6 Família de João Francisco Lustosa 287

Conclusão 295

Fontes e Bibliografia 303

1. Fontes 305

2. Bibliografia 316

Agradecimentos 329

Índice das tabelas

1. Origens geográficas dos agentes mercantis do universo de pesquisa — 55

2. Movimento dos agentes mercantis na Câmara Municipal (1711-1765) — 145

3. Agentes mercantis – provedores (1711-1765) — 152

4. Datas dos primeiros ofícios nos órgãos de poder local (1711-1765) — 164

5. Participação dos agentes mercantis nos órgãos de poder — 166

6. Distribuição dos inventários dos agentes mercantis do universo de pesquisa no século XVIII — 193

7. Composição média (%) dos patrimônios dos grupos de agentes mercantis inventariados — 196

8. Patrimônios líquidos dos inventariados do grupo 1 — 204

9. Patrimônios líquidos dos inventariados do grupo 2 — 208

10. Patrimônios líquidos dos inventariados do grupo 3 — 212

11. Patrimônios líquidos conjuntos dos 30 inventariados — 213

12. Localização dos bens de raiz dos inventariados — 214

13. Posse de escravos pelos agentes mercantis inventariados — 225

Índice dos gráficos

1. Regiões e domínios portugueses de origem dos agentes mercantis do universo de pesquisa — 58

2. Patrimônios brutos da elite agrária e dos agentes mercantis participantes dos órgãos de poder — 229

3. Cabedais de 54 agentes mercantis – censo de 1765 — 231

Índice das figuras

1. Território da cidade de São Paulo – 1750 — 69

2. Planta da restauração da capitania — 75

3. Relações familiares dos agentes mercantis do universo de pesquisa — Ver arquivo anexo

Abreviaturas

ACMSP – Arquivo da Cúria Metropolitana de São Paulo
AESP – Arquivo do Estado de São Paulo
ANRJ – Arquivo Nacional – Rio de Janeiro
APERGS – Arquivo Público do Estado do Rio Grande do Sul
ATJESP – Arquivo do Tribunal de Justiça do Estado de São Paulo
BNL – Biblioteca Nacional de Lisboa
IANTT – Instituto dos Arquivos Nacionais/Torre do Tombo
cx. – caixa
dil. – diligência
doc. – documento
m. – maço
nº – número
ord. – ordem
pct. – pacote

O fio de Ariana que guia o investigador no labirinto documental é aquilo que distingue um indivíduo de um outro em todas as sociedades conhecidas: o nome.

Carlo Ginzburg, *A micro-história e outros ensaios*.

Prefácio

Era uma vez uma capitania muito decadente, perdida nos confins da América portuguesa, onde a agricultura era frágil, o comércio escasso e seus moradores viviam da caça aos índios e aos metais preciosos... Essa maneira de descrever a capitania de São Paulo foi, até muito recentemente, a parte final e melancólica de um roteiro que se iniciava pela apresentação ao leitor das glórias desbravadoras do bandeirante, a expandir a grandeza territorial da colônia. Esse mesmo bandeirante, rústico, porém heroico, que teria sido traído nas Gerais e abandonado em seu destino de penúria, sem índios para apresar, e sem ouro para usufruir.

Nas palavras de Washington Luis, a agricultura "definhava, estiolava-se, e recebia golpe de morte com a descoberta das minas de ouro que, excessivamente remuneradoras, apesar dos quintos, absorviam a atividade de todos. O ouro era a única mercadoria de exportação; tudo o mais era importado do *reino*. O comércio local era mais que insignificante".

A riqueza e o fausto da mineração foram suficientes para adernar nossa historiografia e seus olhares explicativos para os lados dos novos vínculos mercantis e políticos estabelecidos desde princípios do século XVIII, relegando as "franjas" do Império a um segundo plano bastante evidente. Explicar o sistema colonial e sua lógica quase que exigia o acompanhar das trilhas por onde ia o ouro, e por onde retornava o escravo africano e as mercadorias europeias. Os circuitos secundários ou periféricos da atividade econômica pareciam quase irrelevantes para a compreensão dos imbricados mecanismos de administração do Império, e enquanto tais ficaram relegados a rápidas citações nas mais diversas análises.

Aos poucos, no entanto, a ideia da decadência, sempre relacionada à perda da autonomia administrativa de São Paulo, passou a ser percebida como parte de um enredo frágil. A própria noção de decadência exigiria, por oposição, uma prosperidade prévia de difícil comprovação. Não pelo acaso, a população do espaço paulista, certamente bafejada pela efervescência da mineração, continuara em rápido crescimento demográfico, sem interrupções ou crises dignas de nota. O imenso volume de documentos sobre São Paulo no período sugere uma atividade econômica relevante e voltada para o mercado interno.

É nesse contexto que a análise de Maria Aparecida de Menezes Borrego oferece generosa contribuição. Ao se aventurar pelos meandros do comércio e dos negócios da São Paulo da primeira metade do xviii, faz saltar à vista uma teia de negócios diversificada o suficiente para negar a possibilidade de uma economia modorrenta. Pelo contrário, a atividade mercantil desenvolvida por uma centena de personagens, cuidadosamente acompanhados nos vários momentos em que despontam nas fontes documentais, deixa perceber uma realidade bastante diferente.

A investigação que sustenta as hipóteses lançadas pela autora é alicerçada em pesquisa documental sólida e de grande envergadura. E não haveria de ser de outra maneira. Garimpando aqui e acolá, na profusão de documentos, os sinais, por vezes tênues, da presença e ação de cada indivíduo no espaço paulistano, Maria Aparecida logra reconstruir trajetórias, projetos de vida, alianças e estratégias. O desafio colocado, percebe-se, no desenrolar do texto fluente, a verdadeira peregrinação da historiadora em busca de suas fontes, esparramadas por diversos arquivos. Facilmente podemos imaginar que a trajetória de investigação aqui exposta assemelha-se, em certo sentido, às trajetórias dos homens de negócios que ganharam vida ao longo das páginas deste cativante livro.

O tecer de jogos de vidas, entrecruzando negócios e famílias, manifestando interesses na ascensão social e política, torna-se visível ao sabor das histórias individuais. Uns, buscando no logro das provas dos processos de dispensa matrimonial o caminho para provar que não criaram laços familiares em suas andanças pela colônia. Outros, escolhendo esposas e genros, na terra ou fora, em um cálculo para estabelecer alianças e construir redes de sociabilidade. Pouco a pouco, vamos conhecendo, na reconstituição de pequenos fatos de trajetórias individuais, as linhas cruzadas, as interseções que aproximam agentes mercantis e as famílias locais, cada lado com seus interesses.

Em um início de século xviii, em que as oportunidades brotavam em estreita relação com o brilho forte do ouro, lavradores, mercadores e aventureiros buscavam espaços onde ganhar suas vidas. Os atores das histórias que se desenrolam ao longo do texto envolveram-se nas mais diversas lides do comércio, naquilo que a autora ressalta como a "baixa especialização e a diversificação dos negócios". Como foco da análise, figuram aqueles indivíduos que em algum momento lograram alcançar cargos públicos de prestígio, bens simbólicos que garantiriam o reconhecimento social. Em sua maioria, reinóis, especialmente minhotos. Pela extensa documentação da Câmara Municipal, Santa Casa de Misericórdia, ordenanças e irmandades foram rastreados os homens de comércio que tiveram algum sucesso em penetrar nos círculos mais restritos da elite agrária.

A leitura desse livro permite, assim, resgatar um período da história de São Paulo ainda muito pouco explorado. Um início de século xviii em que a economia de toda uma região voltou-se com vigor para o mercado interno, possibilitando o crescimento constante de sua população e a consolidação de pequenas fortunas. A intensa circulação de homens e mercadorias pelas ruas estreitas do pequeno burgo criou, certamente, as bases para a futura expansão econômica voltada para o espaço atlântico. Não por acaso, São Paulo seria, na segunda metade do XVIII, uma capitania alvo de intensa atenção da Coroa, no esforço de ampliar ainda mais a produção de gêneros coloniais para a exportação.

Carlos de Almeida Prado Bacellar[1]

---

1 Prof. Dr. de História do Brasil Colonial no Departamento de História – FFLCH/USP e coordenador do Arquivo do Estado de São Paulo

Introdução

O objeto desta pesquisa é a atuação dos agentes mercantis na cidade de São Paulo entre os anos de 1711 e 1765. Figuras centrais para o abastecimento da população, para a articulação da cidade com outras regiões coloniais e com a metrópole e para a concorrência com a elite agrária nas posições de mando, são eles uma chave para o entendimento da dinâmica socioeconômica de Piratininga setecentista.

Para estudá-los, a investigação trilhou dois caminhos que, a todo o momento, cruzaram-se e produziram ramificações. Pelo primeiro, parti em busca das identidades de tais sujeitos históricos e de suas práticas mercantis. Para tanto, foi importante seguir os rastros dos ramos de negócios a que se dedicavam, das mercadorias envolvidas nas transações comerciais, dos espaços coloniais por onde circularam homens e carregações, das atividades que propiciaram o acúmulo de fortunas.

O segundo caminho delineou-se quando constatei que, aliada à posse de bens de raiz e de escravos e ao enriquecimento material, a conquista de bens simbólicos de prestígio foi uma das estratégias utilizadas pelo setor mercantil para a promoção e o reconhecimento entre os colonos, tornando imperiosa a movimentação em espaços de distinção e hierarquização sociais, redutos controlados quase exclusivamente pela elite senhorial. Daí, investigar a inserção dos agentes comerciais atuantes na cidade de São Paulo setecentista em instituições prestigiadas, caras ao Estado patrimonialista português – a Câmara Municipal, a Santa Casa de Misericórdia, as Irmandades, o Juizado de Órfãos e as Companhias Militares.[1]

---

1 As ideias desenvolvidas por Ilana Blaj corroboram esta proposta de pesquisa, uma vez que para a historiadora "a propriedade, a escravidão, os símbolos de prestígio e honrarias constituem os fundamentos da sociedade colonial brasileira, com peculiaridades específicas em todas as regiões, quer exportadoras, quer voltadas ao abastecimento interno como foi o caso de São Paulo. Aqui estrutura-se uma sociedade extremamente hierarquizada, portanto desigual, na qual a elite paulista, a partir destes fundamentos, detém o poder local", Ilana Blaj, "Mentalidade e sociedade: revisitando a historiografia sobre São Paulo colonial", *Revista de História*, 142-3 (2000), p. 242-3.

24 A TEIA MERCANTIL: NEGÓCIOS E PODERES EM SÃO PAULO COLONIAL

Para o entendimento das tramas mercantis e sociais, a cidade de São Paulo pareceu ser o palco privilegiado. Sua localização era extremamente favorável ao desenvolvimento do comércio, pois se encontrava no centro de convergência de diversas rotas que ligavam a cidade às demais vilas paulistas, ao porto de Santos, a Curitiba, às áreas auríferas de Minas Gerais, Cuiabá e Goiás, e ao Rio de Janeiro.

Várias obras historiográficas têm mostrado que, na primeira metade do século XVIII, ao contrário do que se afirmava sobre o despovoamento da capitania em virtude das descobertas mineratórias, houve um aumento demográfico contínuo, em especial, nas cidades dedicadas às transações comercias.[2] Além disso, em contraposição às teses de estagnação econômica, as pesquisas atestam que a região teria vivenciado um momento de dinamização do processo de mercantilização, que já vinha se desenvolvendo desde as últimas décadas do século anterior.[3] Neste contexto, a cidade de São Paulo constituía-se como um polo comercial importante, servindo como centro de intensa atração populacional, de distribuição, revenda e consumo de variadas mercadorias.

Outros espaços coloniais já foram contemplados em decorrência de pesquisas sobre os negócios realizados pelos agentes mercantis. Na verdade, constata-se uma tendência crescente na historiografia em analisar o papel dos comerciantes na constituição de um dinâmico mercado de abastecimento interno, as variadas modalidades mercantis em cada região, a circulação de produtos coloniais e importados nas praças das diversas capitanias e a ascensão social de setores dominantes ligados ao grupo mercantil.[4]

Entretanto, quando se volta o olhar para São Paulo setecentista, verifica-se que os pesquisadores não elegeram os agentes mercantis como grupo social a ser estudado entre 1711 e 1765, nem mesmo no período posterior do século XVIII. Daí, o questionamento e o estímulo para investigá-los.

No lapso temporal compreendido por esta pesquisa, o território paulistano era conformado por bairros e freguesias localizados em torno da Sé – Nossa Senhora do Ó, Santana, Caguaçu, São Miguel, Santo Amaro, Cotia, Conceição, Juqueri, Jaguari, Nazaré e

---

2 Mafalda Zemella, *O abastecimento da Capitania de Minas Gerais no século XVIII*. São Paulo: Hucitec/Edusp, 1990; Sérgio Buarque de Holanda. "Movimentos da população de São Paulo no século XVIII". In: *Revista do Instituto de Estudos Brasileiros*, nº1, 1966, p. 55-111; Maria Luiza Marcílio. *Crescimento demográfico e evolução agrária paulista: 1700-1836*. São Paulo: Hucitec/Edusp, 2000.

3 John Manuel Monteiro, *Negros da terra: índios e bandeirantes nas origens de São Paulo*. São Paulo: Companhia das Letras, 1994; Muriel Nazzari. *O desaparecimento do dote: mulheres, famílias e mudança social em São Paulo, Brasil, 1600-1900*. São Paulo: Companhia das Letras, 2001; Ilana Blaj. *A trama das tensões: o processo de mercantilização de São Paulo colonial (1681-1721)*. São Paulo: Humanitas/Fapesp, 2002.

4 Mencionar os trabalhos das mais variadas tendências historiográficas que abordaram a temática do comércio e dos comerciantes, durante o período colonial, no Rio de Janeiro, Minas Gerais, Bahia, Pernambuco, Rio Grande do Sul seria exaustivo nesta introdução. Como serão alvos de análise e discussão ao longo da tese, optei por apresentá-los nos momentos oportunos.

Atibaia – que totalizavam, em 1765, 20.873 habitantes (livres e escravos), correspondendo a 26,09% do conjunto da capitania.[5] Os sítios e as chácaras circundantes – produtores de gêneros agrícolas e criadores de gado – abasteciam a cidade, para onde convergiam tropeiros, comerciantes, funcionários administrativos, viajantes da colônia e do reino.

As balizas cronológicas estabelecidas referem-se a dois momentos em que a cidade foi alvo de mudanças político-administrativas. O ano de 1711 corresponde ao momento de elevação da vila à condição de cidade.[6] A Capitania Real de São Paulo e Minas do Ouro, da qual a cidade era capital, comportava um imenso território na época de sua criação, em 1709, limitando-se ao sul e a oeste pelas terras da Coroa espanhola, a leste pelo Oceano, ao norte pelas capitanias do Grão-Pará e Maranhão, Bahia e Rio de Janeiro.

Decorridos onze anos, sofreu o primeiro desmembramento com a criação da capitania de Minas Gerais. Em 1738, a porção sul de seu território – ilhas de Santa Catarina e o continente de São Pedro – passou para a jurisdição do Rio de Janeiro. Em 1748, a capitania de São Paulo enfrentou o maior abalo territorial e administrativo, mediante a perda de Goiás e Mato Grosso – convertidas em capitanias independentes – e sua subordinação ao Rio de Janeiro e ao governo militar da Praça de Santos, com a perda da autonomia política.[7]

Paradoxalmente, os motivos de ordem econômica e militar, responsáveis pela perda da autonomia paulista, foram os mesmos evocados para justificar a sua separação do

---

5 Maria Luiza Marcílio, *A cidade de São Paulo, Povoamento e População, 1750-1850*. São Paulo: Pioneira/Edusp, 1973. As localidades encontram-se descritas e comentadas ao longo das p. 40-54 e os dados populacionais foram retirados da Tabela n 1: População Absoluta da Cidade de São Paulo, p. 99.

6 Foi difícil eleger um ano inicial específico, pois os agentes mercantis do universo de pesquisa começaram a atuar em solo piratiningano nos inícios do século XVIII, por isso a opção por marcos temporais fixados a partir de critérios político-administrativos. De acordo com Heloísa Bellotto, a elevação de São Paulo à categoria de cidade pode estar associada a uma espécie de compensação aos paulistas após a Guerra dos Emboabas, Heloísa L. Bellotto, *Autoridade e conflito no Brasil colonial: o governo do Morgado de Mateus em São Paulo (1765-1775)*, 2ª ed. rev. São Paulo: Alameda, 2007, p. 34. Para Ilana Blaj, mais do que este fato, a elevação de São Paulo denuncia a importância da cidade aos olhos da metrópole e sua estratégia de cooptação e de favorecimento da elite local, Ilana Blaj, *A trama das tensões...*, p. 218-9. Assim como Blaj, Maria Verônica Campos relaciona este novo status jurídico-administrativo à tentativa de aproximação da Coroa com os vassalos paulistas, no entanto, relaciona tal medida ao motim do sal ocorrido no ano anterior, Maria Verônica Campos, *Governo de mineiros: "De como meter as minas numa moenda e beber-lhe o caldo dourado", 1693 a 1737*. São Paulo, FFLCH/USP, 2000, p. 392 (tese de doutorado).

7 Tais fatos político-administrativos são expostos por Myriam Ellis e enriquecidos com um apêndice documental em "São Paulo, da capitania à província. Pontos de partida para uma História político-administrativa da Capitania de São Paulo", *Revista de História*. São Paulo, vol. LII, t.i, nº 103, jul./set. 1975, p. 147-216.

26 A TEIA MERCANTIL: NEGÓCIOS E PODERES EM SÃO PAULO COLONIAL

Rio de Janeiro em 1765. Se antes se argumentava que a capitania estava com a economia desorganizada em função da descoberta dos metais preciosos em Minas Gerais, Mato Grosso e Goiás, num segundo momento, prevaleceu o discurso da revitalização agrícola em face da decadência da mineração; se antes havia a necessidade de um bloco coeso para o combate aos espanhóis na área meridional da colônia, agora havia a percepção da impossibilidade do Rio de Janeiro assumir a responsabilidade por uma área tão vasta e complexa.[8]

Sob o governo de D. Luis Antonio de Souza Botelho Mourão, o Morgado de Mateus (1765-1775), a capitania restaurada seria alvo das diretrizes da política pombalina que tinha como objetivos a militarização, a exploração territorial, a urbanização e a dinamização econômica. Um novo panorama político, econômico e militar se descortinava para a cidade de São Paulo, que novamente assumiria o posto de capital da capitania. Daí eleger o ano de 1765 como corte cronológico final desta pesquisa.

Compor o universo de agentes mercantis atuantes na cidade de São Paulo e participantes dos órgãos locais de poder e prestígio social não foi tarefa fácil, uma vez que, nas fontes, seus nomes não vinham acompanhados das respectivas ocupações quando da eleição para os mais diversos ofícios.

O relato dos métodos empregados para o cruzamento de informações, por meio da montagem de um banco de dados, é fundamental para que se possa entender o desenrolar da pesquisa.

O ponto de partida foi a leitura da documentação produzida pela Câmara Municipal de São Paulo – as Atas e o Registro Geral – ao longo do período em tela. Foram anotados os nomes de todas as pessoas flagradas pelas penas dos escrivães, independentemente de estarem ligadas aos negócios, e as principais informações referentes a elas. A associação entre os sujeitos e a lide comercial começou a se esboçar quando mercadores apresentavam fiadores para abrir loja de fazenda seca; comerciantes eram autuados pelos almotacés durante as correições; testemunhas e/ou réus de denúncias apresentavam-se ao concelho; agentes mercantis eram convocados para a contribuição de despesas em momentos festivos. Seus nomes, cruzados com os dos ocupantes dos cargos camarários, geraram assim um incipiente universo de agentes mercantis.

A partir deste primeiro conjunto, o banco de dados passou a ser alimentado com os nomes dos provedores da Misericórdia, dos irmãos da Ordem Terceira da Penitência de São Francisco e da Irmandade do Santíssimo Sacramento, dos juízes e escrivães do juizado de órfãos, e dos oficiais das companhias de ordenanças. Porém, foi necessário

---

8 "Ademais de pôr fim aos atritos sulinos, a Metrópole buscava novas fontes econômicas em vista da decadência das minas. Passava-se à revalorização das áreas coloniais, independentemente do ouro. São Paulo, a não ser nas pequenas manchas da lavoura de subsistência, era campo virgem e aberto a um possível renascimento da agricultura", Heloísa Bellotto, *op. cit.*, p. 39.

lançar mão de outras fontes documentais que trouxessem mais dados acerca das atividades econômicas desempenhadas pelos sujeitos.

Na listagem do donativo real de 1730, por exemplo, é recorrente a menção aos contribuintes com suas "lojas de mercador" ou "vendas", assim como há referência às ocupações de alguns habitantes arrolados no censo de 1765. Os testamentos, os inventários *post mortem*, os autos cíveis e crimes, as procurações e escrituras, por sua vez, guardam nomes de sócios, compadres, parentes, credores e devedores atrelados ao trato mercantil. Para a composição do grupo de pesquisa, também foram essenciais os nomes dos postulantes e das testemunhas constantes dos processos de habilitação do Santo Ofício e da Ordem de Cristo, das dispensas e processos matrimoniais, registrados como mercadores, homens de negócio, vendeiros, taverneiros, caixeiros e aqueles que viviam de seus negócios ou agências.[9]

Foram os sujeitos associados a tais categorias de atividade mercantil os selecionados para a investigação nos órgãos de poder. Entretanto, é importante salientar que a restrição a estes "tipos" não comprometeu o conhecimento sobre as múltiplas formas de comércio existentes em São Paulo colonial. Isto porque a diversificação dos negócios e a baixa especialização eram características do comerciante ativo na área paulistana.

Uma vez realizados os infindáveis cruzamentos, chegou-se ao universo de cem agentes mercantis que tiveram inserção nos órgãos locais citados, entre 1711 e 1765. É evidente que outros comerciantes atuaram na cidade de São Paulo, mas não fizeram parte da amostra, configurada a partir de dois critérios: ligação primordial dos sujeitos ao trato mercantil e seu ingresso nas instituições de prestígio social.[10]

---

9 Optei por selecionar as atividades mercantis pelas quais os agentes se identificavam e eram reconhecidos pelos coevos. Nas fontes compulsadas, por exemplo, não há utilização do termo tropeiro, embora haja depoimentos sobre sujeitos que conheceram outros conduzindo tropas. O próprio termo "comerciante" inexiste nos documentos, o que não é exclusivo da realidade paulistana. Em conversa com o Prof. Dr. Jorge Miguel Pedreira – co-orientador desta pesquisa quando de minha estadia em Portugal –, ele afirmou não encontrar o vocábulo nos documentos pesquisados para o contexto português, mas utilizá-lo para expressar de forma genérica o sujeito ligado a atividades mercantis, procedimento também adotado nesta pesquisa. Sobre a reconstrução da estratificação e da classificação social com base na linguagem dos contemporâneos, ver a discussão realizada por Simona Cerutti, "Processo e experiência: indivíduos, grupos e identidades em Turim no século XVII", in: Jacques Revel (org.), *Jogos de escalas: a expriência da microanálise*. Rio de Janeiro: FGV, 1998, p. 173-201.

10 Também é possível que outros agentes mercantis atendessem aos dois critérios, mas as fontes consultadas não foram suficientes para contemplá-los durante a pesquisa. A título de exemplo, cito o caso de Francisco Pinheiro de Sepeda, participante de várias instituições locais, que suspeitava estar ligado à lide mercantil, mas cuja ocupação não fora mencionada em uma fonte sequer. Após o término da tese, coletando dados para uma nova investigação, flagrei-o como testemunha do processo de André Álvares de Castro para obtenção de licença para ter oratórios tanto na mo-

28 A TEIA MERCANTIL: NEGÓCIOS E PODERES EM SÃO PAULO COLONIAL

No momento da leitura das fontes, a transcrição foi feita exatamente como constava dos manuscritos e dos impressos, mas para a redação do livro, embora tenha procurado respeitar ao máximo o texto tal qual ele se apresentava, optei por fazer algumas alterações, no sentido de facilitar a compreensão ao leitor atual, adotando os seguintes procedimentos:[11]

A ortografia foi atualizada, inclusive a de nomes próprios e de lugares, eliminando arcaísmos gráficos; entretanto, o vocabulário da época foi mantido.

A pontuação foi modernizada, onde se fez necessário, desde que não comprometesse o sentido buscado no original. Tal medida foi tomada porque os períodos eram imensos e o ponto final escassamente utilizado. Era imprescindível, portanto, pontuar o texto de forma que, facilitando a fluidez da leitura, não se interferisse na sintaxe, no estilo ou, ainda, nas características históricas de textos escritos no século XVIII;

O emprego de colchetes indica a minha interferência no original, quer seja indicando singularidades e enganos por meio de [sic], quer seja acrescentando letras para corrigir palavras erroneamente grafadas;

Quando da supressão de alguma palavra ou de trechos, para facilitar a compreensão do texto, foi utilizado o símbolo (...).

As abreviaturas foram desdobradas.

O processo de leitura das fontes e a posterior mescla das informações foram, aos poucos e cada vez mais, contemplando os objetivos da pesquisa e orientando a escrita do texto, que se beneficiou do uso da prosopografia. A partir das informações disponíveis para cada um dos elementos do universo de pesquisa, recolhidas em várias séries documentais, foi possível elaborar microbiografias que, tomadas em conjunto, contribuíram para traçar o perfil dos agentes mercantis atuantes na cidade de São Paulo, entre 1711 e

---

rada da cidade de São Paulo como na fazenda do Pacaembu, onde finalmente encontrei menção a sua atividade econômica – "vive de seus negócios". Arquivo da Cúria Metropolitana de São Paulo (ACMSP) – Breves Apostólicos (oratórios) – 03-62-09 (1750). A narração deste episódio esclarece, portanto, que o universo de pesquisa é passível de ampliação, entretanto, neste livro ficou restrito a uma centena de sujeitos, que correspondem aos identificados nos conjuntos documentais analisados durante os anos de 2002 a 2006.

11 Os critérios expostos foram baseados nos procedimentos adotados por Francisco Iglésias e Júnia Ferreira Furtado em suas transcrições das obras de José João Teixeira Coelho e José Vieira Couto, respectivamente. Cf. José João Teixeira Coelho, *Instrução para o governo da Capitania de Minas Gerais*. Introdução por Francisco Iglésias; leitura paleográfica e atualização ortográfica por Cláudia Alves Melo. Belo Horizonte: Fundação João Pinheiro, Centro de Estudos Históricos e Culturais, 1994, p. 47-9; José Vieira Couto, *Memória sobre a Capitania das Minas Gerais; seu território, clima e produções metálicas*. Estudo crítico, transcrição e pesquisa histórica por Júnia Ferreira Furtado. Belo Horizonte: Fundação João Pinheiro, Centro de Estudos Históricos e Culturais, 1994, p. 45-7.

1765. Ao corporificar a existência desses homens, reconstruindo seus percursos sociais, procurei valorizar a dimensão humana da história.[12]

A partir do clássico texto "Prosopography" de Lawrence Stone, passei a vários artigos e teses que, embora focalizassem objetos completamente distintos, lançaram mão deste instrumental metodológico, inspirando-me a pensar sobre a reconstituição de trajetórias de vida individuais e de um grupo social. Refiro-me aos trabalhos de Nuno Gonçalo Monteiro e Jorge Miguel Pedreira para o universo português, e de Guilherme Pereira das Neves e Milena Fernandes Maranho para o mundo colonial.[13]

---

12 Tomo a expressão emprestada de A. J. Russel-Wood que em seus trabalhos faz questão de salientar a preocupação com o elemento humano como sujeito histórico. Sobre tal postura, ver especialmente a entrevista concedida ao Prof. Dr. Luciano Raposo Figueiredo na *Revista Tempo*. Rio de Janeiro, vol. 3, nº 6, 1998, p.229-41, e a obra de sua autoria *Escravos e libertos no Brasil colonial*. Rio de Janeiro: Civilização Brasileira, 2005. Na realidade, a ênfase no homem como agente dos processos de mudança – em detrimento dos grupos sociais – é fruto de um movimento de renovação historiográfica que se desenvolveu com força nos anos 80 e 90, do qual fazem parte novas abordagens da realidade social, como a micro-história, a prosopografia e a biografia. Por essas vias, de acordo com José María Imizcoz Beunza, "se tiende a transferir el protagonismo histórico de los 'actores alegóricos' ('las classes', 'los grupos sociales', 'el Estado') a los actores efectivos de los procesos históricos, los individuos, y a suas motivaciones e 'interacciones estratégicas' con el ambiente que les rodea. José María Imizcoz Beunza (dir.), *Élites, poder y red social: las élites del País Vasco y Navarra en la Edad Moderna (estado de la questión y perspectivas)*. Bilbao: Universidad del Pais Vasco, 1996, p. 16.

13 Lawrence Stone, "Prosoprography", in: L. Stone, *The past and the present revisited*. Londres e Nova York: Routledge & Kegan Paul, 1987; Nuno Gonçalo Monteiro, "A consolidação da dinastia de Bragança e o apogeu do Portugal barroco: centros de poder e trajetórias sociais", in: José Tengarrinha (org.), *História de Portugal*. Bauru: Edusc; São Paulo: Unesp; Lisboa: Instituto Camões, 2000, p. 127-48; Jorge Miguel Pedreira, *Os homens de negócio da praça de Lisboa de Pombal ao vintismo (1755-1822). Diferenciação, reprodução e identificação de um grupo social*. Lisboa: Universidade Nova de Lisboa, 1995 (tese de doutorado); Guilherme Pereira das Neves, *E receberá mercê: a Mesa da Consciência e Ordens e o Clero Secular no Brasil 1808-1828*. Rio de Janeiro: Arquivo Nacional, 1997; Milena Fernandes Maranho, *A opulência relativizada: significados econômicos e sociais dos níveis de vida dos habitantes da região do Planalto de Piratininga, 1648-1682*. Campinas, IFCH/Unicamp, 1999 (dissertação de mestrado). Ver também os estudos de Peter Burke, *Veneza e Amsterdã: um estudo das elites do século XVII*. São Paulo: Brasiliense, 1991; Giovanni Levi, *A herança imaterial: trajetória de um exorcista no Piemonte do século XVII*. Rio de Janeiro: Civilização Brasileira, 2000, e do mesmo autor "Usos da biografia", in: Janaína P. Amado Baptista de Figueiredo; Marieta de Moraes Ferreira (orgs.). 8ª ed., *Usos e abusos da história oral*. Rio de Janeiro: FGV, 2006, p. 167-82; Andrée Mansuy-Diniz Silva, *Une voie de connaissance pour l'histoire de la societé portugaise au XVIIIe siècle: les micro-biographies (sources – méthode – étude de cas)*. Lisboa, nº1, 1979, p. 21-65 (separata de Clio – Revista de História da Universidade de Lisboa).

30 A TEIA MERCANTIL: NEGÓCIOS E PODERES EM SÃO PAULO COLONIAL

Seguindo a postura adotada por Laura de Mello Souza, para a construção do texto, procurei conjugar o geral e o específico, ou seja, busquei aproximações entre o objeto de estudo e realidades correlatas, inserindo-o num contexto mais ampliado, mas sem perder de vista o que lhe é próprio e singular.[14]

Tais aproximações, entretanto, restringiram-se a outros espaços coloniais e raramente estabeleci paralelos com a atuação de comerciantes em cidades italianas, francesas e inglesas, tal como procedeu Jorge Pedreira em sua tese de doutorado. Isto porque, ainda que as investigações por mim realizadas tenham verificado que a cidade de São Paulo era animada pelo comércio, há que se reconhecer que era um núcleo de segunda grandeza no mundo colonial bastante distante das praças comerciais europeias da época moderna.[15]

Esta conduta, portanto, foi deliberada, atentando aos conselhos de Laura de Mello e Souza que, em entrevista para a revista *Tempo* sobre as religiosidades como objeto da historiografia brasileira, afirmou ser "pela comparação, desde que seus estatutos sejam claros e bem fixados. Só se pode comparar o que é comparável, e estabelecer os elementos é justamente o mais difícil".[16] No caso desta pesquisa, tomei a condição colonial como critério, centrando-me especialmente na América Portuguesa.

Para desenvolver a temática dos comerciantes na cidade de São Paulo entre 1711 e 1765, o capítulo 1 será dividido em duas partes. Primeiramente, estabelecerei um diálogo com os autores que se debruçaram sobre São Paulo setecentista, apresentando e discutindo os dados fornecidos sobre as práticas e os agentes mercantis. Na segunda parte, os comerciantes serão desvendados e analisados a partir das informações sobre suas procedências, trajetórias até a fixação na cidade e locais de moradia coletadas nas fontes primárias.

---

14 Já em *Desclassificados do ouro*, publicado em 1982, a historiadora ressaltava que se devia, "considerando o que há de comum e genérico, buscar a ultrapassagem, procurar o específico e o particular". Laura de Mello e Souza, *Desclassificados do ouro: a pobreza mineira no século XVIII*, 2ª ed. Rio de Janeiro: Graal, 1986, p. 60. Passados mais de vinte anos, esta perspectiva ainda norteia seus trabalhos. Em *O sol e a sombra*, lançado em 2006, dividiu seus estudos em duas partes, Enquadramentos e Indivíduos, explicando na introdução que o "livro é uma tentativa de entender aspectos da política e administração setecentistas do império português atlântico à luz de algumas situações específicas sem, contudo, perder de vista o enquadramento geral". Laura de Mello e Souza, *O sol e a sombra: política e administração na América Portuguesa do século XVIII*. São Paulo: Companhia das Letras, 2006, p. 13.

15 De toda forma, não só não ignorei como me vali tanto das análises do historiador português como das de Fernand Braudel no tocante à diversificação dos negócios e à baixa especialização dos agentes mercantis no contexto europeu do Antigo Regime. Jorge Miguel Pedreira, *op. cit.*, p. 294-391; Fernand Braudel, *Civilização material, economia e capitalismo – séculos XV-XVIII: Os jogos das trocas*. São Paulo: Martins Fontes, 1998, p. 331-52.

16 Laura de Mello e Souza, "As religiosidades como objeto da historiografia brasileira" (entrevista), *Tempo*. Rio de Janeiro, vol. 6, nº 11, jul. 2001, p. 253.

No capítulo 2, abordarei os tipos de atividade comercial e os produtos envolvidos nas transações mercantis que se desenvolviam na cidade de São Paulo ou dela irradiavam para o abastecimento de outras áreas coloniais. A partir da configuração dos agentes e das práticas comerciais, pretendo elucidar os critérios que orientaram a constituição do grupo de comerciantes do universo de pesquisa.

Paralelamente às fortunas amealhadas no trato mercantil, os comerciantes buscavam adquirir marcas sociais distintivas a fim de serem reconhecidos pelos membros de uma sociedade hierarquizada, estratificada e escravista. Para além de terras e escravos, era imprescindível assumir comportamentos condizentes com um código de honras e valores e pertencer aos espaços de atuação e controle da elite senhorial.

O objetivo do capítulo 3 será, portanto, analisar a participação dos agentes mercantis na Câmara Municipal, Santa Casa de Misericórdia, Ordem Terceira da Penitência de São Francisco, Irmandade do Santíssimo Sacramento, Juizado de Órfãos e Companhia de Ordenanças. Uma vez verificada a inserção dos comerciantes nos órgãos de poder local, analisarei sua busca por status social no âmbito do Império, ao se candidatarem a familiares do Santo Ofício e cavaleiros da Ordem de Cristo.

A fim de caracterizar o perfil socioeconômico dos agentes mercantis do universo de pesquisa, no capítulo 4 concentrarei as análises nos elementos presentes, principalmente, nos inventários *post mortem* e nos testamentos: imóveis, fazendas de loja, escravos, dívidas ativas e passivas e patrimônios líquidos. Como a posse de bens de raiz e de cativos representava o sustentáculo sobre o qual se erigia todo o edifício social da colônia, especial atenção será dada a estes componentes na segunda parte do capítulo. Por fim, a comparação entre fortunas e ocupação de cargos nos órgãos de poder local orientará a construção de uma hierarquia dos comerciantes apoiada duplamente na avaliação dos capitais econômico e simbólico, expressão do próprio mundo colonial que se debatia entre a riqueza e o prestígio.

Os depoimentos das testemunhas nos processos de casamento, nos autos cíveis e crimes, nas habilitações do Santo Ofício e da Ordem de Cristo revelaram o conhecimento geral que se tinha sobre as histórias individuais, com a participação de uns nas trajetórias dos outros, em redes espirais de convívio e parentesco.

Com base nestas fontes e ainda nos inventários, testamentos e em obras genealógicas, no capítulo 5, pretendo recriar o universo relacional dos agentes mercantis atuantes em São Paulo setecentista, destacando as alianças matrimoniais e as famílias constituídas pelo grupo. Por fim, apresentarei trajetórias que sejam representativas dos percursos de tantos outros comerciantes que saíram de suas terras natais; atravessaram o oceano; optaram por desenvolver os negócios na cidade de São Paulo, onde se tornaram proprietários de imóveis e escravos; acumularam fortunas e participaram dos órgãos de poder local durante os setecentos. Procurarei expor retalhos de vida diversificados que compuseram a teia mercantil que entrelaçava negócios, poderes e famílias em São Paulo colonial.

Capítulo 1

Os vestígios mercantis nos impressos e manuscritos

Em 23 de dezembro de 1766, D. Luiz Antonio de Souza Botelho Mourão escreveu uma longa carta ao Conde de Oeiras, com vistas a informá-lo sobre o estado da capitania de São Paulo recém-restaurada. Sua atenção recaía sobre o "mau método da lavoura que em toda a parte se pratica, fundando-se somente no uso das roças de Mato Virgem".[1]

De acordo com suas observações, as práticas empregadas no cultivo do solo eram as principais responsáveis pela falta de religião, de sociedade e de aplicação da justiça aos povos. Embrenhados nas matas em busca da terra virgem, os homens distanciavam-se cada vez mais dos princípios da doutrina católica; viviam dispersos e isolados apenas em companhia de suas famílias e, apartados da fé, do convívio social e da lei, estavam sujeitos a agir como feras.

Entretanto, antes de expor as soluções para o grave problema que pairava sobre a capitania, Morgado de Mateus fez a seguinte ressalva:

> Eu falo da maior parte do Povo desta Capitania que vive assim por este modo, não falo daqueles filhos do Reino que têm casas de negócio, fazendas, ou lavras estabelecidas, nem daqueles fidalgos Paulistas que se conservam com seu modo de vida (...), ou a maior parte do tempo em povoado, pois é certo que eles têm toda a civilidade que se requer.[2]

A presença dos agentes mercantis na cidade também foi flagrada por Manuel Cardoso de Abreu que, entre os anos de 1765 e 1773, passara por várias vilas da capitania

---

1 "Considerações sobre os costumes e lavoura de S. Paulo", *Documentos Interessantes para a História e Costumes de São Paulo*. São Paulo: Typographia Aurora, 1896, p. 1 (vol. XXIII: Correspondência do Capitão-General Dom Luiz Antonio de Souza Botelho Mourão, 1766-1768).

2 *Idem*, p. 2-3.

durante suas viagens a Cuiabá.[3] Ao descrever a cidade de São Paulo, o autor do *Divertimento admirável* teceu breves comentários sobre o clima, o relevo, as principais ruas, as habitações, os templos e as estradas que partiam da capital. A respeito das atividades econômicas desenvolvidas em solo piratiningano, Abreu observou:

> Os habitadores da cidade vivem de várias negociações: uns se limitam a negócio mercantil, indo à cidade do Rio de Janeiro buscar as fazendas para nela venderem; outros da extravagância dos seus ofícios; outros vão a Viamão buscar tropas de animais cavalares ou vacuns para venderem, não só aos moradores da mesma cidade e seu continente como também aos andantes de Minas Gerais, e exercitam o mesmo negócio vindo comprar os animais em São Paulo para os ir vender a Minas, e outros, finalmente, compram alguns efeitos da mesma capitania, como são panos de algodão e açúcar, e vão vender às Minas, labutando nesta forma todos naquilo a que se aplicam.[4]

Como se vê, os dois trechos transcritos destacam a existência do comércio na cidade de São Paulo em meados do século XVIII. Enquanto Morgado de Mateus nos informa que as casas comerciais eram dirigidas por reinóis, os quais viviam conforme as leis de Deus e de Sua Majestade, Manuel Cardoso de Abreu nos revela a variedade de negócios realizados pelos habitantes, articulando a urbe a outra regiões coloniais, por meio do comércio de mercadorias, animais e gêneros agrícolas.

Embora os documentos evidenciem a presença mercantil na capital, a temática do comércio e dos comerciantes foi negligenciada pelos estudiosos que se debruçaram sobre a economia e a sociedade paulistas no período de 1711 a 1765. A pobreza e a decadência da capitania no século XVIII, o despovoamento da região em virtude dos descobertos auríferos em Minas Gerais, Cuiabá e Goiás, a caracterização de Piratininga vazia e solitária prevaleceram, durante décadas, na produção historiográfica.

Para dialogar com os expoentes deste viés interpretativo e com autores que realizaram outras leituras sobre São Paulo colonial, partirei das imagens cristalizadas da cidade de São Paulo setecentista pobre, decadente e isolada para mostrar o outro lado

---

3 De acordo com Ernani da Silva Bruno, é provável que tenha nascido entre as décadas de 1740 e 1750 em Porto Feliz e, desde cedo, dedicara-se à navegação fluvial em direção àquelas minas e ao comércio de tropas trazidas do sul da colônia para as feiras de Sorocaba, in: Marcelino Pereira Cleto *et alii*, *Roteiros e notícias de São Paulo colonial (1751-1804)*, Introdução e notas de Ernani da Silva Bruno. São Paulo: Governo do Estado, 1977, p. 55.

4 Manuel Cardoso de Abreu, "Divertimento admirável para historiadores observarem as machinas do mundo reconhecidas nos sertões da navegação das minas de Cuyabá e Matto Grosso. Oferecido ao Ilmo. e Exmo. Senhor Martinho de Mello e Castro, do Conselho de Sua Magestade e Secretário de Estado da Repartição da Marinha e Domínios Ultramarinos" (1783), in: Marcelino Pereira Cleto *et alii, op. cit.*, p. 83-4.

obscurecido, da cidade animada pelo comércio e articulada a outras realidades coloniais pelos laços mercantis.[5]

Para tanto, este capítulo será dividido em duas partes. Primeiramente, indicarei nas próprias obras selecionadas comentários sobre a dinâmica socioeconômica da população que escaparam à tônica principal, à medida que mencionaram a posição geográfica privilegiada da cidade de São Paulo como centro de rotas fluviais e terrestres; identificaram a imigração de portugueses e escravos africanos na região; reconheceram o abastecimento das áreas mineratórias pelos habitantes da capitania, ou seja, tocaram em assuntos que favorecem a reflexão sobre o comércio, ainda que incipiente. No entanto, ao dirigirem o foco de suas pesquisas para outras questões, relegaram os comerciantes a posições marginais e a aparições esporádicas no conjunto do trabalho.

Na segunda parte, alguns traços das vidas dos comerciantes – procedências, percursos, locais de atuação – serão desvendados e analisados a partir das informações coletadas nas fontes primárias, em especial, nos processos de casamento depositados no Arquivo da Cúria Metropolitana de São Paulo, que revelaram – mais do que as alianças matrimoniais orquestradas – as trajetórias dos agentes mercantis responsáveis pelas relações da cidade com a metrópole e com o centro-sul da América Portuguesa.

1.1. Das margens ao centro

É com tintas cada vez mais carregadas que, na década de 1920, Paulo Prado pintou o retrato da cidade e da capitania de São Paulo no século XVIII. Segundo o autor, a decadência já se iniciara em fins do seiscentismo, quando os melhores filhos de Piratininga – fortes e audaciosos – partiram para as minas, deixando ao abandono mulheres, velhos e enfermos. Ao longo do século seguinte, a situação de miséria da região se acentuaria com as perdas territoriais sofridas e com a submissão ao Rio de Janeiro. Mas o golpe de misericórdia seria dado pelas tiranias dos capitães-generais, pela opressão do fisco português, pela carestia de sal, pela falta de comércio e pelo militarismo.

---

5 Ao adotar esta conduta, busquei inspiração no que particularmente considero o método e o estilo de Sérgio Buarque de Holanda empregados em quatro textos brilhantes – "O semeador e o ladrilhador", "Metais e pedras preciosas", "Do peão ao tropeiro", "Movimentos da população em São Paulo no século XVIII" – nos quais, a meu ver, ele elabora uma linha argumentativa partindo daquilo que é consenso, do estereótipo, como se fosse a tese mais coerente e, a partir do diálogo com as fontes e com outros discursos sobre o passado, passa a desconstruir o que era tido como verdade, por meio de uma linguagem sedutora, aparentemente simples e de cunho ensaísta. Respectivamente, *Raízes do Brasil*, 24ª ed. Rio de Janeiro: José Olympio, 1992, p. 61-100; *História Geral da Civilização Brasileira* – A época colonial. Rio de Janeiro: Bertrand Brasil, 2003, t. I, vol. 2, p. 289-345; *Caminhos e Fronteiras*. 3ª ed. São Paulo: Companhia das Letras, 1994, p. 125-34; *Revista do Instituto de Estudos Brasileiros*. São Paulo. nº 1, 1966, p. 55-111.

38 A TEIA MERCANTIL: NEGÓCIOS E PODERES EM SÃO PAULO COLONIAL

Todos os fatos narrados reforçam a afirmação sugerida no artigo "Decadência" de que "a pouco e pouco entrava São Paulo nesse longo sono secular que é a triste página de sua história".[6] Abandono, doença, hibernação e ruína eram então os males que se abatiam sobre a terra e a gente paulista no decorrer do século XVIII. A presumida escuridão que envolveu São Paulo parece ter obnubilado as vistas do autor no tocante ao comércio. Embora revelasse indícios mercantis, ele se recusou a reconhecê-los, pois nada escapou à decadência atribuída à região nesse período.

Paulo Prado transcreveu o trecho de Manuel Cardoso de Abreu sobre os negócios comerciais e ainda acrescentou um outro em que este último comentava que a cidade era aprazível pelos terrenos, saudável pelos ares e não muito pequena. Porém, em vez de reforçar as impressões do viajante, Prado caracterizou o núcleo urbano pelo silêncio e pelo deserto das ruas, envolto em neblinas ou resignado pelas chuvas, parcamente povoado especialmente por mulheres.

O luxo das vestimentas, observado pelo Morgado de Mateus, não o levou a conjeturar sobre a importação de fazendas e o comércio de tecidos realizados por aqueles agentes citados que iam ao Rio de Janeiro buscar mercadorias, mas antes o fato lhe confirmou que, em todas as épocas de decadência, ao lado da miséria está o luxo exagerado.

Uma última situação contraditória – para efeitos desta análise – merece ser mencionada. No prefácio da 1ª edição de *Paulística* (1925), o autor atribuiu à localização da capital – "o centro de uma estrela irradiando em todas as direções do quadrante"[7] – a diminuição do isolamento da capitania em meados do setecentismo. Entretanto, em vez de se encaminhar para a possível discussão sobre trocas comerciais e circulação de homens e mercadorias, o autor reforçou o tema da decadência de Piratininga agravada pelo contato com as novas vilas, também despovoadas após a febre do ouro.

A posição geográfica da cidade de São Paulo também foi objeto do estudo de Caio Prado Júnior, publicado em 1935. Em suas palavras: "através de toda a história colonial da capitania, São Paulo ocupa o centro do sistema de comunicação do planalto. Todos os caminhos, fluviais ou terrestres, que cortam o território paulista vão dar nele e nele se articulam. O contato entre as diferentes regiões povoadas e colonizadas se faz necessariamente pela capital. O intercâmbio direto é impossível".[8] A esta preeminência, acrescente-se o fato de estar situada no ponto intermediário das comunicações entre o litoral e o planalto, na "boca" do caminho do mar, fundamental para a exportação e importação de mercadorias.

---

6 Paulo Prado, *Paulística etc.*, 4ª ed. São Paulo: Companhia das Letras, 2004, p. 157.

7 Paulo Prado, *op. cit.*, p. 61.

8 Caio Prado Júnior, "O fator geográfico na formação e no desenvolvimento da cidade de São Paulo", in: Caio Prado Júnior, *Evolução política do Brasil e outros estudos*, 3ª ed. São Paulo: Brasiliense, 1975, p. 104.

Tal localização privilegiada, entretanto, só teria grande valor a partir de fins do século XVIII, quando, segundo o autor, a colônia retomou sua feição agrícola e, nos campos da capitania, desenvolveram-se as lavouras de cana e, posteriormente, de café com destino ao mercado externo. Com relação aos setecentos, a opinião do historiador foi semelhante à já colocada por Paulo Prado, qual seja, a de que a capitania vivenciou uma fase prolongada de decadência, com o despovoamento da região em virtude do surto minerador e com a perda gradativa de seus territórios.

Outrossim, a ausência de produtos para a exportação e a desestruturação dos núcleos paulistas foram os fatores apontados por Roberto Simonsen para a estagnação econômica da capitania durante o período da mineração. Embora pobreza, sofrimento e desilusões sejam as características atribuídas pelo autor àquele momento histórico de São Paulo, há, em sua análise, dados novos sobre os aspectos populacionais da região.

Para a década de 1690, o autor contabilizou cerca de 15.000 almas na capitania paulista, cifra que seria aumentada para mais de 116.000 em 1776. De acordo com Simonsen, "esse surto demográfico não poderia deixar de abater a influência paulista nas Minas Gerais e alterar profundamente o *facies* de sua evolução, pois que São Paulo também sofreu, conquanto em muito menor escala, a invasão de populações adventícias".[9]

O tão propalado despovoamento passou, então, a ser relativizado. Se os naturais da terra haviam se diluído em ondas migratórias, houve entrada de gente nova na capitania, tanto que o próprio autor constatou que estes imigrantes, em meados do século XVIII, dedicavam-se à agricultura, à criação de animais e ao comércio.[10] Embora enfatizasse a pobreza da lavoura e do comércio, os vestígios da atividade mercantil e da presença de reinóis, em São Paulo setecentista, passaram a figurar em sua obra.

Sem revelar a procedência dos detentores das maiores fortunas declaradas no primeiro censo ordenado pelo Morgado de Mateus, Affonso de Taunay já os havia identificado como negociantes, ao redigir o estudo sobre "Pedro Taques e seu tempo", lançado como separata dos *Anais do Museu Paulista*, em 1923.[11] Embora detectasse que os grossos cabedais estavam nas mãos do setor mercantil, não mencionou quais os tipos de negócios realizados, nem como se deu a acumulação da riqueza, a não ser pela citação genérica do trecho do *Divertimento Admirável*, transcrito anteriormente.

Aliás, exceto os agentes mercantis mais ricos da cidade e alguns poucos a merecerem destaque, de acordo com Taunay, todo o restante de Piratininga e da capitania vivia na mais absoluta penúria que chegaria ao extremo em inícios do século XIX, decorrente dos mesmos fatores apresentados anteriormente: despovoamento da região, diminuição do afluxo de ouro para a casa de fundição da cidade, ausência de gêneros

---

9 Roberto Simonsen, *História Econômica do Brasil (1500-1820)*. São Paulo: Companhia Editora Nacional, 1937, p. 346-7.

10 *Idem*, p. 350.

11 Affonso de E. Taunay, *Pedro Taques e seu tempo*. São Paulo: Imprensa Oficial, 1923.

40 A TEIA MERCANTIL: NEGÓCIOS E PODERES EM SÃO PAULO COLONIAL

para a exportação, falta de meio circulante, insignificância das transações comerciais. Como os cresos do censo de 1765 conseguiram acumular riqueza, em meio tão decadente, o historiador não indicou.

Por sua vez, em *História da cidade de São Paulo no século XVIII*, publicada em 1931, Affonso de Taunay abordou a temática dos movimentos populacionais na capital paulista, mas não se deteve necessariamente na questão mercantil. Se, por um lado, as Minas Gerais deixaram a urbe arruinada e decadente em face do formidável êxodo de seus habitantes atraídos pelos veios auríferos, por outro, as minas de Cuiabá favoreceram o repovoamento de Piratininga com a chegada de imigrantes. Em suas próprias palavras, "com a descoberta do ouro em Cuiabá afluíra grande número de reinóis a São Paulo e os descendentes dos velhos clãs vicentinos lhes faziam frente às pretensões açambarcadoras de postos e cargos. Uniam-se os Pires aos Camargos contra emboabas e 'frausteiros'".[12]

Ao que parece, aquele pobre comércio realizado pelos adventícios de que falava Simonsen, de alguma forma, estava se tornando expressivo localmente, pois que as fortunas acumuladas pelos reinóis já lhes permitiam disputar cargos nas instituições municipais com as poderosas famílias paulistas e, ainda, alcançar privilegiada posição na hierarquia social paulistana como demonstrara o censo de 1765.

Outro dado interessante a notar é que Taunay dividiu os estrangeiros entre emboabas e forasteiros, o que pode significar que duas levas distintas de pessoas entravam em São Paulo – aquelas que, inicialmente, haviam passado pelas minas e as que estavam chegando a São Paulo, vindas do Rio de Janeiro, onde desembarcavam.

Se parte dos estrangeiros aqui se estabelecia, outros pouco se demoravam à espera das monções com destino às minas cuiabanas. Este segundo grupo já havia sido descrito, por Washington Luis de Sousa, no início do século passado, como "forasteiros adventícios, vindos de Portugal, de Minas Gerais, de todas as capitanias do Brasil, andrajosos, carregados de dívidas, sem responsabilidade e sem imputabilidade, ávidos de dinheiro, sequiosos de riqueza, brutais e turbulentos".[13]

A cidade vazia, em que os dias passavam vagarosamente, habitada sobretudo por mulheres, como retratada por Paulo Prado, não se assemelha a esta, caracterizada pelo trânsito intenso de uma população numerosa e flutuante. Embora estas levas de gente não competissem com os elementos nativos pelos postos de comando dos órgãos de poder, certamente, concorriam para o desequilíbrio da ordem social.

Durante o governo de Rodrigo César de Meneses, foram recorrentes os bandos lançados para que as pessoas vindas de fora se dirigissem à presença do general e apre-

---

12 Affonso E. de Taunay, *História da cidade de São Paulo no século XVIII*. São Paulo: Imprensa Oficial, tomo I, 1931, p. 41.

13 Washington Luis de Sousa, *A Capitania de São Paulo – governo Rodrigo César de Menezes*, 2ª ed. São Paulo: Companhia Editora Nacional, 1938, p. 49. O texto fora originalmente publicado na *Revista do Instituto Histórico e Geográfico de São Paulo*, vol. VIII, 1903.

Os vestígios mercantis nos impressos e manuscritos 41

sentassem passaportes.[14] A agitação provocada pelo grupo relatado por Washington Luis foi comentada pelo governador na correspondência endereçada ao Vice-Rei, em 19 de março de 1723, na qual disse ser preciso lançar um bando,

> obrigado de ver a multidão de forasteiros, vadios, e não sei se criminosos que vêm desertando das minas gerais para esta cidade com o sentido de passarem àquele descobrimento [novas minas de Cuiabá], e como a experiência tem mostrado, que assistência destes só serve de inquietação, e não de utilidade, pareceu-me não consentir que nesta ocasião fossem mais que aqueles que constantemente fossem a negócio, levando escravo e sem embargo do grande cuidado que tenho em embaraçar-lhe, como tudo como por ora a passagem não é só uma por onde vão, temo passem alguns sem licença.[15]

Se, por um lado, o documento revela as preocupações de Rodrigo César de Meneses com relação à instabilidade social provocada pela turba adventícia na cidade e sua intenção de proibir-lhe o embarque a Cuiabá, por outro, mostra seu consentimento ao abastecimento das minas descobertas ao permitir que agentes mercantis para lá se dirigissem com seus escravos.

A articulação da cidade com as áreas auríferas não se esgotava, portanto, com o envio dos elementos nativos que desbravavam as matas, devassavam os ribeirões, mineravam e fundavam novas povoações. Da capital partiam comerciantes e seus carrega-

---

14 "Registro de um bando que se lançou nesta cidade para que toda a pessoa que vier de fora venha dar parte ao general"; "Registro de um bando para que os forasteiros que vierem a esta cidade e quiserem passar para o Cuiabá venham à presença do general"; "Registro de um bando que se lançou para tirar passaportes as pessoas que embarcarem na Vila de Santos", *Documentos Interessantes para a História e Costumes de São Paulo*. São Paulo: Typographia da Companhia Industrial de São Paulo, 1895, p. 10-1, 31 e 84-5 (vol. xii: Bandos e Portarias de Rodrigo César de Meneses). "Registro para os forasteiros virem à presença do General"; "Registro de um bando sobre as pessoas que vierem das minas gerais para as do Cuiabá apresentarem passaporte"; "Registro de um bando para os forasteiros virem declarar para que Minas querem ir de Cuiabá ou Guayases"; "Registro de um bando sobre os forasteiros que estiverem na cidade para irem a Cuiabá virem a esta Secretaria", *Documentos Interessantes para a História e Costumes de São Paulo*. São Paulo: Typographia Aurora, 1895, p. 14-5, 44-5, 77-8 e 83 (vol. xiii: Bandos e Portarias de Rodrigo César de Meneses). "Participando ter dado aos viajantes licença para andarem armados com pistolas", *Documentos Interessantes para a História e Costumes de São Paulo*. São Paulo: Typographia Andrade & Mello, 1901, p. 102 (vol. xxxii: Correspondência e papéis avulsos de Rodrigo César de Meneses, 1721-1728).

15 "Registro de outra carta para o dito senhor vice-rei, referindo-se às ofensas físicas de que foi vítima o secretário de governo", *Documentos Interessantes para a História e Costumes de São Paulo*. São Paulo: Typographia Aurora, 1896, p. 28-9 (vol. xx: Correspondência interna do Governador Rodrigo César de Meneses, 1721-1728).

mentos com o intuito de levar gêneros alimentícios, produtos coloniais e importados do reino, animais e escravos africanos aos habitantes das minas. Este viés analítico sobre as relações entre São Paulo e as regiões mineradoras, pautadas pelas transações mercantis, passou a figurar nos estudos históricos a partir de meados de 1940.

Em *O ouro e a Paulistânia*, Alfredo Ellis Júnior já havia mostrado o impacto positivo sofrido pela cidade de São Paulo com a descoberta do ouro das Gerais. Segundo o autor, em vez de mergulhar numa fase de decadência, o ambiente paulistânico vivenciara uma nova era econômica, com a ampliação do poder aquisitivo e nível de vida dos moradores, a aquisição de escravos negros e o vertiginoso crescimento demográfico.[16]

Mas foi com o estudo *A economia paulista no século XVIII*, publicado em 1950, que o historiador, de fato, destacou a importância fundamental da capitania de São Paulo para o fornecimento de artigos de toda espécie às populações mineiras. Tanto "a avalanche de reinóis, os quais transbordaram sobre a Paulistânia",[17] como os paulistas retornados das minas após a derrota na Guerra dos Emboabas seriam os responsáveis por transformar a região paulista no empório abastecedor das Gerais e na "verdadeira retaguarda econômica das Minas".[18]

Seguindo as trilhas do mestre, Mafalda Zemella aprofundaria as análises de Ellis Jr., em tese de doutorado defendida em 1951, descrevendo com minúcias o mercado paulista abastecedor das zonas mineratórias. No quadro por ela esboçado, o isolamento cedia lugar à comunicação, e a apatia era ofuscada pelo movimento. As mercadorias comercializadas passaram a ser discriminadas, bem como os tipos de agentes mercantis envolvidos nos negócios.

A historiadora descreveu os caminhos percorridos, desde cedo, tanto pelos aventureiros, que pretendiam se fixar nos núcleos mineiros, como por mercadores, tropeiros, comboieiros e boiadeiros que realizavam viagens de ida e volta, interessados nas transações comerciais. Em seu trabalho, já é possível perceber que a escassez, a carência e a alta dos preços dos alimentos não eram denotativas da falta de produtos, mas, sobretudo, eram decorrentes da especulação que assolava a região, deixando as vilas da capitania desabastecidas em favor do fornecimento de gêneros para as minas.

Segundo a autora, como a demanda era cada vez maior, a produção agrícola foi intensificada e o comércio paulista estendido aos confins dos campos sulinos, representado pelo intenso tráfico de animais – muares, gado cavalar e vacum. Mais do que isto, a corrente comercial paulista foi decisiva para a articulação da região mineira com os mercados produtores do além-mar, transformando o porto de Santos no local privilegiado da entrada de mercadorias importadas.

---

16 Alfredo Ellis Júnior, *O ouro e a paulistânia*. São Paulo, FFLCH, 1948.

17 Alfredo Ellis Júnior, *A economia paulista no século XVIII: o ciclo do muar o ciclo do açúcar*. São Paulo: Academia Paulista de Letras, 1979, p. 54.

18 Alfredo Ellis Júnior, *op. cit.*, p. 61.

Os vestígios mercantis nos impressos e manuscritos 43

Desta forma, eram mandados às Minas Gerais e, posteriormente, a Cuiabá e a Goiás, "boiadas, toucinho, aguardente, açúcar, panos, calçados, drogas e remédios, trigo, algodão, enxadas, almocrafes e artigos importados como sal, armas, azeite, vinagre, vinho, aguardente do reino, (...) ferro, tecidos, enfim, todas as manufaturas cuja fabricação era proibida no Brasil. Também escravos africanos entraram para as minas através do porto de Santos".[19]

Quem seriam, então, os tropeiros, atuantes na cidade São Paulo, protagonistas no abastecimento das minas? Tudo leva Zemella a crer que os chamados tropeiros paulistas eram, em grande maioria, originários do reino. Dois fatores conjugados justificariam tal afirmação. Não havia na própria capitania efetivos humanos suficientes para realizar os negócios, haja vista que a corrida do ouro levara os nativos para os novos descobertos. Além disso, conforme a autora, o natural da terra depreciava a lide comercial, associada aos ofícios mecânicos e à falta de limpeza de mãos. Os reinóis, por sua vez, atraídos pela febre do ouro, "não desprezaram os lucros oferecidos pelo comércio com as populações mineradoras. Para tanto, instalaram-se nas cidades que dominavam tal comércio"[20] – como era o caso de São Paulo – e foram os principais responsáveis pelo já mencionado crescimento demográfico vertiginoso ocorrido ao longo do século XVIII.

A figura do tropeiro mereceu atenção especial de Sérgio Buarque de Holanda na célebre obra *Caminhos e Fronteiras*, publicada em 1957. No capítulo "Do peão ao tropeiro", o historiador traçou a trajetória deste tipo social, construído a partir da década de 1730, com a introdução mais regular, na capitania de São Paulo, dos cavalos e, principalmente, dos muares vindos do sul da colônia em direção às zonas mineradoras. Entretanto, sua atuação passaria a ser mais claramente reconhecida nas feiras de animais de Sorocaba, estabelecidas cerca de vinte anos depois, quando já se tornava figura proeminente de grossos cabedais.

Nas palavras do autor,

> o tropeiro é o sucessor direto do sertanista e o precursor, em muitos pontos, do grande fazendeiro. A transição faz-se assim sem violência. O espírito de aventura, que admite e exige a agressividade ou mesmo a fraude, encaminha-se, aos poucos, para uma ação mais disciplinadora. (...) O amor da pecúnia sucede ao gosto da rapina. Aqui, como as monções do Cuiabá, uma ambição menos impaciente do que a do bandeirante ensina a medir, a calcular oportunidade, a contar com danos e perdas.[21]

---

19 Mafalda P. Zemella, *O abastecimento da Capitania das Minas Gerais no século XVIII*. São Paulo: Hucitec/Edusp, 1990, p. 59 e 61.

20 Mafalda P. Zemella, *op. cit.*, p. 64.

21 Sérgio Buarque de Holanda, *Caminhos e fronteiras*, 3ª ed. São Paulo: Companhia das Letras, 1994, p. 133. As figuras sociais dos tropeiros – donos de tropas cargueiras – e dos fazendeiros de gado também

44 A TEIA MERCANTIL: NEGÓCIOS E PODERES EM SÃO PAULO COLONIAL

Embora sugerisse ser possível associar tais mudanças de espírito e de comportamento à virtude burguesa de gerenciar os empreendimentos, Sérgio Buarque de Holanda desencorajou o leitor a acreditar que os tropeiros tivessem alterado, de fato, a mentalidade de uma sociedade ainda marcada pelos hábitos de vida patriarcal, avessa à mercancia e às artes mecânicas. Isto porque o próprio tropeiro carregaria mais as feições do antigo bandeirante do que do moderno capitalista.

Se, por um lado, as transações comerciais passavam a ser realizadas de forma mais calculada e previdente, por outro, ainda prevaleciam a dignidade sobranceira e senhoril, o amor ao luxo e aos prazeres, o valor da palavra empenhada. Na verdade, pela descrição do tropeiro, é possível visualizar a própria sociedade paulista setecentista, em que se confrontavam e se assimilavam os naturais da terra e os reinóis, a honra e a riqueza, o ócio e o negócio.

Em artigo publicado em 1966, "Movimentos da população em São Paulo no século XVIII", Sérgio Buarque de Holanda mais uma vez lançou mão da estratégia de levar o leitor a uma conclusão prévia que seria desmistificada ao longo da exposição do tema. No início do texto, colocara que Morgado de Mateus dera a entender que o costume dos habitantes de se afastarem da sociedade civil e recaírem no gentilismo era prática recente, pois os antigos reuniam-se em povoados. Perguntara, então, o historiador se a dispersão populacional não era característica de um período de decadência, compreendido entre os anos de 1705, quando fora criada a última vila paulista, e 1765, com o restabelecimento da autonomia política da capitania.[22]

Com o desenvolvimento de suas análises, todavia, esta suposição cai por terra, ao mostrar que os deslocamentos populacionais eram traços constitutivos das dinâmicas econômica e social paulistas. Nas correntes migratórias para o interior da colônia, juntamente com os melhores filhos da terra, iam os elementos marginalizados que desestabilizavam a ordem. A população remanescente, depurada do excedente demográfico, passava, então, por um processo de acomodação e reorganização social.[23]

Na primeira metade dos setecentos, a capitania de São Paulo teria vivenciado este movimento de dispersão-depuração-sedimentação. A exploração das Gerais redimensionou as atividades econômicas e as relações sociais da região paulista. Muitos, enri-

---

foram analisadas por Ernani da Silva Bruno, *Viagem ao país dos paulistas*. Rio de Janeiro: José Olympio, 1966 (ver especialmente o capítulo Tempo do comércio de gado, 1730-1775).

22 Sérgio Buarque de Holanda, "Movimentos da população em São Paulo no século XVIII", *Revista do Instituto de Estudos Brasileiros*, nº1, 1966, p. 60.

23 A análise aqui empreendida se apoiou no sugestivo artigo de Ilana Blaj, "Pulsações, sangrias e sedimentação: Sérgio Buarque de Holanda e a análise da sociedade paulista no século XVII", in: Arlinda R. Nogueira *et alii* (orgs.), *Sérgio Buarque de Holanda: vida e obra*. São Paulo: Secretaria de Estado da Cultura, Arquivo do Estado, Universidade de São Paulo, Instituto de Estudos Brasileiros, 1988, p. 80-5.

quecidos nas lavras, retornaram a São Paulo e se dedicaram aos negócios com as minas. Outros nem tiraram os pés da capital, de Taubaté e de Parnaíba e amealharam fortunas, realizando o lucrativo comércio com os arraiais mineiros. Houve o ingresso maciço de escravos africanos que passaram pela cidade de São Paulo em direção aos descobertos auríferos, mas que aqui também permaneceram. A corrente comercial estendida ao sul levara paulistas a estabelecerem fazendas de criação nos campos de Curitiba e Paranaguá, mas, num momento posterior, toda a capitania de São Paulo se encontrava polvilhada de pastagens com vistas ao abastecimento do mercado mineiro. As lavouras, desamparadas da escassa mão de obra servil, foram beneficiadas por inovações tecnológicas – xucra e monjolo de água – e resistiram graças ao sistema de mutirão.

Como se tal análise não bastasse para desfazer por completo a imagem cristalizada de decadência atribuída à capitania de São Paulo, entre 1705 e 1765, o historiador arrematou: "efetivamente não há notícia em época anterior, da presença nas mesmas terras de tão expressivo elenco de homens de cabedal, que puderam, em transações semelhantes, aumentar e consolidar seus bens de fortuna".[24]

A partir de fins dos anos 1960 e nas décadas seguintes, ocorreu um fenômeno interessante nos estudos concernentes à cidade e à capitania de São Paulo setecentista. Frutos de pesquisas acadêmicas, muitos trabalhos se dedicaram à análise da sociedade e da economia paulistas na segunda metade do século XVIII e, em especial, a partir do governo do Morgado de Mateus. Parece que o estímulo dado pela política pombalina à produção agrícola de exportação e à diversificação das atividades econômicas também incentivou os historiadores a se debruçarem sobre tal momento histórico em virtude do significativo volume documental existente.

Além disso, datam deste período as obras de autoria de Pedro Taques de Almeida Paes Leme e Frei Gaspar da Madre de Deus, que vivenciaram o agitado século XVIII e deixaram seus testemunhos.[25] Ambos faziam parte da elite paulistana e buscavam valorizar as famílias mais antigas da terra. Seus esforços se dirigiam tanto contra a má fama dos sertanistas paulistas como contra a ameaça provocada pelos reinóis, que passavam a concentrar em suas mãos as atividades comerciais e a disputar cargos nas posições de mando.[26]

---

24 Sérgio Buarque de Holanda, *Movimentos da população...*, p. 106.

25 Pedro Taques de Almeida Paes Leme, *Nobiliarquia Paulistana Histórica e Genealógica*, 5ª ed. Belo Horizonte: Itatiaia; São Paulo: Edusp, 3 vols., 1980; Frei Gaspar da Madre de Deus, *Memórias para a história da Capitania de São Vicente*. Belo Horizonte: Itatiaia; São Paulo: Edusp, 1975.

26 Ver o artigo de Kátia Maria Abud, "A idéia de São Paulo como formador do Brasil", in: Celso Ferreira *et alii* (org.), *Encontros com a História: percursos históricos e historiográficos de São Paulo*: Editora Unesp, vol.1, 1997, p. 71-80. Sobre a recriação do passado paulista empreendida por Pedro Taques, ver Laura de Mello e Souza, *O sol e a sombra: política e administração na América Portuguesa do século XVIII*. São Paulo: Companhia das Letras, 2006 (capítulo 3: São Paulo dos vícios e das virtudes). Sobre a fala ressentida de Frei Gaspar acerca das escolhas das famílias paulistas do

46 A TEIA MERCANTIL: NEGÓCIOS E PODERES EM SÃO PAULO COLONIAL

Com base nos dados coletados especialmente nos recenseamentos aqui ocorridos desde 1765, pode-se dizer que os principais assuntos abordados foram os movimentos demográficos, a composição social e os níveis de riqueza da população, o desenvolvimento das atividades econômicas, a articulação entre riqueza e poder.

Entretanto, tal como visto anteriormente, os novos autores não concentraram seus esforços sobre a temática do comércio e dos agentes mercantis, dedicando-lhes apenas comentários, artigos ou capítulos de livro. Como a circunscrição cronológica, em geral, abrange a segunda metade da centúria, o período anterior é referido na introdução ou nos capítulos iniciais das obras.

Em tese de doutorado, defendida em 1967, Maria Luiza Marcílio se propôs a compreender o povoamento e a população da cidade de São Paulo, entre 1750 e 1850. Para tanto recorreu a dois conjuntos documentais principais: os censos, realizados entre 1765 e 1836, e os registros paroquiais de nascimentos, casamentos e óbitos, existentes entre 1730 e 1850.

Na resenha histórica sobre São Paulo, a autora afirmou que, somente a partir da década de 1780, se poderia notar uma mudança no perfil da cidade, quando

> a população enraizava-se mais e mais e, agrupando-se em volta do núcleo central, o povoamento organizava-se de forma mais equilibrada. Os bairros mais afastados desdobravam-se em novas vilas (...) e a cidade ganhava mais animação. De predadores, os paulistas transformavam-se em comerciantes.[27]

Esta última afirmativa lhe fora fornecida pelos dados dos maços de população de 1798 e 1836 acerca dos gêneros produzidos, consumidos e importados na capital, e pelas relações calculadas entre demografia e produção. Infelizmente, os dois censos utilizados são muito posteriores ao lapso temporal eleito nesta pesquisa, o que, em certa medida, inviabiliza discussões.

Mais proveitoso seria nos determos nos dados relativos ao censo de 1765. A historiadora radiografou os habitantes da freguesia da Sé neste ano, primeiramente, estabelecendo a relação da população da cidade e da capitania, e repartindo-a por bairros e paróquias. Em seguida, caracterizou-a por sexo, idade, estado civil, famílias e domicílios e, finalmente, por atividades produtivas.

No entanto, iniciou a análise da população livre e sua composição socioprofissional com o censo de 1776, o que frustra a expectativa da pesquisa aqui desenvolvida. Se é inconcebível pensar que todos os agentes mercantis arrolados no censo de 1765 tivessem

---

século XVIII por genros comerciantes, pautadas mais pela fortuna do que pela linhagem, ver Muriel Nazzari, *O desaparecimento do dote: mulheres, famílias e mudança social em São Paulo, Brasil, 1600-1900*. São Paulo: Companhia das Letras, 2001, p. 134-6.

27 Maria Luiza Marcílio, *A cidade de São Paulo: Povoamento e População, 1750-1850*. São Paulo: Pioneira/Edusp, 1973, p. 22.

chegado à cidade naquele ano, no intervalo de uma década, a situação poderia ser diferente, com o ingresso de adventícios, ou mesmo, de naturais da terra que estivessem fora do núcleo no momento do primeiro recenseamento.

Por outro lado, a análise da dinâmica da população, por meio das taxas de natalidade, nupcialidade e mortalidade, forneceu informações significativas sobre as origens e residências dos cônjuges no momento do casamento. Aqueles estrangeiros que, desde os estudos dos anos 1930, foram flagrados na cidade, puderam ser contabilizados, pelo menos, os que contraíram matrimônio. Embora Marcílio apresente dados para o período de 1730 a 1809, circunscritos à paróquia da Sé, é importante mencionar que os homens provenientes de Portugal correspondiam a 32,2% do total de noivos, entre 1730-39; 29,5%, entre 1740-49; 25,7%, entre 1750-59; 12,1%, entre 1760-69.[28]

Como a autora não fez correspondências entre os nomes dos agentes mercantis discriminados no censo de 1765 e os nubentes, não é possível saber, pelo seu trabalho, se os comerciantes eram originários do reino. Outro problema é que Marcílio não analisou os cabedais declarados nos maços de população, o que nos impede de comparar os níveis de riqueza da população em geral com os do setor mercantil e, até mesmo, de questionar se a transformação dos paulistas de predadores em comerciantes somente se daria em fins dos setecentos.

Investigar os níveis de riqueza dos habitantes da capitania de São Paulo foi, por sua vez, o objetivo de Alice Canabrava em artigo publicado em 1972. Com base nos recenseamentos de 1765 e 1767, a autora procurou dar dimensões quantitativas acerca do que chamou de fenômeno da decadência, que assolava a economia da região neste período e que começara a se processar na década de 1730, com a abertura do caminho novo, ligando o Rio de Janeiro a Minas Gerais.

Interessante é que a autora enfatizou a decadência, mas ao mesmo tempo afirmou conhecer "mal o processo de retorno à decadência, sobre o qual carecem elementos quantitativos".[29] Ora, talvez isto se explique porque o advento do caminho novo não tenha arruinado a economia da capitania. Mafalda Zemella já havia ponderado que a região planaltina não sofrera um abalo drástico com tal estrada justamente por "ter-se tornado o caminho necessário para as minas que se descobriram em Goiás e Mato Grosso, e também por ser região de passagem das tropas que vinham do sul".[30]

---

28 Cifras calculadas a partir dos dados constantes da Tabela 34: Lugar de origem dos esposos, in: Maria Luiza Marcílio, *op. cit.*, p. 170-1.

29 Alice P. Canabrava, "Uma economia de decadência: os níveis de riqueza na capitania de São Paulo, 1765/67", *Revista Brasileira de Economia*. Rio de Janeiro, 26 (4), out./dez. 1972, p. 123.

30 Mafalda Zemella, *op. cit.*, p. 63. Heloísa Bellotto igualmente destacou as atividades realizadas nas monções e no comércio do gado muar como soluções dadas pelos paulistas frente ao impacto causado pela abertura do caminho novo. Heloísa Bellotto, *Autoridade e conflito no Brasil colonial*, p. 29-31.

É, no entanto, no cenário de profunda decadência que a autora destaca os mercadores e homens de negócio, por concentrarem a maior parcela da riqueza local, e a cidade de São Paulo, pela importância como centro comercial. Para explicar como os agentes mercantis acumularam fortunas, sua argumentação se desviou da temática da estagnação econômica para a do abastecimento interno, o que torna o texto, por vezes, contraditório. De acordo com a autora, como não dispunha de produtos a exportar, a economia da capitania estava voltada para dentro, baseada nos negócios realizados com outras regiões coloniais, de onde provinham as fortunas dos comerciantes registradas nos censos.

Canabrava se impressionara tanto com a elevada riqueza média do grupo mercantil que chegou a comentar que o processo de acumulação de capital, em São Paulo, não teria se dado somente por meio da *plantation* voltada à exportação, mas antes na fase de atividade essencialmente mercantil. Entretanto, nada a demoveu da ideia de caracterizar os meados do século XVIII como um período de declínio, haja vista suas observações finais de que "as declarações sobre a riqueza (...) analisadas permitiram distinguir a relativa vitalidade do setor mercantil como o fator dinâmico dessa economia de decadência".[31]

Foi contra as teses de decadência e de estagnação econômica que Maria Luiza Marcílio se posicionou ao apresentar seu trabalho de livre docência, em 1974, sobre o crescimento demográfico e a evolução agrária paulista entre 1700 e 1836. Se a exploração e o abastecimento das regiões mineradoras provocaram expressivas modificações nas áreas da agricultura, do comércio, das comunicações, do ensino e da administração, demograficamente, segundo dados da autora, a capitania vivenciou uma revolução, isto porque, entre os anos de 1690 e 1765, o aumento da população regional foi da ordem de 425%.[32]

Esta análise demográfica se opôs àquelas que sobrevalorizaram a migração maciça para as Minas. De acordo com Marcílio, o intenso movimento em direção aos descobertos auríferos não condizia com o volume populacional registrado nos censos a partir de 1765, além disso, o deslocamento teria reforçado uma situação de declínio econômico, dificilmente recuperado em curto intervalo de tempo.

Embora novas áreas da capitania fossem ocupadas, as regiões de maior concentração humana seriam as do planalto paulista e os campos curitibanos que atraíam homens livres vindos do reino e de outras áreas coloniais e pressionavam o tráfico de escravos africanos.

Dedicada à agricultura voltada ao atendimento da crescente demanda do mercado interno e ao comércio de gêneros alimentícios e manufaturados com as minas, parte deste contingente teria sido responsável pela sobrevivência e desenvolvimento da capitania no período áureo da mineração. Tanto que quando os primeiros sinais do esgotamento das lavras foram sentidos, o comércio estabelecido na capitania já estava estruturado

---

31 Alice P. Canabrava, *op. cit.*, p. 123.

32 Maria Luiza Marcílio, *Crescimento demográfico e evolução agrária paulista: 1700-1836*. São Paulo: Hucitec/Edusp, 2000, p. 71.

Os vestígios mercantis nos impressos e manuscritos   49

para buscar novas áreas consumidoras, como a cidade do Rio de Janeiro, transformada em capital da colônia em 1763.

Se já é possível constatar a crítica aos autores que enfatizaram o depauperamento econômico da capitania ao longo da primeira metade do século XVIII, as considerações finais de Marcílio explicitaram sua oposição às teses de decadência de Paulo Prado, Caio Prado Júnior, Roberto Simonsen, Alice Canabrava.

De acordo com a historiadora,

> só há decadência quando houve um crescimento ou desenvolvimento anterior. Ora para qualquer lado que nos voltemos, quer da economia, quer da sociedade, da demografia ou do povoamento, da vida material à vida cultural, nada nos indica um período no século XVII, de pronunciado ou de relativo crescimento material ou humano na região, período este interrompido no século XVIII por um recuo ou decadência, depois do qual o progresso teria retomado seu curso no final do XVIII ou no início do XIX na fase do café. Se pensarmos demograficamente, acabo de provar o aumento extraordinário e continuado da população regional em todo o século XVIII.[33]

Embora atribuísse à decadência econômica de São Paulo a perda da autonomia da capitania, Kátia Maria Abud, em dissertação de mestrado defendida em 1978, destacou a ascensão política e social de um grupo de reinóis, que concentrava em suas mãos atividades comerciais e que passou a disputar cargos nos órgãos de poder da capital paulista, em meados do século XVIII.[34] O que já havia sido antecipado por Affonso de Taunay nas obras escritas nas décadas de 1920 e 1930 passou então a ser calculado e analisado.

Preocupada em identificar os setores dominantes na sociedade paulistana no período compreendido entre os anos de 1765 e 1800, bem como as instituições nas quais a elite exercia sua autoridade, a historiadora constatou que os comerciantes de maior cabedal – homens de negócio – predominavam nas companhias de ordenanças, enquanto os de média fortuna - mercadores - dominavam os postos da câmara municipal. Desta forma, concluiu haver uma hierarquização entre as instituições, como também entre os tipos de atividade mercantil.

O esforço de hierarquizar homens e fortunas, com base nos primeiros censos realizados a partir de 1765, também fora empreendido por Elizabeth Darwiche Rabello, em doutorado apresentado em 1972. A partir da caracterização da sociedade, marcada pela propriedade da terra, estratificação, escravismo, hereditariedade e parentesco, desenvolveu os temas centrais de seu trabalho referentes aos critérios de ingresso nas elites, sua composição e interesses, bem como seu relacionamento com outros grupos sociais.

---

33 Maria Luiza Marcílio, *op. cit.*, p. 190-1.

34 Kátia Maria Abud, *Autoridade e riqueza: contribuição para o estudo da sociedade paulistana na segunda metade do século XVIII*. São Paulo. FFLCH/USP, 1978 (dissertação de mestrado).

50 A teia mercantil: negócios e poderes em São Paulo colonial

Com relação ao segmento mercantil, a historiadora localizou os tropeiros e os negociantes no estrato médio da sociedade, ao lado dos militares. No estrato superior, situou os senhores de engenho e o alto clero, mas ressaltou que alguns negociantes também faziam parte das elites dirigentes, principalmente os que lidavam com fazenda seca importada, os administradores de sal e pesca da baleia, os administradores de dízimos e os donos de tropas.[35]

Suas análises quanto à formação da elite agrária, dissociada da acumulação mercantil, corroboraram a tese de Maria Tereza Petrone, para quem "a lavoura canavieira teria auto financiado seu desenvolvimento, principalmente tendo-se em conta que no início não havia sempre a necessidade de empatar capital com a terra".[36]

Tal como as duas historiadoras, ao estudar os senhores de terra do oeste paulista no período de 1765 a 1855, Carlos de Almeida Prado Bacellar concluiu que o surgimento da elite agrária esteve ligado essencialmente a atividades iniciais subsidiárias aos engenhos, como a lavoura de subsistência, o plantio de canas de partido e a administração do engenho. Entretanto, não desconsiderou por completo que o comércio também estivesse relacionado ao processo de formação de fortunas da elite paulista.[37]

Perscrutando as origens do capital acumulado e investido na produção do açúcar e sua manutenção, explicitou os diálogos e embates no campo da historiografia ao mencionar que

> Elizabeth Kuznesof vê uma nítida associação entre o comércio e a grande lavoura, numa conjunção que os portugueses foram os maiores representantes. Todavia discordamos da autora quando ela dá ao comércio o papel de agente capitalizador da lavoura de açúcar, desde finais do século XVIII. Nossos dados [do autor] indicam, pelo contrário, que o processo de expansão da lavoura canavieira deu-se por meio de autofinanciamento, como o prova o predomínio de senhores de engenho que nunca exerceram quaisquer atividades relacionadas com o comércio, mineração e tropeirismo.[38]

---

35 Elizabeth Darwiche Rabello, *As elites na sociedade paulista na segunda metade do século XVIII*. São Paulo: Safady, 1980, p. 81-99.

36 Maria Tereza Schorer Petrone, *A lavoura canavieira em São Paulo – expansão e declínio (1765-1815)*. São Paulo: Difel, 1968, p. 58.

37 Carlos de Almeida Prado Bacellar, *Os senhores da terra – família e sistema sucessório entre os senhores de engenho do oeste paulista – 1765-1855*, Campinas, CMU/Unicamp, 1997.

38 Carlos de A. P. Bacellar, *op. cit.*, p. 168. Em trabalho posterior, fruto de pesquisa de doutorado, Bacellar concentrou seu estudo sobre a estrutura social de Sorocaba nos séculos XVIII e XIX. Diversamente das conclusões obtidas para o oeste paulista, o autor constatou que, por sua tradição tropeira, as fortunas acumuladas por sorocabanos não se originaram da produção do açúcar, atividade secundária na região. Pelo contrário, o cerne de suas atividades girava em torno dos negócios com fazenda seca, arrematação de impostos e comercialização de gado. Carlos de A. P. Bacellar,

O trabalho de Kuznesof a que Bacellar se refere é *Household economy and urban development: São Paulo, 1765-1836*, publicado em 1986. Tendo como principais bases documentais os recenseamentos de 1765, 1802 e 1836, inventários e genealogias, a brasilianista analisou as práticas e costumes matrimoniais, a partir da articulação da estrutura clânica, do sistema de parentesco bilateral e sucessório e da economia doméstica.[39]

Ao discutir a predominância dos grupos familiares nas posições de mando na sociedade paulista do século XVIII, ateve-se à composição das milícias e da câmara municipal, como já havia feito Kátia Abud. Sobre a caracterização dos agentes mercantis e o papel desempenhado por eles nas instituições de poder e prestígio social, a autora comentou que

> a atividade comercial era monopolizada por homens nascidos em Portugal e, em geral, parentes de outros comerciantes portugueses. Esse grupo começou a tornar-se importante no início do século XVIII em São Paulo. Na década de 1740, vários deles já haviam conquistado lugares na Mesa da Santa Casa de Misericórdia. De 1760 a 1803, a proporção de indivíduos que serviram na câmara municipal e que eram comerciantes (dentre aqueles cujas ocupações eram conhecidas) chegava a 60%; como proporção do total dos membros do órgão concelhio (tanto com ocupações conhecidas, como desconhecidas) atingia 38%.[40]

Ainda que os dados fornecidos por Kuznesof e Abud tenham privilegiado a segunda metade dos setecentos, eles nos instigam a pensar sobre o ingresso dos agentes comerciais em tais órgãos de poder no período anterior, pois o próprio Taunay já havia mencionado a concorrência destes sujeitos nas posições de mando a partir dos anos 1730.

Da mesma forma, as pesquisas desenvolvidas sobre São Paulo por John Manuel Monteiro e Ilana Blaj, enfocando o século XVII e inícios do XVIII, levam-nos a conjeturar sobre a possibilidade de projetar e redimensionar parte de suas análises para o lapso temporal posterior que interessa a este trabalho.

Embora o principal objeto de estudo de John Monteiro fosse a estrutura e a dinâmica da escravidão indígena em São Paulo seiscentista, o livro *Negros da Terra*, originado de sua

---

Viver e sobreviver em uma vila colonial: Sorocaba, séculos XVIII e XIX. São Paulo: Annablume, 2001 (ver especialmente cap. IV: "A elite comercial e agrária").

39 Elizabeth Anne Kuznesof, *Household economy and urban development: São Paulo, 1765-1836*, Boulder e Londres, Westview Press, 1986. Diferentemente de Mafalda Zemella e Maria Luiza Marcílio, Kuznesof não localizou a passagem da lavoura de subsistência para uma agricultura voltada ao abastecimento interno durante o período da mineração. Para a autora, a economia doméstica paulista só ganharia feições de mercado a partir de 1765.

40 Elizabeth Anne Kuznesof, "A família na sociedade brasileira: parentesco, clientelismo e estrutura social (São Paulo, 1700-1980)", *Revista Brasileira de História*, vol. 9. São Paulo, nº 17, set. 88/fev. 89, p. 47.

tese de doutorado defendida em 1985, também abordou o papel do índio na história social e econômica da colônia, o mito do bandeirante e a importância das economias não exportadoras para a formação do país.[41]

No último capítulo, dedicado aos anos finais da escravidão indígena, o historiador analisou o lento processo de substituição desta mão de obra pela africana que só se completaria em fins do século XVIII, com a expansão da lavoura canavieira.[42] Neste intervalo, desenvolveu o tema da imigração de escravos negros para o planalto paulista a partir de 1700, que já havia sido mencionado primeiramente por Alfredo Ellis Júnior, Mafalda Zemella e Sérgio Buarque de Holanda.

Para John Monteiro, a relação entre a expansão da escravidão negra em São Paulo nos inícios dos setecentos e as transformações por que passava a região paulista deveria ser considerada uma via de mão dupla, pois ao mesmo tempo em que a escravidão influenciava a economia e a sociedade do planalto era por elas afetada. Suas análises sobre o destino dos africanos e a posse de cativos comprovam tal assertiva.

Parte dos escravos importados passava pela cidade de São Paulo e era encaminhada às minas, transformando a urbe em entreposto comercial; a outra parte que aqui permanecia, empregada nas propriedades rurais, foi fundamental para distinguir seus senhores, detentores de terras e homens, do restante da população.

Os comerciantes com negócios nas minas optavam por escravos adultos e africanos, enquanto os fazendeiros possuíam plantéis semelhantes ao padrão da escravidão indígena, estabelecida no século anterior, com maior equilíbrio entre os sexos, prevalência de crioulos e mestiços, presença significativa de menores e crianças e uniões matrimoniais entre os cativos.

Concluiu, portanto, que as atividades econômicas desenvolvidas pelos dois grupos sociais foram profundamente alteradas a partir da entrada maciça de africanos e da economia mineratória das Gerais. Enquanto os senhores de terra passaram a organizar a produção nos moldes comerciais com vistas ao abastecimento das minas, os negócios realizados pelos comerciantes representaram um rompimento com o período anterior à descoberta do ouro, à medida que os reinóis introduziram um volume aumentado de capital comercial e aproximaram a região mais estreitamente à economia do Atlântico.[43]

---

41 John Manuel Monteiro, *Negros da terra: índios e bandeirantes nas origens de São Paulo*. São Paulo: Companhia das Letras, 1994, p. 9.

42 Embora o foco de análise de Francisco Vidal Luna e Herbert Klein seja a economia escravista de São Paulo, de 1750 a 1850, os autores salientaram como o afluxo constante de africanos, desde os primórdios do século XVIII, fora crucial para a implantação das lavouras açucareira e cafeeira na região paulista. Francisco Vidal Luna e Herbert S. Klein, *Evolução da sociedade e economia escravista de São Paulo, de 1750 a 1850*. São Paulo: Edusp, 2005 (em especial, capítulo 1).

43 John M. Monteiro, *op. cit.*, p. 223-4.

Foi, no entanto, Ilana Blaj, em tese de doutorado apresentada em 1995, *A trama das tensões*, que iluminou definitivamente a atuação dos agentes comerciais na capital paulista, entre 1681 e 1721, e renovou a discussão sobre o papel do comércio na vila/cidade de São Paulo em muitos aspectos.

Tal como John Monteiro, a historiadora mostrou que a mercantilização do núcleo urbano vinha se processando desde as últimas décadas dos seiscentos e não somente a partir da articulação com as áreas mineratórias. Para ela, "é o desenvolvimento da vila de São Paulo e de seus arredores que explica a possibilidade do abastecimento do mercado mineiro, e não o contrário".[44] As descobertas auríferas viriam sim intensificar o processo, mas não seriam responsáveis por ele.

Divergindo dos autores que salientaram os efeitos catastróficos provocados pela mineração sobre o núcleo piratiningano, Ilana Blaj interpretou as queixas da população contra a carestia e os atravessadores, as medidas administrativas contrárias à venda de produtos fora do espaço urbano, os protestos contra os altos preços dos aluguéis da mão de obra indígena e os elevados valores dos escravos africanos como traços de uma economia mercantilizada. Mais do que isto, afirmou que as fortunas provenientes das transações comerciais enriqueceram e fortaleceram as elites locais, responsáveis pelo governo da capitania a partir de 1720, gerando simultaneamente concentração de riqueza e desigualdade social.

De acordo com a autora, "nas primeiras décadas do século XVIII o que ocorre é a sedimentação de uma elite paulistana que concentra em suas mãos, terras, escravos, produção e comércio, e que, através das relações patrimonialistas no âmbito da Coroa portuguesa, consolida-se progressivamente no poder".[45] Fora esta elite descrita, entrincheirada nos postos de comando, que se sentiu ameaçada pelo grupo de mercadores adventícios que, em levas cada vez mais regulares, chegava à capital paulista a partir dos anos 1730.

Infelizmente, como o corte cronológico final de sua pesquisa era o ano de 1721, a historiadora encerrou seu trabalho evidenciando apenas um dos segmentos em conflito. É provável que teria nos brindado com a caracterização do grupo de reinóis se tivesse finalizado a tese de livre docência intitulada *Tensões e mediações: elite agrária e comerciantes na área paulistana (1700-1748)*.

A análise deste grupo de comerciantes, originário de Portugal foi, em parte, empreendida por Muriel Nazzari ao estudar a prática do dote e seu gradual desaparecimento na sociedade paulista, entre 1600 e 1900. Limitando a área geográfica da pesquisa à cidade

---

44 Ilana Blaj, *A trama das tensões: o processo de mercantilização de São Paulo colonial (1681-1721)*. São Paulo: Humanitas/FFLCH/USP: Fapesp, 2002, p. 205.

45 Ilana Blaj, "Agricultores e comerciantes em São Paulo no início do século XVIII: o processo de sedimentação da elite paulistana", *Revista Brasileira de História*, n.º 142-3, 1º e 2º semestres 2000, p. 286.

de São Paulo e seus arredores, a autora concentrou sua atenção sobre os inventários datados das duas décadas do meio de cada século.

Para os setecentos, foram examinados 68 espólios em que havia filhas casadas ou seus herdeiros no intervalo de 1750 a 1769. Como a data de abertura dos inventários dos genitores não correspondia à data de doação dos dotes, foco de seu estudo, Nazzari se viu debruçada sobre o período anterior ao falecimento dos inventariados, ou seja, a primeira metade do século XVIII, o que é precioso para a pesquisa aqui desenvolvida.

Além das instigantes análises realizadas sobre o mercado matrimonial e a composição das famílias em São Paulo, o diferencial de sua pesquisa é a utilização dos inventários não publicados do século XVIII, tão pouco aproveitados pelos pesquisadores. A partir dos dados fornecidos por esta rica documentação, a autora pôde concretamente avaliar as fortunas dos segmentos sociais proprietários e constatar que os estratos mais ricos da sociedade paulistana eram compostos por comerciantes e agricultores que realizavam negócios com as minas ou lá tinham herdeiros.

Embora verificasse que muitos comerciantes bem-sucedidos se casaram no seio das famílias paulistas tradicionais, alertou para o fato de que as transações comerciais possibilitaram o enriquecimento de seus agentes, os quais passaram a não necessitar do dote de suas esposas para se estabelecerem, nem das uniões com a elite agrária para ocuparem postos militares e políticos, cada vez mais alcançados por meio da riqueza acumulada.

Segundo Nazzari, o novo cenário alteraria profundamente o pacto matrimonial, uma vez que "as novas oportunidades de acumular capital por meio do comércio fortaleceram a posição dos comerciantes como futuros noivos, o que modificou o grupo de pretendentes e gerou um padrão em que os maridos contribuíam mais do que suas esposas para os bens do casal".[46] Se antes eram os agentes mercantis que procuravam estabelecer alianças matrimoniais com a elite agrária a fim de ascender sócio e economicamente, a partir de meados dos setecentos a situação se inverteria, pois os proprietários de terra passaram a cobiçar genros comerciantes, com vistas a desfrutar as fortunas amealhadas.

Como se vê, pelos diálogos com a historiografia, as visões sobre a atuação dos agentes comerciais em São Paulo setecentista foram se alterando ao longo da produção do século XX. Do quase absoluto encobrimento – mas não ausência – na sociedade piratiningana, os homens e seus negócios foram cada vez mais se insinuando. Protagonistas no desenvolvimento econômico da região paulista, durante o período da mineração, chegaram a dividir com a elite agrária as posições de mando e o topo da hierarquia social. Como bem observado por Morgado de Mateus, em meados do século XVIII, vivendo com "toda a civilidade que se requer".

---

46 Muriel Nazzari, *op. cit.*, p. 131.

Se a presença do comércio em São Paulo nos setecentos foi reconhecida pelos autores, muitas questões acerca dos agentes mercantis só puderam ser contempladas mediante a investigação sistemática nas fontes primárias.

A partir deste momento, com base no cruzamento de informações contidas em vários conjuntos documentais, pretendo corporificar suas existências, revelando os nomes, os lugares de origem, as trajetórias percorridas até a fixação na capital paulista e a localização das residências e lojas no centro da urbe.

1.2. Do reino a São Paulo

Dos 100 agentes do universo de pesquisa – aqueles que desenvolveram atividades mercantis e participaram dos órgãos de poder na cidade de São Paulo, entre 1711 e 1765 –, foi possível descobrir as procedências de 92 elementos (tabela 1).

Tabela 1:

Origens geográficas dos agentes mercantis do universo de pesquisa[47]

Origens geográficas	Agentes mercantis
PORTUGAL (províncias, ilhas e localidades desconhecidas)	**85**
PORTUGAL: Províncias e comarcas	**76**
Minho	**55**
Barcelos	7
Braga	9
Guimarães	11
Penafiel	2
Porto	16
Valença	2
Viana	8
Estremadura	**10**
Leiria	5
Lisboa	3
Santarém	2

---

47 A montagem da tabela foi inspirada na elaborada por Jorge Pedreira em sua dissertação de doutoramento *Os homens de negócio da praça de Lisboa de Pombal ao Vintismo: diferenciação, reprodução e identificação de um grupo social*. Lisboa:Universidade Nova de Lisboa, Faculdade de Ciências Sociais e Humanas, 1995, p. 194-5.

Beira	**5**
Aveiro	1
Lamego	3
Viseu	1
Trás-os-montes	**5**
Vila Real	5
Alentejo	**1**
Évora	1
PORTUGAL: Ilhas	**4**
Açores	3
Madeira	1
PORTUGAL: localidades desconhecidas	**5**
COLÔNIA: vilas e cidades	**7**
Rio de Janeiro	1
São Paulo	5
Santos	1
ORIGENS DESCONHECIDAS	**8**
TOTAL	**100**

Fontes: ACMSP – Dispensas e processos matrimoniais, registros de casamentos, processos gerais antigos - autos cíveis, autos crimes, testamentos; AESP – Inventários e Testamentos não publicados, inventários e testamentos do 1º ofício, juízo de órfãos – autos cíveis; IANTT – Processos de habilitação do Santo Ofício, processos de habilitação incompletos, processos de habilitação da Ordem de Cristo; Luis Gonzaga da Silva Leme, *Genealogia Paulistana* (CD-ROM). São Paulo: Macromedia, 2002.

Pela tabulação dos dados, pode-se afirmar que a maioria dos agentes comerciais era reinol. Ainda, se forem consideradas apenas as origens geográficas conhecidas, a porcentagem daqueles provenientes da metrópole e das ilhas ultrapassa 90%[48]. É muito provável que estes homens fizessem parte das populações adventícias que invadiram São Paulo na primeira metade do século XVIII, de que falava Simonsen, e da avalanche de reinóis que transbordou sobre a Paulistânia, apontada por Ellis Jr. Certamente, eles esta-

---

48 Sobre a emigração portuguesa no século XVIII, ver A J. Russel-Wood, "A emigração: fluxos e destinos", in: Francisco Bethencourt & Kirti Chaudhuri, *História da Expansão Portuguesa*. Lisboa: Temas e Debates, vol. 3, 1998, p. 158-68.

Os vestígios mercantis nos impressos e manuscritos 57

vam entre os sujeitos descritos por Zemella como sequiosos pelos negócios promissores com as minas e por Kuznesof como os monopolizadores do comércio.

Os altos índices relativos à imigração indicam, por um lado, que a reprodução do grupo mercantil na praça de São Paulo se fazia pelo ingresso maciço e contínuo de elementos novos e não pela sucessão direta ou pelo recrutamento interno. Este fato sugere que a capital devia ser palco de transações mercantis promissoras, na primeira metade do século XVIII, que convidava estrangeiros a tentar a sorte nos negócios.[49]

Quando se focaliza o grupo de portugueses, percebe-se que mais de 60% dos imigrantes eram originários do Minho (gráfico 1). Tal fato não era exclusividade do caso paulistano, tanto que padrão similar foi verificado para outras regiões da América Portuguesa.[50] As palavras do Marquês de Lavradio no relatório ao seu sucessor Luis de Vasconcelos e Souza, escritas em 1779, são reveladoras da predominância minhota no comércio colonial:

> Estes mesmos indivíduos [americanos destas partes d'América], que por si são facílimos de governar, se vêm a fazer mais dificultosos, e às vezes dão trabalho e algum cuidado por causa dos europeus, que aqui vêm ter os seus estabelecimentos, e muito mais por serem a maior parte destas gentes naturais da Província do Minho (...), porque logo que aqui chegam, não cuidam em nenhuma outra coisa, que em se fazerem senhores do comércio, que aí há.[51]

---

49 De acordo com Jorge Pedreira, "não é excepcional que uma parte da elite dos negócios nas grandes cidades venha do exterior, essa é uma condição necessária à sua reprodução e constitui ao mesmo tempo em sinal de vitalidade, da capacidade de atração da própria cidade", in: Jorge M. Pedreira, "Os negociantes de Lisboa na segunda metade do século XVIII: padrões de recrutamento e percursos sociais", *Análise Social*, vol. XXVII (116-7), 1992 (2º e 3º), p. 428.

50 Sobre a supremacia numérica dos comerciantes originários do Minho na Bahia, Pernambuco. Rio de Janeiro, Campo dos Goitacazes, Minas Gerais e Rio Grande de São Pedro, durante o século XVIII, ver respectivamente os trabalhos de Rae Flory e David Grant Smith, "Bahian merchants and planters in the seventeenth and early eighteenth centuries", *Hispanic American Historical Review*, 58 (4), 1978, p. 575; Evaldo Cabral de Melo, *A Fronda dos Mazombos*. São Paulo: Companhia das Letras, 1995, p. 125; Nireu Cavalcanti, *O Rio de Janeiro setecentista: a vida e a construção da cidade da invasão francesa até a chegada da Corte*. Rio de Janeiro: Jorge Zahar, 2004, p. 76; Sheila de Castro Faria, *A colônia em movimento: fortuna e família no cotidiano colonial*. Rio de Janeiro: Nova Fronteira, 1998, p. 175; Júnia Ferreira Furtado, *Homens de negócio: a interiorização da metrópole nas Minas setecentistas*. São Paulo: Hucitec, 1999, p. 219; Helen Osório, *O império português no sul da América: estancieiros, lavradores e comerciantes*. Porto Alegre: Ed. da UFRGS, 2007, p. 281.

51 "Relatório do Marquês de Lavradio em 1 de junho de 1779", *Revista do Instituto Histórico e Geográfico Brasileiro*, vol. IV, 1843.

Gráfico 1: Regiões e domínios portugueses de origem dos agentes mercantis do universo de pesquisa

A explicação para o maior número de imigrantes vindos do norte de Portugal, entretanto, não se sustenta apenas na pressão demográfica como fator de repulsão. As análises de Jorge Pedreira apontam como razões para o fenômeno tanto os regimes sucessórios não igualitários – descendentes privados da posse da terra eram impelidos a buscar novos meios de sobrevivência –, como os dispositivos de recepção e integração dos minhotos em outras terras – acolhimento por parentes e conhecidos. Em suas próprias palavras, "a preferência entre herdeiros, ao afastar da herança vários elementos em cada geração, conferia um âmbito intergeracional às redes sociais e familiares que permitiam a colocação, em Lisboa ou no Brasil, dos minhotos que procuravam na viagem um caminho para a prosperidade".[52]

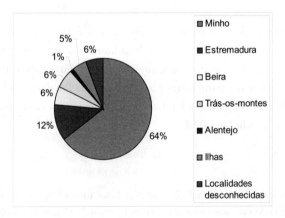

A emigração, portanto, não significava uma interrupção dos laços parentais, tanto que, ao investigar os itinerários sociais dos homens de negócio da praça de Lisboa na segunda metade do século XVIII, o historiador constatou que muitos recém-chegados, na grande maioria adolescentes, dirigiam-se às casas de familiares e/ou eram levados às lojas de mercadores, onde iniciavam suas atividades mercantis como caixeiros.

Para o contexto paulistano, também pude verificar semelhante comportamento. Quando chegara a São Paulo, Alexandre Monteiro de Sampaio, natural da vila de Marialva, bispado de Lamego, hospedou-se na casa de um tio. Uma vez residindo na sua própria "morada de casas", mandou vir de Portugal seu irmão mais novo, Manuel José

---

52 Jorge Pedreira, "Brasil, fronteira de Portugal. Negócio, emigração e mobilidade social (séculos XVII e XVIII)", *Do Brasil à Metrópole: efeitos sociais (séculos XVII-XVIII)*, Universidade de Évora, jul. 2001, p. 58 (separata da revista *Anais da Universidade de Évora*, nº 8 e 9, dez. 1998/99).

de Sampaio, para com ele morar.[53] Já Manuel José da Encarnação – proprietário de uma loja de comestíveis – deixou a freguesia de São Nicolau, cidade de Porto, aos doze anos e veio para a colônia. Antes de se fixar na capital paulista, vivera em companhia dos tios no arraial dos Prados, freguesia de Nossa Senhora da Conceição, comarca de Rio das Mortes, bispado de Mariana.[54] Da mesma forma, Manuel Francisco Vaz, originário da freguesia de Santa Eulália de Barrosas, termo de Guimarães, arcebispado de Braga, pôde contar com o apoio de seus tios mercadores João Francisco Lustosa e Domingos João Vilarinhos, que aqui já estavam estabelecidos.[55]

No entanto, não eram unicamente os tios que recepcionavam seus sobrinhos, muitos primos se encarregavam de dar suporte uns aos outros e preservar os laços familiares no além-mar. Vários mercadores minhotos eram unidos por tais relações de parentesco como Francisco Pinto do Araújo e Pascoal Alvares de Araújo (provenientes de Guimarães), Antonio da Silva Brito e José da Silva Brito (provenientes de Barcelos), José Rodrigues Pereira e Tomé Rabelo Pinto (provenientes de Braga).[56]

Quando não eram os parentes que acolhiam os adventícios, muitas vezes, tal tarefa cabia aos comerciantes que já atuavam em solo piratiningano. José Francisco Guimarães e Francisco Pinto de Araújo, naturais do Minho, iniciaram suas vidas como caixeiros do trasmontano Gaspar de Matos. José da Silva Ferrão, originário de Estremadura, introduziu, ao mesmo tempo, o conterrâneo Antonio de Freitas Branco e o minhoto Jerônimo de Castro Guimarães no mundo dos negócios. Este último, quando estabelecido, empregou o caixeiro Manuel José Gomes. Semelhante trajetória foi percorrida por Antonio Fernandes Nunes, proveniente da Ilha da Madeira, que aprendera o ofício de mercador com José Borges da Silva e Francisco Rodrigues Ferreira, para depois abrir sua própria loja e dispor de caixeiros.[57]

---

53 ACMSP – Dispensas e processos matrimoniais – 4-5-20 (Alexandre Monteiro de Sampaio); ACMSP – fichas – São Paulo – dispensas – século XVIII – 1748 (Manuel José de Sampaio).

54 ACMSP – Dispensas e processos matrimoniais – 4-62-416.

55 AESP – Inventários e testamentos não publicados – ord. 544 – cx. 67 (Domingos João Vilarinhos).

56 ACMSP – Processos gerais antigos – Testamentos – 3-4-8 (Francisco Pinto de Araújo); Arquivo Nacional da Torre do Tombo (IANTT) – Habilitações do Santo Ofício – m. 02 – dil. 31 (Pascoal Alvares de Araújo); ACMSP – Dispensas e processos matrimoniais – 4-51-21 (Antonio da Silva Brito); ACMSP – Dispensas e processos matrimoniais – 4-5-21 (José da Silva Brito), ACMSP – Dispensas e processos matrimoniais – 4-29-174 (José Rodrigues Pereira), ACMSP – Dispensas e processos matrimoniais – 4-4-18 (Tomé Rabelo Pinto).

57 ACMSP – Dispensas e processos matrimoniais – 4-11-73 (José Francisco Guimarães); ACMSP – Dispensas e processos matrimoniais – 4-6-22 (José da Silva Ferrão); Luis Gonzaga da Silva Leme, *Genealogia Paulistana* (CD-ROM). São Paulo: Macromedia, 2002, vol. 8, p. 324 (Gaspar de Matos); ACMSP – Dispensas e processos matrimoniais – 4-16-101 (Antonio de Freitas Branco);

60 A TEIA MERCANTIL: NEGÓCIOS E PODERES EM SÃO PAULO COLONIAL

Se o emprego como caixeiro era considerado o primeiro passo numa bem sucedida carreira mercantil, por vezes, tal ocupação desqualificava o sujeito que ambicionava por benesses reais. A Matias Alvares Vieira de Castro, quase foi preterida a mercê de cavaleiro da Ordem de Cristo quando os deputados da Mesa de Consciência e Ordens descobriram que, no início da vida, o minhoto fora caixeiro de um primo na colônia, vendendo a vara e côvado.[58]

A maioria dos dados relativos às origens geográficas dos comerciantes, bem como as relações parentais entre eles e o início da vida, em São Paulo, como empregados de outros mercadores, foi retirada de um tipo documental que se revelou extremamente rico para a construção de percursos sociais: as dispensas e os processos matrimoniais. A partir da descrição desta fonte, guardada no Arquivo da Cúria Metropolita na de São Paulo, pretendo encaminhar a caracterização dos agentes mercantis reinóis do universo de pesquisa, acompanhando suas trajetórias desde a partida dos locais de nascimento até a chegada à cidade de São Paulo.

De acordo com as normas do Concílio Tridentino, qualquer sujeito que desejasse se casar deveria entrar com um requerimento na câmara episcopal dispondo a se submeter a determinadas condições básicas que o habilitassem para o matrimônio, a saber: a certidão de batismo; a comprovação do estado de solteiro, livre e desimpedido, sem votos de castidade ou de religião, e sem ter feito promessa de casamento a outrem que não a pretendida contraente; a apresentação de banhos ou proclamas, realizados em todas as freguesias onde o justificante tivesse residido por mais de seis meses, para o atestado da inexistência de impedimentos. Caso um dos pretendentes fosse viúvo, deveria apresentar o atestado de óbito do cônjuge falecido.[59]

Dada a entrada da solicitação de casamento, iniciava-se o processo de matrimônio com o depoimento dos contraentes e a audição de testemunhas. As perguntas feitas aos nubentes eram as seguintes: Como se chamava? De quem era filho? Donde era natural e fora batizado? Desde quando saíra de sua pátria?[60] Em que terras tinha assistido e por quanto tempo? Era solteiro, livre e desimpedido ou fizera promessas de casamento a alguma mulher exceto a com quem estava contratado? Tinha feito voto de religião ou castidade? Que qualidade era a de seus pais? Quanto tivera ou esperava ter de legítima? Quanto possuía o depoente?

ACMSP – Dispensas e processos matrimoniais – 5-6-730 (Jerônimo de Castro Guimarães); ACMSP – Dispensas e processos matrimoniais – 4-16-103 (Antonio Fernandes Nunes).

58 IANTT – Habilitações da Ordem de Cristo – letra M – m. 47 – nº 66.

59 Sheila de Castro Faria, *op. cit.*, p. 58; Maria Beatriz Nizza da Silva, *Sistema de casamento no Brasil colonial*. São Paulo: T. A. Queiroz: Edusp, 1984, p. 115-6; Alzira Lobo de Arruda Campos, Casamento e família em São Paulo colonial. São Paulo: Paz e Terra, 2003, p. 211-5.

60 Pátria correspondia à vila, à cidade ou à freguesia de onde o contraente era natural.

Os depoimentos dos justificantes mostram como tais processos fornecem verdadeiras radiografias de suas vidas pregressas. Suas respostas deviam ser confirmadas pelas testemunhas geralmente ouvidas em número de três, contudo mais pessoas podiam ser chamadas caso o vigário da vara não se satisfizesse com os depoimentos.

Primeiramente, a elas era solicitado que se identificassem pela idade, atividade profissional, local de moradia, estado civil e naturalidade. Em seguida, era-lhes perguntado se o suplicante saíra de sua pátria solteiro, livre e desimpedido; se os conheceram na sua pátria, se partiram desta ficando lá o suplicante ou se este passou diante delas para esta América; se prometeu casamento a alguma mulher ou lhe passou escrito dele como tal; se prometeu voto de castidade ou religião; se assistiu em outras terras tempo de seis meses ou se tinha outro gênero de impedimento.

Frente aos relatos, o representante da Igreja podia requerer a apresentação de banhos do estado de livre, solteiro e desimpedido em Portugal e nos locais onde assistira na colônia por mais de seis meses, da naturalidade do contraente e/ou da menoridade com que saíra da terra natal.

Enquanto não chegassem as certidões de banhos, o contraente se obrigava a pagar caução pela espera dos documentos. Na maioria das vezes, ele se comprometia a trazer a documentação relativa ao reino no prazo de três anos e aquela produzida na colônia no período de seis meses a dois anos. Caso alegasse pobreza, era obrigado a dar fiança segura e abonada para a caução que, via de regra, era determinada em 20$000 para cada proclama. Se o documento não chegasse no tempo estipulado, o dinheiro era perdido e ele se obrigava a uma nova caução. Convencido de que não existia impedimento algum de ambas as partes, o vigário da vara concedia a provisão para as núpcias, ou seja, o casal podia contrair matrimônio e, já vivendo maritalmente, aguardava a vinda dos papéis.

O desenvolvimento dos processos de casamento, em geral, dava-se da forma descrita se não houvesse impedimentos, mas caso fosse comunicado pelas testemunhas ou pelos próprios contraentes que eles eram parentes até o quarto grau de consanguinidade, ou padrinhos e afilhados, ou ainda tivesse ocorrido cópula ilícita com parentes (até o quarto grau de consanguinidade) do outro cônjuge, novas medidas e procedimentos deveriam ser adotados.[61]

Para as bodas, celebradas por um sacerdote via de regra na igreja em que os nubentes eram fregueses, era necessária a assistência de dois homens adultos como testemunhas.

Uma vez apresentadas a estrutura e as potencialidades da documentação analisada, passemos às histórias individuais, objetivando traçar um perfil dos percursos traçados pelos sujeitos do universo de pesquisa. Entretanto, há que se atentar para o fato de que se, por um lado, as informações repetidas permitem forjar um padrão de comportamento do grupo, por outro, as narrativas miúdas e fragmentadas dos contraentes e das testemunhas surpreendem com elementos novos e singulares. Por isso, apoiada em Sheila

---

61 Sheila de Castro Faria, *op. cit.*, p. 60.

de Castro Faria, considerarei as histórias individuais, antes de exemplares, exemplos de caminhos trilhados.[62]

Em 23 de janeiro de 1763, Antonio José Pinto e Maria Fernandes da Conceição casaram-se na Sé, tendo por testemunhas Bernardo Guedes de Toledo e Francisco Pinto de Araújo.[63] Algum tempo antes da celebração, entretanto, tivera início o processo de casamento, que contou com a inquirição dos justificantes e a audição de testemunhas, com vistas a se comprovar a inexistência de impedimentos por parte dos contraentes.

Pelo depoimento do mercador, descobrimos que

> com doze anos mais ou menos, saíra da dita sua freguesia [Santa Eulália de Barrosas, termo de Guimarães, arcebispado de Braga] em direitura para a cidade do Porto, onde se demorou seis meses, (...) se embarcou em direitura para a cidade do Rio de Janeiro, onde demorando-se coisa de vinte dias, se embarcou para a vila de Santos, de onde tinha demora só de oito dias, veio para esta cidade, onde assiste há catorze anos, em cujo decurso de tempo tinha feito quatro viagens à cidade do Rio de Janeiro a buscar seu negócio, porém que, nem nesta dita cidade do Rio de Janeiro, nem em outra alguma freguesia, fora esta cidade e sua pátria, tinha assistido por tempo de seis meses, e que o seu estado é de solteiro, livre e desimpedido.[64]

Querendo casar-se com Escolástica de Godói Ferraz, filha legítima de Tomé Pimenta de Abreu e de Josefa de Araújo Ferraz, Manuel Carvalho Pinto foi inquirido pelo vigário em 1741. Segundo o registro do escrivão, ele depôs que era natural e batizado na freguesia de São Tomé de Covelas, concelho de Baião, bispado do Porto, filho legítimo de Manuel Magalhães Pinto e Tereza de Seixas Carvalho,

> e que da dita sua pátria se ausentara para esta América ainda rapaz, que teria de idade onze para doze anos, e que se embarcara na cidade do Porto, aonde sem demora se embarcara para a cidade de Lisboa, aonde se demorou cerca de seis dias, e desembarcara na cidade do Rio de Janeiro, donde sem demora fizera viagem para as Minas Gerais do Ouro Preto, onde se dilatara dois anos sem que fizesse domicílio certo, sempre girando por caminhos com ocupação de carregações em seus cavalos, donde se retirara para esta cidade de São Paulo, onde é morador há dezesseis anos, e que sendo morador nesta dita cidade fizera suas viagens ao Cuiabá e a Goiás, porém sem demora considerável, e que sempre se conservou no estado de solteiro, livre e desimpedido.[65]

---

62 Sheila de Castro Faria, *op. cit.*, p. 21.

63 ACMSP – Registros de casamentos da catedral da Sé, livro 2, fl. 206.

64 ACMSP – Dispensas e processos matrimoniais – 4-79-595.

65 ACMSP – Dispensas e processos matrimoniais – 4-14-91.

As transcrições destes fragmentos revelam, com impressionante riqueza de detalhes, as trajetórias e ocupações dos dois mercadores, desde a saída de suas pátrias até o momento em que se preparavam para tomar o estado de casados. Por meio de seus depoimentos, é possível conhecer suas origens – as comarcas minhotas de Guimarães e do Porto; os portos de embarque no reino – Porto e Lisboa – e de desembarque na colônia – Rio de Janeiro; os lugares por onde passaram ou viveram, antes da chegada a São Paulo – Santos e Minas Gerais – e, por fim, outras áreas coloniais com as quais mantinham negócios durante a permanência na capital – Rio de Janeiro, Cuiabá e Goiás.

Embora disponha de dados dos processos de casamento de cinquenta e sete sujeitos,[66] figuram nesta documentação nomes de cerca de 90% dos agentes mercantis do universo de pesquisa, já que muitos aparecem como testemunhas, pais e/ou avós das noivas.

Tal como Jorge Pedreira, verifiquei que a maioria saía de sua terra natal entre 10 e 19 anos[67] e, ainda, que alguns haviam morado em outras cidades, que não a própria pátria, antes de embarcarem.

As testemunhas de Antonio Xavier Garrido, natural de Barcelos, arcebispado de Braga, declararam tê-lo conhecido na cidade de Lisboa, onde vivera durante oito anos na freguesia de Nossa Senhora da Encarnação. Manuel de Araújo Costa disse, inclusive, que ambos vieram embarcados juntos para o Rio de Janeiro.[68]

Manuel José da Cunha parece ter realizado o mesmo trajeto, saindo da freguesia de São Cipriano, arcebispado de Braga, e residindo em Lisboa, durante os anos de 1716 e 1717, na freguesia de São José. Foi de lá que ele e as testemunhas Antonio Tavares de Almeida e João Batista de Carvalho partiram na nau Santa Rosa em direção à colônia.[69]

Juntos também vieram do Rio de Janeiro para Santos, na sumaca de Antonio da Costa Lobo, em 1722, Francisco de Sales Ribeiro, natural de Lisboa, e Manuel de Macedo, natural da freguesia de São Lourenço de Riba de Selho, comarca de Guimarães, então com 11 anos de idade.[70]

Já José Francisco Guimarães declarou que saíra com oito anos da freguesia de Santo Estevão de Urgezes, termo da vila de Guimarães, para a cidade do Porto, onde assistira por tempo de aproximadamente dois anos. Cristóvão da Rocha Rodrigues confirmou o

---

66 Dos 57 processos de casamentos dos agentes mercantis do universo de pesquisa, 54 referem-se a reinóis.

67 Não foram todos os contraentes que declararam a idade aproximada com que haviam deixado o reino, como fizeram Antonio José Pinto e Manuel Carvalho Pinto. Para os processos em que não havia registro, quando possível, procurei contabilizá-las a partir das certidões de batismo, de casamento, de certas informações que forneciam dados para cálculo, como os anos em que estavam na colônia, e por meio do cotejamento com outros corpos documentais.

68 ACMSP – Fichas – São Paulo – dispensa – século XVIII –1731.

69 ACMSP – Dispensas e processos matrimoniais – 4-4-18.

70 ACMSP – Dispensas e processos matrimoniais – 4-6-22.

64 A TEIA MERCANTIL: NEGÓCIOS E PODERES EM SÃO PAULO COLONIAL

depoimento do justificante, relatando que "o conhecimento que dele tem foi na cidade do Porto e na do Rio de Janeiro, por morarem ambos em uma cidade como na outra em umas mesmas casas ambos".[71]

A cidade do Porto também foi o destino de João da Silva Machado quando deixou a freguesia de São Salvador de Lordelo, no mesmo bispado, com idade de 11 para 12 anos. Embora não conste de seu depoimento, as testemunhas José Duarte Pinto e Manuel Antonio dos Santos afirmaram que, durante os dois anos em que lá permaneceu, Machado estivera aprendendo o ofício de candeeiro. Semelhante informação também foi dada por Mateus Colheiro [...] e Luis Rodrigues Pereira, só que para as bandas coloniais, já que disseram conhecê-lo da cidade do Rio de Janeiro, onde residira na rua dos Pescadores, freguesia de Santa Rita.[72]

Foi raro encontrar menção aos ofícios desempenhados pelos jovens agentes mercantis. Além do caso narrado, pela fala de Francisco Xavier Passos, tomei conhecimento de que Manuel Francisco de Melo aprendera o ofício de ourives em sua terra natal, na Ilha Terceira, arquipélago dos Açores.[73] E que Matias da Silva aprendera o de alfaiate na Bahia, onde desembarcou com 15 ou 16 anos.[74]

Havia rapazes, entretanto, que não pretendiam morar nas cidades portuárias, porém algumas vezes eram obrigados a se demorar em tais localidades à espera da próxima frota para o Brasil. Foi o caso de Paulo Filgueira de Carvalho, natural da freguesia de São Pedro da Torre, termo de Valença do Minho, que, com 12 para 13 anos, assistira quatro meses em Lisboa, enquanto a nau não partia.[75] Manuel Francisco Vaz e Manuel de Faria Couto, com idades de 15 e 19 anos respectivamente, fregueses de Santa Eulália de Barrosas, também tiveram que permanecer quinze dias na cidade do Porto até que pudessem embarcar.[76]

Em todos os relatos, Lisboa e Porto aparecem como as cidades derradeiras onde os jovens moraram antes do embarque para a colônia. Somente o caso de Domingos Fernandes Lima parece diferir dos demais, pois, segundo a fala de João Rodrigues Portela,

---

71 ACMSP – Dispensas e processos matrimoniais – 4-11-73.

72 ACMSP – Dispensas e processos matrimoniais – 4-61-410. Em 18.12.53, ele apresentou fiador à Camara Municipal para abrir loja de fazenda seca. *Registro Geral da Camara Municipal de S. Paulo 1750-1763*. São Paulo: Typographia Piratininga, 1919, vol. x, p. 243.

73 ACMSP – Dispensas e processos matrimoniais – 4-4-16. Em 17.01.1739, ele foi mencionado como um dos cabos dos mercadores responsáveis pela decoração da cidade para a recepção do governador. *Actas da Camara Municipal de São Paulo 1737-1743*. São Paulo: Typographia Piratininga, 1916, vol. xi, p. 183-5.

74 ACMSP – Fichas – São Paulo – dispensa – século XVIII – 1721. Em 17.07.1737, ele apresentou fiador à Câmara Municipal, como mercador de loja aberta. *Registro Geral da Camara Municipal de São Paulo 1710-1734*. São Paulo: Typographia Piratininga, 1917, vol. IV, p. 572.

75 ACMSP – Dispensas e processos matrimoniais – 4-38-233.

76 ACMSP – Dispensas e processos matrimoniais – 4-46-280.

vindo ele testemunha da sua freguesia e do justificante (freguesia de Santa Maria da Cabração, concelho de Ponte de Lima, arcebispado de Braga), o achou na companhia de seu pai morando na cidade de Lisboa, a tempo que poderia ter o justificante oito anos, e ouviu dizer aos patrícios do justificante que este ainda rapaz de menor idade voltara para a sua terra onde estivera alguns anos, passados os quais veio para este Brasil.[77]

Se, para Portugal, é difícil verificar outros deslocamentos realizados pelos agentes mercantis que não fosse a saída da pátria em direção ao porto de embarque, para a colônia, a realidade era bastante diversa. Às vezes, eles demoravam meses ou até mesmo anos para chegar à cidade de São Paulo e aqui se estabelecer, morando em outras localidades ou passando de uma para outra sem residência fixa.

Os dados disponíveis revelam que cerca de 60% dos comerciantes reinóis,[78] antes de se fixar em solo paulistano, percorreram as regiões do Rio de Janeiro, Pernambuco, Bahia, Minas Gerais, Goiás, Cuiabá, Rio Grande, sendo a cidade carioca e as áreas mineratórias as que apresentaram maior incidência da passagem dos sujeitos, em geral, comerciando com cavalos e carregações. Talvez esta cifra ajude a entender a divisão dos estrangeiros que afluíram a São Paulo em emboabas e forasteiros, sugerida por Taunay.

Já foi mencionado anteriormente que Alexandre Monteiro de Sampaio viera para a casa de um tio em São Paulo, mas é preciso dizer que, antes de chegar aqui, ele assistira algum tempo nas minas de Ouro Preto e residira em Goiás, perto de um ano, no arraial de Santa Ana.[79] Minas Gerais e Goiás também foram os destinos de outros mercadores. Segundo o depoimento de Antonio da Silva Brito, ele sempre andara no caminho das minas, sendo freguês de Santo Antonio do Ouro Branco.[80] E Agostinho Duarte do Rego morara, durante seis meses, na freguesia de Nossa Senhora da Conceição, nas minas do Tocantins.[81]

Outrossim, foi em Goiás que José Gonçalves Coelho conhecera Manuel Gonçalves da Silva, quando ambos andavam pela região com seus negócios. Entretanto, estas minas não foram os únicos lugares pelos quais passaram. Segundo as testemunhas do processo de casamento de Manuel, era público e notório que ele havia morado cerca de seis meses na freguesia da Candelária, no Rio de Janeiro. Além disso, Manuel Soares de Carvalho, em seu depoimento, relatou que, quando estava nas minas do Cuiabá em

---

77 ACMSP – Dispensas e processos matrimoniais – 4-67-453.

78 Do total de 54 processos de casamento envolvendo reinóis, em 47 há menção aos trajetos percorridos pelos imigrantes desde o porto de desembarque até a cidade de São Paulo. Entre eles, a passagem por outras localidades antes da fixação em solo paulistano figura em 27 processos, ou seja, 57,44%.

79 ACMSP – Dispensas e processos matrimoniais – 4-5-20.

80 ACMSP – Dispensas e processos matrimoniais – 4-51-21.

81 ACMSP – Dispensas e processos matrimoniais – 4-10-62.

1743, o justificante chegara "com seus moleques, os quais logo dispusera e se retirara na monção que voltava para este povoado".[82]

José Gonçalves Coelho, por sua vez, em seu próprio processo, depôs que, após o desembarque, permanecera dois meses no Rio de Janeiro, de onde partira para as "Minas Gerais, Goiás e sertões, por onde sempre andou viandante com suas cargas em carregações de cavalos". As testemunhas José de Oliveira e Antonio Corrêa esclarecem que os sertões se referiam aos currais da Bahia, onde eles toparam com o justificante.[83] Foi também na Bahia que Sebastião Fernandes do Rego se criou na companhia de seus irmãos desde a idade de 12 para 13 anos até fazer-se homem, quando então se dirigiu para Santos.[84]

Se estes casos fogem um pouco do padrão, pela inserção da Bahia como um dos locais percorridos pelos agentes mercantis, o processo de casamento de Manuel Antonio de Araújo traz uma nova região colonial para o cenário dos caminhos trilhados por aqueles homens – o "continente de São Pedro".

De acordo com o padre José de Silva,

> [...] a primeira vez que o vira foi em cima da serra do Viamão, vindo do Rio Grande, e que nesse tempo poderia ter catorze ou quinze anos, e que vindo conduzindo uma tropa de seu irmão se passara para as Minas Gerais com a mesma tropa, aonde ele reverendo se foi encontrar com ele, andando o mesmo justificante em cobrança sem residência certa e permanente em terra alguma.[85]

Embora o contraente tivesse dito que só assistira no Rio Grande de São Pedro durante um ano e meio, a testemunha Jerônimo Pereira de Castro afirmou que o dito também residira no registro de Curitiba por tempo de dois anos e sete meses. Este depoimento obrigou o padre da vara episcopal de São Paulo a solicitar os banhos de naturalidade da freguesia de São Vitor, arcebispado de Braga, e que os proclamas corressem no Rio Grande e em Curitiba.

Foi também comerciando e conduzindo tropas que Antonio Francisco de Andrade permaneceu durante 35 anos antes de se fixar em São Paulo. Residindo na

---

82 ACMSP – Dispensas e processos matrimoniais – 4-82-623.

83 ACMSP – Dispensas e processos matrimoniais – 4-20-125.

84 ACMSP – Fichas – São Paulo – dispensa – século XVIII – 1720. Foi raro encontrar agentes mercantis que tivessem desembarcado em outros portos que não o do Rio de Janeiro. Além de Sebastião Fernandes do Rego, Matias da Silva aportara em Salvador. Para o desembarque em Pernambuco, só há menção a Manuel Luis da Costa, que aí "estivera 15 ou 20 dias e depois se partira para o sertão [...] e depois seguira sua viagem donde gastou 2 anos na dita viagem por ser sertão distante até chegar a esta cidade", ACMSP – Dispensas e processos matrimoniais – 4-26-156.

85 ACMSP – Dispensas e processos matrimoniais – 4-86-658.

freguesia de Santo Antônio do Ouro Branco, em Minas Gerais, realizou sucessivas viagens ao Rio de Janeiro e a São Paulo, ao longo de quatro ou cinco anos. Passado este período, estabeleceu-se nos Campos do Rio Grande de onde partia com tropas em direção às minas de Goiás e às Gerais e para onde regressava, assim procedendo por mais de duas décadas.[86]

Muitos desembarcavam no Rio de Janeiro e por lá ficavam algum tempo. José Francisco Guimarães, por exemplo, residiu na freguesia da Candelária durante oito meses, antes de vir trabalhar como caixeiro e morar na casa de Gaspar de Matos,[87] como já mencionado. Manuel Francisco de Melo igualmente assistira naquele sítio por um ano.[88] E, embora Matias da Silva tivesse chegado em Salvador, as testemunhas de seu processo afirmaram conhecê-lo do Rio Janeiro.[89]

José Rodrigues Pereira, por sua vez, viveu naquela cidade durante três ou quatro anos, de onde partira para a vila de Nossa Senhora de Santa Ana, nas minas de Goiás, passara algum tempo em São Paulo e para lá regressara após catorze anos. Na verdade, ele só veio definitivamente para São Paulo, em 1745, para se casar com Ana de Oliveira Montes, enteada de seu primo Tomé Rabelo Pinto, e por aqui se estabeleceu.[90]

Mais do que as localidades percorridas pelos agentes mercantis, os casos relatados revelam a característica da mobilidade espacial comum a uma grande quantidade de pessoas, além das envolvidas na pesquisa. Notável é pensar que os retalhos de vida começaram a ser tecidos porque cabia aos contraentes e às testemunhas atestarem que os sujeitos eram solteiros, livres e desimpedidos e, para tanto, tinham que relatar como sabiam das informações que estavam prestando.

Integrantes de uma sociedade que baseava sua verdade no "ouvi dizer" ou no que era "público e notório",[91] os homens inquiridos nos processos de casamento deixam transparecer, por meio de suas falas, o conhecimento geral que se tinha sobre as histórias individuais. Mas não só. As narrativas mostram que as histórias se construíam em conjunto, com a participação de uns nas trajetórias de outros, em redes espirais de convívio e parentesco.

Portanto, não era só ao chegar a São Paulo que os agentes mercantis reinóis encontravam parentes a acolhê-los ou mercadores a empregá-los como caixeiros. Antes disso, muitos já haviam se deparado com conterrâneos em outras paragens onde travaram con-

---

86 ACMSP – Dispensas e processos matrimoniais – 4-63-425.

87 ACMSP – Dispensas e processos matrimoniais – 4-11-73.

88 ACMSP – Dispensas e processos matrimoniais – 4-4-16.

89 ACMSP – Fichas – São Paulo – dispensa – século XVIII – 1721.

90 ACMSP – Dispensas e processos matrimoniais – 4-29-174.

91 Sheila de Castro Faria, *op. cit.*, p. 35.

68 A teia mercantil: negócios e poderes em São Paulo colonial

tato, fosse em suas terras de origem, nos portos de embarque em Portugal, nas naus em que realizaram a travessia do Atlântico ou em distantes regiões da América Portuguesa.

O fato é que, não importa qual tenha sido o percurso trilhado, um grupo de cem agentes mercantis optou por desenvolver seus negócios na cidade de São Paulo, aqui se fixou, ganhou projeção social e participou dos órgãos de poder local durante a primeira metade dos setecentos.

Para encerrar o capítulo parece interessante que se possa se aproximar do espaço de atuação dos comerciantes do universo de pesquisa, ou seja, a cidade e seu termo, com a localização de suas residências e lojas. Vários tipos documentais favorecem a descrição do núcleo urbano no século XVIII, especialmente do centro da capital: o livro de tombo da Catedral de São Paulo (1747), os recenseamentos de 1765 e 1767, os inventários e testamentos, as plantas e desenhos elaborados logo após a restauração da capitania.

Informações sobre a população e os contornos da urbe já figuravam no Livro de Tombo, elaborado pelo cura da Sé, Manuel José Vaz, por ordem do primeiro bispo da capitania, D. Bernardo Rodrigues Nogueira, em 1747. Os registros, em sua maioria, dizem respeito às práticas eclesiásticas da freguesia da Sé, mas não deixam de revelar dados sobre a vida de seus habitantes, já que havia a preocupação de se anotar a extensão da freguesia, seus limites, fogos e casas a ela pertencentes.

Pelo documento, tem-se conhecimento de que naquele ano "oitocentas são as casas desta cidade, e bairros fora dela sujeitos a esta Igreja. A sete mil pessoas se estende o número de confessados: Compreende toda a freguesia para a parte norte quatro léguas, para a do sul, quatro e meia, para o nascente dez, e para o poente seis: tantas são desta Igreja até onde assistem os últimos moradores destas quatro partes. Estende-se, correndo do nascente para o poente, o distrito desta freguesia a dezesseis léguas; e do norte a sul, chega a oito e meia, tudo pouco mais ou menos".[92]

Cerca de vinte anos depois, novos dados seriam arrolados no primeiro censo realizado em 1765 a mando do Morgado de Mateus. Sob os auspícios dos curas das freguesias e dos capitães-mores de vilas e distritos, o levantamento direto dos habitantes tinha objetivos militares e econômicos. Procurava-se conhecer o número de adultos disponíveis para as armas, devido aos problemas nas fronteiras do extremo-sul, e a produção econômica de cada localidade.[93] Para tanto, constavam das listas nominativas informações sobre os cabeças de cada fogo, suas ocupações, os nomes de suas esposas, filhos e agregados, as idades de cada um, os cabedais correspondentes e a localização dos domicílios.

Para o recenseamento, a cidade de São Paulo foi dividida, segundo critérios eclesiásticos e administrativos, em oito freguesias: Cidade, Santo Amaro, Cotia, Conceição dos Guarulhos, Nazaré, São João de Atibaia, Jaguari e Juqueri (figura 1). Os dados pormenorizados sobre os habitantes da freguesia da Cidade, que compreendia a Sé, Nossa

---

92 ACMSP – Livro de Tombo da Sé (1747-1785) – 2-2-17.

93 Maria Luiza Marcílio, *Crescimento demográfico...*, p. 33-4.

Senhora do Ó e Santana, Caguaçu e São Miguel, foram publicados no volume 62 dos *Documentos Interessantes para a História e Costumes de São Paulo* e serão a base para as análises aqui empreendidas.[94]

Figura 1: território da cidade de São Paulo – 1750

Fonte: Maria Luiza Marcílio, *A cidade de São Paulo: poamento e população, 1750-1850*. São Paulo: Pioneira/Edusp, 1973, p. 44.

Embora os dados sejam riquíssimos para reconstituição demográfica e social das populações, Maria Luiza Marcílio já chamou a atenção para as lacunas de informações. Segundo a historiadora,

> o primeiro recenseamento da população paulista ainda não foi universal. Nele não estavam incluídos os escravos. Negligenciou-se ainda a contagem das crianças menores de sete anos. (...) Os agregados, igualmente, nem sempre foram objeto de rigorosa listagem ou descrição. As ocupações do chefe de domicílio só excepcionalmente vinham indicadas nas relações.

---

94 *Documentos Interessantes para a História e Costumes de São Paulo*. São Paulo: Instituto Historico e Geographico de S. Paulo, 1937, vol. LXII (Recenseamentos 1765-1767).

E acrescentou adiante que "o medo do recrutamento levava os homens a se ocultarem nos matos, na época do censo, os pais a esconderem seus filhos varões, muitos a fugirem para outras capitanias próximas".[95]

Carlos de Almeida Prado Bacellar igualmente discutiu a confiabilidade das informações prestadas aos recenseadores, pois "sabe-se que havia o temor pela cobrança de impostos e pela requisição do fornecimento de gêneros para o abastecimento das tropas, o que impeliria os lavradores a subavaliar suas colheitas".[96]

Atenta aos alertas destes especialistas em demografia histórica, consultei o censo publicado de 1765 e também constatei alguns problemas. Embora as ocupações predominantes registradas sejam as de mercador, vendeiro e as relativas aos ofícios mecânicos, muitos agentes comerciais aparecem sem atividade econômica discriminada, o que sugere que não quisessem figurar ligados ao trato mercantil ou revelar seu cabedal.

Entre as pessoas arroladas como vendeiros, mercadores, homens de negócio e negociantes, 16 fazem parte do universo de pesquisa, pois participaram dos órgãos de poder local, entre 1711 e 1765. Entretanto, por meio dos dados compulsados em outras fontes primárias, identifiquei mais 26 agentes mercantis entre os chefes de domicílio. Destes, 22 aparecem sem ocupação definida, 3 figuram como caldeireiro, tabelião e viandante, e 1 estava ausente nas minas. Também pude verificar a residência de 7 viúvas de comerciantes. O censo de 1767 ainda trouxe o nome de mais um mercador que, por motivos alheios, não figurara na listagem anterior.

Considerando as informações dos censos e somados os dados sobre os bens de raiz descritos nos inventários e testamentos de outros comerciantes, consegui ter acesso à localização das moradias próprias ou herdadas de 69 sujeitos do universo selecionado, ao longo do século XVIII. Infelizmente, nem sempre foi possível determinar com exatidão as ruas onde moravam e/ou tinham suas lojas, em virtude da imprecisão dos nomes dos logradouros. Muitas vezes, estes eram identificados pela alcunha de um morador ilustre e, não raro, sofriam mudança onomástica no decorrer dos anos.[97]

---

95 Maria Luiza Marcílio, *op. cit.*, p. 44-5 e 78.

96 Carlos de Almeida Prado Bacellar, "A escravidão miúda em São Paulo colonial", in: Maria Beatriz Nizza da Silva (org.), *Brasil: colonização e escravidão*. Rio de Janeiro: Nova Fronteira, 2000, p. 253 (nota 23).

97 "Os sucessivos maços de população, que vão até o fim do período colonial, em tese, seriam um riquíssimo material de informes sobre a dinâmica das transformações ocorridas na trama urbana de São Paulo se não viesse a ser tão confuso o emprego de variados topônimos para um mesmo logradouro. É lícito supor que, à medida que o tempo fosse passando, a nomenclatura das ruas fosse se definindo de modo preciso ou definitivo. Ledo engano: em cada ano, cada recenseador usava a sua própria terminologia para indicar os variados rumos assumidos pela conveniência dos usuários. Isso demonstra que os bolsões entre ruas ainda não haviam adotado um traçado viário final. Até o fim do século XVIII, as ruas continuavam a ser reconhecidas nos documentos pelos nomes de seus moradores mais significativos", Carlos A. Lemos, "Organização urbana e

Os vestígios mercantis nos impressos e manuscritos 71

De toda forma, ultrapassando os obstáculos na medida do possível, verifiquei a concentração de comerciantes na área mais central da cidade, pois nenhuma menção é feita ao comércio nos bairros de Nossa Senhora do Ó, Santana, Tremembé, Cachoeira, Ambuassaba, Caaguaçu, Tatuapé, Aricanduva, São Bernardo, Borda do Campo, Nossa Senhora das Mercês, São Caetano, Penha e São Miguel. Duas hipóteses podem ser levantadas a este respeito: ou a maioria dos agentes mercantis morava e tinha loja no coração de São Paulo ou os recenseadores responsáveis pelas demais localidades não se preocupavam em colher tais informações.

Seja como for, o fato é que levando em conta os bens de raiz apenas dos agentes mercantis do universo de pesquisa, constatei sua predominância nas duas principais ruas da cidade – Direita e São Bento[98] –, que se cortavam em ângulo reto, no cruzamento denominado pelos coevos como "Quatro Cantos", hoje Praça Patriarca.

De acordo com Nestor Goulart Reis Filho,

> o traçado dessas duas ruas organizou urbanisticamente todo um lado da vila e depois cidade, até o final do século XVIII (...). Eram dois lados do chamado 'Triângulo'. Todas as outras ruas traçadas nesse quadrante foram apenas complementares aos 'quatro cantos' e ao Triângulo, que se completava com a Rua 15 de Novembro [antiga Rua do Rosário e depois Rua da Imperatriz]. Ali esteve o centro comercial de São Paulo no século XIX até meados do século XX.[99]

Ora, os dados coletados sobre a localização das moradias dos agentes mercantis podem antecipar a configuração de tal área como centro comercial, ainda que modes-

---

arquitetura em São Paulo dos tempos coloniais", in: Paula Porta Fernandes (org.), *História da cidade de São Paulo*, vol. 1: A cidade colonial. São Paulo: Paz e Terra, 2004, p. 177.

98 Dos 69 agentes mercantis para os quais há informação sobre a localização de suas moradias e lojas, foi possível contabilizar 56 residindo em logradouros na freguesia da Sé. Destes, 24 tinham bens de raiz na rua Direita e 8 na rua São Bento. Duas outras ruas também concentravam elementos do universo de pesquisa: a rua do Canto da Lapa, que contava com imóveis de 6 comerciantes e a rua do Cirurgião Fonseca, com 5. Entretanto, os estudiosos que analisaram a trama urbana de São Paulo setecentista não localizaram com precisão estas duas ruas. Pelas plantas da época e por seus comentários, tendo a crer, com ressalvas, que a primeira seja a atual rua Miguel Couto, antes conhecida como Beco da Lapa, ou a atual rua Álvares Penteado, que fora, anteriormente, chamada da Quitanda, da Misericórdia e do Comércio; e que a segunda fosse a rua São Gonçalo, hoje inexistente, pela incorporação à área da Catedral da Sé.

99 Nestor Goulart Reis. *São Paulo: Vila-Cidade-Metrópole*. São Paulo: Prefeitura de São Paulo, 2004, p. 40-1. Para análise do centro comercial de São Paulo na passagem do século XIX para o XX, em especial nas ruas do Triângulo, ver Heloísa Barbuy, *A cidade-exposição: comércio e cosmopolitismo em São Paulo, 1860-1914*. São Paulo: Edusp, 2006.

72 A teia mercantil: negócios e poderes em São Paulo colonial

to, para meados do século xviii. Não se pode esquecer que Affonso de Taunay, em sua obra *Pedro Taques e seu tempo*, escrita na década de 1920, já havia destacado a importância da Rua Direita nos setecentos, com as lojas de fazenda seca e as residências dos ricos negociantes.[100]

O "quatro cantos", tão disputado na primeira metade dos oitocentos pela elite paulistana, foi local de residência de abastados comerciantes na centúria anterior, entre os quais José Rodrigues Pereira, Manuel Mendes de Almeida e Manuel José da Cunha e Francisco Pereira Mendes, integrantes do universo de pesquisa.[101]

Era também neste cruzamento que se construíam, no período colonial, arcos enfeitados para a recepção das autoridades eclesiásticas e civis e de onde partiam os desfiles de andores pela Rua Direita em direção ao Pátio do Colégio dos Jesuítas.[102] Nestes eventos de congraçamento social, a cidade era toda enfeitada com flores nas portas das casas e nas ruas, tecidos nas janelas e carros ornamentados.

Em 06 de novembro de 1737, os camaristas publicaram um edital para que os moradores da cidade, cientes da chegada do general Gomes Freire de Andrade, pusessem três dias de luminárias, em reconhecimento da alegria e gosto com que o recebiam os habitantes da capitania. Outrossim, foram chamados os homens de negócio e os oficiais mecânicos de São Paulo, para com eles se assentar a factura dos arcos que se costumavam fazer nas entradas dos governadores.[103]

Para a chegada do primeiro bispo, os preparativos também giraram em torno da factura dos arcos na cidade. Em vereação de 20 de maio de 1751, decidiu-se que se construíssem três arcos: um feito à custa dos camaristas, junto à casa do conselho; outro, nos quatro cantos, feito pelos mercadores, para o que elegeram por

---

100 Affonso de Taunay, *Pedro Taques...*, p. 106. Benedito Lima de Toledo, apoiando-se nos levantamentos promovidos pelo Morgado de Mateus, igualmente considera a rua Direita a mais rica da cidade em meados dos setecentos. Benedito Lima de Toledo, "O Triângulo e a configuração de suas ruas e largos", in: *Cadernos de Fotografia Brasileira – São Paulo, 450 anos*, 2ª ed. Rio de Janeiro: Instituto Moreira Salles, 2004, p. 361-2.

101 aesp - Inventários 1º ofício - ord. 686 – cx. 74 (José Rodrigues Pereira); Inventários e testamentos não publicados – ord. 532 – cx. 55 (Manuel Mendes de Almeida); Inventários 1º ofício – ord. 651 – cx. 39 (Manuel José da Cunha).

102 Maria Vicentina de Paula do Amaral Dick, "A toponímia paulistana: formação e desenvolvimento dos nomes da Cidade de São Paulo", in: Paula Porta Fernandes (org.) *História da cidade de São Paulo*, vol. 1: A cidade colonial. São Paulo: Paz e Terra, 2004, p. 341. Segundo a autora, "com a expulsão dos jesuítas em 1759, os governadores vieram residir nas dependências da ordem. O Pátio do Colégio passou a chamar-se largo do Palácio, denominação que persistiu até a restauração da igreja (1936), quando ocorreu o retorno à denominação anterior (Pátio do Colégio). Nesse local, nasceu a Rua Anchieta", *Idem*, p. 359.

103 *Actas da Camara Municipal de S. Paulo 1737-1743*. São Paulo: Typographia Piratininga, 1916, vol. xi, p. 80.

cabos Manuel José de Sampaio e Manuel Rodrigues Ferreira; outro, no canto da Misericórdia, construído à custa dos taverneiros e de todos os oficiais mecânicos, tendo por cabos José Duarte Pimentel e Manuel Lopes. Ordenou-se, ainda, que se elaborasse o rol dos moradores, que pagariam por tais arcos, já que os gastos seriam rateados por todos.[104]

Os vértices do "triângulo", à beira de terrenos escarpados, eram ocupados pelos edifícios religiosos mais importantes da cidade de São Paulo, construídos ainda no século de sua fundação e na primeira metade do seguinte. No extremo leste, a ordem religiosa dos carmelitas iniciou a edificação de seu convento em 1592, de onde nascia um caminho rumo a São Miguel, passando pela ponte do Carmo sobre o rio Tamanduateí (antigo Rio Piratininga). Também era por este caminho que chegavam os viajantes vindos do Rio de Janeiro.

Logo em 1598, foi a vez dos beneditinos instalarem seu mosteiro no extremo norte da colina, à beira do caminho dos Campos do Guaré, em direção ao bairro da Luz. Segundo Benedito Lima de Toledo, "a igreja do mosteiro voltava-se para a de São Francisco, unidas pela rua Direita e São Bento, um dos lados do Triângulo. Do altar-mor de um dos templos poder-se-ia, teoricamente, vislumbrar o outro".[105] Pela descrição, já é possível localizar as instalações primitivas da ordem religiosa dos franciscanos, edificadas na década de 1640, no vértice sul, tendo o Vale do Anhangabaú à retaguarda.[106]

Se os estudiosos concordam que as diretrizes urbanísticas de São Paulo já estavam traçadas desde o seiscentismo e que poucas mudanças sofreram até 1765, é importante destacar que muitos templos conventuais e edifícios administrativos foram construídos ou passaram por reformas na primeira metade do século XVIII, o que indica que a cidade não estava estagnada, mas antes buscava se adaptar à nova configuração mercantil que se esboçava e seria acentuada a partir da restauração da capitania.

Os templos de Santo Antônio e da Misericórdia, localizados nos extremos opostos da rua Direita, foram praticamente reedificados em 1717. No mesmo ano, foi projetada a nova Casa da Câmara e sua construção teve início após três anos no adro de São Francisco, na esquina da rua do Ouvidor, depois rua da Cadeia e hoje José Bonifácio.[107] As obras da Igreja de Nossa Senhora do Rosário começaram por volta da década de 1720, no local onde hoje se encontra a Praça Antonio Prado. Melhoramentos foram feitos no templo e no mosteiro de São Bento entre 1733 e 1743. A igreja e o convento dos jesuítas

---

104 *Actas da Camara Municipal de S. Paulo 1749-1755*. São Paulo: Typographia Piratininga, 1918, vol. XIII, p. 264-5.

105 Benedito Lima de Toledo, *op. cit.*, p. 367.

106 Sobre a construção das edificações das três ordens religiosas, ver Carlos Lemos, *op. cit.*, p. 152-3.

107 Somente na década de 1780, a Casa de Câmara e Cadeia foi transferida para o campo de São Gonçalo, hoje Praça João Mendes, e demolida em 1877. Carlos Lemos, *op. cit.*, p. 170.

foram aumentados e remodelados nas décadas de 1740 e 1750. No largo da Sé, a igreja de São Pedro foi erguida em 1740 e a Matriz começou a ser reconstruída em 1745, tendo o seu frontispício terminado em 1764.[108]

Portanto, quando da chegada do Morgado de Mateus e da realização do primeiro censo, o centro da cidade de São Paulo, delimitado pelos rios Tamanduateí e Anhangabaú, era formado por cerca de dez ruas bem definidas, articuladas por becos, travessas e azinhagas, pelos largos dos principais templos religiosos e pelos pátios do Colégio e da Sé.

A *Planta da Imperial Cidade de São Paulo*, chamada por Nestor Goulart Reis de "Planta da restauração da capitania" e considerada a mais antiga planta de conjunto da cidade, parece o documento mais fidedigno para que se tenha ideia da localização das ruas e das igrejas de São Paulo referidas nos parágrafos anteriores (figura 2). Embora não se saiba a data de sua confecção, o urbanista acredita que ela tenha sido elaborada entre 1765 e 1774, mas contenha informações referentes a três momentos distintos da história da cidade. Isto porque, era mais fácil aos engenheiros militares e profissionais reaproveitarem traçados existentes e neles fazerem acréscimos do que elaborar uma nova planta de acordo com as normas técnicas exigidas.

Segundo suas análises, "a planta não poderia ser anterior a 1762, pois nesse ano foi aberto o Largo de São Gonçalo [hoje praça João Mendes] que foi registrado no desenho. Mas também não poderia ser posterior a 1774, pois ali não comparecem a ponte e o chafariz do Bexiga, construídos naquele ano". Sobre o traçado original teriam sido incluídas, mais tarde, informações sobre edifícios públicos construídos a partir de 1774: o Quartel da Legião dos Voluntários Reais (1774/90), a nova Casa de Câmara e Cadeia no largo de São Gonçalo (1784/91) e a nova Igreja da Ordem Terceira de São Francisco (1787). Por fim, para garantir o uso do desenho após a independência do Brasil, a legenda original teria sido retirada e o título da planta modificado.[109]

A presença de comerciantes residindo no centro de São Paulo revela uma mudança de comportamento com relação aos moradores do século XVII. Enquanto os proprietários analisados por Alcântara Machado moravam preferencialmente em suas chácaras e sítios e só se deslocavam à cidade quando tinham negócios a fazer,[110] os ricos habitantes dos setecentos possuíam imóveis tanto na área urbana como nas cercanias da cidade. De acordo com os dados coletados nesta pesquisa, a explicação para tal situação recairia principalmente no ingresso de reinóis que se dedicavam às atividades mercantis.

---

108 Para maiores informações sobre as construções e reformas, ver Ernani da Silva Bruno, *História e tradições da cidade de São Paulo*, vol. 1: Arraial de Sertanistas (1554-1828). São Paulo: Hucitec, p. 123-32 e Carlos Lemos, *op. cit.*, p. 159-60.

109 Nestor Goulart Reis, *op. cit.*, p. 67-73 e 234-5.

110 Alcântara Machado, *Vida e morte do bandeirante*. Belo Horizonte: Itatiaia; São Paulo: Edusp, 1980.

Os vestígios mercantis nos impressos e manuscritos   75

Fonte: Nestor Goulart Reis, *São Paulo: Vila-Cidade-Metrópole*, São Paulo: Prefeitura de São Paulo, 2004, p. 46-7 (original: Arquivo Histórico do Exército – Rio de Janeiro).

Resta-nos investigar que atividades mercantis eram estas. Ao longo de todo o texto, foram mencionados homens de negócio, negociantes, mercadores, vendeiros, caixeiros, tropeiros, comboieiros e boiadeiros, mas não se analisou o emprego das terminologias nem os negócios realizados por eles. Antes, privilegiou-se compreender como a historiografia havia interpretado os rastros deixados pelos homens de comércio nos setecentos e, num segundo momento, mergulhar nas fontes em busca de vestígios que revelassem alguns traços de suas vidas – identidades, origens, percursos e espaços de atuação.

No próximo capítulo, procurarei abordar os tipos de atividade comercial e os produtos envolvidos nas transações mercantis que se desenvolviam na cidade de São Paulo ou dela irradiavam para o abastecimento de outras áreas coloniais. A partir da caracterização dos agentes e das práticas comerciais, pretendo elucidar os critérios que orientaram a constituição do grupo de comerciantes do universo de pesquisa.

Capítulo 2

A circulação de homens e mercadorias

Para o conhecimento do universo de práticas do comércio paulistano setecentista, as Atas e o Registro Geral da Câmara Municipal de São Paulo são fontes preciosas. Entretanto, é necessário ter disposição para ultrapassar a aridez da documentação para reconhecer a riqueza de informações submersas no conjunto de atos de vereações repetitivos, cuja estrutura uniforme se mostra muitas vezes enfadonha. Paradoxalmente, é esta mesma repetição que permite ao leitor constatar as recorrências de práticas cotidianas e o ritmo da vida dos moradores da cidade e seus visitantes no século XVIII.

Além das vereanças, as Atas dispõem de outros tipos de documentos que muito ajudam a compreender as dinâmicas que envolviam as relações socioeconômicas no espaço urbano de São Paulo de outrora: as aberturas de pelouros, as eleições de barrete, os termos de posse e juramento dos oficiais da câmara e demais funcionários coloniais, as correições, as audiências, as fianças, os editais, os bandos dos governadores, os requerimentos dos camaristas e de segmentos sociais, as petições da população, as correspondências entre diferentes instâncias de poder na capitania e na colônia, as denúncias e os depoimentos de testemunhas, entre outros.

O Registro Geral, por sua vez, apesar de não ser produzido com a mesma assiduidade das Atas, cobre todo o período em questão e, ocasionalmente, complementa um tema descrito nos termos de vereação. Como o próprio nome sugere, esta fonte se compõe dos registros feitos pelo escrivão da câmara dos assuntos julgados importantes pelos camaristas. Desta forma, não só os fatos cotidianos são registrados como também posturas e regimentos elaborados em anos anteriores ou, até mesmo, nos séculos XVI e XVII. Ou seja, embora a correspondência entre as Atas e o Registro Geral nem sempre seja balizada pela cronologia, via de regra, os assuntos figuram nos dois materiais. Fazem parte dos livros do Registro Geral, mandados dos oficiais da câmara, bandos de governadores, cartas patentes, cartas de sesmaria, provisões, correspondências entre autoridades coloniais e metropolitanas, alvarás, capítulos de correição, quartéis, termos de fianças, cartas de exame e licenças dos ofícios mecânicos etc.

80 A teia mercantil: negócios e poderes em São Paulo colonial

Entre as obrigações municipais, a Câmara supervisionava a distribuição de cháos de terra; lançava taxas municipais; passava licenças para aforamentos, construção e negócios; assegurava a edificação e manutenção de obras públicas; estabelecia os feriados e organizava as cerimônias civis e religiosas; fixava o preço de mercadorias e mantimentos; controlava os contratos e ofícios mecânicos e era responsável pelo policiamento da cidade e pela saúde e saneamento públicos.

Face às atribuições deste órgão de poder local, parece claro ser possível penetrar no universo mercantil da cidade de São Paulo, entre 1711 e 1765. Embora buscasse vestígios dos homens e de suas atividades comerciais em todos os registros dos camaristas, alguns se mostraram mais profícuos que outros. Os conteúdos presentes em três tipos documentais serão descritos para que se possa visualizar as informações relativas aos agentes mercantis: os editais das correições, a audição de testemunhas nos casos de denúncias e os termos de fianças.

Regularmente, as casas e as vendas eram submetidas às vistorias dos oficiais da câmara e seus auxiliares, responsáveis pela fiscalização e aplicação de multas aos infratores. Antes de saírem em correição, os almotacés publicavam editais para que os moradores estivessem cientes dos procedimentos a serem adotados.

No intervalo temporal desta pesquisa, o primeiro edital público ocorreu em 25 de janeiro de 1718 e anunciava a todos os vendilhões, taverneiros e oficiais mecânicos que, aos 26 do mês de fevereiro vindouro, se daria a correição geral na cidade de São Paulo. Para tanto, todos deveriam ter em mãos seus escritos de aferimentos e regimentos de ofícios com as devidas revistas. A fim de aferir varas, côvados, meios alqueires e medidas miúdas, deveriam recorrer ao aferidor José Corrêa da Silva, e para os aferimentos de marcos, balanças e pesos, ao aferidor Antonio de Campos Maciel. Outrossim, ordenava a toda pessoa de qualquer qualidade que fosse moradora na cidade e seu termo, ainda que fosse locatária, que tivesse as covas de suas testadas limpas e arrasadas, tanto para parte da rua como para os quintais; e consertados os muros arruinados, para que não se pudesse fazer deles emboscada. Aos comerciantes e moradores infratores, recairia a multa de seis mil réis para as despesas da Câmara, além do que os primeiros estariam sujeitos a trinta dias de cadeia.[1]

Dois personagens ligados às atividades mercantis são mencionados – vendilhões e taverneiros –, os mais variados pesos e medidas aludem aos gêneros alimentícios e mercadorias produzidos na capitania ou trazidos de outras áreas coloniais, além disso, são discriminadas as penalidades aplicadas aos transgressores.

Com o passar dos anos, os editais dos almotacés foram ficando cada vez mais detalhados e as atividades e segmentos mercantis descritos com minúcias. Assim, por exemplo, em fevereiro de 1741, o almotacé Pedro da Rocha Pimentel avisava as quitandeiras

---

1 "Registro do quartel sobre a correição geral a vinte e seis de fevereiro", *Registro Geral da Camara Municipal de S. Paulo 1710-1734*. São Paulo: Typographia Piratininga, 1917, vol. x, p. 317-8.

A circulação de homens e mercadorias 81

para que tivessem suas vendas limpas e varridas, evitando o acúmulo de lixo, sob pena de pagar, cada uma, dois vinténs de sua condenação para os presos. As padeiras deveriam estar, no dia da correição, a postos nas quitandas com suas licenças de pão e escritos de aferição revistos pelo escrivão das almotaçarias e eram proibidas de atravessar o alimento ao povo. Além delas, toda pessoa que vendesse bananas, laranjas limas, limões, melancias, melões, abóboras, marmelos, sem primeiro almotaçá-los, incorreria na pena de cinco tostões. Multa similar teriam aqueles que vendessem fumos às varas, nas quitandas ou fora delas, sem dar conta ao aferidor, ficando, inclusive, sujeitos a terem o produto perdido para os presos.[2]

O edital lançado em 1743 ainda esclarecia que nas quitandas públicas deveriam estar à disposição feijões, milhos, ovos e legumes da terra e não em posse de taverneiros e homens de loja, que costumavam comprá-los, por atravessamentos, com a maliciosa intenção de os reterem em suas casas, a fim de encarecê-los, e revenderem ao povo por preços exorbitantes.[3]

Se os documentos revelam os produtos comercializados nas quitandas e nas ruas, ou seja, disponíveis no comércio fixo e ambulante, também nos dão a conhecer o expediente do atravessamento praticado por taverneiros e mercadores que, infringindo as normas, vendiam mantimentos que não lhes era permitido em seus estabelecimentos.

Outrossim, foi uma infração que levou vários agentes comerciais à Câmara, em 22 de março de 1749, após a denúncia que apresentou João Rodrigues Moreira contra Antonio da Costa Varela, acusando-o de vender negros novos vindos do Rio de Janeiro, sem ter dado entrada dos escravos, nem ter feito neles vistoria, como era determinado pelo órgão concelhio. Para prova da denúncia, apresentou por testemunhas o cirurgião Antonio da Mota, Francisco Antunes, que declarou viver de seus negócios, Tomás José de Oliveira, meirinho da igreja, os vendeiros João Ribeiro Brito e Antonio Pereira Coelho e o caixeiro de loja Manuel Barbosa de Oliveira. Frente aos depoimentos, pareceu aos camaristas legítima a alegação do denunciante, tanto que condenaram o réu em vinte mil réis pagos da cadeia.[4]

---

2 "Registro de um edital dos oficiais da Câmara para a correição geral", *Registro Geral da Camara Municipal de S. Paulo 1735-1742*. São Paulo: Typographia Piratininga, 1918, vol. v, p. 169-70; "Registro de um edital do almotacé o capitão Pedro da Rocha Pimentel", *Registro Geral da Camara Municipal de S. Paulo 1735-1742*. São Paulo: Typographia Piratininga, 1918, vol. v, p. 171-2.

3 "Registro de um edital dos oficiais da Câmara deste ano de quarenta e três para as posturas nele mencionadas", *Registro Geral da Camara Municipal de S. Paulo 1743-1744*. São Paulo: Typographia Piratininga, 1918, vol. vi, p. 6-8.

4 *Actas da Camara Municipal de S. Paulo 1749-1755*. São Paulo: Typographia Piratininga, 1918, vol. xiii, p. 37-43.

Veja-se que o corriqueiro apuramento da transgressão trouxe ao cenário pessoas envolvidas com quatro modalidades de atividades comerciais – comboio de escravos, negócios, vendas e loja.

Para a abertura dos dois últimos estabelecimentos, era obrigatório que os interessados comparecessem à Câmara a fim de obter licenças e apresentassem fiadores que se responsabilizavam por cobrir as despesas de seus fiados em caso de necessidade. A prática da fiança foi se tornando mais usual ao longo dos setecentos, e sua menção cada vez mais corrente na documentação.

A partir da década de 1720, há livros do Registro Geral – CMSP dedicados quase inteiramente ao registro de fianças para transporte de gado, abertura de lojas de fazenda seca e vendas, preparo e venda de pão, exercício dos ofícios mecânicos. Nestes documentos, era comum que fiado e fiador invertessem os papéis, ou seja, um se comprometia pelo outro em termos de fiança diferentes, às vezes, pela mesma atividade mercantil ou mecânica. Foi o caso, por exemplo, de Gaspar Dias de Castro e Antonio Xavier Garrido que, em 25 de outubro de 1726, compareceram ao órgão concelhio, apresentando-se simultaneamente como fiado e fiador para o estabelecimento das respectivas lojas de mercador.[5]

Em 16 de fevereiro de 1727, apareceu no Senado da Câmara Joaquim Lobo apresentando como seu fiador Manuel da Silva Costa para ter loja aberta de fazenda seca.[6] Meses depois, "apareceu presente Luis Tavares morador desta dita cidade e por ele foi dito que se obrigava como fiador e principal pagador de Manuel de Pinho a pagar por ele todas as condenações que se lhe fizessem por causa da venda que tinha nesta cidade".[7]

Se estes documentos mencionam mercadores, vendeiros, taverneiros, vendilhões, caixeiros, negociantes de escravos, quitandeiras, padeiras, atravessadores, outros tantos trazem à tona nomes de negociantes de gado, tropeiros, mascates, negras de tabuleiros, senhores de escravos vendeiros e padeiras, arrematantes de contratos camarários ligados ao abastecimento alimentar.

Dar conta das múltiplas categorias mercantis existentes em São Paulo setecentista e descrevê-las foram necessidades que logo se impuseram. Para tanto, tendo em vista as informações presentes na documentação consultada, recorri aos trabalhos de três historiadoras que analisaram a estrutura socioeconômica da capitania de São Paulo na segun-

---

5 "Termo de fiança que dá Gaspar Dias de Castro para abrir loja de mercador" e "Termo de fiança que dá Antonio Xavier Garrido para ter loja de mercador aberta", *Registro Geral da Camara Municipal de S. Paulo 1710-1734*. São Paulo: Typographia Piratininga, 1917, vol. IV, p. 533-4.

6 "Termo de fiança que faz Joaquim Lobo para ter loja aberta de fazenda seca de que apresentou por fiador a Manuel da Silva Costa", *Registro Geral da Camara Municipal de S. Paulo 1710-1734*. São Paulo: Typographia Piratininga, 1917, vol. IV, p. 537.

7 "Termo de fiança que dá às coimas Manuel de Pinho", *Registro Geral da Camara Municipal de S. Paulo 1710-1734*. São Paulo: Typographia Piratininga, 1917, vol. IV, p. 540-1.

da metade do século XVIII e de outros que se debruçaram sobre a temática do comércio e dos comerciantes nas minas setecentistas.

A partir das profissões declaradas pelos chefes de domicílios nos censos nominativos, realizados entre 1765 e 1836, na capitania de São Paulo, Maria Luiza Marcílio agrupou as várias ocupações por ramos de atividades e os dividiu em três setores básicos: primário, secundário e terciário. Segundo esta classificação, a maioria dos agentes mercantis estaria alocada no último setor, inserida no item "comércio".[8]

Embora este código socioprofissional para o período colonial contribua para o enquadramento dos comerciantes atuantes em São Paulo, entre 1711 e 1765, ele não pode ser transposto, tal qual foi elaborado, por duas razões principais.

Em primeiro lugar, alguns sujeitos, atrelados temporariamente ao comércio, não se encontram no referido setor, como é o caso dos criadores de gado relacionados no primário. Doceiros e padeiros foram arrolados no secundário e, apesar de arrematantes de bebidas, tropeiros, condutores e aqueles que vivem de suas agências estarem inseridos no setor de serviços, os primeiros se localizam no item "administrador público", os dois seguintes no item "transporte e comunicações" e os últimos, no item "outros serviços".

A partir da leitura da documentação, constatei que os criadores de gado se candidatavam a contratadores do corte de carne e eles próprios passavam a vender suas reses à população no açougue público. Em outros casos, quando não havia arrematação deste contrato, os criadores eram responsáveis pelo abastecimento do povo, comercializando a carne em suas próprias casas. As negras de tabuleiro e as padeiras, por sua vez, também sobreviviam e auferiam lucros aos seus senhores mediante a venda de quitutes e pães pelas ruas da cidade.

Como se vê, embora a atividade mercantil não fosse a ocupação primordial de alguns setores, em certos momentos, estes passavam a se relacionar diretamente com o comércio. Em uma carta endereçada ao rei, com data de 20 de fevereiro de 1736, o Conde de Sarzedas apontou o caráter difuso do exercício do comércio colonial, ao comentar que "todos os que há nela [praça de Santos], e ainda em toda a Capitania, com alguma inteligência e segurança vivem dos negócios e tratos em que comumente se exercitam".[9]

---

8 Constam deste item as seguintes denominações: "taberneiro, vendeiro, negociante, quitandeira, açougueiro, mercador, mascate, caixeiro, negócio de escravos, de molhados, de fazenda seca, compra e vende tropas de bestas, negociante em grosso, negócio de animais, guarda de armazéns, tem loja, tem quitanda, tem taberna etc.", Maria Luiza Marcílio, *Crescimento demográfico e evolução agrária paulista – 1700-1836.* São Paulo: Hucitec/Edusp, p. 61. Em dissertação de mestrado, focalizando a realidade mineira, Iraci del Nero da Costa, embora com algumas ressalvas, também fez uso da "Codificação socioprofissional das ocupações dos chefes de domicílio", proposta por Marcílio. Iraci del Nero da Costa, *Vila Rica: População (1719-1826).* São Paulo: FIPE, 1979.

9 "Sobre o arrombamento da alfândega de Santos pelo Juiz de fora para a extração do sal", *Documentos Interessantes para a História e Costumes de São Paulo.* São Paulo: Typographia Andrade & Mello, 1902, p. 223 (vol. XL: Correspondência do Conde de Sarzedas, 1732-1736).

Por isso, neste trabalho, a decisão tomada foi considerar como agentes mercantis os indivíduos que, por ocupação ou por conjuntura, obtinham rendas advindas das transações comerciais. É preciso ter claro que uma atividade não necessariamente excluía a outra, pois, nas sociedades pré-industriais, o comércio estava intimamente ligado à esfera da produção de alimentos e da pecuária.[10]

Nesta pesquisa, além dos sujeitos envolvidos com o comércio de gêneros "molhados" (bebidas e comestíveis em geral) e "secos" (tecidos, artigos de armarinho, instrumentos de trabalho, utilidades domésticas etc.), são levados em conta os negociantes de escravos e de gado, os tropeiros e os arrematantes dos contratos camarários relacionados ao abastecimento alimentar da população – carne e bebidas.

O segundo motivo que me impede de adotar por completo a referida codificação é o fato de ela ser insuficiente para responder inteiramente às minhas indagações. Não basta apenas categorizar os sujeitos, é fundamental tentar posicionar, hierarquicamente, os comerciantes no interior do próprio segmento mercantil, com base na relação entre os tipos de atividade econômica exercida, as fortunas acumuladas e os cargos ocupados nos órgãos de poder e distinção social.

Também apoiados nas listas nominativas, dois outros trabalhos dedicados ao estudo das elites paulistas na segunda metade do século XVIII procuraram construir hierarquias sociais para a população.

O primeiro, empreendido por Elizabeth Darwiche Rabello, radiografou a estrutura social da capitania de São Paulo, dividindo seus habitantes em estratos, cujos critérios foram profissão, renda e educação. No estrato inferior, a autora localizou os pequenos comerciantes, tropeiros, pescadores, oficiais mecânicos e artesanais e os indivíduos carentes de recursos; no estrato médio, situou os criadores, donos de tropas, negociantes, profissionais liberais, médicos, letrados, militares, funcionários públicos e clero; e no estrato superior, alto clero e senhores de engenho.[11]

Embora hierarquizasse os segmentos mercantis, a autora englobou vários agentes sob a mesma denominação, não particularizando suas atividades. Deste modo, torna-se difícil saber o que ela compreende por "pequenos comerciantes". Seriam eles lojistas, vendeiros e taverneiros? Quais seriam as especificidades de suas práticas? E os merca-

---

10 O caráter difuso do exercício do comércio colonial, praticado por agentes profissionais e por parte da população que se envolvia com tal atividade, foi ressaltado por Rae Jean Dell Flory, *Bahian society in the mid-colonial period: the sugar planters, tobacco growers, merchants, and artisans of Salvador and the Recôncavo, 1680-1725*, Austin: University of Texas, 1978; Júnia Ferreira Furtado, *Homens de negócio: a interiorização da metrópole e do comércio nas minas setecentistas*. São Paulo: Hucitec, 1999; Antonio Carlos Jucá de Sampaio, *Na encruzilhada do Império: hierarquias sociais e conjunturas econômicas no Rio de Janeiro (c.1650-c.1750)*. Rio de Janeiro: Arquivo Nacional, 2003.

11 Elizabeth Darwiche Rabello, *As elites na sociedade paulista na segunda metade do século XVIII*. São Paulo: Safady, 1980, p. 70-112.

dores também fariam parte deste grupo ou seriam considerados homens de negócio, juntamente com negociantes de escravos?

De forma diversa, Kátia Maria Abud procurou categorizar com mais precisão as práticas comerciais em razão da posição social proeminente alcançada pelo grupo mercantil na segunda metade do século XVIII. Segundo a historiadora,

> em 1765, seu cabedal conjunto [mercadores e homens de negócio] atingia 92:530$000, constituindo o maior por grupo profissional, e apresentava uma das mais altas médias de riqueza: 2:721$470, por chefe de fogo. Constituíam 5,37% da população ativa e concentravam 34,75% da riqueza.[12]

Para se ter uma ideia, a riqueza total, nesse ano, somava 266:243$000, e 5:370$000 correspondia às fortunas dos lavradores (senhores de terras), que totalizavam 10,27% da população ativa livre.[13]

Para estabelecer diferenças entre as práticas realizadas pelos agentes, Abud levou em consideração os níveis de riqueza, acompanhando inclusive as mudanças sofridas pela terminologia com o passar dos anos. De acordo com sua pesquisa, entre os comerciantes que detinham a maior parte da riqueza estavam os negociantes de animais, homens de negócio e os mercadores. Abaixo deles, havia os vendeiros, os taberneiros e os que viviam de suas agências e quitanda.

Considerando-se as informações das listas nominativas de 1765 e 1767, homens de negócio e negociantes seriam aqueles que comerciavam em grosso e tinham como objeto das transações comerciais mercadorias importadas e/ou exportáveis para outras capitanias ou para o reino; já o mercador seria identificado como o comerciante de loja aberta. No entanto, o mesmo já não ocorria no censo de 1798, no qual, inclusive, o termo mercador não figurava mais.

A explicação dada pela autora para este fenômeno traz à tona mais uma dificuldade encontrada pelos pesquisadores que se esforçam em caracterizar os agentes comerciais coloniais: o uso cambiante de terminologias entre os contemporâneos. Em suas próprias palavras,

> a documentação do século XVIII não permite que se estabeleçam com firmeza as diferenças existentes entre os grupos citados. O censo de 1765 discrimina os homens de negócio e o negociante, mercadores, vendeiros e os que 'vivem de suas agências'. Já em 1798, todos

---

12 Kátia Maria Abud, *Autoridade e riqueza: contribuição para o estudo da sociedade paulistana na segunda metade do século XVIII*. São Paulo: FFLCH/USP, 1978, p. 46 (dissertação de mestrado).

13 Ressalte-se a observação já feita no capítulo 1 com relação aos cabedais declarados não corresponderem necessariamente às fortunas dos chefes de fogo. Entretanto, mesmo sub-avaliadas, se tomadas em conjunto, as fortunas dos mercadores e homens de negócio são bastante superiores às do restante da população.

86 A teia mercantil: negócios e poderes em São Paulo colonial

aqueles que tinham em alguma atividade comercial sua base econômica viviam 'de negócios', seja de fazenda seca, de açúcar, de comprar escravos.[14]

Uma vez isto posto, Abud se restringiu a definir os vários segmentos de forma breve, sem, no entanto, discutir as ambiguidades dos termos homem de negócio e negociante, em 1765; nem incorporar outros agentes como taverneiros, tropeiros, negociantes de gado e de escravo. Quanto aos mercadores, apenas nos dá a saber que tinham loja aberta, mas não indica os produtos comercializados.

Postura diversa já havia sido adotada, mais de vinte anos antes, por Mafalda Zemella. Em *O abastecimento da Capitania de Minas Gerais no século XVIII*, ao tratar das atividades mercantis desenvolvidas nas vilas mineiras, a historiadora chamou a atenção para duas formas de comércio: o estável e o ambulante. Na primeira categoria, estavam relacionadas as lojas, as vendas e as boticas; e, na segunda, os mascates, os comissários volantes e os negros de tabuleiro.

A diferenciação básica estabelecida por Zemella entre as casas comerciais é a seguinte:

> Nas lojas, vendiam-se apenas 'fazendas secas', isto é, armarinhos, tecidos, enfim, artigos para indumentárias, utilidades domésticas, perfumarias etc. (...) Nas vendas, vendiam-se quase todos os artigos que se encontravam nas lojas e mais os "molhados", isto é, as bebidas, os comestíveis, as gulodices etc.[15]

Para os boticários, restava a venda exclusiva de medicamentos.

Tal classificação, no entanto, vem sendo contrariada por outros historiadores que, em suas pesquisas, defrontaram-se com múltiplas realidades. Em dissertação de mestrado defendida em 1995, intitulada *Perfeitos negociantes: mercadores das minas setecentistas*, Cláudia Maria das Graças Chaves analisou a dinâmica do mercado interno em Minas Gerais durante o século XVIII, sobretudo na segunda metade da centúria, investigando o desempenho das atividades comerciais no contexto das transformações econômicas ocorridas na capitania.

Apoiada em documentação fazendária produzida nos postos fiscais da capitania, Chaves abordou os gêneros comercializados, os próprios postos fiscais, as principais rotas de comércio das comarcas do Rio das Velhas e Serro Frio, as flutuações deste mercado interno, as práticas especulativas e monopolistas adotadas e acabou por traçar o perfil dos comerciantes que frequentavam estes registros.

---

14 Katia Maria Abud, *op. cit.*, p. 42.

15 Mafalda Zemella, *O abastecimento da Capitania de Minas Gerais no século XVIII*. São Paulo: Hucitec/Edusp, 1990, p. 163.

Embora orientada pela definição de comércio estável e ambulante adotada por Zemella, a historiadora buscou englobar todos os agentes mercantis de acordo com a prática do comércio volante ou fixo.[16] O primeiro compreendia os comerciantes que transportavam e vendiam suas mercadorias pelos caminhos de Minas, nas vilas e arraiais sem localização fixa ou em feiras, entre os quais se destacavam o tropeiro, o comboieiro, o boiadeiro, o atravessador, o mascate, a negra de tabuleiro. O segundo grupo compunha-se de vendeiros, lojistas e taverneiros, ou seja, os que compravam e revendiam mercadorias em seus estabelecimentos fixos.[17]

Chaves também manifestou a dificuldade em estabelecer distinções precisas entre lojistas, vendeiros e taverneiros, mesmo porque, segundo ela, à exceção de Zemella, os autores não se detiveram nas especificidades das casas comerciais. Embora não definisse a classificação que julgara satisfatória, lançou mão das descrições dadas pelos viajantes oitocentistas e fez referência ao trabalho sobre engenhos e casas de negócio no século XIX mineiro, coordenado por Clotilde Andrade Paiva, para quem as diferenças entre os dois estabelecimentos se apoiavam tanto no volume de gêneros comercializados como na sua localização nos núcleos urbanos.

Contrariando as afirmações de Zemella, os pesquisadores deste trabalho chegaram à conclusão de que "as vendas eram responsáveis pelo comércio de aguardente e de 'molhados', enquanto que a loja, de maior porte, comercializava aguardente, 'secos', 'molhados', remédios etc. Estas concentravam-se nas zonas urbanas, enquanto aquelas estavam dispersas pelas zonas urbana e rural".[18]

Semelhante constatação já havia sido anunciada por Júnia Ferreira Furtado na obra *Homens de negócio*. Ao caracterizar o comerciante colonial, em especial o que atuara em Minas Gerais, Furtado discutiu as obras de Zemella, Chaves e Charles Boxer a fim de construir a sua própria categorização. No tocante à questão da diferenciação entre lojistas e vendeiros, para além dos estoques que vendiam, a autora destacou a magnitude dos estabelecimentos, a localização e a condição socioeconômica de seus dirigentes, uma vez que sua preocupação também foi hierarquizar os agentes mercantis.[19]

---

16 No capítulo dedicado ao transporte de gêneros, utensílios e escravos, Zemella identificou tropeiros, boiadeiros e comboieiros, entretanto, não os incluiu entre aqueles que praticavam o comércio ambulante.

17 Cláudia Maria das Graças Chaves, *Perfeitos negociantes: mercadores das minas setecentistas*. São Paulo: Annablume, 1999, p. 49.

18 Esta nova classificação foi construída a partir de documentos de 1836, quando os juízes de paz da província prestaram esclarecimentos sobre as "Casas de negócio" existentes em cada município. Cláudia Maria Chaves, *op. cit.*, p. 61.

19 Júnia Ferreira Furtado, *Homens de negócio: a interiorização da metrópole e do comércio nas minas setecentistas*. São Paulo: Hucitec, 1999, p. 241.

88 A teia mercantil: negócios e poderes em São Paulo colonial

Em artigo posterior, escrito em coautoria com Renato Pinto Venâncio, Júnia Furtado mais uma vez refutou a ideia de Zemella acerca da separação de secos e molhados, mostrando que não havia especialização com relação aos artigos comercializados nas lojas e nas vendas. Apoiados em testamentos e inventários *post-mortem*, os autores trouxeram à cena vários casos em que os gêneros molhados faziam parte dos bens arrolados de lojistas.[20]

Há ainda uma consideração a fazer quanto à propriedade dos estabelecimentos. Em tese de doutorado sobre a política de abastecimento alimentar nas Minas setecentistas, Flávio Marcus da Silva afirmou que "as vendas eram estabelecimentos comerciais mantidos por indivíduos de ambos os sexos, geralmente homens e mulheres livres que deixavam seus escravos trabalhando no comércio enquanto se dedicavam a outras atividades".[21]

Tal afirmação, embora não seja inovadora por completo, explicita a existência de outros agentes envolvidos indiretamente na venda de produtos. Se os vendeiros são considerados sujeitos de baixo estrato social, o mesmo, talvez, não se possa dizer de seus senhores, que podiam se encontrar nos patamares mais elevados da pirâmide social.

Como se vê, as pesquisas têm demonstrado que é impossível, somente a partir da distinção entre os gêneros secos e molhados, enquadrar as atividades de lojista e vendeiro, pois o engessamento dos conceitos impede que se percebam as nuances das práticas mercantis e as linhas tênues que, por vezes, classificavam estes dois agentes.

Frente ao que foi exposto, volto à realidade de São Paulo setecentista para reconhecer quem eram e como atuavam os agentes mercantis ligados ao comércio fixo e volante. Primeiramente, procurarei caracterizar as atividades comerciais, na medida do possível, de forma individualizada e, num segundo momento, demonstrar como os indivíduos estavam atrelados ao trato mercantil por vários ramos de negócio, articulando a cidade a outros espaços coloniais. Finalizarei o capítulo explicitando os critérios que nortearam a busca de seus nomes entre os participantes dos órgãos de poder local.

2.1. Agentes formais e circunstanciais de comércio

Entre os sujeitos que desempenhavam atividades ligadas ao comércio fixo, destaco os mercadores, os vendeiros, os taverneiros, os caixeiros e as quitandeiras; entre os ambulantes, arrolo as negras de tabuleiros, as padeiras, os mascates, os que "vivem de suas agências", os tropeiros, os negociantes de gado e de escravos. Com exceção destes dois últimos, os demais estavam direta e reconhecidamente atrelados ao trato mercantil

---

20 Renato Pinto Venâncio & Júnia Ferreira Furtado, "Comerciantes, tratantes e mascates", in: Mary del Priore (org), *Revisão do Paraíso. Os brasileiros e o Estado em 500 anos de História*. Rio de Janeiro: Campus, 2000, p. 94-113.

21 Flávio Marcus da Silva, *Subsistência e poder: a política de abastecimento alimentar nas Minas setecentistas*. Belo Horizonte: Editora UFMG, 2008, p. 157.

A circulação de homens e mercadorias 89

e tinham suas práticas regulamentadas pela Câmara Municipal, características que me levaram a considerá-los agentes formais de comércio.

Sujeitos às normas da almotaçaria, os envolvidos com o comércio fixo deviam ter alvarás de licenças para funcionamento de seus estabelecimentos, bem como aferir, periodicamente, balanças, pesos e medidas.

Os agentes mercantis chamados lojistas pela historiografia mineira aqui serão denominados mercadores por duas razões: primeiramente, eram assim designados pelos escrivães todos os sujeitos que apresentavam fiança para "abrir loja de fazenda seca" ou "ter loja de mercador"; em segundo lugar, a fim de diferenciá-los dos oficiais mecânicos, como alfaiates e sapateiros, que também apresentavam fiadores para abrirem suas lojas.

Embora pela regulamentação camarária lhes fosse permitido vender somente "fazenda seca de mar em fora", são recorrentes, na documentação, denúncias aos mercadores, acusando-os de venda ilegal de determinados mantimentos, como apontado anteriormente.

Em 09 de julho de 1765, por exemplo, recorriam os vendeiros à Câmara, por meio de uma representação contra estes comerciantes, alegando que "havia muitos mercadores desta dita cidade que estavam em suas lojas vendendo sal, açúcar, lombos, fumos, farinha, feijão, milhos e algumas bebidas, gêneros só pertencentes aos ditos vendeiros e não a eles mercadores, que não pagavam nenhum tributo, nem estavam sujeitos a posturas algumas, tendo nisto grave prejuízo".[22]

Considerando justo o requerimento dos vendeiros, os camaristas publicaram um edital, determinando que, daquela data em diante, nenhum mercador poderia vender gênero algum dos declarados com multa de seis mil réis e trinta dias de cadeia aos transgressores. Como se vê, aqui também se atesta a indistinção das mercadorias vendidas nas lojas, com a mistura de secos e molhados, como já havia sido constatado para a realidade de Minas Gerais.

Pela documentação camarária, entretanto, não foi possível assegurar o que seria a "fazenda seca de mar em fora", mas os artigos comercializados nas lojas, arrolados nos inventários de vários comerciantes ativos na cidade de São Paulo, dão-nos ideia da infinidade de produtos oferecidos à população.

Os tecidos importados eram os mais variados e chegavam à colônia, pela metrópole, provenientes da Inglaterra, França e Holanda. Ao lado das fazendas vendidas em vara ou côvado, estavam disponíveis roupas dos vestuários feminino e masculino, calçados, acessórios, jóias, peças de rouparia, materiais de higiene. Comercializavam-se também utensílios domésticos para cozinhar, limpar e para o serviço de mesa; objetos de uso pessoal, de escritório, de trabalho manual; peças de mobiliário, de decoração e de culto;

---

22 "Registro de um edital que a requerimento dos vendeiros desta cidade aqui mandaram registar os oficiais da Camara a respeito dos mercadores não poderem vender sal, toucinho e fumo e tudo o mais se declara", *Registro Geral da Camara Municipal de S. Paulo 1764-1795*. São Paulo: Typographia Piratininga, 1920, vol. XI, p. 150.

instrumentos musicais e afins. Ainda havia apetrechos de trabalho para sapateiros, carpinteiros, ferreiros, parteiras e outros oficiais mecânicos; equipamentos de transporte e acessórios, armas e munições. Mas não só fazenda seca era vendida pelos mercadores, em suas lojas foram arrolados temperos, grãos, bebidas e preparados.[23]

O arrolamento das mercadorias mais uma vez comprova que, pelo menos nestas lojas, não havia especialização de mercadorias, ou seja, vendia-se quase tudo. Além disso, o estoque denuncia que muitos artigos eram importados. Como não há registros nas fontes de que os mercadores residentes em São Paulo fossem responsáveis pela importação direta de produtos do reino, certamente os adquiriam de outros negociantes estabelecidos no Rio de Janeiro ou em Santos. De fato, na documentação camarária e nos processos de casamento, é comum a menção às viagens realizadas pelos comerciantes no tempo das frotas para a realização de negócios.[24]

Pascoal Alvares de Araújo, que sempre residiu em São Paulo desde que chegara à América, deslocou-se algumas vezes ao Rio de Janeiro para "buscar fazenda para seu negócio, em cujas viagens não se demorava tempo que chegasse a três meses"[25]. O mercador também atendia outros comerciantes, como se comprova pelo inventário de João Rodrigues Vaz, do qual consta uma dívida de 339$498 procedida de "fazenda que lhe trouxe do Rio de Janeiro para sortimento da loja do inventariado".[26]

Também eram viagens de "ida pela vinda", como se dizia na época, as que Jerônimo de Castro Guimarães e Manuel de Faria Couto realizavam para aquela cidade.[27] Entretanto, alguns prolongavam a estadia, haja vista que Domingos Francisco de Andrade, ao depor no processo matrimonial de Manuel Gonçalves da Silva, afirmou que o contraente por vezes se demorava mais do que seis meses no Rio fazendo seus negócios.[28]

---

23 A lista pormenorizada das mercadorias disponíveis nas lojas será apresentada no capítulo 4.

24 Em geral, os comboios partiam do Reino em janeiro e regressavam do Rio de Janeiro em junho, cf. "Sobre partirem os comboios do Reino para o Rio de Janeiro em primeiro de janeiro, e voltarem do Rio em primeiro de Junho", *Documentos Interessantes para a História e Costumes de São Paulo*. São Paulo: Typographia Aurora, 1895, p. 51 (vol. XIII: Bandos e Portarias de Rodrigo Cesar de Meneses); "Carta Régia participando que os comboios partirão de Lisboa para o Rio em 1º de Janeiro de cada ano e voltarão a 1º de junho", *Documentos Interessantes para a História e Costumes de São Paulo*. São Paulo: Typographia Aurora, 1896, p. 130 (vol. XVIII: Avisos e cartas régias, 1714-1729); "Sobre as partidas das frotas de Lisboa e do Brasil", *Documentos Interessantes para a História e Costumes de São Paulo*. São Paulo: Typographia da Casa Eclectica, s/d, p. 149-150 (vol. XXIV: Cartas régias e provisões, 1730-1738).

25 ACMSP - Dispensas e processos matrimoniais – 4-65-442.

26 AESP – Inventários 1º ofício – ord.659 – cx. 47.

27 ACMSP – Dispensas e processos matrimoniais – 5-6-730 (Jerônimo de Castro Guimarães); ACMSP – Dispensas e processos matrimoniais – 4-46-280 (Manuel de Faria Couto).

28 ACMSP – Dispensas e processos matrimoniais – 4-82-623.

O opulento mercador Gaspar de Matos mandava vir da cidade fluminense mercadorias provenientes da metrópole.[29] Porém, tanto ele como Manuel Veloso também compravam tecidos remetidos de Lisboa por Francisco Pinheiro e comercializados por seus correspondentes Francisco Marques, João da Rosa e Pedro Fernandes de Andrade no porto de Santos.[30]

Ainda foi do Rio que Lopo dos Santos Serra trouxe fazendas a pedido de Manuel de Macedo, o qual também havia encomendado espingardas a Tomé Rabelo Pinto.[31] Se nesta ocasião, ele permaneceu em São Paulo, em outras, o próprio Macedo se dirigiu àquela localidade, tanto que foi a necessidade de se deslocar no tempo das frotas o argumento usado para se eximir do cargo de juiz de órfãos, para o qual havia sido nomeado em 1747.[32]

As carregações trazidas do Rio Janeiro para o abastecimento das lojas em São Paulo, por vezes, eram bastante diversificadas e valiosas, como prova a encomendada pelo homem de negócio e licenciado Manuel José da Cunha e avaliada, em 1746, em 644$250:

baetas, cameloas, lenços de tabaco grosso, meias de seda preta, mantos de peso, maços de linha de Guimarães, pentes de marfim, pentes de cabeleira, canivetes com cabos dourados, canivetes de molas, libras de chá preto, peles de camurça, peças de bretanha de Hamburgo, chapéus de Braga, resmas de papel, peça de fita de ouro larga, brincos de ouro de laço, côvados de tafetá, Arte Latina, libras de café, varas de linhagem de Holanda, balança de libra, chávenas da Alemanha, fechos de espingarda, vidros de água da rainha [...], chapéus, fechaduras mourisca, pregos, quintais de chumbo, tesourinhas azuladas, sabonetes, [...], facas com cabo de osso, chapéus desol, sabão de pedra, pólvora.[33]

Se todos os mercadores que figuram na documentação eram do sexo masculino e os aqui citados eram portugueses, o mesmo não pode ser afirmado com relação aos vendeiros. Tal como observado para o contexto mineiro, estes agentes mercantis podiam ser

---

29 AESP – Inventários 1º ofício – ord.677 – cx. 65.

30 Luis Lisanti, *Negócios coloniais (uma correspondência comercial do século XVIII)*. Brasília: Ministério da Fazenda; São Paulo: Visão Editorial, 1973, vol. 4, p. 34. Em carta enviada ao seu padrinho Francisco Pinheiro, em setembro de 1727, Francisco Marques arrolou uma variedade enorme de mercadorias comercializadas na capitania, a grande maioria constante das lojas de fazenda seca, cujos estoques foram descritos anteriormente. Luis Lisanti, *op. cit.*, p. 42-4.

31 AESP – Inventários e Testamentos não publicados – ord.531 – cx. 54.

32 *Actas da Camara Municipal de S. Paulo 1744-1748*. São Paulo: Typographia Piratininga, 1918, vol. XII, p. 355-6. Manuel de Macedo também argumentou que estava doente e precisava ir ao Rio de Janeiro para se consultar com médicos experientes. Como seu pedido não foi atendido, continuou ocupando tal posto por mais três anos.

33 AESP – Inventários 1º ofício – ord.651 – cx. 39.

tanto homens como mulheres, tanto livres como escravos. O termo de fiança menciona-do nas páginas anteriores revela, por exemplo, que Manuel de Pinho era homem livre, pois se fosse cativo, sua condição social seria mencionada nos termos de fiança.

Foi o que aconteceu com Páscoa, escrava de Tereza de Barros, que apresentou como seu fiador José Jacinto Flores, "para pôr venda";[34] ou com Joana, escrava de Bento Rodri-gues Barbosa, que teve como seu fiador Antonio da Costa Varela, "para pôr sua casa de vendagem na Borda do Campo";[35] ou ainda com o escravo Inácio, que teve seu próprio senhor João de Brito como fiador para que pudesse "ter venda aberta".[36]

Aos vendeiros, era permitido tirar comissão de todos os gêneros dados a eles pelos lavradores, além de gêneros secos e molhados, desde que registrassem as quantidades por escrito e enviassem para o reconhecimento do escrivão da Câmara. A declaração, juntamente com os escritos de aferição, deveria ser apresentada ao almotacé, quando solicitada, e aqueles que não observassem tais procedimentos, deveriam pagar dois mil réis para as despesas do Concelho. Por sua vez, todos os lavradores, que costumavam vender mantimentos, teriam igualmente seus pesos e medidas aferidos todos os anos, de preferência no mês de janeiro, a fim de se evitar a venda por balaios, em prejuízo do povo, e, obviamente, das rendas do senado.[37]

Na documentação consultada, os gêneros disponíveis nas vendas eram menciona-dos quando havia regulamentação camarária das atividades mercantis e/ou troca de de-núncias entre os segmentos comerciais. Os "molhados" mais citados eram vinho, aguar-dente, azeite de peixe, sal, açúcar, mel, lombos, galinhas, frangos, ovos, farinhas, feijões, fumos e milho.

Infelizmente somente os inventários de Manuel Luis Costa e Tomé Alvares de Cas-tro guardam a descrição dos "trastes da venda", entre os quais foram arrolados frasquei-ras, frascos, barris, pipas de recolher aguardente da terra, funis de folha de Flandres, me-didas de pau de medir farinha, ternos de medidas de aguardente, azeite e vinho, cocos de beber água, almotalias de barro vidradas de quartilho, canecas da Índia, canecas de

---

34 "Termo de fiança que faz Pascoa, escrava de Tereza de Barros, para pôr venda". *Registro Geral da Camara Municipal de S. Paulo 1745-1747*. São Paulo: Typographia Piratininga, 1919, vol. VIII, p. 466.

35 "Termo de fiança que faz Joana, escrava de Bento Rodrigues Barbosa, para pôr sua casa de vendagem na Borda do Campo". *Registro Geral da Camara Municipal de S. Paulo 1745-1747*. São Paulo: Typographia Piratininga, 1919, vol. VIII, p. 462.

36 "Termo de fiança que faz Inácio, escravo de João de Brito, para ter venda aberta". *Registro Geral da Camara Municipal de S. Paulo 1745-1747*. São Paulo: Typographia Piratininga, 1919, vol. VIII, p. 467.

37 "Registo dos editais que se fixou [sic] nesta cidade e nas mais freguesias pertencentes a ela mandado pelos oficiais do Senado acerca dos capítulos da correição do doutor corregedor como nele se declara e pelo teor deste se passaram mais seis meses que se remeteram para as freguesias costumadas". *Registro Geral da Camara Municipal de S. Paulo 1735-1742*. São Paulo: Typographia Piratininga, 1918, vol. V, p. 181.

barro vidrado do Porto, copos de vidro, pratos de barro grossos brancos, pesos de ferro, ganchos de ferro, livros.[38]

Como se vê, a lista é pequena e há predomínio de utensílios ligados aos gêneros de molhados. Ainda que se somassem as fazendas secas que a documentação camarária registra, mas não discrimina, estes estabelecimentos estavam longe de se equiparar às lojas de mercadores descritas, especialmente no que se refere ao volume de gêneros disponíveis e à magnitude das casas comerciais.

Como grande parte do estoque das vendas era comercializada por pesos e medidas, são recorrentes os casos de descumprimento das posturas municipais. Em correição de 11 de dezembro de 1723, os oficiais da câmara condenaram Joana de Souza, em dez tostões, por não ter as medidas em água limpa; no ano seguinte, foi a vez de Lourenço da Costa Corrêa, por não tê-las cobertas com toalha, e de Bernardo de Moraes, em dois mil réis, por se lhe acharem pesos falsos. Também foram multados, em 03 de abril de 1728, Antonio Pinto e João Batista, por terem ramo seco nas portas de suas vendas – cabendo ao primeiro, o pagamento de cem réis e ao segundo, quinhentos réis – e Maria Chaves, em dez tostões, por vender sem licença do senado.[39] Em vistoria feita na freguesia de Santo Amaro, em 25 de novembro de 1738, foram penalizados Manoel Francisco, em dois mil réis, por vender seus mantimentos sem ter as medidas aferidas, e Domingos Bicudo, em quatro mil réis, por esconder os pesos, pelos quais vendia toucinho.[40]

Ademais das infrações cometidas com relação aos pesos, medidas e licenças, vendeiros e mercadores também eram acusados e, muitas vezes, condenados por revender mantimentos ao povo, com preços abusivos; inflacioná-los de acordo com a conjuntura; escondê-los em casa; vender ilegalmente medicamentos.[41]

Em 03 de maio de 1747, foi chamado ao Concelho, pelo clamor dos moradores, o vendeiro Diogo Machado, a fim de que se explicasse sobre a acusação de acoitar vários gêneros de comestíveis em sua casa e não querer vendê-los ao povo, alegando já estarem os mantimentos encomendados. Perguntado pelos camaristas se havia ainda aquartelado os produtos, o denunciado assentiu, no que foi corroborado por várias testemunhas pre-

---

38 AESP – Inventários 1º ofício – ord.703 – cx. 91 (Manuel Luis Costa); AESP – Inventários e testamentos não publicados – ord.549 – cx. 72 (Tomé Alvares de Castro).

39 *Actas da Camara Municipal de S. Paulo 1720-1729*. São Paulo: Typographia Piratininga, 1916, vol. IX, p. 308-9, 330, 342-4, 582-3. Novamente, em 28 de setembro de 1725, o mercador Lourenço da Costa Corrêa, condenado em 1724, foi denunciado pelo aferidor das medidas por estar vendendo farinha, milho e feijão sem ter os meios alqueires, e sem aferir as medidas, in: *Actas da Camara Municipal de S. Paulo 1720-1729*. São Paulo: Typographia Piratininga, 1916, vol. IX, p. 432.

40 *Actas da Camara Municipal de S. Paulo 1737-1743*. São Paulo: Typographia Piratininga, 1916, vol. XI, p. 160-1.

41 *Actas da Camara Municipal de S. Paulo 1749-1755*. São Paulo: Typographia Piratininga, 1918, vol. XIII, p. 321-2.

sentes. Incurso nas penas impostas pelos editais da Câmara, o réu foi levado em custódia, perante os oficiais, que lhe impuseram a pena de seis mil réis e trinta dias de cadeia.[42]

A reação dos vassalos diante da morte do rei D. João v também se refletiu no comércio, pois, obrigados a cumprir o período de luto, viram-se acuados a comprar baetas pretas e fumos por preços mais elevados do que o costume. Tal prática foi considerada por todos tão vexatória e repulsiva que o doutor José Luiz de Brito e Mello, ouvidor geral na cidade e comarca de São Paulo, ordenou a publicação de um edital, em 06 de janeiro de 1751, que obrigava todos os mercadores da cidade a venderem os ditos artigos pelos preços antigos, sob pena de multa e perda da fazenda.[43]

Os casos descritos apontam para o limitado alcance das normas, à medida que constatam, por inúmeras vezes, as infrações cometidas pelos agentes mercantis, por atravessadores e pela população. Em contrapartida, o incentivo às delações por parte dos camaristas, como estratégia de controle de mercado, já demonstra que a transgressão estava incorporada à dinâmica das transações comerciais.

Quanto aos taverneiros, sua condição social é uma incógnita, pois não há registros de termos de fiança para seus estabelecimentos, nem para os das quitandeiras. Minha suposição é a de que sob a denominação venda/vendagem se encontravam também tavernas e quitandas. Bento Ribeiro de Araújo, por exemplo, figura nas Atas da Câmara, em 1746, como "vive de sua vendagem" e, em 1748, como "vive de seu negócio de molhados". No processo de habilitação do Santo Ofício de Jerônimo de Castro Guimarães, ao depor como testemunha, ele disse viver de seu ofício de taverneiro. Mas, no censo de 1765, sua ocupação é de vendeiro.[44]

De acordo com os editais dos almotacés, nas tavernas podia-se encontrar fazenda seca, aguardente da terra e do reino, vinho e os gêneros da terra. Somente aos taverneiros era permitido vender toucinho e fumo, no entanto, como é de se esperar, há denúncias de outras pessoas que também comercializavam estes produtos. Em 12 de julho de 1741, José de Medeiros apareceu frente aos camaristas "dizendo que as quitandeiras costuma-

---

42 *Actas da Camara Municipal de S. Paulo 1744-1748*. São Paulo: Typographia Piratininga, 1918, vol. xii, p. 368-9. Parece, entretanto, que a multa e a prisão não tiveram o efeito punitivo pretendido pelos camaristas, pois o vendeiro aparece, novamente, condenado, no mês seguinte, por atravessar aguardente.

43 "Registro de um edital do doutor governador mandado registrar na Câmara desta cidade", *Registro Geral da Camara Municipal de S. Paulo 1750-1763*. São Paulo: Typographia Piratininga, 1920, vol. x, p. 62-3.

44 *Actas da Camara Municipal de S. Paulo 1744-1748*. São Paulo: Typographia Piratininga, 1918, vol. xii, p. 232-4 e 493-7; *Documentos Interessantes para a História e Costumes de São Paulo*. São Paulo: Instituto Historico e Geographico de S. Paulo, 1937, vol. lxii (Recenseamentos 1765-1767), iantt – Habilitações do Santo Ofício – m. 9 – dil. 143.

vam vender toucinho às libras, fumo às varas, e os mais que costumavam vender nas tavernas; o que era prejudicial a eles taverneiros porque pagavam subsídios".[45]

Como se vê, o argumento usado pelo taverneiro foi o mesmo que figurava na representação dos vendeiros contra os mercadores, qual seja, a burla às regras do comércio colonial que estipulavam os produtos que poderiam ser comercializados por cada grupo de comerciantes. A exclusividade da venda era medida pelos subsídios pagos à Câmara por cada segmento, isto é, pelos "impostos que incidiam sobre a produção ou a compra de produtos a serem vendidos ou revendidos na vila".[46]

Por meio dos capítulos das correições, também é possível avaliar a frequência nos estabelecimentos comerciais e conhecer outras atividades que se desenrolavam em seu interior, convertendo-os em espaços de convívio e lazer da população mais pobre. As rígidas ordens dos camaristas dão conta deste assunto, pois mandavam que nenhum taverneiro consentisse, em seus estabelecimentos, jogos e bodas de escravos, nem lhes aceitasse penhores de ouro ou prata sem que fossem apresentados os escritos de seus senhores e "aquele que o contrário fizer, além de pagar aos ditos senhores toda a perda e dano que receberem dos ditos seus escravos, será condenado em quarenta mil réis a metade para os cativos e a outra metade para as obras da cadeia e serão degredados para fora desta cidade por tempo de um ano".[47]

Não eram apenas as vendas e as tavernas que vendiam artigos aos escravos, sabe-se que as lojas de fazenda seca também eram frequentadas por cativos, pois aos mercadores era proibido vender solimão, cânfora, chumbo e pólvora aos negros. Para evitar tumultos, as vendagens tinham seu horário de funcionamento estabelecido pelos oficiais da câmara e deviam ficar abertas das seis horas da manhã até as nove horas da noite.[48]

---

45 *Actas da Camara Municipal de S. Paulo 1737-1743*. São Paulo: Typographia Piratininga, 1916, vol. XI, p. 364-5.

46 Milena Maranho, *A opulência relativizada: significados econômicos e sociais dos níveis de vida dos habitantes da região do Planalto de Piratininga, 1648-1682*, Campinas, IFCH/Unicamp, 1999, p. 103 (dissertação de mestrado).

47 "Registro dos editais que se fixou [sic] nesta cidade e nas mais freguesias pertencentes a ela mandado[s] pelos oficiais do Senado acerca dos capítulos da correição do doutor corregedor como nele se declara e pelo teor deste passaram mais seis que se remeteram para as freguesias costumadas", *Registro Geral da Camara Municipal de S. Paulo 1735-1742*. São Paulo: Typographia Piratininga, 1918, vol. V, p. 181-5. Sobre a convergência de diferentes segmentos das camadas populares para os estabelecimentos comerciais, provocando desordens, ver as análises de Luciano Figueiredo, *O avesso da memória: cotidiano e trabalho da mulher em Minas Gerais no século XVIII*. Rio de Janeiro: José Olympio; Brasília: Edunb, 1993, (em especial o capítulo "Comércio feminino e tensão social").

48 *Actas da Camara Municipal de S. Paulo 1701-1719*. São Paulo: Typographia Piratininga, 1916, vol. VIII, p. 274. No fim do período desta pesquisa, em 23 de junho de 1763, novamente, o horário de funcionamento foi mencionado e antecipado o fechamento das vendas para as vinte horas, na

As quitandas, por sua vez, deveriam ter suas portas cerradas após as ave-marias, caso contrário todos os negros que permanecessem em seu interior seriam condenados em seis mil réis, trinta dias de cadeia e açoitados publicamente no pelourinho.[49]

Nestes estabelecimentos, como já mencionado, estavam à disposição da população feijões, milhos, ovos, legumes e frutas da terra. Pela documentação parece que as quitandeiras eram majoritariamente escravas, pois o edital publicado em 04 de janeiro de 1741 esclarece que essas mulheres só podiam comercializar "a vendagem que lhes derem seus senhores",[50] deixando subentendido o fato de que elas atravessavam mantimentos.

As quitandeiras são agentes privilegiados para se pensar nas fronteiras permeáveis que separavam o comércio fixo do volante. Embora tivessem o estabelecimento localizado em lugar determinado, muitas delas saíam pelas ruas da cidade para vender gêneros comestíveis. O movimento de ambulantes pelo espaço setecentista paulistano era intenso, pois as menções a negras de tabuleiro, padeiras e mascates são bastante numerosas.

Como a fixação dos preços dos mantimentos era uma prerrogativa dos camaristas, as taxas sobre as farinhas sempre estiveram presentes nas discussões realizadas na Câmara Municipal, já que os valores pagos aos lavradores se refletiam diretamente no preço e no peso do pão, alimento indiscutivelmente essencial na mesa da população. Em geral, desempenhado por padeiras escravas ou negras forras, o preparo deste alimento e a comercialização em suas próprias casas, nas quitandas ou em tabuleiros pelas ruas, necessitavam da licença do almotacé mediante apresentação de fiadores que se responsabilizavam por este segmento mercantil.

Na tentativa de disciplinar o comércio dos gêneros comestíveis e manter a ordem social, os oficiais da câmara buscavam, reiteradas vezes, controlar a movimentação das

---

tentativa de conter distúrbios e desordens ocorridos em seu interior, "Registro de um edital que os oficiais da Câmara mandaram publicar nesta cidade para que os taverneiros fechem as suas portas passadas às oito horas da noite", *Registro Geral da Camara Municipal de S. Paulo 1750-1763*. São Paulo: Typographia Piratininga, 1919, vol. x, p. 487-8.

49 "Registo de um edital que os oficiais da Câmara mandaram registrar para que nenhum negro mulato possa andar com baeta, porretes e armas: e as quitandeiras passadas as Ave-marias despejem a quitanda", *Registro Geral da Camara Municipal de S. Paulo 1750-1763*. São Paulo: Typographia Piratininga, 1919, vol. x, p. 503-4.

50 "Registo dos editais que se fixou [sic] nesta cidade e nas mais freguesias pertencentes a ela mandado pelos oficiais do Senado acerca dos capítulos da correição do doutor corregedor como nele se declara e pelo teor deste se passaram mais seis meses que se remeteram para as freguesias costumadas". *Registro Geral da Camara Municipal de S. Paulo 1735-1742*. São Paulo: Typographia Piratininga, 1918, vol. v, p. 126-7.

vendeiras ambulantes.[51] Isto porque, tal como as padeiras, os tabuleiros[52] eram carregados por escravas ou forras que possuíam estreito contato com os negros fugidos.

Essa relação fica evidente quando, em 25 de maio de 1748, os camaristas escreveram ao capitão general, solicitando que ele proibisse tanto os negros de jogarem pelos arredores da cidade com batuques, como as negras de tabuleiro de irem além dos rios da cidade, pelo fato de se comunicarem com os calhambolas, além de praticarem outros malefícios contra a lei de Deus.[53] Novamente, em 22 de fevereiro de 1763, as negras de tabuleiro e as quitandeiras foram impedidas de circular com vendas de comestíveis e bebidas, públicas ou ocultas, em lavras onde estivessem os negros minerando.[54]

No livro *Desclassificados do ouro*, ao analisar o processo de desclassificação social na realidade mineira setecentista, Laura de Mello e Souza afirmou que "as negras quitandeiras ou de tabuleiro exerceram não apenas o comércio ambulante como trabalharam muitas vezes nas vendas e lojas de comestíveis que serviam os escravos e os homens livres da mineração".[55] Da mesma forma, Flávio Marcus da Silva salientou que as negras de tabuleiros podiam ter suas vendas e quitandas nos centros urbanos mineiros. Ambos mostraram que as duas atividades eram faces da mesma moeda e forneceram subsídios para reforçar a ideia das linhas maleáveis entre o comércio fixo e volante.

Se muitas quitandeiras eram cativas, o mesmo pode ser dito sobre a condição social das negras de tabuleiro, pois, como foi constatado por Laura de Mello e Souza para as Gerais, "muitas delas parecem ter sido escravas que os donos colocavam no comércio para, deste negócio, auferirem lucros; outras, livres, agiam por conta própria, visando à

---

51 Sobre a relação entre a manutenção da ordem social e as práticas comerciais das negras de tabuleiro no contexto mineiro, ver Liana Maria Reis, "Mulheres de ouro: as negras de tabuleiro das Minas Gerais no século XVIII", *Revista do Departamento de História*. Belo Horizonte, nº 8, jan. 1989, p. 80. Mais recentemente Flavio Marcus Silva discutiu as implicações políticas da montagem de redes de mantimentos e mercancia na capitania do ouro no sentido das autoridades metropolitanas controlarem a região e sujeitar os vassalos, evitando a eclosão de motins. Flavio Marcus Silva, "Práticas comerciais e abastecimento alimentar em Vila Rica na primeira metade do século XVIII. In: Maria Efigênia Lage Resende e Luiz Carlos Villalta (orgs.) *As minas setecentistas*. Belo Horizonte: Companhia do Tempo/ Autêntica, 2007, vol. 1, p. 359-76.

52 Na análise sobre o comércio feminino nas Minas Gerais do século XVIII, Luciano Figueiredo revelou que os gêneros alimentícios à disposição nos tabuleiros eram bastante variados – pastéis, bolos, mel, leite, pão, banana, fumos e bebidas. Luciano Figueiredo, *op. cit.*, p. 42.

53 *Actas da Camara Municipal de S. Paulo 1744-1748*. São Paulo: Typographia Piratininga, 1918, vol. XII, p. 522-3.

54 "Edital que a requerimento do guarda mor Salvador Marques Brandão e Antonio Vaz de Oliveira e Jacinto José mandaram registrar os oficiais da Camara", *Registro Geral da Camara Municipal de S. Paulo 1750-1763*. São Paulo: Typographia Piratininga, 1919, vol. X, p. 475-6.

55 Laura de Mello e Souza, *Desclassificados do ouro: a pobreza mineira no século XVIII*, 2ª ed. Rio de Janeiro: Graal, 1986, p. 177.

sua subsistência".[56] Penso que esta colocação sobre os lucros conseguidos pelos senhores de escravos só vem corroborar minha ideia - que será desenvolvida mais adiante - de considerá-los agentes circunstanciais de comércio.

Além das negras de tabuleiro e das padeiras, os mascates realizavam o comércio ambulante na cidade de São Paulo. Embora fossem mal vistos pelas autoridades – por julgá-los atravessadores em potencial – e pelos demais segmentos mercantis do comércio fixo – pela concorrência aos negócios –, os mascates tinham suas atividades regulamentadas pela Câmara e, portanto, eram legais. Assim como os mercadores, vendeiros, taverneiros, quitandeiras, padeiras e negras de tabuleiro, eles deviam tirar licenças periódicas e aferir pesos e balanças de acordo com as normas da almotaçaria.

A regulamentação da mascataria esteve nas pautas das vereações ao longo de todo o período estudado e voltaria à cena em 16 de abril de 1763. Por meio de edital, os camaristas ordenavam que todos os mascates ou pessoas que andassem pelas ruas vendendo ouro, prata ou fazendas, ou ainda qualquer outro gênero de negócio, fossem obrigados a vendê-los em loja aberta e pública, como eram os mercadores da cidade, ficando sujeitos a todas as posturas do Senado. No mesmo documento, mencionavam a ordem régia, outorgada desde 24 de maio de 1749, que penalizava os mascates reinóis infratores ao degredo de seis anos em Angola e os estrangeiros à expulsão dos domínios lusitanos.[57]

Ainda, entre os agentes mercantis ligados ao comércio volante, estavam os tropeiros, os negociantes de gado e de escravos e aqueles que "viviam de suas agências".

O gado que transitava pela cidade de São Paulo era originário da própria terra ou da região sul, em especial de Curitiba. Como nem sempre, nos termos de fianças, eram mencionados os locais de origem e se o gado era vacum, cavalar ou muar, não se pode afirmar se havia transporte de mercadorias no lombo dos muares ou apenas passagem de reses. No entanto, outros tipos documentais referentes à taxação sobre as cabeças de gado indicam que muitas mercadorias eram transportadas nos lombos dos animais, pois as multas aplicadas tinham valores diferentes, dependendo da carga existente.

Em outras palavras, é bastante arriscado contabilizar e individualizar tropeiros e boiadeiros, mesmo porque ambos os termos não aparecem nas Atas e no Registro Geral. Para a classificação dos agentes mercantis, optei, então, por usar a nomenclatura negociantes de gado para todos aqueles que passassem com reses pelo núcleo paulistano e tropeiros apenas para aqueles que tivessem cargas declaradas, fosse em lombo de mulas ou de éguas.

Desde o início do período em estudo, constata-se a movimentação de gado em solo piratiningano. Já em 10 de julho de 1713, foi lançado, ao som de caixas, para que todos tivessem conhecimento, um bando do governador e capitão-geral de São Paulo e Minas

---

56 Laura de Mello e Souza, *Desclassificados do ouro...*, p. 122.

57 "Registro de um edital que os oficiais da Câmara mandaram publicar nesta cidade a requerimento dos moradores da dita cidade cujo teor é o seguinte", *Registro Geral da Camara Municipal de S. Paulo 1750-1763*. São Paulo: Typographia Piratininga, 1920, vol. x, p. 495-6.

A circulação de homens e mercadorias   99

Gerais, D. Braz Baltazar da Silveira, proibindo que se levassem gados e éguas para fora da cidade e seu termo, por se necessitarem destes animais para a criação de cavalos. Os contraventores perderiam todas as suas presas, ficando a metade com o denunciante; e pagariam cinquenta mil réis, dos quais trinta mil seriam para as despesas da Câmara e o restante para a Ouvidoria geral.

O governador, entretanto, esclarecia que não tinha intenção alguma de prejudicar o abastecimento da vila de Santos e mais terras da serra abaixo e, para tanto, permitia aos criadores de Curitiba levarem suas reses para aquelas paragens, desde que cumprissem certas condições: apresentar-se, primeiramente, na cidade de São Paulo, para que nela se registrassem as partidas de gado; pagar o que fosse justo e racionável sobre as cabeças de gado, sem prejuízo dos próprios; levar enxadas e machados para reparar as ruínas causadas pela passagem do gado nos caminhos e pontes.[58]

A agitada circulação de gado, entrando e saindo da cidade de São Paulo, aparece, de fato, em vereação de 02 de outubro de 1719, quando o procurador do conselho requereu que se taxassem as cabeças de gado e se empregasse o dinheiro arrecadado no conserto dos caminhos estragados pelos animais, "visto os gados que passam para as Minas, vindos de Curitiba *estarem já hoje em quantidade*; de que resulta, danificarem os caminhos".[59] Neste mesmo documento, os camaristas ordenaram que se cobrassem dos fiadores os consertos em caminhos, pontes e aterrados prejudicados pela passagem do gado.

A partir da leitura dos termos de fiança, foi possível contabilizar a entrada de gado na cidade de São Paulo entre 1711-1765. Desta contagem fazem parte apenas as cabeças de gado que tiveram sua quantidade e destino declarados pelos negociantes, pois, em muitas ocasiões, eles não diziam o número de cabeças que estavam transportando.[60] Em outras, inclusive, sonegavam a informação, tentando levar a boiada para outras vilas e capitanias sem licença do Senado.[61] Portanto, há que se considerar os percentuais aqui

---

58 "Registro do bando do senhor general dom Braz Balthazar da Silveira governador e capitão geral desta cidade e Minas Gerais", *Registro Geral da Camara Municipal de S. Paulo 1710-1734*. São Paulo: Typographia Piratininga, 1917, vol. X, p. 70-1.

59 *Actas da Camara Municipal de S. Paulo 1701-1719*. São Paulo: Typographia Piratininga, 1916, vol. VIII, p. 493 (grifo meu). As vereações, ocorridas em 21.06.1710, 21.01.1718 e 30.05.1719, também reiteram a questão dos danos provocados pelo gado em caminhos.

60 Nos registros, anotados pelo escrivão da câmara, referentes aos meses de outubro e dezembro de 1737, por exemplo, temos "Termo de fiança que dá José de Figueiredo Freire para passar umas cabeças de gado para as Minas Gerais", 02.10.1737; "Termo de fiança que dá Francisco de Araújo Monteiro para passar gado para as Minas Gerais", 07.12.1737; "Termo de fiança que dá o tenente coronel Manuel Rodrigues da Mota, morador na vila de Curitiba para passar com gado para as Minas Gerais", 10.12.1737. *Registro Geral da Camara Municipal de S. Paulo 1735-1742*. São Paulo: Typographia Piratininga, 1918, vol. V, p. 73-5.

61 *Registro Geral da Camara Municipal de S. Paulo 1743-1744*. São Paulo: Typographia Piratininga, 1917, vol. VI, p. 32-3.

apresentados como mínimos, visto não se poder assegurar que todo o gado que passou pela cidade tenha sido registrado.

Para o período de 1711-1720, não há informações sobre o número de cabeças de gado que transitou pela cidade de São Paulo, apenas que os animais já eram em quantidade, como mencionado acima. No entanto, para os anos posteriores, este dado já aparece.

Entre 1721 e 1748, passaram pela capital paulistana 4.337 reses, vindas de Curitiba ou mesmo da terra, em direção a várias vilas da capitania de São Paulo e a outras regiões da colônia.[62] A década de maior relevância foi a de 1740 (considerando-se como limite 1748, quando São Paulo perdeu sua autonomia), concentrando cerca de 72,5% do total deste período (3.145 reses), e o ano de 1743, o que apresentou maior índice, 34,5% deste total, correspondendo a 790 cabeças de gado. As boiadas variavam de tamanho, havendo registros de 8 a 400 reses, e nem sempre havia diferenciação entre gado vacum, cavalar e muar, mas certamente o primeiro era transportado em maior quantidade. Também não é possível traçar uma linha ascendente na passagem de reses, pois enquanto aparecem, em 1736, 600 cabeças transportadas, em 1741, este número cai vertiginosamente para apenas oito. No entanto, constatou-se que a partir de 1744, todas as boiadas declaradas contavam com mais de uma centena de reses.

O período seguinte (1749-1765) responde com cerca de 3.626 cabeças de gado, entretanto, este número refere-se somente aos anos de 1749, 1751 e 1753, depois dos quais não há menção nos termos de fiança. Curioso perceber que no primeiro ano de submissão de São Paulo ao Rio de Janeiro tenha sido registrado o transporte de 1.558 reses, ou seja, quase metade do gado deste último período. É também, neste intervalo, que se encontra a passagem da maior boiada registrada, quando João Coutinho da Rocha apresentou como seu fiador Francisco Pinto de Araújo, em 10 de fevereiro de 1753, para levar oitocentos e tantos bois para o Rio de Janeiro.[63]

Igualmente, neste lapso temporal, houve a taxação sobre as cabeças de gado para contribuição ao donativo voluntário para reconstrução de Lisboa, em virtude do terremoto

---

62 Sobre as reses, assim como sobre os gêneros de secos e molhados e escravos, incidiu o donativo real pago à Coroa, entre 1729 e 1735, para os dotes dos casamentos dos príncipes portugueses com os herdeiros do trono espanhol: o futuro rei D. José 1 contraiu núpcias com a Infanta D. Maria Anna Vitória e sua irmã, a princesa D. Maria Bárbara, desposou o príncipe das Astúrias, futuro Fernando iv. Para a cobrança do real imposto, "os gados que vierem de fora para esta cidade ou seu termo e o que for para fora dela como para as minas de Goiás ou para os Gerais ou vila de Santos pagarão por cada cabeça os dois tostões que foram arbitrados no dito termo do lançamento pelos lançadores", in: *Actas da Camara da Cidade de S. Paulo 1730-1736*. São Paulo: Typographia Piratininga, 1916, vol. x, p. 54.

63 "Termo de fiança que dá João Coutinho da Rocha para levar oitocentos e tantos bois para o Rio de Janeiro", *Registro Geral da Camara Municipal de S. Paulo 1750-1763*. São Paulo: Typographia Piratininga, 1919, vol. x, p. 214-5.

ocorrido em 1755. A pecuária aparece no topo da lista das mercadorias tributadas, revelando sua importância no conjunto de artigos comercializados na cidade de São Paulo.

Durante todo o período em tela (1711-1765), foi constante o envio de gado à capitania de Minas Gerais, que consumiu 3.225 reses, sendo seguida pela capitania do Rio de Janeiro, principalmente, durante os anos em que São Paulo esteve a ela submetida (3.194 cabeças de gado). Como se percebe, estas duas áreas responderam pela compra de 6.419 reses, ou seja, 80,6% do total geral de 7.963 reses que apareceram nos termos de fiança registrados na Câmara Municipal de São Paulo. Os demais destinos das boiadas, que poderiam consumi-las ou servir como entreposto, por ordem decrescente, eram Guaratinguetá (990 reses), Goiás (216), minas de Suruoca (100), Santos (58), Piedade (50), Parnaíba (50), Mogi Guaçu (45) e Parati (35).

É curioso perceber que, algumas vezes, os negociantes de gado que solicitavam fiança para a passagem de suas reses eram ou viriam a ser residentes na cidade de São Paulo. Manuel Pinto Ribeiro, por exemplo, já havia ocupado o ofício de procurador na Câmara em 1718 e arrematado o contrato do açougue, por diversas vezes, durante as décadas de 1730 e 1740, quando, em 06 de fevereiro de 1744, apresentou como seu fiador o tenente Antonio da Silva Brito, "para levar uma boiada para a vila de Guaratinguetá".[64] Francisco José Machado e Vasconcelos, por sua vez, figura na documentação, pela primeira vez, em 19 de dezembro de 1743, quando apresentou fiador para levar trezentas cabeças de gado de Curitiba para Minas Gerais;[65] já nas décadas seguintes, aparece como oficial da Câmara, assumindo postos de almotacé e vereador.

Pode-se supor que Manuel Pinto Ribeiro há muito residisse em solo piratiningano e, provavelmente, fosse criador de gado, uma vez que se candidatou diversas vezes como contratador do corte de carne. Ainda, a ausência quanto ao local de origem das reses transportadas pode sugerir que fossem de seu próprio curral. Já para o caso de Francisco José Machado e Vasconcelos, a incógnita é maior, pois não se sabe se ele vinha de Curitiba ou se já era residente em São Paulo e teria ido buscar o gado naquela cidade.

Na verdade, os casos ilustram a dificuldade em determinar suas ocupações: eram eles criadores, negociantes de gado ou arrematantes do corte de carne? A reposta mais satisfatória é que eles desempenhavam as três atividades de acordo com a conjuntura, situação que será tratada mais à frente quando os agentes circunstanciais de comércio forem caracterizados.

---

64 "Termo de fiança que faz Manuel Pinto Ribeiro para levar uma boiada para a vila de Guaratinguetá", *Registro Geral da Camara Municipal de S. Paulo 1735-1742*. São Paulo: Typographia Piratininga, 1918, vol. VI, p. 287.

65 "Termo de fiança que faz Francisco José Machado para levar gado para as Minas Gerais", *Registro Geral da Camara Municipal de S. Paulo 1735-1742*. São Paulo: Typographia Piratininga, 1918, vol. VI, p. 233-4.

102 A TEIA MERCANTIL: NEGÓCIOS E PODERES EM SÃO PAULO COLONIAL

Quanto aos comboieiros de escravos provenientes do Rio de Janeiro, seus nomes são mencionados quando infringiam a lei, não comunicando a entrada de negros novos ao almotacé. Entretanto, muitas vezes, as informações sobre os envolvidos no tráfico de escravos são insuficientes para dizer se eles eram os que traziam os escravos, os compradores das peças, ou ainda os que compravam os negros para revendê-los.

Numa mesma vereação, ocorrida em 11 de novembro de 1747, foram condenados Manuel Antonio, por ter forjado uma petição para dar entrada aos negros que trazia à cidade; Manuel Rodrigues Pereira, por haver entrado com escravos novos sem licença da câmara; e Francisco Pinto de Araújo, "por haver recolhido a esta cidade escravos novos".[66] Para os dois primeiros, parece evidente que eram comboieiros, mas quanto a Francisco Pinto de Araújo paira a dúvida: era ele comboieiro ou receptador das peças?

Em outro caso, ocorrido em 09 de fevereiro de 1746, o sargento-mor Matias Alvares Vieira de Castro foi notificado por causa "de uns negros novos".[67] Algo mais subjetivo impossível. No entanto, buscando seus movimentos em outros documentos, foi possível constatar pelo testamento do mercador Manuel Soares de Carvalho, em 1772, que Matias comprava as peças no Rio de Janeiro para comercializá-las em outras regiões, pois eram sócios em carregações de fazendas e escravos.[68]

Na verdade, por outras fontes documentais, tomei conhecimento de que tanto Francisco Pinto de Araújo como Matias Alves Vieira de Castro eram reinóis; residiam em solo piratiningano; estavam envolvidos com venda de fazenda seca; eram proprietários e comercializavam escravos, situações, aliás, recorrentes para vários outros agentes mercantis. Como a documentação não lhes atribui uma terminologia, decidi empregar o termo negociantes de escravos para todos aqueles envolvidos com o tráfico de negros, fosse no transporte ou no comércio das peças.

Por fim, há que se mencionar os sujeitos que "vivem de suas agências". De acordo com Lucila Hermann, viver de suas agências significava vender animais e produtos não encontrados no comércio estabelecido.[69] Pela dispensa matrimonial de Manuel Luis Costa, datada de 1736, constatei que tal atividade se desenvolvia preferencialmente nos caminhos, pois uma testemunha disse que o contraente sempre andara com sua agência pelo Rio de Janeiro e Minas Gerais; outra afirmou que ele sempre andara com carregações e era viandante dos caminhos; e uma terceira assegurou que o nubente sempre

---

66 *Actas da Camara Municipal de S. Paulo 1744-1748*. São Paulo: Typographia Piratininga, 1918, vol. XII, p. 443-4.

67 *Actas da Camara Municipal de S. Paulo 1744-1748*. São Paulo: Typographia Piratininga, 1918, vol. XII, p. 237.

68 AESP – Inventários e testamentos não publicados – ord. 549 – cx. 72.

69 Lucila Hermann, "Evolução da estrutura social de Guaratinguetá num período de 300 anos", *Revista de Administração*. São Paulo, 2 (5-6): 23, 1948, *apud* Kátia Abud, *op. cit.*, p. 50.

estivera em viagens na carreira das Minas tratando de seus negócios, sem fazer assistência em parte alguma.[70]

Se até este momento foi possível caracterizar os sujeitos atrelados ao trato mercantil, porque se identificavam como tais e assim eram reconhecidos pelos contemporâneos, havia outros que, dependendo da conjuntura, legal ou ilegalmente, obtinham rendas provenientes do comércio.

Os agentes circunstanciais de comércio a que me refiro são os arrematantes de contratos camarários do corte de carne e de bebidas, os senhores de escravos vendeiros ou de negras padeiras, os atravessadores e aqueles que vendiam gêneros em suas próprias casas, infringindo a lei.

Os arrematantes de contratos camarários, por exemplo, durante o período de sua arrematação, eram fiscalizados pelos procuradores e almotacés, que conferiam se seus procedimentos obedeciam às cláusulas minuciosas do documento em que constavam as "condições do obrigado". Como se vê, esta atividade contava com a aquiescência da Câmara e era, inclusive, um expediente utilizado em todo Império Português que desonerava o Estado do investimento direto para o abastecimento da população, transferindo-o para as mãos de terceiros.

Embora nem sempre possa inferir com segurança que eles eram pessoas ligadas ao comércio, posso afirmar que, durante a vigência dos referidos contratos, tais sujeitos desempenharam função comercial, ou seja, eram agentes mercantis circunstanciais.

Os senhores de escravos que obtinham rendimentos indiretos das transações comerciais, por meio dos cativos – vendeiros, quitandeiras, padeiras e negras de tabuleiro –, também eram reconhecidos pelas autoridades, pois se comprometiam, nos termos de fianças, a pagar as condenações que fossem aplicadas a seus fiados. Como já apontado, a principal ocupação do senhor poderia, às vezes, não ser o comércio, mas para as circunstâncias aqui mencionadas, ele era considerado agente mercantil circunstancial.

Um segundo subgrupo, pertencente aos agentes circunstanciais, foi detectado entre os sujeitos que transgrediam as normas para praticarem as atividades mercantis. Entre os infratores, considero os sujeitos acusados e/ou condenados como atravessadores de mantimentos e aqueles que vendiam mercadorias em suas próprias casas, desobedecendo às disposições dos contratos e aos regulamentos da almotaçaria.

Os atravessadores impediam o fluxo regular de mantimentos para a população e, apesar de Cláudia Maria Chaves os incluir na categoria dos comerciantes ambulantes, discordo de seu posicionamento, pois, destarte a mobilidade exigida em suas práticas, estas eram consideradas ilegais pelas autoridades coloniais. No entanto, não posso deixar de classificá-lo como agente mercantil, pois como afirma Janice Teodoro da Silva, "embora transgressor, o atravessador não pode ser tomado como um elemento fora do sistema. Ao

---

70 ACMSP – Dispensas e processos matrimoniais – 4-7-29.

contrário, a Câmara não os eliminará, mas saberá incorporá-los sistematicamente através das *multas*, gerando novos dividendos que se prestarão ao exercício de seu poder".[71]

Se os mascates prejudicavam os agentes envolvidos nas atividades mercantis, os atravessadores eram tidos como inimigos públicos. Muitos eram acusados de levar mantimentos para fora da cidade por ser mais rentável, deixando a população desabastecida e à mercê dos preços altos. As inumeráveis denúncias contra os atravessadores de gêneros comestíveis partiam, simultaneamente, tanto dos consumidores como dos comerciantes.

Em 1746, por exemplo, os vendeiros se colocaram contra Francisco Pinto de Araújo, morador na cidade de São Paulo, acusando-o de atravessar milho e feijão para revender ao povo e vender sal às medidas, fumo às varas e toucinho às libras, contra as posturas do senado. O denunciante João Rodrigues Moreira apresentou por testemunhas os vendeiros José Duarte Pimentel, Antonio de Freitas e Antonio Martins de Almeida. Como todos os depoimentos confirmaram a transgressão cometida, o denunciado foi condenado a pagar seis mil réis para as despesas da Câmara e trinta dias de cadeia.[72]

Interessante constatar que, decorridos dez anos deste fato, o mesmo sujeito foi eleito para ocupar o cargo de almotacé, ou seja, para fiscalizar atividades comerciais em solo piratiningano, mas foi liberado da função por apresentar os privilégios de familiar do Santo Ofício, os quais o isentavam de servir semelhantes ocupações.

O tal Francisco Pinto de Araújo, apontado como atravessador costumeiro na região, foi o mesmo citado anteriormente como negociante de escravos, mas, nos processos de casamento, ocorridos durante a década de 1740, em que foi ouvido como testemunha, ele foi registrado como mercador, proprietário de loja de fazendas.

Ora, a constatação de que um mesmo indivíduo desempenhava várias modalidades das atividades mercantis reforça a ideia das fronteiras permeáveis entre o comércio fixo e volante, formal e circunstancial. Veja-se o próprio exemplo de Francisco Pinto de Araújo. Como mercador de loja de fazenda seca, ele estava ligado ao comércio fixo, mas, como negociante de escravos atuava no comércio volante. Se, por estas ocupações, ele poderia ser tomado por agente formal de comércio, quando agia como atravessador de gêneros alimentícios, burlando as posturas municipais, deveria ser igualmente considerado agente circunstancial.

Embora tenha procurado individualizar as práticas comerciais para melhor caracterizá-las, os próprios casos citados e a leitura de vários tipos documentais revelaram

---

71 Janice Theodoro da Silva, *São Paulo 1554-1880: discurso ideológico e espacial*. São Paulo: Moderna, 1984, p. 95.

72 *Actas da Camara Municipal de S. Paulo 1744-1748*. São Paulo: Typographia Piratininga, 1918, vol. XII, p. 212-6. Em 25 de setembro de 1763, ainda presenciamos o atravessamento de feijão, milho e toucinho para o Rio Janeiro, cf. "Registro de um edital que a respeito dos atravessadores dos mantimentos mandaram registrar aqui os oficiais de justiça que é o seguinte", *Registro Geral da Camara Municipal de S. Paulo 1750-1763*. São Paulo: Typographia Piratininga, 1919, vol. X, p. 519-21.

A circulação de homens e mercadorias   105

que muitos agentes mercantis residentes em São Paulo setecentista diversificavam seus interesses e ganhos atuando em vários ramos de negócios.

2.2. Para além das lojas: os negócios dos mercadores

Levando-se em consideração os agentes formais de comércio do universo de pesquisa, verifica-se que a maior diversificação dos negócios era empreendida pelos mercadores. Para além das lojas de fazenda seca, os sujeitos se dedicavam a outras atividades mercantis e usurárias – vendas, comércio de escravos e de gado, tropas, produção agrícola e créditos – não restritas à cidade de São Paulo.

Os comerciantes reinóis José de Medeiros Pereira, João Francisco Lustosa, Tomé Alvares de Castro, Gregório de Castro Esteves e Tomé Rabelo Pinto afiançaram seus escravos para que abrissem vendagens ou tivessem licença para amassar e vender pães.[73]

Em 14 de janeiro de 1747, José de Medeiros Pereira apareceu frente aos camaristas como fiador de sua escrava Isabel para que ela continuasse com sua casa de vendagem e, cinco anos depois, afiançou uma nova venda, só que desta vez, de sua escrava Catarina.[74] Sabe-se que João Francisco Lustosa também usava deste expediente, pois, em 1º de dezembro de 1745, foi passado um mandado de prisão ao seu escravo vendeiro Bonifácio.[75]

Se para estes casos não é possível afirmar quanto tempo os estabelecimentos permaneceram abertos, já que não há mais registros de renovação de fianças, o mesmo não ocorre com as atividades dos escravos de Tomé Alvares de Castro. Em 23 de janeiro de 1746, houve termo de fiança para as vendas dos cativos Pedro e Mariana.[76] Cerca de vinte anos depois, verifica-se que a negra continuava à frente da venda, pois seu nome constava do edital que proibia determinados vendeiros de comercializar partidas de sal

---

73 Mas este expediente não estava restrito aos mercadores, tanto que Luis Rodrigues Lisboa e Alexandre Francisco de Vasconcelos, ambos registrados como vivendo de seus negócios, também foram fiadores de escravas vendeiras, procedimento igualmente adotado pelo taverneiro Bento Ribeiro de Araújo. O homem de negócio Manuel Luis Ferraz, por sua vez, afiançou uma escrava para vender pão em sua casa e em tabuleiro pela rua.

74 "Termo de fiança que faz Isabel escrava de José de Medeiros para continuar com sua casa de vendagem", *Registro Geral da Camara Municipal de S. Paulo 1745-1747*. São Paulo: Typographia Piratininga, 1919, vol. VIII, p. 461; "Termo de fiança que dá Catharina escrava de José Medeiros para ter venda", *Registro Geral da Camara Municipal de S. Paulo 1750-1763*. São Paulo: Typographia Piratininga, 1919, vol. X, p. 187-8.

75 "Registro de um mandado de prisão para ser preso Bonifácio Mulato vendeiro de João Francisco Lustosa", *Registro Geral da Camara Municipal de S. Paulo 1745-1747*. São Paulo: Typographia Piratininga, 1919, vol. VIII, p. 113.

76 "Termo de fiança que fazem Pedro e Mariana escravos de Thomé Alvres de Castro nas suas vendagens", *Registro Geral da Camara Municipal de S. Paulo 1745-1747*. São Paulo: Typographia Piratininga, 1919, vol. VIII, p. 156-7.

106 A TEIA MERCANTIL: NEGÓCIOS E PODERES EM SÃO PAULO COLONIAL

para fora da terra.[77] Na verdade, o mercador auferiu lucros deste negócio até o fim da vida, pois consta de seu inventário, aberto em 1772, entre os onze bens de raiz arrolados – casas na cidade, sítios, chácaras, terras, roças –, "uma morada de casas térreas sitas nesta cidade na rua detrás do Carmo (...) com *armação de venda*, com seu quintal, de paredes de taipa de pilão, cobertas de telha, e portão no fundo do quintal".[78]

Na listagem dos contribuintes do Donativo Real de 1730, Gregório de Castro Esteves constava como proprietário de loja de mercador. Todavia, sabe-se que ele também tinha negócios em Cuiabá, pois foi de lá que regressara com caixotes de ouro na monção de 1729, como se depreende da leitura do libelo de sevícias movido contra ele pela esposa Catarina Vieira Veloso.[79] Outrossim, em 12 de agosto de 1747, verifica-se que o mercador obtinha ganhos do comércio ambulante de suas escravas Quitéria, Rita e Quitéria crioula, pois o sargento mor Pedro Taques de Almeida as afiançou para que pudessem amassar e fazer pães.[80]

Parte dos lucros de Tomé Rabelo Pinto também vinha do comércio de pães de suas escravas, Josefa e Catarina, como consta dos termos de fiança registrados durante as décadas de 1740 e 1750,[81] entretanto, sua atividade principal estava voltada ao comércio de fazenda seca, realizado em sua loja no centro da capital, abastecida com mercadorias adquiridas por ele do Rio de Janeiro.

Desta cidade eram trazidos os escravos africanos a São Paulo. A documentação camarária deixa claro que mercadores negociavam cativos, como mostra o edital publicado, em 4 de fevereiro de 1747, com vistas a conter o temível contágio das bexigas, que rondara a cidade em praticamente todo o período estudado. Ordenavam os oficiais que

> nenhuma pessoa de qualquer qualidade que seja, assim os homens que vivem do negócio
> de escravos novos como particulares que os mandam vir, e *mercadores* que, no tempo das

---

77 *Actas da Camara Municipal de S. Paulo 1765-1770*. São Paulo: Typographia Piratininga, 1919, vol. XV, p. 40-1.

78 AESP – Inventários e testamentos não publicados – ord.549 - cx. 72.

79 ACMSP – Processo de divórcio e nulidade do casamento – 15-1-3, grifo meu.

80 "Termo de fiança que faz Quitéria e Rita e Quitéria Crioula escravas do capitão Gregório de Castro Esteves na pessoa do sargento mor Pedro Taques de Almeida", *Registro Geral da Camara Municipal de S. Paulo 1745-1747*. São Paulo: Typographia Piratininga, 1919, vol. VIII, p. 481-2.

81 "Termo de fiança que faz Josepha escrava de Tomé Rabelo Pinto para fazer pão", *Registro Geral da Camara Municipal de S. Paulo 1745-1747*. São Paulo: Typographia Piratininga, 1919, vol. VIII, p. 156; "Termo de fiança que faz Josepha escrava de Tomé Rabello Pinto para vender pão nesta cidade", *Registro Geral da Camara Municipal de S. Paulo 1745-1747*. São Paulo: Typographia Piratininga, 1919, vol. VIII, p. 467-8; "Termo de fiança que dão Catharina e Josepha escravas de Thomé Rabello Pinto", *Registro Geral da Camara Municipal de S. Paulo 1750-1763*. São Paulo: Typographia Piratininga, 1919, vol. X, p. 256.

tropas, vão à cidade do Rio de Janeiro a seu negócio e [à] vila de Santos, possam todos estes trazer ou mandar vir os ditos escravos da Guiné, assim novos como mais ladinos, para seus negócios e encomendas ou para serviço de suas casas, sem primeiro fazer quarentena na casa da estalagem da Glória.[82]

Parece que nem todos obedeceram às ordens municipais, pois, em novembro do mesmo ano, Manuel Antonio de Oliveira foi notificado para fazer quarentena de oito escravos novos.[83] Sabe-se que era mercador, uma vez que, quatro dias após tal notificação, ele apresentou fiança para abrir loja de fazenda seca. Assim como ele, já vimos que Francisco Pinto de Araújo possuía loja de mercador e estava envolvido com o comércio de cativos. Mas não só.

Em 30 de janeiro de 1743, o mercador Francisco Antunes Braga mandou lançar, no 2º cartório de notas da capital, quatro créditos contra Bartolomeu Gomes Pombo, Jerônimo Dias e José da Cruz Almada pela compra de nove escravos de nações Banguela e Angola.[84]

Embora constassem duas lojas de mercador no inventário de Manuel Mendes de Almeida, ele também estava envolvido com negócios de escravos e carregações em vários lugares. Em 1727, juntamente com o sogro, Manuel Gomes Sá, usara o argumento de dispor de muitos escravos para obter meia légua de sesmaria a fim de lavrar mantimentos na paragem de Caucaia, em Cotia, termo da cidade de São Paulo.[85] Em seu testamento aberto em 1756, o comerciante declarou que possuía 97 cativos e que seu genro, Antonio Francisco Lustosa, remetera-lhe do Rio de Janeiro mais vinte escravos com ordem para que os vendesse na cidade de São Paulo ou os mandasse para Cuiabá ou Goiás.[86]

Para a realização de atividades mercantis nestas minas, os irmãos mercadores André Alvares Vieira de Castro e o já citado Matias Alvares Vieira de Castro estabeleceram sociedade com Manuel Soares de Carvalho. Em seu testamento, Carvalho declarou que "no ano de 1736 ajustei sociedade com o dito André Alvares de Castro e com o sargento mor Matias Alvares de Castro, ambos já defuntos, de várias carregações de fazendas e escravos com a condição de eu dispor nas minas de Cuiabá o que para essas se encaminhasse e o dito Matias Alvares de Castro Vieira dispor o que se

---

82 "Registo de um edital dos oficiais da Camara", *Registro Geral da Camara Municipal de S. Paulo 1745-1747*. São Paulo: Typographia Piratininga, 1919, vol. VIII, p. 366 (grifo meu).

83 *Actas da Camara Municipal de S. Paulo 1744-1748*. São Paulo: Typographia Piratininga, 1918, vol. XII, p. 443-4.

84 AESP – 2º Cartório de Notas da Capital (1742-1935) – livro 1 – E13418 – fls.116-118vol.

85 AESP – Sesmarias, patentes e provisões – livro 3 – fls.14.

86 AESP – Inventários e testamentos não publicados – ord.532 – cx. 55.

encaminhasse para as minas de Goiás".[87] Antes desta parceria, André Alvares de Castro e Manuel Soares de Carvalho haviam sido sócios em uma loja de fazenda seca na vila de Itu, durante os anos de 1728 e 1735.

De fato, os documentos revelam que os mercadores, às vezes, eram proprietários de mais de um estabelecimento comercial não só na cidade de São Paulo, como também em vilas vizinhas. Por meio da descrição de bens de Manuel José da Cunha, constante em seu inventário aberto em 1746, tem-se conhecimento de que, além da loja de fazenda seca, ele possuía uma botica.[88] Os cinquenta e três volumes de livros relacionados às ciências médicas e naturais indicam, inclusive, que sua ocupação primeira deveria ser a de boticário, a qual foi posteriormente conjugada com a de mercador.

No processo crime que investigava a fuga da prisão de Manuel Carvalho Pinto, em 1743, as testemunhas declararam que o réu, antes de ir para Mogi, vivia do seu ofício de fazer cangalhas para cavalos e de sua loja de mercador em São Paulo.[89] Embora, naquela vila, continuasse a exercer as duas atividades, conforme consta dos depoimentos, sabe-se que Pinto também vivia da roça, pois solicitou, em 20 de novembro de 1748, uma sesmaria de uma légua de terra em quadra, na paragem de Mato Dentro, distante légua e meia de Mogi, para cultivar mantimentos, dos quais pudesse se sustentar.[90]

Em Mogi das Cruzes, José Rodrigues Pereira abriu uma loja de fazenda seca em sociedade com José Francisco dos Santos, além das duas em funcionamento na capital – uma em sociedade com Lourenço Ribeiro Guimarães e outra administrada pelo caixeiro Manuel João Salgado.[91] Mas os negócios não estavam restritos às lojas que possuía. Em seu processo de habilitação da Ordem de Cristo, as testemunhas depuseram que o mercador comprava partidas grossas de fazenda no Rio de Janeiro para conduzi-las a São Paulo, de onde remetia parte para Goiás.[92] Era também para lá que os mercadores, Manuel José Rodrigues e José Francisco de Andrade, sócios na compra de 93 cavalos, enviavam tropas conduzidas por José Garcia de Siqueira e Ângelo Almeida de Figueiredo.[93]

---

87 AESP – Inventários e testamentos não publicados – ord.549 - cx. 72.

88 AESP – Inventários 1º ofício – ord.651 – cx. 39.

89 ACMSP – Processos gerais antigos – Autos crimes – Manuel Carvalho Pinto – 1743 – fuga da prisão. Outros agentes mercantis do universo de pesquisa haviam exercido ofícios mecânicos antes de se tornarem mercadores ou desempenharam as duas atividades simultaneamente. João da Silva Machado era caldeireiro, Luis Rodrigues Lisboa era entalhador, Manuel Francisco de Melo era ourives, Manuel Gomes da Costa e Mateus de Oliveira eram alfaiates.

90 AESP – Sesmarias, patentes e provisões – livro 13 – fls. 124.

91 AESP – Inventários 1º ofício – ord.686 – cx. 74.

92 IANTT – Habilitações da Ordem de Cristo – letra J – m. 24 – nº2.

93 AESP – Inventários e testamentos não publicados – ord. 534 – cx. 57.

De fato, o Rio de Janeiro e as minas de Goiás, descobertas na década de 1720, eram palcos privilegiados para a realização de negócios de outros tantos mercadores fixados em solo piratiningano. Da cidade fluminense, Manuel de Macedo mandava vir mercadorias para sua loja em São Paulo e, em Goiás, dispunha de procuradores e praticava as atividades comerciais em sociedade com o mercador Antonio de Freitas Branco.[94] As duas localidades também eram as áreas de atuação de Gaspar de Matos. Em seu inventário, são mencionadas barras de ouro vindas de Cuiabá e Goiás, sendo que, nesta segunda região, participara da sexta parte da arrematação dos dízimos e possuía credores.[95]

Ademais dos casos mencionados, o abastecimento das minas de Goiás pelos mercadores residentes na cidade de São Paulo figura nos documentos matrimoniais de vários reinóis.

Em seu processo de casamento, datado de 1742, o proprietário de loja de fazenda seca Manuel Gonçalves Sete depôs que, com idade de 14 para 15 anos, saíra da freguesia de São Tiago de Labruge, bispado do Porto, em direção à colônia. Depois de um mês de permanência no Rio de Janeiro, viera diretamente para São Paulo, onde morava havia 13 anos, sempre andando no caminho das minas de Goiás, sem gastar mais que dois meses em cada jornada.[96]

Trajetória semelhante foi narrada por Domingos Francisco do Monte, natural da freguesia de Santa Marinha de Alheira, arcebispado de Braga, em seu depoimento para se casar com Cláudia Brizida de Jesus, em 1754. O contraente declarou que saíra de sua pátria com 16 anos e, desembarcando no Rio de Janeiro, logo viera para a capital paulista, onde residia havia 14 anos. Durante este tempo, afirmou que "fizera uma viagem ao Goiás com uma carregação de fazenda que logo vendera e, por conta de cobrar o seu produto, andara por várias terras daquelas minas em cobrança, nas quais gastara um ano, pouco mais ou menos".[97]

O depoimento de Antonio Fernandes Nunes também evidencia bem o percurso realizado por ele desde sua saída da Ilha da Madeira até o momento de se casar com Luzia Lopes de Camargo, em 1742. Segundo ele,

> viera da dita terra criança para esta cidade direto sem fazer mais [morada] em cidade algu-ma, que teria de idade treze anos, pouco mais ou menos, do que não estava muito certo por vir bastantemente rapaz, e que sempre se conservou até o presente nesta cidade por caixeiro alguns anos até pôr sua loja (...) e que nunca fizera viagem que chegasse a estar

---

94 AESP – Inventários e testamentos não publicados – ord.531 – cx. 54.

95 AESP – Inventários 1º ofício – ord. 734 - cx. 122 (inventário); AESP – Inventários e testamentos não publicados – ord.677 – cx. 65 (testamento).

96 ACMSP – Dispensas e processos matrimoniais – 4-18-114.

97 ACMSP – Dispensas e processos matrimoniais – 5-14-819.

tempo considerável, porque indo a Goiás foi só dispor de uma carregação, fazendo logo volta para sua loja nesta dita cidade.[98]

O minhoto José Francisco Guimarães, assim como Nunes, também iniciou a carreira mercantil na cidade de São Paulo como caixeiro, mas antes morara durante um ano e meio no Rio de Janeiro e, por cerca de um ano, no arraial de Meia Ponte. Embora declarasse, em seu processo de casamento, que, depois de estabelecido em São Paulo, só se deslocara duas vezes a Goiás para vender fazenda sem demora de seis meses, a testemunha Paulo Filgueira de Carvalho depôs que sua assistência nas ditas minas durara cerca de dois anos.[99]

Se sobre este caso pairam dúvidas quanto à permanência de Guimarães em outras paragens, o mesmo não se pode dizer sobre Manuel Luis Costa, proveniente da cidade do Porto. Antes de chegar a São Paulo, ele havia transitado, sem domicílio certo, pelo Rio de Janeiro e por Minas Gerais com suas agências, mas, uma vez aqui estabelecido, continuou a percorrer os caminhos de Goiás com mercadorias e cavalos, sem fazer assistência em parte alguma.[100] Entretanto, pela leitura de seu inventário, sabemos que abrira uma venda na capital paulista, cujo estoque foi arrolado nas páginas anteriores.

Manuel Rodrigues Ferreira, natural da freguesia de Santiago da Guarda, bispado da cidade de Coimbra, também percorreu longas distâncias, durante dois anos, até chegar a São Paulo em 1730, já que seu desembarque ocorrera em Pernambuco. Porém, desde que morava em Piratininga, "donde assiste havera [sic] catorze para quinze anos, fizera duas viagens para as minas de Goiás com sua cavalaria levando seus negócios e em cada uma delas não chegou a gastar seis meses, ida e volta, e o mais do tempo sempre assistiu nesta cidade de São Paulo".[101]

A descrição da carregação enviada da cidade de São Paulo às minas de Goiás ou Paracatu pelo doutor José Nunes Garces e por João Moreira Guerreiros e conduzida pelo vendeiro Manuel de Pinho, em 1745, tem valor inestimável para que se conheçam as mercadorias que compunham as cargas: 38 barris de aguardente, 20 cargas de farinha, 11 cargas de açúcar, 20 frasqueiras, 36 cargas de fumo, 17 barris de vinho, 62 bruacas de sal, 8 cargas de ferro, 2 cargas de aço, 3 cargas de foice, 2 cargas de enxadas, 2 cargas de almocafres, 1 carga de ferradura, 1 carga de cravo, 1 carga de sabão, 8 cargas de vinagre, 8 cargas de azeite, 58 mulas, 2 cavalos.[102]

---

98 ACMSP – Dispensas e processos matrimoniais – 4-16-103.

99 ACMSP – Dispensas e processos matrimoniais – 4-11-73.

100 ACMSP – Dispensas e processos matrimoniais – 4-7-29.

101 ACMSP – Dispensas e processos matrimoniais – 4-26-156.

102 AESP – 2º Cartório de Notas da Capital (1742-1935) – livro 2 – E13419 – fls.129-130vol. Ao constatar uma série de pequenos e eventuais mercadores envolvidos com negócios sortidos e de

A circulação de homens e mercadorias 111

Os donos da tropa instruíam o condutor para

> fazer venda de carregação pelo maior preço que no estado da terra o permitir, mas sempre
> à vista e caso tenha vossa mercê ocasião de vender parte ou toda a tropa por preço que nos
> faça conta, dará o que entender, fazendo-os a remessa por pessoas seguras, ou trazendo
> em sua companhia, advertindo que nem vossa mercê nem nós tiraremos mais comissão
> ou interesse do que aquele que ficar líquido, tirado o principal custo de tudo e pelo que
> respeita ao, trabalho dos seus negros o atendemos, e por cuidado fizemos três assinados
> por todos, [decla]ramos que para toda esta carregação e tropa não entrou vossa mercê com
> cousa alguma e sim estamos nós obrigados a todo o principal.[103]

Além da diversidade de produtos comercializados em outras localidades, o documento revela que João Moreira Guerreiros - natural do bispado de Coimbra, nesta época com 36 anos, residente na cidade de São Paulo com sua loja de mercador – não se dirigiu pessoalmente às minas para a realização de negócios, como haviam feito os outros agentes mercantis citados. Antes, para lá enviara outro comerciante, arcando com as despesas da carregação, talvez, adquirida em parte no Rio de Janeiro.

Se, ao chegar à colônia, muitos agentes mercantis permaneciam no Rio de Janeiro e percorriam os caminhos e vilas de Minas Gerais, Cuiabá, Goiás, Bahia, Pernambuco, Curitiba e Rio Grande – como descrito no capítulo 1 –, uma vez estabelecidos na capital com suas lojas de fazenda seca, os sujeitos iam se sedentarizando, realizando viagens de negócios curtas de "ida pela vinda", mas constantes, preferencialmente, para a cidade fluminense e para as minas de Goiás. Para aqueles com maiores cabedais, eram seus caixeiros, correspondentes ou pequenos comerciantes, acompanhados por escravos, os encarregados do abastecimento e comercialização em outras paragens. O que salta aos olhos, a todo o momento, é o movimento e não a solidão, a integração da cidade de São Paulo com outras áreas coloniais e não o seu isolamento.[104]

---

pequeno porte, Cláudia Maria Chaves conclui que "o empreendimento de grandes viagens, com a possibilidade de visitar diversos mercados, certamente contribuía para que o comerciante se munisse de uma grande e variada carga. (...) Temos, portanto, em regra uma multiplicidade de mercadores carregando gêneros diversos. Uma baixa frequência associada a uma baixa especialização", Cláudia Maria Chaves, *op. cit.*, p. 165.

103 AESP – 2º Cartório de Notas da Capital (1742-1935) – livro 2 – E13419 – fls.129 – 130vol.

104 O mercado interno tem sido alvo de acalorados debates na historiografia. As polêmicas giram em torno de sua importância na economia colonial, do grau de dependência com relação mercado externo, da possibilidade de acumulação endógena. Em geral, os historiadores dedicados ao estudo do comércio e dos comerciantes coloniais e do abastecimento interno têm reservado páginas para apresentar o atual estado da questão. Uma boa síntese pode ser encontrada nas obras de Sheila de Castro Faria, *A colônia em movimento: fortuna e família no cotidiano colonial*. Rio

O comércio de animais também era responsável por articular a cidade de São Paulo com outras regiões, como já demonstrado anteriormente neste capítulo. Entretanto, se constatamos que os mercadores privilegiavam a região de Goiás, abastecendo-a com escravos e gêneros de secos e molhados, no caso dos negociantes de animais, os dados mostram a preferência pela capitania mineira. Além dos valores maiores alcançados pelos produtos, outro fator que explica a constância e o aumento do envio de reses para Minas Gerais, oriundas de São Paulo e/ou Curitiba, é a insuficiência de bois, cavalos e muares naquela capitania durante todo o período.

Uma vertente historiográfica mais recente, que vem seguindo os passos de Carlos Magno Guimarães e Liana Maria Reis,[105] tem demonstrado que, já na primeira metade do século XVIII, formou-se na capitania uma rede de abastecimento interno baseada na agricultura, pecuária, engenhos de cana e produção de tecidos grosseiros.

Os trabalhos de Júnia Ferreira Furtado, Cláudia Maria Chaves, Angelo Alves Carrara, José Newton Coelho de Meneses e Flávio Marcus da Silva têm contribuído para desmontar a tese de Zemella de que a capitania mineira era completamente dependente do fornecimento externo de gêneros comestíveis até o momento do declínio da extração de ouro, quando então vivenciaria uma diversificação econômica. A partir de pesquisas empíricas, demonstraram que a montagem da produção agropastoril na capitania do ouro se efetivara desde os primórdios da atividade extrativa, abastecendo tanto o mercado local como o regional e o externo.

No entanto, embora as autoridades estimulassem a pecuária em áreas próximas dos principais centros mineradores, a natureza dos terrenos dificultava o pastoreio, obrigando os mineiros a comprar gado de outras regiões da própria capitania ou das vizinhas. Apesar de já se considerar o estabelecimento de um importante setor agropecuário a partir de 1725, o abastecimento regular das Gerais também era garantido pelos caminhos velhos e novos por Santos, Parati e Rio de Janeiro.[106]

---

de Janeiro: Nova Fronteira, 1998, p. 22-7; Cláudia Maria Chaves, *op. cit.*, p. 23-45; José Newton Coelho de Meneses, *O continente rústico: abastecimento alimentar nas Minas Gerais*, Diamantina: Maria Fumaça, 2000, p. 77-90, e nas entrevistas de Fernando Antonio Novais, *Aproximações: estudos de história e historiografia*. São Paulo: Cosac Naify, 2005, p. 347-77.

105 Carlos Magno Guimarães e Liana Maria Reis, "Agricultura e escravidão em Minas Gerais (1700/1750)", *Revista do Departamento de História*. Belo Horizonte: FAFICH/UFMG, nº 2, jun.1986. Ainda dos mesmos autores, "Agricultura e caminhos de Minas (1700/1750)", *Revista do Departamento de História*. Belo Horizonte: FAFICH/UFMG, nº 4, jun.1987.

106 Renato Pinto Venâncio, "Comércio e fronteira em Minas Gerais colonial", in: Júnia Ferreira Furtado (org.), *Diálogos Oceânicos: Minas Gerais e as novas abordagens para uma história do Império Ultramarino Português*. Belo Horizonte: Ed. UFMG, 2001, p. 186. Para tal afirmação, o autor se baseia na tese de doutorado de Ângelo Carrara recentemente publicada sob o título de *Minas e Currais: Produção rural e mercado interno de Minas Gerais, 1674-1807*, Juiz de Fora: Ed. UFJF, 2007.

A circulação de homens e mercadorias 113

Como se vê, havia brechas para a capitania de São Paulo fornecer gado para a região mineratória ao longo dos setecentos, em especial nas primeiras décadas. Se a criação destes animais já ocorria em larga escala nos campos sulinos como atividade subsidiária da mineração andina, com a demanda das Minas Gerais e posteriormente de Cuiabá e Goiás, houve a ampliação para outras áreas e os muares passaram a ser transportados em maior quantidade.[107]

Além disso, outro fator que favoreceu o envio de gado bovino, cavalar e muar, não só para as minas como para outras regiões da colônia, foi a construção do caminho terrestre direto pelo interior, ligando os campos de Viamão a São Paulo, aberto pelo tropeiro Cristóvão Pereira, em 1738.

A documentação camarária é um rico manancial para que se visualize o convívio – nem sempre tranquilo – da população paulistana com a movimentação de reses e com os criadores de gado, que mantinham seus currais no espaço urbano. Não só os caminhos, pontes e aterrados eram danificados pela passagem das boiadas, os lavradores também tinham suas roças destruídas.

Diante das sucessivas reclamações, em 24 de abril de 1743, os oficiais do conselho passaram editais para os bairros da cidade, ordenando que

> daqui em diante todo o gado que for achado nas ditas lavouras e terras lavradias sem serem apastorejados com pastos que atualmente defenda ou entrarem os gados nas ditas lavouras qualquer pessoa de qualquer qualidade nos venha denunciar a este Senado para lhe ser imposta a pena de seis mil réis por cabeça de gado metade para o denunciante e a outra metade para as despesas da Câmara.[108]

Certamente este edital atingia não só os criadores de gado como também vários agentes mercantis estabelecidos com loja de fazenda seca. Isto porque, embora residissem no centro de São Paulo, foi comum encontrar, entre os bens de raiz arrolados em seus inventários, sítios e chácaras localizados nas cercanias da cidade.

---

107 No artigo "Formas provisórias de existência: a vida cotidiana nos caminhos, nas fronteiras e nas fortificações", Laura de Mello e Souza, ao analisar as formas de convívio nas expedições, nos pousos e nas fronteiras da América Portuguesa, constata que "por volta de 1730, intensificou-se o movimento de tropas de mulas que, do Sul, seguiam para as regiões do Centro-Leste: viagem de sol a sol, arrastada e vagarosa", in: Laura de Mello e Souza (org.), *Cotidiano e vida privada na América Portuguesa*. São Paulo: Companhia das Letras, 1997, p. 64.

108 "Registro de seis editais para os bairros do termo desta cidade sobre trazerem os lavradores o gado apastorejado, e os juízes de vintena registrem e tirem seus provimentos", *Registro Geral da Camara Municipal de S. Paulo 1743-1744*. São Paulo: Typographia Piratininga, 1918, vol. v, p. 77.

Ao lado da produção agrícola, estava o "cercado para pastos" ou o "pasto realengo".[109] A quantidade de cabeças de gado vacum variava muito – de 9 a 154 reses – e estas eram, provavelmente, destinadas ao consumo próprio, ao abastecimento da cidade e/ou das regiões mineratórias. Com relação à criação de cavalares, os animais são em número bastante reduzido e não constam da totalidade dos inventários consultados que apresentam imóveis na "roça", como aconteceu com o gado bovino.[110]

Além dos bens rústicos nos arredores de São Paulo, alguns mercadores criavam gado e tinham plantações em localidades mais distantes, entretanto, os documentos comprovam que permaneciam morando na capital.

Em 26 de maio de 1728, o mercador Manuel Veloso, capitão das ordenanças, solicitou uma légua e meia de terra em quadra junto ao rio Camapoã, declarando que pretendia fabricar uma fazenda de gado vacum e cavalos e roças de mantimentos para atender aos mineiros que se dirigiam às minas de Cuiabá.[111] Foi também para estabelecer uma fazenda para recolher as criações que o guarda-mor e homem de negócio Manuel Luis Ferraz obteve, em 04 de fevereiro de 1743, "três léguas de terras de comprido e uma de largo na paragem chamada a Lagea, no caminho que vai de Laguna a Curitiba".[112] Mais ainda ao sul, na serra do Viamão, no Rio Grande, estava localizada a fazenda de gado – objeto de litígio no juízo eclesiástico da capital em 1765 – da qual eram sócios

---

109 Nas palavras de Carlos Lemos, "a cercadura feita com valos estreitos e fundos era a mais barata e de boa eficácia, impedindo que o gado fugisse ou invadisse áreas preservadas como pomares e hortas", Carlos Lemos, *Casa Paulista: história das moradias anteriores ao ecletismo trazido pelo café*. São Paulo: Edusp, 1999, p. 35.

110 Este fato, aliás, não era exclusivo do século XVIII, pois Alcântara Machado, debruçado sobre os inventários seiscentistas, afirmou que "raros são os processos em que, na linguagem saborosa do tempo, se não mencionam *reses vacuns*", Alcântara Machado, *Vida e morte do bandeirante*. Belo Horizonte: Itatiaia; São Paulo: Edusp, 1980, p. 64. Quanto às cavalgaduras, a situação ainda parece aquela constatada por Alfredo Ellis Júnior em que a "regra geral na São Paulo seiscentista é a escassez de equinos", Alfredo Ellis Júnior, *Os primeiros troncos paulistas*. São Paulo, 1944, p. 275 e ss., *apud* Sérgio Buarque de Holanda, *Caminhos e fronteiras*, 3ª ed. São Paulo: Companhia das Letras, 1994, p. 128. Embora Sérgio Buarque de Holanda comente que "só pelo terceiro decênio do século seguinte (...) o cavalo começa a ter lugar no ritmo ordinário da vida paulista", não foi a realidade que constatei nos sítios e chácaras dos agentes mercantis, Sérgio Buarque de Holanda, *op. cit.*, p. 129.

111 AESP – Sesmarias, patentes e provisões – livro 2 – fls.142vol.

112 AESP – Sesmarias, patentes e provisões – livro 12 – fls. 60. O caso de Manuel Luis Ferraz é exceção, pois, após esta data, seu nome não é mais mencionado nas fontes. De acordo com Laima Mesgravis, após a conquista da sesmaria, ele foi tomar posse e lá se radicou. Laima Mesgravis, *A Santa Casa de Misericórdia de São Paulo, 1599(?)-1884. Contribuição ao estudo da assistência social no Brasil*. São Paulo: Conselho Estadual de Cultura, 1976, p. 79.

os mercadores Paulo Filgueira de Carvalho e Antonio de Freitas Branco, este último já mencionado com negócios em Goiás.[113]

Se os inventários, os registros de sesmarias e os autos crimes evidenciam que a agricultura e a criação de gado compunham as atividades econômicas de vários agentes mercantis, a consulta aos documentos do 2º cartório de notas da capital e aos autos cíveis revelam as transações comerciais envolvendo animais, com destaque para os equinos, tão pouco mencionados nos documentos citados. Em 1742, Antonio da Silva Brito reclamava o crédito de três cavalos vendidos a José da Silva e Manuel da Costa Oliveira.[114] Em 1752, Alexandre Monteiro de Sampaio cobrava de Salvador Lima e Siqueira o pagamento de cinco cavalos que lhe tinha vendido.[115] E, em 1754, foi a vez de João Alvares Ramos exigir que Antonio Monis de Jesus Maria honrasse a dívida contraída pela aquisição de um escravo, dois cavalos e duas mulas.

Mas é o caso de Pascoal Alvares de Araújo, ocorrido no mesmo ano, o que mais impressiona pela quantidade de reses vendidas a Manuel Pereira da Silva – 157 cavalos coloniais, 24 bestas muares e 30 cabeças de gado vacum.[116] O envolvimento do mercador com o comércio de animais também aparece em seu inventário, quando foram arrolados os salários pagos aos camaradas na junta do gado e as despesas com mantimentos.[117]

Embora envolvidos com a criação e a comercialização de gado, somente um documento foi localizado, ligando os comerciantes do universo de pesquisa com o fornecimento de animais para Minas Gerais. Trata-se de um registro dos lucros devidos a André Alvares de Castro, provenientes de uma carregação de cavalos enviadas àquelas minas.[118] A escassez de informações sugere, portanto, que esta área colonial não era mais tão atrativa aos mercadores, residentes em São Paulo, como fora no início do século XVIII. A partir da década de 1720, quando os movimentos dos comerciantes reinóis começam a ficar mais visíveis, são as minas de Cuiabá e Goiás que passam a figurar no horizonte de seus negócios.

Ainda, o fato de apenas Manuel Veloso se candidatar à arrematação do corte de carne na cidade de São Paulo,[119] durante o período estudado, indica que a criação de gado

---

113 ACMSP – Processos gerais antigos – Autos cíveis – Antonio de Freitas Branco – 1765 – dívidas.

114 AESP – 2º Cartório de Notas da Capital (1742-1935) – livro 1 – E13418 – fls.77-78.

115 ACMSP – Processos gerais antigos – Autos cíveis – Alexandre Monteiro de Sampaio – 1752 – dívidas.

116 AESP – 2º Cartório de Notas da Capital (1742-1935) – livro 2 – E13419 – fls. 117v-119 e 166-7.

117 AESP – Inventários 1º ofício – ord.642 – cx. 30.

118 AESP – Inventários 1º ofício – ord.721 – cx .109.

119 *Actas da Camara Municipal de S. Paulo 1720-1729*. São Paulo: Typographia Piratininga, 1916, vol. IX, p. 21-2.

era uma atividade secundária, embora lucrativa, no conjunto das transações realizadas pelos agentes comerciais.

Responsáveis pelo abastecimento alimentar da população paulistana, os rendeiros deste contrato camarário tinham exclusividade da venda da carne, durante o tempo de vigência do referido contrato. Geralmente, após ser colocado em pregão, os pretendentes começavam a dar seu lance para a arrematação do corte de carne e o vencedor passava a estabelecer suas condições, que seriam submetidas à aprovação dos camaristas. Uma vez satisfeitas as partes, o termo de obrigação era publicado e lançava-se um edital para que a população soubesse quem seria o novo contratador das cabeças e as condições do corte – regularidade do fornecimento, qualidade e preço dos produtos, condições físicas e higiênicas do açougue.

Apesar de ser um contrato rentável, nem sempre houve quem o quisesse arrematar, ficando a cargo da Câmara, nestes momentos, as licenças para o abate e a cobrança das avenças aos criadores de gado, que vendiam carne aos moradores. Se, em geral, os mercadores e vendeiros não assumiram tal contrato, alguns estavam indiretamente ligados ao corte de carne ao praticarem a venda irregular do alimento em suas casas ou estabelecimentos, infringindo a lei, como nos dão prova inúmeros documentos.

Em 24 de fevereiro de 1748, Secundo de Souza, responsável pelo peso das carnes, acusou Domingos Fernandes Lima de cortar carne fora do açougue. Segundo o auto de denúncia, o mercador "sem temor, nem respeito a este nobre Senado e às justiças do dito senhor [o arrematante José Viana], cortara em sua casa carne e a fez vender ao povo que lh'a quis comprar". Como prova da denúncia apresentou como testemunhas Francisco Corrêa de Lemos, o sapateiro José de Toledo Oliveira, o homem de negócio Manuel de Souza Santos e o vendeiro Bento Ribeiro de Araújo.

A primeira testemunha afirmou que, naquela manhã, vira um negro saindo da casa do acusado com carne de peso de meia arroba. O homem de negócio disse que o próprio denunciado e Bento Ribeiro de Araújo o haviam convidado a comprar o que lhe conviesse das duas reses cortadas na casa de Domingos Fernandes Lima, conhecido pela alcunha de Caiapó, fato que ele recusara com repugnância. Além disso, confirmou o primeiro depoimento, pois presenciara a compra da carne por várias pessoas. Da mesma forma, José de Toledo Oliveira depôs que estava notando ocularmente a pública liberdade com que se estava cortando e vendendo carne a muitas e várias pessoas que concorriam à dita casa naquela manhã e que dela saíam com gamelas cheias do alimento.

Frente aos depoimentos das testemunhas sobre o corte, a venda e o consumo na casa do acusado, os camaristas julgaram verossímil a culpa do transgressor, condenando-o a pena de seis mil réis em dinheiro – metade para o denunciante e a outra parte para as rendas do Senado – e trinta dias de cadeia.[120]

---

120 *Actas da Camara Municipal de S. Paulo 1744-1748*. São Paulo: Typographia Piratininga, 1918, vol. XII, p. 491-3.

A circulação de homens e mercadorias 117

No termo de vereança de 09 de abril de 1763, o comércio ilegal de carnes voltou à pauta da reunião dos camaristas pelo fato de que vários mercadores, vendeiros e taverneiros estavam com pesos por aferir, já que os emprestavam para o corte e venda irregulares de carne ao povo. Constatada a transgressão, o escrivão passou mandados para a aferição dos pesos e para a cobrança das condenações dos comerciantes Veríssimo Nunes, Antonio do Couto Moreira, Antonio do Santos, Manuel Domingos Justo, Vitória Paes, Tomaz José, o capitão José Gonçalves Coelho, Henrique Alves da Silva, Antonio Soares, Manuel Vaz Cunha, Luis Pereira de Macedo.[121]

Se os agentes mercantis não se candidatavam à arrematação do corte de carne – à exceção de Manuel Veloso –, alguns se interessaram pelo contrato das aguardentes, como o fizeram Jerônimo de Castro Guimarães, José de Medeiros Pereira e Alexandre Francisco de Vasconcelos,[122] estes dois últimos senhores de escravas vendeiras.

Durante a vigência dos contratos de bebidas, vinhos e aguardentes do reino, azeite e vinagre, os mercadores, vendeiros e taverneiros eram notificados, por meio de editais, que só poderiam vender os ditos gêneros mediante licença do arrematante, sem a qual seriam punidos de acordo com as disposições colocadas em pregão.

Ao contratador cabia o privilégio de comercializar os molhados nas vendagens que bem entendesse, não alterar o preço das medidas taxadas pelo almotacé no princípio de cada três meses e, caso se sentisse prejudicado pela diminuição dos preços estabelecidos, lhe seria facultado o direito de agravar à câmara e ao ouvidor.

Caso não houvesse interessados no arrendamento dos contratos, o pregão da arrematação era suspenso e a câmara continuava a avençar os vendilhões. Ficava a cargo dos camaristas verificarem se os taverneiros tinham licenças para vender os gêneros, por quais medidas e preços eram comercializados e quais as procedências das aguardentes. Difícil era evitar que os comerciantes atravessassem as bebidas ou que o contratador comprasse o produto vindo de fora em prejuízo dos lavradores do termo da cidade.

De fato, ao longo do período estudado, editais foram publicados visando conter a burla ao sistema de contratos, tanto do corte de carne como das bebidas, e muitos agentes foram condenados por vender os produtos às escondidas, sem autorização da câmara, com medidas inadequadas ou pesos falsos.

Em 16 de junho de 1747, vários comerciantes compareceram à Câmara após a denúncia que apresentou José de Medeiros Pereira, arrematante do contrato das aguardentes vindas de fora do termo da cidade de São Paulo, contra o vendeiro Diogo

---

121 *Actas da Camara Municipal de S. Paulo 1756-1764*. São Paulo: Typographia Piratininga, 1919, vol. xiv, p. 475-7.

122 *Actas da Camara Municipal de S. Paulo 1749-1755*. São Paulo: Typographia Piratininga, 1918, vol. xiii, p. 279 e 354-5 (Alexandre Francisco de Vasconcelos e Jerônimo de Castro Guimarães); *Actas da Camara Municipal de S. Paulo 1744-1748*. São Paulo: Typographia Piratininga, 1918, vol. xii, p. 330-5 e 375-80 (José de Medeiros Pereira).

Machado, acusando-o de mandar buscar aguardente da terra na vila de Santos e dela não pagar subsídios, nem lhe dar manifesto. Para prova da denúncia, apresentou por testemunhas Antonio José da Costa, Francisco Corrêa Sarafana e Bento da Fonseca, os quais declararam viver de suas vendagens, e o sapateiro Domingos da Silva de Moraes. Frente aos depoimentos, pareceu aos camaristas legítima a alegação do contratador, tanto que condenaram o denunciado em seis mil réis pelo barril de cachaça e trinta dias de cadeia irrevogáveis.[123]

Outro caso a ser narrado, entre tantos, é o do mercador Lopo dos Santos Serra. Dedicado ao comércio de fazenda seca em sua loja, ele foi denunciado pelo procurador, em 12 de janeiro de 1746, por vender aguardente do reino, vinho, azeite, vinagre aos frascos, sem pagar subsídios à câmara. Como a transgressão era praticada desde o tempo de seus antecessores, o camarista requereu que o infrator fosse notificado a comparecer ao Senado e jurar por sua alma quantos barris havia disposto. Caso admitisse a culpa, deveria ser condenado a pagar os subsídios costumados.

Cumprindo a determinação, três dias depois de expedido o mandado, Lopo dos Santos Serra se apresentou aos oficiais da Câmara e confirmou a venda dos referidos gêneros. Como lhe era necessário calcular o quanto devia de subsídios a partir dos assentos que tinha sobre a matéria, pediu tempo até segunda vereança para vir com a conta certa, no que foi atendido pelos camaristas. Entretanto, frente à confissão do acusado e ao requerimento do procurador pela aplicação das penas ao transgressor, o mercador foi encaminhado à prisão, em 19 de janeiro do mesmo ano.[124]

O livro de assentos mencionado por Lopo dos Santos Serra era um instrumento muito usado pelos agentes mercantis para o registro das entradas de fazendas, do balanço das lojas, dos créditos e débitos. Por meio destes documentos, via de regra declarados nos testamentos, também se pode conhecer o universo dos negócios e dos laços pessoais em que estavam enredados os comerciantes, profundamente marcado por relações de endividamento, fosse pelo comércio fiado, fosse pelo empréstimo de dinheiro a juros.

A fala de Manuel Soares de Carvalho é emblemática neste sentido:

> Declaro que como o meu trato é e sempre foi negociar não posso realmente de presente declarar o que devo, nem o que se me deve, porém como de tudo faço assento em meus livros, borradores ou cadernos, meus testamenteiros darão cumprimento a tudo o que se achar debaixo de minha firma, rubrica ou sinal, ou ainda só por minha letra porque nos tais assentos tenho(...)[125]

---

123 *Actas da Camara Municipal de S. Paulo 1744-1748*. São Paulo: Typographia Piratininga, 1918, vol. XII, p. 375-80.

124 *Actas da Camara Municipal de S. Paulo 1744-1748*. São Paulo: Typographia Piratininga, 1918, vol. XII, p. 220-5.

125 AESP – Inventários e testamentos não publicados – ord. 549 – cx. 72.

Preocupado em resgatar créditos, Manuel Mendes de Almeida declarou "que se me devem várias dívidas que constará do meu Livro de créditos, em os quais ultimamente lancei".[126] Da mesma forma, Manuel de Macedo deixou registrado que "se me está devendo o que consta dos meus créditos, recibos e assentos dos livros que se acham em meu poder, o qual entregará minha mulher para se cobrar e mandará cobrar das dívidas".[127] Também José Rodrigues Pereira afirmou que "tudo o que se me deve consta do meu livro de contas, clareza e créditos, que se darão ao inventário e meus herdeiros cobrarão".[128] Já Gaspar de Matos ordenou que se verificasse, no livro da loja, créditos e escrituras das pessoas que lhe eram devedoras.[129]

Era no livro de Razão que estava registrada a sociedade que Jerônimo da Costa Guimarães tinha com seu genro José Pedro de Almeida[130] e também num manuscrito de mesma denominação, de fls. 1 a 169, que Jerônimo de Castro Guimarães disse ter anotado várias doações feitas por esmola.[131]

José Francisco de Andrade, por sua vez, declarou que o que devia na cidade de São Paulo, no Rio de Janeiro ou em outra qualquer parte, constava por assentos feitos por sua própria letra em um livro intitulado Confessor de Dívidas. Especificava que tinha um livro em poder de seu caixeiro, no qual estavam contabilizadas as fazendas que entraram na loja e registrado o balanço do que se achava nela e, em outro livro, depois do dito balanço, figuravam os assentos do que ia recebendo, apurados da venda das mercadorias e da cobrança das dívidas.[132]

Há, no entanto, que se fazer diferenciação – embora nem sempre seja possível – entre as dívidas decorrentes da compra e venda de mercadorias e das quantias emprestadas a juros, ambas constantes dos livros mencionados sob as mais diversas designações. As primeiras eram inerentes, por assim dizer, ao próprio mundo dos negócios coloniais, cujas transações eram feitas a prazo, e as segundas eram promovidas pelos mercadores que usavam deste expediente como forma de diversificar investimentos e ganhos.

O mercado de crédito tal como se desenrolava foi apontado pelo Morgado de Mateus como um dos grandes males responsáveis pela pobreza da capitania. Em carta ao Conde de Oeiras, datada de 24 de dezembro de 1766, o governador de São Paulo relatava que

---

126 AESP – Inventários e testamentos não publicados – ord. 532 – cx. 55.

127 AESP – Inventários e testamentos não publicados – ord. 531 – cx. 54.

128 AESP – Inventários 1º ofício – ord. 686 – cx. 74.

129 AESP – Inventários 1º ofício – ord. 677 – cx. 65.

130 AESP – Inventários e testamentos não publicados – ord.565 – cx. 88.

131 AESP – Inventários 1º ofício – ord. 637 – cx. 25.

132 AESP – Inventários e testamentos não publicados – ord. 524 – cx. 57. Sobre os instrumentos utilizados para registro de dívidas, ver Carlos de Almeida Prado Bacellar, *Viver e sobreviver em uma vila colonial...*, p. 110-21.

O comércio desta Capitania me parece ser insubsistente pelo demasiado abuso de vender fiado: eu entendo que todas as cousas humanas têm seus termos, e que o vender fiado não seria desacerto se fosse medido pelos limites da razão, mas sendo com excesso me parece a causa de não haver dinheiro na Praça, nem nas mãos dos moradores por girar todo o negócio em falso debaixo da capa do crédito e de morosas esperas.[133]

Segundo suas impressões, as práticas mercantis assim estruturadas tanto favoreciam os filhos do Reino que para cá vinham sem nada, arrumavam quem lhes fiasse e ganhavam a vida, como empobreciam a muitos que não conseguiam créditos para se estabelecer, "e daqui nasce que se vendem as cousas por exorbitantes preços para que nos lucros de umas cubram as perdas que são infalíveis nas outras".[134]

Na verdade, se as considerações do governador apontam para a descapitalização e o prejuízo dos moradores, por outro lado, elas revelam sua percepção quanto à concentração de riquezas nas mãos de um determinado grupo que se valia das vendas a crédito e do empréstimo de dinheiro para controlar homens e negócios.

Além dos credores e devedores, arrolados nos inventários dos agentes comerciais – tanto uns quanto outros, residentes na própria cidade de São Paulo, no Rio de Janeiro, nas minas de Cuiabá e Goiás –, foram encontrados inúmeros créditos lançados no 2º cartório de notas da capital e processos cíveis corridos no juízo de órfãos e no juízo eclesiástico da cidade de São Paulo que envolvem a cobrança de dívidas.

A designação genérica mais comum para o produto objeto da cobrança era fazenda. Assim, durante os anos de 1742-43 e 1753-55, os mercadores José da Silva Ferrão, Matias da Silva, Francisco Rodrigues Souto, Paulo Filgueira de Carvalho, Manuel Veloso, João Alvares Ramos e Pascoal Alvares Araújo exigiram o pagamento de dívidas procedidas da compra de fazendas por diversas pessoas.[135]

Inácio da Costa Siqueira, assim como seus companheiros, em 1742, exigiu que seus devedores Francisco Rodrigues da Cunha e Tomé Silveira Coimbra pagassem por fazendas adquiridas, mas, no ano seguinte, há registro de uma escritura pela qual cobrava do também mercador Manuel Mendes de Almeida o empréstimo de 800$000 de dinheiro a juros de 4%.[136]

Em 1746, Matias da Costa Figueiredo procurou executar Miguel Carlos de Azevedo da Silva, "clerigo en minoribus", pelo empréstimo de 18$000 e 1$280. Alegando que o devedor não queria lhe pagar, andava oculto, sem domicílio certo, nem bens es-

---

133 "Carta ao Conde de Oeiras sobre o comércio fiado", *Documentos interessantes para a história e costumes de São Paulo*. São Paulo: Typographia Aurora, 1896, p. 33 (vol. XXIII: Correspondência do Capitão-General Dom Luiz Antonio de Souza Botelho Mourão, 1766-1768).

134 *Idem*, p. 33-4.

135 AESP – 2º Cartório de Notas da Capital (1742-1935) – livro 1 – E13418 e livro 2 – E13419.

136 AESP – 2º Cartório de Notas da Capital (1742-1935) – livro 1 – E13418 – fls. 124 – 124 vols.

táveis e ainda que estava de partida para as Minas Gerais, exigia a citação do suplicado para assinação de dez dias, reconhecimento de seu sinal e juramento de sua alma.[137]

Justificativa semelhante havia sido dada, em 1731, pelo comerciante Cipriano Ribeiro Dias a fim de reaver as quarenta e cinco oitavas de ouro em pó fornecidas ao padre Manuel de Maia. O autor solicitava que se passasse mandado de embargo aos bens do justificado, pois o clérigo não tinha domicílio certo e estava de partida para o Rio de Janeiro. Entretanto, instaurado o processo e ouvidas as testemunhas, ficou provado que o dito padre tinha casas alugadas na cidade, onde se recolhia quando por aqui passava, e que ia à cidade fluminense com ânimo de retornar. Como não fosse julgado por sujeito de fuga, o processo correu em via ordinária, sem que se tenha notícia do desfecho.[138]

O testamento de Gaspar de Matos bem denuncia como negociar mercadorias e dinheiro era prática usual nas transações mercantis e usurárias ocorridas em São Paulo setecentista. Ao descrever seus negócios, o opulento homem de comércio declarou que constavam de seu livro de loja as dívidas que tinha que receber no valor de onze mil e tantos cruzados de duzentas e vinte e três pessoas! Se a afirmação dá a entender que os devedores haviam comprado mercadorias em seus estabelecimentos, as declarações seguintes revelam que ele estava envolvido em um sem número de negócios em várias localidades, entre os quais o empréstimo de dinheiro.

Tal prática fica evidenciada no codicilo – elaborado para alterar algumas disposições do primitivo testamento –, em 6 de julho de 1734, quando Gaspar de Matos declarou que "na cidade do Rio de Janeiro, na mão de meu correspondente José Alves da Silva, tenho em dinheiro perto de dezessete mil cruzados, pouco mais ou menos, os quais tinha prontos para mandar para Portugal e por razão de minha moléstia, ordenei que os deixasse ficar em seu poder até o tempo da frota vindoura e havendo quem os quisesse a juros pelo tempo da lei, os desse com boa segurança e que renda".[139]

Domingos João Vilarinhos, em seu testamento, igualmente declarou o empréstimo de dinheiro a razão de juros a outros cinco agentes mercantis – seu sobrinho Manuel Francisco Vaz, Antonio da Silva Brito, Paulo Filgueiras de Carvalho, Francisco Pereira e André Alves da Silva.[140] Os valores variavam entre 2$400 e 880$000, e somente para o último os juros foram determinados em 5%, sendo que para os demais havia a menção "conforme o tempo e a lei".

De acordo com Júnia Ferreira Furtado, no século XVIII, "a Igreja já aceitava a cobrança de juros, desde que limitada a regras severas e não excedendo as taxas consideradas

---

137 ACMSP – Processos gerais antigos – autos cíveis – Matias da Costa Figueiredo – 1746 – dívidas.

138 ACMSP – Processos gerais antigos – autos cíveis – Cipriano Ribeiro Dias – 1731 – dívidas.

139 AESP – Inventários 1° ofício – ord. 677 – cx. 65.

140 AESP – Inventários e testamentos não publicados – ord. 544 – cx. 67.

regulamentadas, quando os réus eram denunciados por praticarem juros excessivos"[141]. Foi o que ocorreu com o mercador Manuel Veloso, denunciado pelo crime de usura, na devassa e visita geral dirigida pelo reverendo doutor visitador Alexandre Marques do Vale, ocorrida em 1732.

Dois anos antes, José Alvares Fidalgo havia comprado fazendas de Gregório de Castro Esteves no valor de 46$000, cuja cobrança ficou a cargo de seu sogro, o capitão Manuel Veloso. Como, na época, o comprador se achava sem dinheiro e tinha receio de ser executado, passou um crédito, reduzindo a dita quantia a oitavas de ouro por mil réis, o que foi aceito por Veloso.

Regressando das minas de Goiás, Fidalgo encontrou-se com Veloso na Casa de Fundição a fim de saldar a dívida conforme o combinado, ou seja, por cada mil réis uma oitava de ouro em pó. Entretanto, o capitão só concordou em aceitar as ditas oitavas se fossem quintadas, o que acresceu ao devedor pelo menos $480 em cada oitava, que era o preço pelo qual se costumava vender o ouro quintado na cidade de São Paulo.

Transcorrido o processo, o réu foi absolvido do crime de usura não pelas condições de pagamento exigidas, mas antes pelo seu papel de procurador. De acordo com o juízo eclesiástico, ficou comprovado pelos depoimentos das testemunhas e do próprio José Alvares Fidalgo que o réu não fizera com ele negócio algum, mas sim só cobrara as ditas oitavas de ouro como procurador de seu genro. Além disso, as testemunhas confirmaram que Manuel Veloso era mercador na cidade havia mais de vinte e nove anos, seus negócios sempre foram direitos e sem usura e, ainda que a dita cobrança fosse estipulada com usura, nunca nela o réu incorreu, porque somente fez a obrigação de procurador de seu genro.[142]

Para a absolvição de Manuel Veloso certamente concorreu a posição de destaque que tinha na sociedade da época. Além de ocupar o posto de capitão na companhia de ordenanças, ele havia servido como almotacé da Câmara Municipal em 1726 e, no libelo de sevícias promovido por sua filha contra o genro Gregório de Castro Esteves – do qual fora posteriormente procurador –, ocorrido em 1729, foi discriminado como "homem de negócio dos mais honrados e bem procedidos desta cidade".[143]

Contraídas pela compra de mercadorias ou pelo empréstimo de dinheiro a juros, as dívidas hierarquizavam homens em redes intercambiáveis de controle e sujeição, isto porque o mercado de crédito comportava sujeitos que simultaneamente desempenhavam os papéis de credores e devedores, dependendo das praças em que as transações comerciais eram efetuadas.

Dada a mobilidade espacial dos agentes mercantis e de seus correspondentes, que circulavam com produtos, moedas e ouro pelas vilas próximas e distantes da

---

141 Júnia Ferreira Furtado, *op. cit.*, p. 129.

142 ACMSP – Processos gerais antigos – autos crimes – Manuel Veloso – 1732 – usura.

143 ACMSP – Processos de divórcio e nulidade de casamento – 15-1-3.

A circulação de homens e mercadorias **123**

capital, os negócios e as cobranças se estendiam a locais longínquos, articulando a cidade de São Paulo às áreas do centro-sul da colônia e à própria metrópole, cuja capital ocupava um lugar central na montagem das redes creditícias que se teciam no Império Português.[144]

Nos livros do 2º cartório de notas da capital, tal articulação fica mais uma vez evidenciada pelas procurações registradas, nas quais os comerciantes figuram como outorgantes ou procuradores. As localidades mencionadas para a cobrança de dívidas e acerto de contas revelam os espaços escolhidos para a realização de negócios. Além da capital paulista, as áreas mais citadas são Santos, Rio de Janeiro, Minas Gerais, Cuiabá, Goiás, Meia Ponte, Bahia, Viamão, Rio Grande, Lisboa.

Nos documentos relativos aos anos de 1742-1743 e 1753-1755, dezesseis comerciantes do universo de pesquisa aparecem como outorgantes, mas dezenas são registrados como procuradores. O conteúdo da procuração passada pelo mercador João Rodrigues Vaz, em 9 de dezembro de 1742, é elucidativo dos poderes atribuídos aos correspondentes, os quais estavam autorizados a

> procurarem, alegarem, mostrarem e defenderem todo o seu direito e justiça em suas causas e demandas civis ou crimes [...] e nas dadas a seu favor, consentir e aceitar, fazendo-as executar, requerendo sequestros, protestos, embargos, desembargos, penhores, execuções, lances, posses, rematações, prisões, consentimentos de soltura, transações e amigáveis composições; e das contrárias, agravar, apelar, embargar, seguir [...] até sua última sentença do supremo juízo, cobrando e arrecadando tudo quanto seu for, seus bens e fazendas que por qualquer título lhe pertencerem, dívidas que se lhe deverem de quaisquer pessoas, juízos ou tribunais da fazenda real, suas provedorias e almoxarifados, cofres dos órfãos e ausentes e de outros quaisquer que sejam, tomando de tudo contas a quem lhas deva dar e para elas se louvar, dando pagas as quitações públicas ou rasas da maneira que pedidas lhe forem, assinando verbas em livros, conhecimentos, recibos ou outro qualquer termo e ajuste onde mais conveniente for, fazendo de tudo remessas por conta e risco dele outorgante.[145]

---

144 Como assinalou Antonio Carlos Jucá de Sampaio, "o que nos interessa é ressaltar a direção do crédito nesse sistema mercantil que tem sua origem na capital do Império, Lisboa, e na própria cidade do Rio de Janeiro, e daí desloca-se para o interior das terras americanas. É importante não perder de vista que essa cadeia de endividamento significa, acima de tudo, uma relação de subordinação entre os diversos agentes nela envolvidos, bem como as diversas regiões", Antonio Carlos Jucá de Sampaio, *op. cit.*, p. 248. Da mesma forma, ressaltou Júnia Ferreira Furtado que "era hábito entre os atacadistas do Rio de Janeiro, Bahia e Portugal adiantarem estoques, ou emprestarem dinheiro para os comerciantes nas Minas, criando laços de endividamento que começavam no Reino e se reproduziam até o consumidor do interior dos sertões mineiros", Júnia Ferreira Furtado, *op. cit.*, p. 124.

145 AESP – 2º Cartório de Notas da Capital (1742-1935) – livro 1 – E13418 – fls. 91v – 92 vol.

Como se vê, os poderes eram amplos, o que pressupunha confiança, a pré-existência de uma relação forte entre as partes e a necessidade de circulação por vários espaços coloniais. Entretanto, não eram só nas redes mercantis centralizadas em São Paulo que os agentes do universo de pesquisa atuavam. Nas procurações setecentistas guardadas nos arquivos do Rio de Janeiro e do Rio Grande do Sul também constam os nomes de vários comerciantes residentes em solo piratiningano.[146]

Nos documentos consultados por Antonio Carlos Jucá de Sampaio para a praça carioca, no período de 1736-1740, os procuradores se encontravam espalhados por Lisboa, Porto, Braga, Guimarães, Rio de Janeiro, Bahia, Minas Gerais, Goiás, Cuiabá, São Paulo, Pernambuco e Angola. Entre os nomeados na capital paulista, figuravam onze agentes mercantis pertencentes ao conjunto estudado – Manuel Mendes de Almeida, Manuel José da Cunha, Manuel Luiz Ferraz, Tomé Rabelo Pinto, Manuel de Oliveira Cardoso, Alexandre Monteiro de Sampaio, André Alvares de Castro, Manuel Veloso, Domingos Pereira Guedes, Manuel Jorge da Silva e Manuel Gomes da Costa –, que representavam os respectivos outorgantes tanto em processos judiciais como em transações comerciais.[147]

Já nas procurações registradas nos tabelionatos de Porto Alegre (Viamão), compulsadas por Helen Osório - referentes às duas décadas seguintes ao corte cronológico final desta pesquisa –, os outorgantes dispunham de mandatários em Viamão, na ilha de Santa Catarina, em Curitiba, São Paulo, Rio de Janeiro, Luanda, Lisboa, Porto, Guimarães, no próprio Rio Grande e "em todo o seu continente". Entre os procuradores de São Paulo, quatro fazem parte da amostra – Manuel de Oliveira Cardoso, Jerônimo de Castro Guimarães, Antonio José Pinto e Manuel José da Encarnação.[148]

Em geral, nos documentos sulistas, os outorgantes declaravam que seus procuradores poderiam "arrecadar toda a sua fazenda, dinheiro, ouro, prata, açúcares, escravos, encomendas, carregações". Para o instrumento no qual figurava o último mercador, os poderes ainda contavam "com especialidade para tomarem conta e receberem e disporem de uma tropa de animais muares e cavalares que ele outorgante presentemente remete para a cidade de São Paulo a cargo do capataz João Domingues

---

146 Devo o acesso às procurações do Rio de Janeiro e do Rio Grande do Sul aos profs. drs. Antonio Carlos Jucá de Sampaio e Helen Osório que, gentilmente, me repassaram os documentos utilizados em suas respectivas pesquisas e elucidaram muitas dúvidas sobre os poderes atribuídos aos procuradores.

147 ANRJ – Escrituras públicas do 2º Ofício de Notas (1711-1750) – livro 48 – p. 68v, 146; livro 51 – p. 43v, 64, 154, 163v, 185, 230; livro 52 – p. 24, 46 52v, 53vol.

148 APERGS – 1º tabelionato de Porto Alegre – livro 4 – fls. 15, 104, 126, 139v; livro 10 – fls. 100v-101, 137-8.

Paes e sobre ela e seu rendimento seguirem as suas ordens e avisos que valerão como parte deste instrumento".[149]

A multiplicidade de localidades e sujeitos confirma a diversificação dos negócios e a existência de um comércio de longo alcance, envolvendo mercadorias e homens distintos de acordo com a rede estabelecida. Mais do que isso, constata-se a configuração de vários circuitos econômicos diferentes, com algumas intersecções, seja nas cidades ou nas pessoas. É o caso, por exemplo, de Manuel de Oliveira Cardoso que atuava tanto na rede do Rio de Janeiro como na do Rio Grande.

Encontrar os nomes dos agentes mercantis registrados em procurações de outras praças reforçou, portanto, a ideia de que estes homens eram responsáveis pelas conexões da cidade de São Paulo com várias áreas coloniais e de que a capitania estava inserida em redes de negócios que articulavam interesses dos dois lados do Atlântico.

Como se viu, para além das lojas de fazenda seca, os mercadores residentes em solo piratiningano dispunham de escravos vendeiros e negras padeiras; estavam envolvidos direta ou indiretamente com os contratos camarários relativos ao abastecimento alimentar da população; estabeleciam lojas e constituíam sociedades em outras localidades; comercializavam escravos em várias áreas coloniais; traziam carregações do Rio de Janeiro e as enviavam para as regiões mineradoras; emprestavam dinheiro a juros. Todos os negócios permeados por dívidas que uniam e prolongavam relações mercantis e pessoais.

A concentração de múltiplas atividades nas mãos de um mesmo agente mercantil também foi constatada por historiadores que se dedicaram ao estudo dos comerciantes coloniais e europeus.[150] Ao caracterizar a natureza e a variedade dos negócios empreendidos, os autores buscaram classificar e hierarquizar os sujeitos.

Na obra *Na encruzilhada do Império*, Antonio Carlos Jucá de Sampaio, ao focalizar sua atenção sobre o Rio de Janeiro, entre 1650 e 1750, confirmou a existência e a importância do pequeno capital mercantil na movimentação da praça carioca. De acordo com suas análises, embora os mercadores participassem de vários ramos mercantis juntamente com os homens de negócio, eles tendiam a se especializar no investimento de lojas de fazenda seca, na comercialização de determinadas mercadorias e no abastecimento interno. Já os homens de negócio desempenhavam todas estas modalidades mercantis, mas também estavam ligados a dois eixos fundamentais do comércio colonial – Portugal

---

149 Arquivo Público do Rio Grande do Sul – 1º tabelionato de Porto Alegre – livro 4 – fls. 126.

150 Sobre a polivalência e a não especialização das atividades mercantis dos grandes negociantes do Antigo Regime europeu, ver Fernand Braudel, *Civilização material, economia e capitalismo – séculos XV-XVIII: Os jogos das trocas*. São Paulo: Martins Fontes, 1998 (especialmente o item "No topo da sociedade mercantil"); Jorge Miguel Pedreira identifica a multiplicidade de empreendimentos como traço da atuação dos homens de negócio em Portugal na segunda metade dos setecentos, Jorge Miguel Pedreira, *Os homens de negócio...*, p. 294-391.

e África –, participavam das arrematações de contratos de diversos impostos e controlavam o crédito, atividades das quais estavam afastados os mercadores.

A diferenciação básica entre os dois segmentos residia, portanto, na escala das transações realizadas, tanto com relação ao volume do comércio manejado pelos grupos como também aos seus distintos raios de ação.[151]

Ao analisar a comunidade mercantil de Salvador, entre 1680 e 1725, Rae Flory também hierarquizou os agentes mercantis de acordo com as atividades nas quais estavam envolvidos. Segundo a brasilianista, no topo da pirâmide, encontravam-se os homens de negócio ou mercadores de sobrado, engajados nos negócios transatlânticos e de distribuição no Brasil, nos investimentos em embarcações, nas negociações das taxas de contrato e no financiamento de mercadores menores, agricultores e autônomos.

Os mercadores de loja, por sua vez, eram primordialmente varejistas, dedicados ao comércio de variadas mercadorias importadas. O volume e o escopo de suas transações não combinavam com aqueles dos homens de negócio, e seu status era inferior, mas investimentos fortuitos num tráfico negreiro lucrativo ou o interesse numa arrematação de contrato vantajosa poderiam promover o ambicioso mercador de loja à categoria de homem de negócio.[152] Embora posicionados num patamar abaixo dos mercadores de sobrado, Flory chama a atenção para distância existente entre os mercadores de loja e os retalhistas inferiores da cidade – vendeiros, taverneiros e mascates.[153]

Se para as duas cidades portuárias mais importantes da colônia na primeira metade do século XVIII, foi possível delimitar as atuações de mercadores e homens de negócio, para as regiões mais afastadas destes grandes centros as diferenças entre as atividades de um e outro grupo tiveram que ser matizadas.

Incrementadas pelos descobertos auríferos, as transações mercantis realizadas nas praças de São Paulo, do Rio Grande e das próprias Minas Gerais, desenvolveram-se na órbita das capitanias do Rio de Janeiro e Bahia, cujos grupos mercantis controlavam a importação de mercadorias, raramente acessível aos comerciantes atuantes no interior do centro-sul da América Portuguesa.

De acordo com Júnia Ferreira Furtado, na obra *Homens de negócio*, "a referência a transações comerciais diretas com Portugal eram pouco frequentes entre os comerciantes das Minas. Tudo indica que o acesso à maior parte do capital mercantil que vinha do

---

151 Antonio Carlos Jucá de Sampaio, *op. cit.*, p. 228-39.

152 À semelhante conclusão também chegou Jucá, quando apontou a possibilidade dos mercadores, via de regra submetidos ao controle do grande capital mercantil, ascenderem ao grupo dos homens de negócio, diversificando suas atividades.

153 Rae Flory & David Grant Smith, "Bahian Merchants and Planters in the Seventeenth and Early Eighteenth Centuries", *Hispanic American Historical Review*, 58(4), 1978, p. 573-4.

Reino ocorria indiretamente, pelos comerciantes da Bahia e do Rio, onde estabeleciam suas conexões".[154]

Entretanto, este alijamento do comércio ultramarino não impediu que a historiadora os considerasse grandes homens do comércio, uma vez que diversificavam seus interesses e ganhos, abrindo lojas, enviando carregações para o sertão, financiando pequenos comerciantes fixos ou volantes, adquirindo escravos, pedindo sesmarias, enfim, controlando o mercado de abastecimento, por meio do comércio, da mineração, da pecuária e da agricultura.

Em tese de doutorado, Helen Osório analisou a composição agrária do território do Rio Grande de São Pedro, a constituição do grupo mercantil na região e as conexões econômicas e sociais existentes entre esta praça e o Rio de Janeiro. Tal como ocorria em Minas Gerais e São Paulo, os comerciantes sulistas adquiriam escravos, têxteis e manufaturas no Rio de Janeiro, não participando diretamente da importação de mercadorias. Além disso, eles estavam afastados da arrematação dos principais contratos da Coroa – dízimos, quintos dos couros e gado em pé, munício de tropas –, monopolizados pelos negociantes fluminenses.

Tais obstáculos, entretanto, não impediram que muitos acumulassem fortunas ao longo dos anos e ascendessem à elite mercantil, cuja principal característica era a diversificação de ramos de negócios – bens comerciais, dívidas ativas, investimentos em imóveis urbanos e rurais, comércio e propriedade de escravos. Segundo a historiadora,

> a rapidez das mudanças conjunturais obrigava o negociante a diversificar suas atividades como medida de segurança. A crise em determinado negócio, produto ou região, era compensada pelas outras aplicações, reduzindo os prejuízos do negociante e proporcionando-lhe uma certa estabilidade.[155]

Como se vê, a característica da diversificação dos negócios do mercador atuante na área paulistana é reiterada pela historiografia para outros espaços coloniais. Porém, algumas considerações merecem ser tecidas com relação aos cem agentes mercantis do universo de pesquisa.

Comecemos pelo emprego dos termos "mercador", "vive de seus negócios" e "homem de negócio". Em princípio, julguei que a mudança de um termo para outro poderia significar uma trajetória ascendente na carreira comercial. Ou seja, determinado sujeito que "vivia de seus negócios", ao apresentar termo de fiança para abrir loja de fazenda seca, passaria a ser denominado mercador, mas, com o tempo e com a atuação em diferentes modalidades de comércio, a ele seria atribuído o termo homem de negócio.

---

154 Júnia Ferreira Furtado, *op. cit.*, p. 125.

155 Helen Osório, *O império português no sul da América: estancieiros, lavradores e comerciantes.* Porto Alegre: Ed. da UFRGS, 2007, p. 302.

128 A TEIA MERCANTIL: NEGÓCIOS E PODERES EM SÃO PAULO COLONIAL

No entanto, tal hipótese não se confirmou para a grande maioria dos casos. Em minha amostra, dos 72 sujeitos denominados como mercadores, 27 também são registrados como homens de negócio. Mas, para 18 agentes, o termo mercador aparece nas fontes em data posterior ao de homem de negócio, o que sugere que dependia mais da natureza do documento, do escrivão, do depoimento das testemunhas ou do próprio agente mercantil o tipo de atividade a ele associada.

Assim Antonio da Costa Lobo, testemunhando em dois processos de casamento, aparece como vivendo de seus negócios em 1735, e como homem de negócio em 1748, mas foi identificado como mercador pelo recenseador em 1765.[156]

Em seu processo de casamento, ocorrido em 1742, Antonio Fernandes Nunes foi reconhecido pelas testemunhas como possuidor de loja de fazenda seca. Nos autos cíveis de 1762, ele disse viver de seus negócios, porém foi registrado no mesmo ano como homem de negócio pelo escrivão da Câmara Municipal, para, finalmente, figurar como mercador no censo de 1767.[157]

Em 1713, acusado dos descaminhos do ouro em pó dos quintos, Manuel Veloso foi identificado como mercador, a mesma ocupação registrada quando solicitou sesmaria no rio Camapoã em 1728. No ano seguinte, no processo de divórcio de sua filha com Gregório de Castro Esteves, ele foi apontado como "homem de negócio dos mais honrados e bem procedidos desta cidade". Mas, na listagem dos contribuintes do Donativo Real para o casamento dos príncipes, também em 1729, figurou como possuidor de "loja de mercador", e assim foi designado no processo em que foi réu pelo crime de usura em 1732. No final da década de 1730, seu nome figurou entre os homens de negócio convocados para a recepção do governador da capitania, D. Luis de Mascarenhas, porém o último registro de suas atividades econômicas nas fontes documentais consultadas, ocorrido em 1745, foi a de "vive de seu negócio de mercador", quando testemunhou no processo de casamento de João Afonso Esteves.[158]

---

156 Respectivamente ACMSP – Dispensas e processos matrimoniais – 4-6-22 e 4-39-239; *Documentos Interessantes para a História e Costumes de São Paulo*. São Paulo: Instituto Historico e Geographico de S. Paulo, 1937, vol. LXII (Recenseamentos 1765-1767)

157 Respectivamente ACMSP – Dispensas e processos matrimoniais – 4-16-103; AESP – Juízo de órfãos – C05380 – doc. 28; *Actas da Câmara Municipal de S. Paulo 1756-1764*. São Paulo: Typographia Piratininga, 1919, vol. XIV, p. 396-8; *Documentos Interessantes para a História e Costumes de São Paulo*. São Paulo: Instituto Historico e Geographico de S. Paulo, 1937, vol. LXII (Recenseamentos 1765-1767)

158 Respectivamente *Registro Geral da Camara Municipal de S. Paulo 1710-1734*. São Paulo: Typographia Piratininga, 1917, vol. IV, p. 54-5; AESP – Sesmarias, patentes e provisões – livro 2 – fls. 142 vol.; Nuto Santana, *Metrópole*. São Paulo: Departamento de Cultura, vol. 3, 1953, p. 139; ACMSP – Processos gerais antigos – autos crimes – Manuel Veloso – 1732 – usura; *Actas da Câmara Municipal de S. Paulo 1737-1743*. São Paulo: Typographia Piratininga, 1916, vol. XI, p. 183-185; ACMSP – Dispensas e processos matrimoniais – 4-25-150.

Esta expressão poderia ser tomada como a versão estendida de "vive de seus negócios", em que estaria subentendido o final "de mercador", mas isto é mera especulação. Mesmo porque, viver de negócios poderia significar atuação em outras atividades além da loja de fazenda seca, mas novamente é temerária a afirmação definitiva. De toda forma, havia correlação entre os dois termos, pois dos 42 agentes que figuravam como "vive de seus negócios", 30 também foram identificados como mercadores.[159]

O emprego dos termos não variava apenas de uma fonte para outra, em um mesmo documento – a dispensa matrimonial de Jerônimo de Castro Guimarães, ocorrida em 1766 –, Manuel José Gomes foi identificado como "vive de seus negócios" enquanto testemunhava, mas foi registrado como mercador quando se apresentou como fiador dos banhos do contraente.[160]

A dificuldade em precisar as nomenclaturas e as atividades mercantis também aparece, por exemplo, no processo de casamento de Manuel Francisco Vaz, em 1748, no qual Antonio da Silva Brito, igualmente fiador dos banhos, figurou como "vive de sua loja e negócio".[161] Ou ainda, no auto cível de libelo entre as partes, que correu no juízo eclesiástico em 1761, em que André Alves da Silva foi registrado como "homem de negócio com sua loja de fazenda seca para vender a quem lha quer comprar".[162]

Embora assinalada a aplicação indiscriminada dos termos, dependendo da conjuntura e da documentação, as fontes revelam que os mercadores também denominados homens de negócio eram os que praticavam várias modalidades de atividade comercial, diversificando interesses e ganhos econômicos. Ao lado deste grupo, estavam os sujeitos registrados exclusivamente como homens de negócio que se restringiram a quatro. Destes, apenas Manuel José da Cunha e Francisco Xavier dos Santos aparecem ligados a múltiplos negócios, pois sobre os demais há poucas informações disponíveis.

Ficou claro, portanto, que os agentes mercantis duplamente caracterizados como mercadores e homens de negócio eram os grandes homens de comércio da cidade de São Paulo, entre 1711 e 1765, membros da elite mercantil local que controlava o abastecimento interno da capital e de outras áreas coloniais.

---

159 Para o contexto baiano, Rae Flory associou aqueles que viviam de seus negócios aos comissários. Segundo a historiadora, "the comissário acted as an agent, negotiating on behalf of another merchant for a comission. Although the term existed in the current vocabulary, the comissários seldom referred to themselves as such in contracts registered in the late seventeenth and early eighteenth centuries. Instead, when providing occupational status, they stated that they lived by their business ("que vive de seu negócio"). Rae Flory, *Bahian society...*, p. 222. Semelhante comentário foi feito com relação aos mascates, regateiros e canastreiros. *Idem*, p. 224.

160 ACMSP – Dispensas e processos matrimoniais – 5-6-730.

161 ACMSP – Dispensas e processos matrimoniais – 4-42-257.

162 ACMSP – Processos gerais antigos – Autos cíveis – André Alves da Silva – 1761 – dívidas.

130 A teia mercantil: negócios e poderes em São Paulo colonial

Entretanto, a conjugação de várias atividades comerciais e o possível acúmulo de fortunas, por si só, não garantiam a mobilidade e o destaque sociais almejados por seus agentes. Para além da posse de terras e escravos, tais pretensões poderiam se concretizar caso houvesse a conquista de bens simbólicos de prestígio. No mundo colonial, tal como no Antigo Regime europeu, riqueza e honra eram os requisitos necessários para promoção e hierarquização de homens e valores. A circulação em espaços de poder e distinção social – redutos controlados quase exclusivamente pela elite senhorial – configurou-se, portanto, como uma estratégia utilizada pelo setor mercantil para o reconhecimento entre os colonos.

Ao definir a unicidade estrutural na formação da sociedade colonial, pautada pela propriedade de terras, pela escravidão e pelos símbolos de prestígio e honraria, Ilana Blaj asseverou que

> código de honra, viver a lei da nobreza, vestimentas e formas de tratamento diferenciadas, pertencer a confrarias e ordens terceiras, ser cavaleiro da Ordem de Cristo, participar da Câmara Municipal e do Juizado de Órfãos, ser enterrado na igreja de São Francisco, na do Carmo ou na dos jesuítas (...) não eram excrescências, resquícios medievais, traços exóticos ou arcaicos, mas mecanismos de poder que espelhavam a racionalidade da ordem senhorial escravista no interior da colônia não importando qual região.[163]

Inspirado em tal análise, o próximo capítulo será dedicado à investigação da participação dos agentes mercantis, atuantes na cidade de São Paulo setecentista, nas instituições locais – Câmara Municipal, Santa Casa de Misericórdia, Irmandades, Juízo de Órfãos, Companhia de Ordenanças. Os poucos que se candidataram a familiares do Santo Ofício e a cavaleiros da Ordem de Cristo também serão aí contemplados.

---

163 Ilana Blaj, "Mentalidade e sociedade: revisitando a historiografia sobre São Paulo colonial", *Revista de História*, 142-3 (2000), p. 255. Interpretação diversa acerca do comportamento adotado pelos comerciantes residentes no Rio de Janeiro no final do período colonial tiveram João Luis Fragoso e Manolo Florentino. Segundo os historiadores, mesmo enriquecidos, os negociantes de grosso trato reproduziam os valores sociais qualificados por eles como arcaicos, vigentes em Portugal até meados do século XVIII. A aquisição de terras e escravos, o abandono das atividades lucrativas na mercancia, o direcionamento de investimentos para fins não-lucrativos como a aquisição de títulos honoríficos – antes de expressarem a racionalidade própria da sociedade escravista colonial – seriam indícios deste arcaísmo reiterado nos trópicos, daí o título da obra escrita a quatro mãos, *O arcaísmo como projeto: mercado atlântico, sociedade agrária e elite mercantil em uma economia colonial tardia*. Rio de Janeiro: Civilização Brasileira, 2001. Para que se localize o debate historiográfico aqui travado, é importante mencionar que a obra de Fragoso e Florentino foi publicada pela primeira vez pela editora Sette Letras em 1993 e que o artigo de Blaj foi originalmente o texto apresentado para o concurso de efetivação no Departamento de História da FFLCH/USP em 1995.

A circulação de homens e mercadorias 131

Para finalizar, algumas ressalvas merecem ser feitas quanto aos agentes mercantis selecionados. Embora tenha procurado caracterizar todos os tipos de atividade mercantil que se desenvolviam em solo piratiningano durante o período estudado, decidi verificar o ingresso nestas instituições apenas dos agentes formais de comércio, que estavam atrelados direta e reconhecidamente à lide comercial. Este critério eliminou aqueles que figuraram exclusivamente ligados ao comércio de gado e de escravos, pois, como já demonstrado, a documentação não garante que pertencessem ao segmento mercantil.

O grupo eleito ficou restrito, portanto, aos mercadores, homens de negócio, vendeiros, taverneiros, caixeiros, mascates, os que "vivem de agências" e os que "vivem de seus negócios". Tal restrição, entretanto, não comprometeu a representação das múltiplas modalidades mercantis nos órgãos de poder e prestígio social, pois, como visto, a diversificação dos negócios e a baixa especialização eram características das práticas realizadas pelo comerciante ativo na área paulistana.

Capítulo 3

A busca por poder e distinção social

O governo de homens e colônias espalhados por longínquos continentes exigiu o prolongamento e o desdobramento das práticas políticas e sociais adotadas no reino. Entretanto, a lógica patrimonialista que articulava o soberano e seus vassalos ganhou renovadas feições à medida que as realidades diversas engendravam novas formações sociais, no caso da América Portuguesa, caracterizadas pelo escravismo.

O êxito da empresa colonizadora pressupunha que os habitantes das novas terras e seus descendentes se sentissem vassalos do rei, responsáveis pelo fortalecimento dos domínios ultramarinos e, portanto, conduzissem seus atos de acordo com os interesses metropolitanos.

A defesa da colônia de ataques inimigos, a dominação de grupos insubmissos, a ocupação e a organização do território eram serviços prestados pelos colonos a Sua Majestade que sempre mereceram reconhecimento. A Coroa os recompensava mediante distribuição de títulos de nobreza e de patentes militares, doações de terras e regulamentação do trabalho escravo, nomeações para ocupação de postos no aparelho administrativo, reforçando laços de sujeição, fidelidade e pertença ao império luso.

Segundo Ilana Blaj, a monopolização da terra e de cativos representava a reconstituição sob novas bases dos valores e comportamentos básicos da velha sociedade portuguesa na colônia, cristalizando uma sociedade hierárquico-estamental-cristã mas escravista também, resultante da integração da grande propriedade, da escravidão e dos princípios estamentais provenientes do mundo ibérico.[1]

---

1 Ilana Blaj, "Mentalidade e sociedade: revisitando a historiografia sobre São Paulo colonial", *Revista de História*, 142-3 (2000), p. 247. Este texto me foi muito importante para a compreensão do lugar do comerciante na sociedade paulistana setecentista porque aborda a realidade específica de São Paulo colonial, apoiando-se também em análises empreendidas para a América Portuguesa como um todo, como as de Florestan Fernandes (*Circuito Fechado*. São Paulo: Hucitec, 1978) e de Stuart Schwartz (*Segredos internos*. São Paulo: Companhia das Letras, 1988). Mais uma vez, o singular e o geral foram decisivos para refletir sobre o objeto de pesquisa.

136 A teia mercantil: negócios e poderes em São Paulo colonial

No início do século XVIII, Antonil expressou de forma lúcida e perspicaz os ideais que permeavam o imaginário e os interesses coloniais, ao afirmar que "o ser senhor de engenho é título a que muitos aspiram, porque traz consigo o ser servido, obedecido e respeitado de muitos".[2] Segundo Laura de Mello e Souza, no retrato esboçado pelo jesuíta, o ócio pressuposto no "ser servido", aliado à riqueza e autoridade – "cabedal e governo" – poderia levar o senhor de engenho a ser equiparado ao fidalgo do reino.[3]

O ideal de ser senhor configurava-se, portanto, como o substrato mental que articulava a ordem senhorial-escravista e o Estado luso, reiterando as redes de dependência entre os dois lados do Atlântico.[4] Em troca das terras ofertadas e do trabalho escravo regulado pela metrópole, que possibilitavam ao colono enriquecer e se distinguir socialmente, a Coroa acumulava riquezas – fruto do monopólio comercial – e garantia seu controle sobre a colônia – por meio da preservação da ordem social. Nas palavras de Ilana Blaj, "ser senhor de terras e escravos representava, portanto, uma dupla função: mercantil e estamental".[5]

Segundo a historiadora, justamente por ser uma sociedade estamental-escravista, é vital atentar-se para a importância dos mecanismos de coerção extraeconômicos que ao lado da posse de terras e escravos atuavam no sentido de cristalizar e enrijecer a ordem social e a mentalidade dos colonos da América Portuguesa. Tais mecanismos referem-se ao estatuto do homem bom e ao universo de honrarias, dignidades, estilo de vida e prestígio que cercava a elite colonial e, ao mesmo tempo, impedia a ascensão social dos demais indivíduos, inclusive os que detinham alguma propriedade.[6]

---

2 André João Antonil, *Cultura e opulência do Brasil*. Lisboa: Alfa, 1989, p. 23.

3 Laura de Mello e Souza, *O sol e a sombra...*, p. 149.

4 Tanto Florestan Fernandes como Stuart Schwartz indicaram que "a doação de terras e a vigência da escravidão foram de fundamental importância em termos de mentalidade porque empobreceram a ordem estamental portuguesa de muitas de suas funções econômico-sociais e permitiram o sonho de ascensão e nobilitação para os indivíduos das camadas sociais intermediárias, os chamados desclassificados sociais. Ambos chamam a atenção aqui na colônia para o esvaziamento dos dinamismos de uma sociedade estamental, onde muitos "degraus" desapareceram e o modelo senhorial tornava-se praticamente o único a ser almejado e seguido", cf. Ilana Blaj, *op. cit.*, p. 251. Corroborando tal interpretação, para Fernando Novais, ao contrário das sociedades de estamentos, que apresentavam, em geral, uma mobilidade mínima, a originalidade da sociedade colonial residiu justamente no fato de se configurar surpreendente e paradoxalmente como uma sociedade estamental com grande mobilidade e clivagem entre os vários estratos sociais. Fernando Novais, "Condições de privacidade na colônia", in: Laura de Mello e Souza (org). *História da vida privada no Brasil* – Cotidiano e vida privada na América Portuguesa. São Paulo: Companhia das Letras, 1997, vol. 1, p. 30.

5 Ilana Blaj, *"Mentalidade e sociedade..."*, p. 246.

6 *Idem*, p. 247.

Ser homem bom, portanto, implicava assumir comportamentos condizentes com um código de honra e valores, alicerçado em marcas sociais distintivas. Formas de tratamento diferenciadas conforme a camada social, vestimentas apropriadas para as festividades, lugares ocupados nas procissões e nas cerimônias religiosas norteavam condutas em público, definindo posições e identidades pessoais.

Em um universo povoado por escravos, gentes de lugares e origens diversos, os membros da elite procuravam garantir a coesão do grupo. Para tanto, promoviam casamentos quase endogâmicos, reforçando laços de parentesco e preservando linhagens, e dominavam o cenário social e político da colônia, à medida que preenchiam a quase totalidade das instituições de poder e prestígio social de seu tempo.

Embora não neguem a predominância dos senhores rurais na Câmara Municipal, na Santa Casa de Misericórdia, nas Irmandades, no Juizado de Órfãos e nas Companhias de Ordenanças, os historiadores têm apontado o caráter permeável destes órgãos na América Portuguesa – em especial nos contextos baiano, pernambucano, mineiro e fluminense[7] – uma vez que as pesquisas atestaram a presença de outros segmentos sociais nos seus quadros.

Em vista da concepção de organização da sociedade colonial apresentada acima e procurando melhor compreender a lógica da participação dos agentes mercantis nas instituições sociais e políticas, sobretudo nos órgãos de poder de São Paulo setecentista, muito me vali das análises de Antonio Manuel Hespanha e de Fernanda Olival sobre as relações sociopolíticas do Antigo Regime lusitano. Ao adotá-las, busquei desdobrá-las para o universo da América Portuguesa, sempre levando em conta os limites e as especificidades de tal transposição.

Para Hespanha, tais relações estavam embasadas na chamada economia do dom ou economia da graça; para a segunda, era a economia das mercês que servia como vínculo profundo entre grande parte da sociedade do período, estruturando a monarquia lusitana.[8] Para além da recorrência aos filósofos gregos, aos juristas e tratadistas modernos e aos autores de teologia moral, ambos se apoiaram no trabalho de Marcel Mauss publicado na década de 1920, *O ensaio sobre a dádiva*, para desenvolver suas reflexões.

Mauss analisou a economia da dádiva nas sociedades polinésias e indonorteamericanas, nas quais o ato, em princípio, voluntário de dar estava regulado, na verdade, pela tripla obrigação de dar, receber e restituir. Embora tenha feito restrições à extensão

---

7 Autores e obras serão apresentados ao longo do capítulo.

8 Antonio Manuel Hespanha, "La economia de la gracia", in: A. M. Hespanha, *La gracia del derecho: economia de la cultura en la Edad Moderna*, Madri: Centro de Estúdios Constitucionales, 1993, p. 151-76; Antonio Manuel Hespanha & Ângela Barreto Xavier, "As redes clientelares", in: José Mattoso (dir.), *História de Portugal*, Editorial Estampa, vol. 4, 1993, p. 339-49; Fernanda Olival, *As Ordens Militares e o Estado Moderno: honra, mercê e venalidade em Portugal (1641-1789)*. Lisboa: Estar, 2001.

da prática do dom nas sociedades marcadas pelo contrato individual e pelo mercado, o antropólogo sugeriu, no final de seu trabalho, ser possível estender as observações sobre as sociedades primitivas e antigas até a atualidade vivida por ele.[9]

Deslocando a análise para o Império português, segundo Hespanha, a comunicação pelo dom introduzia o benfeitor e o beneficiado numa economia de favores, estruturando relações políticas, por ele denominadas redes clientelares. Tais relações eram marcadamente assimétricas, pois, como o que era dado não era mensurável, a contrapartida necessária do agradecimento também não podia ser calculada. Daí, quanto maior a retribuição, maior o sinal de gratidão, expresso pela demonstração de reverência e honra, o que acabava por construir espirais de relações sociais e políticas de favor e gratidão recíprocas inextinguíveis.

À medida que tais relações se perpetuavam, elas se transformavam em atitudes regradas que excluíam quase por completo o arbítrio dos agentes, constituindo-se em investimentos políticos extremamente poderosos e duráveis. Em suas próprias palavras, "ato de natureza gratuita, o dom fazia parte na sociedade do Antigo Regime, de um universo normativo preciso e minucioso que lhe retirava toda a espontaneidade e o transformava em unidade de uma cadeia infinita de atos beneficiais, que constituíam as principais fontes de estruturação das relações políticas".[10]

Embora o autor destaque o caráter normativo e coercitivo da economia da graça/do dom nas sociedades modernas, Fernanda Olival não concorda com o emprego do termo "graça" para compreender as relações políticas forjadas em tempos de capitalismo comercial. Para a historiadora, a designação mercê é mais abrangente, pois dá conta da graça – mercê resultante da pura liberalidade, considerada verdadeira doação – e da dádiva em troca de serviços prestados – mercê remuneratória.

Em princípio, os súditos deveriam servir ao soberano como bons e fiéis vassalos, sem contarem com recompensa material, mas as pesquisas realizadas por Olival revelaram que o ganho econômico, via de regra, esteve em seus horizontes. Na verdade, segundo ela,

> os serviços constituíam até uma forma de investimento, ou seja, um capital suscetível de ser convertido em doações da Coroa, num período posterior, e com uma vantagem: a recompensa régia tinha frequentemente fortes conotações honoríficas, além do valor econômico que pudesse ter. Esta particularidade era essencial numa sociedade organizada em

---

9 Marcel Mauss, *Ensaio sobre a dádiva*. Lisboa: Edições 70, 2001. Sobre o emprego das concepções maussianas como instrumental para a análise da sociedade francesa do Antigo Regime, ver Natalie Zemon Davis, *The Gift in Sixteenth - Century France*, Madison, 2000; Alain Guéry, "Le roi dépensier. Le don, la contrainte et l'origine du système financier de la monarchie française d'Ancien Régime", *Annales*, 39 (1984), p. 1241-69.

10 A. M. Hespanha & A. B. Xavier, *op. cit.*, p. 340.

função do privilégio e da honra, de desigualdade de condições, em que cada um deveria esforçar-se, não por esconder, mas por exibir, até de forma ostensiva.[11]

Privilégio e honra, desigualdade de condições, serviços e recompensas foram os princípios norteadores da organização sociopolítica também transpostos para a América Portuguesa que se moldaram à sociedade escravista aqui engendrada.[12]

Fortemente apoiados nos trabalhos de Hespanha e de Olival, sob uma chave interpretativa diferente, alguns historiadores brasileiros têm analisado a formação da sociedade colonial a partir de um pacto baseado na cultura política do Antigo Regime.[13] Para este grupo de especialistas, as dimensões econômicas para a explicação da estruturação da ordem social na colônia são deslocadas para o âmbito político com maior peso nos valores sociais transplantados para o ultramar. Tais valores, por sua vez, estão inseridos nos que eles consideram a lógica fundadora da cultura política do Antigo Regime – a economia das mercês.

Com base nesta perspectiva, no denso e instigante artigo "Elites coloniais: a nobreza da terra e o governo das conquistas. História e historiografia", ao discutir o conceito e a composição das elites, Maria Fernanda Bicalho apontou para sua constituição a partir do movimento da conquista, da ascensão a postos administrativos e da obtenção de terras e mercês.[14] A autora, entretanto, silenciou quanto à posse de escravos como elemento fundamental para a caracterização deste segmento social ainda que no encerramento do texto, após as considerações finais, tivesse citado um trecho significativo de Schwartz – "o escravismo criou os fatos fundamentais da vida brasileira".[15]

---

11 Fernanda Olival, *op. cit.*, p. 24.

12 Uma versão resumida da introdução deste capítulo até este ponto foi apresentada em Maria Aparecida de Menezes Borrego & Maria Alice Sampaio de Almeida Ribeiro, *Poderes privados, práticas públicas*. São Paulo: Escolas Associadas, 2002.

13 "A análise da formação da sociedade colonial – e do estabelecimento de relações entre centro (metrópole/coroa/rei) e periferias (conquistas/conquistadores/vassalos ultramarinos) – a partir de um *pacto* baseado na cultura política do Antigo Regime, é a perspectiva que alguns historiadores vêm propondo em seus trabalhos. Cf. o conjunto dos capítulos do livro: Fragoso, João; Bicalho, M. Fernanda e Gouvêa, M. Fátima (orgs.). *O Antigo Regime nos trópicos: A dinâmica imperial portuguesa (séculos XVI-XVIII)*. Rio de Janeiro: Civilização Brasileira, 2001", Maria Fernanda Bicalho, "Conquista, mercês e poder local: a *nobreza da terra* na América Portuguesa e a cultura política do Antigo Regime", *Almanack Braziliense*, nº 2, nov. 2005, p. 23, nota 7.

14 Maria Fernanda Bicalho, "Elites coloniais: a nobreza da terra e o governo das conquistas". História e historiografia, in: Nuno Gonçalo Monteiro; Pedro Cardim; Mafalda Soares da Cunha, *Optima pars: elites ibero-americanas do Antigo Regime*, Lisboa: ICS, 2005, p. 96.

15 *Idem*, p. 97.

140 A TEIA MERCANTIL: NEGÓCIOS E PODERES EM SÃO PAULO COLONIAL

Ora, a meu ver, era justamente o escravismo que dava especificidade à organização social estruturada na América Portuguesa, daí este conceito representar a lógica fundadora desta sociedade. Isto porque não só a escravidão permeava todas as relações socioeconômicas e políticas da colônia, hierarquizando homens e valores, como também o conceito escravismo exprimia simultaneamente a conjugação da posse de terras e de escravos com preceitos sociais portugueses.[16]

Foi, portanto, no rastro das interpretações de Stuart Schwartz e de Ilana Blaj sobre a sociedade colonial escravista e o papel atribuído ao desempenho de funções em instituições locais de prestígio que lhe eram características que procurei compreender a participação dos comerciantes nos órgãos de poder. Para o contexto paulistano setecentista, tal temática será desenvolvida na primeira parte do presente capítulo, entrelaçando os dados compulsados nesta pesquisa com as análises da historiografia para outros espaços coloniais. Na segunda, será caracterizado o grupo reduzido de comerciantes, residente em solo piratiningano, que solicitou a familiatura do Santo Ofício e a mercê de cavaleiros da Ordem de Cristo.

3.1. Camaristas, provedores e confrades

Nos últimos anos, um vigoroso debate tem ocorrido entre os historiadores portugueses acerca do estatuto político, composição e funcionamento das câmaras munici-

---

16 "A sociedade escravista brasileira não foi uma criação do escravismo, mas o resultado da integração da escravidão da grande lavoura com os princípios sociais preexistentes na Europa". Stuart Schwartz, *Segredos internos: engenhos e escravos na sociedade colonial, 1550-1835*. São Paulo: Companhia das Letras, 1988, p. 214. Sobre o vigoroso debate historiográfico acerca da especificidade da sociedade colonial, consultar o capítulo 9 da obra *Segredos internos* – Uma sociedade colonial escravista – e as críticas de Laura de Mello e Souza à desconsideração do conceito escravismo nos artigos dos autores de *O Antigo Regime nos trópicos* no primeiro capítulo de seu livro *O sol e a sombra*, lançado em 2006. Como o conteúdo nele exposto já havia sido anteriormente apresentado no simpósio internacional *O governo dos povos*, realizado na cidade de Parati em agosto de 2005, considero o artigo de Bicalho, "Conquista, mercês e poder local...", como uma proposta não só de dialogar com o texto de Nuno Gonçalo Monteiro, "O 'Ethos Nobiliárquico, no final do Antigo Regime: poder simbólico, império e imaginário social", publicado no mesmo periódico eletrônico, mas também de responder às ponderações de Laura de Mello e Souza. Sobre tal discussão, com destaque para a constituição das elites coloniais, ver o texto de Maria Fernanda Bicalho, "Elites coloniais..." e a introdução da obra coletiva *Conquistadores e negociantes – história das elites no Antigo Regime nos trópicos*, escrita pelos organizadores João Fragoso, Antonio Carlos Jucá de Sampaio e Carla Almeida. Rio de Janeiro: Civilização Brasileira, 2007, p. 19-30. E ainda as dissertações de mestrado recém defendidas na FFLCH/USP de Pablo Oller Mont Serrath, *Dilemas & conflitos na São Paulo restaurada: formação e consolidação da agricultura exportadora (1765-1802)*, 2007, e de Jackson Fergson Costa de Farias, *Honra e escravidão: um estudo de suas relações na América Portuguesa, séc. XVI-XVIII*, 2008.

pais durante o Antigo Regime europeu.[17] Também entre nós, estes temas – assim como questões relativas ao movimento pendular entre a sujeição e a autonomia destes órgãos e à articulação existente entre os poderes concelhios e outros polos de autoridade locais – têm sido contemplados por inovadoras pesquisas.[18]

De forma geral, tanto lá como cá, parece haver consenso de que os ofícios camará-rios "nobilitavam" seus componentes devido às honras e aos privilégios dispensados à gente da governança.[19] Os camaristas gozavam de imunidades judiciais, correspondiam-se diretamente com o rei, além de receberem propinas quando participavam de cerimô-nias religiosas.[20]

Como representante do Estado português e da administração colonial, a câmara assumia o papel de agente organizador dos assuntos municipais; como representante dos interesses dos habitantes, atuava como porta-voz das queixas e súplicas dos moradores, muitas vezes contestando as normas governamentais e metropolitanas, constituindo-se como um espaço privilegiado de diálogo e negociação com a Coroa.[21]

Ao verificar a composição camarária em São Paulo, ao longo do período estuda-do, fica patente que a seleção dos candidatos não se achava integralmente restrita aos proprietários rurais. Carregados de poder e prestígio social, os cargos concelhios eram almejados e preenchidos pelos agentes mercantis quando possível, denunciando uma situação comum a várias áreas coloniais.

---

17 Maria Helena da Cruz Coelho & Joaquim Romero Magalhães, *O poder concelhio: das origens às cortes constituintes*, Coimbra: Centro de Estudos e Formação Autárquica, 1986. Nuno Gonçalo Monteiro, "Os concelhos e as comunidades", in: José Mattoso (dir.), *História de Portugal*, Editorial Estampa, vol. 4, 1993, p. 269-95; Alberto Vieira (coord.), *O município no mundo português*, Funchal: Centro de Estudos do Atlântico/Centro Regional de Turismo e Cultura, 1998; José Viriato Capela, "O sistema eleitoral municipal. Eleições, representação e representatividade social nas instituições locais da sociedade portuguesa do Antigo Regime", in: José da Silva Marinho, *Construction d'un gouvernment municipal: elites, elections et pouvoir à Guimarães entre absolutisme e libéralisme (1753-1834)*, Braga: Universidade do Minho, 2000.

18 A produção referente à América Portuguesa será mencionada ao longo do capítulo.

19 Maria Fernanda Bicalho, *A cidade e o império: o Rio de Janeiro no século XVIII*. Rio de Janeiro: Civilização Brasileira, 2003, p. 324.

20 Charles Boxer, "Conselheiros municipais e irmãos de caridade", in: C. Boxer, *O Império Marítimo Português* (1415-1825), Lisboa, Edições 70, 1994, p. 270. Segundo Maria Beatriz Nizza da Silva, como os camaristas não podiam ser "metidos a tormentos por nenhuns malefícios que tenham feito", nem presos por nenhum crime, "somente por suas menagens", tais privilégios os equiparavam aos fidalgos do reino. Maria Beatriz Nizza da Silva, *Ser nobre na colônia*. São Paulo: Edunesp, 2005, p. 141.

21 Maria Aparecida de Menezes Borrego, *Códigos e práticas: o processo de constituição urbana em Vila Rica colonial (1702-1748)*. São Paulo: Annablume/Fapesp, 2004, p. 168-9.

142 A TEIA MERCANTIL: NEGÓCIOS E PODERES EM SÃO PAULO COLONIAL

Analisando os componentes da instituição camarária em Minas Gerais, Russel-Wood afirmou que "alguns tinham passado militar importante, outros eram filhos das principais famílias de São Paulo e do Rio de Janeiro, e ainda outros eram prósperos mineradores. Mas foram estas as únicas exceções face à mediocridade geral que caracterizou os membros do Senado".[22] Para ele, a não remuneração dos serviços e a insuficiência das propinas para cobrir os gastos dos camaristas não compensavam o afastamento dos trabalhos ou plantações para exercer ofícios na câmara.

Em Minas, até mesmo a barreira racial – que impedia sujeitos tidos como impuros de sangue de serem eleitos para os cargos concelhios – teve de ser afrouxada, devido à constituição de uma população mestiça, fruto da escassez de mulheres brancas e dos constantes concubinatos com as escravas negras. Tal situação logo se viu refletida na Casa de Câmara e, segundo Augusto de Lima Júnior,

> esses pardos europeus inteligentes e fortes, física e economicamente, passaram em pouco tempo a influir na sociedade da época, dominando as Câmaras e cargos públicos, provocando reações dos portugueses recém-chegados, que se rebelavam contra isso, para dentro em pouco apoiarem os mulatos seus filhos.[23]

Ao analisar o padrão societário específico das Minas Gerais, Laura de Mello e Souza também constatou que "a sociedade continuava estratificada segundo preceitos estamentais, mas comportava grau considerável de flexibilidade e mobilidade: os mulatos herdavam, os bastardos eram reconhecidos".[24]

A contenda figadal entre a aristocracia açucareira olindense e o grupo mercantil de Recife, analisada por Evaldo Cabral de Melo, tivera na disputa pelos postos camarários a origem de seus maiores desentendimentos. Dado que os mascates haviam alcançado um grau modesto de representação no concelho, entre os anos finais dos seiscentos e nos primeiros dos setecentos, reiteradas vezes foram rechaçados pelos pró-homens por não disporem das qualidades requeridas para a ocupação dos cargos honrosos da república, ou seja, não eram naturais da terra e carregavam a mácula manual.[25]

Também em Salvador, a ocupação dos ofícios camarários não era exclusividade da elite agrária durante o século XVIII, tanto que Avanete Pereira Sousa localizou vários

---

22 A. J. R. Russel-Wood, "O governo local na América Portuguesa: um estudo de divergência cultural", *Revista Brasileira de História*, nº 109, 1977, p. 37.

23 Augusto de Lima Júnior, *A capitania das Minas Gerais*. Belo Horizonte: Itatiaia; São Paulo: Edusp, 1978, p. 76. Ao usar a expressão "pardos europeus", o autor se refere aos filhos de europeus com escravas negras.

24 Laura de Mello e Souza, *O sol e a sombra...*, p. 168.

25 Evaldo Cabral de Mello, *A Fronda dos Mazombos, nobres contra mascates: Pernambuco 1666-1715*. São Paulo: Companhia das Letras, 1995, p. 163-4.

negociantes – de escravos e fazendas – e rendeiros entre as pessoas que haviam desempenhado os cargos de vereador e procurador.[26]

As realidades coloniais descritas favorecem algumas reflexões sobre o contexto particular de São Paulo. Em primeiro lugar, o quesito "ser natural da terra" não foi, em geral, uma qualidade respeitada no momento da seleção dos camaristas, dado que a expressiva maioria dos comerciantes eleitos era reinol, como já visto no capítulo 1.

Os termos de abertura dos pelouros, constantes das Atas e do Registro Geral – CMSP, também não evidenciam se os candidatos aos ofícios camarários possuíam "defeito mecânico". Apenas para um caso, há referência explícita ao trato comercial. Como Antonio de Freitas Branco, nomeado para o cargo de escrivão em 1748, achava-se com loja aberta de mercador, foi advertido pelos demais oficiais da Câmara a largar de vender com vara e côvado e deixar em seu lugar um caixeiro.[27] O conselho e a aquiescência do mercador indicam que, em solo piratiningano, a prática da mercancia não era vista pelos homens bons como impedimento para a ocupação dos postos camarários desde que seus agentes se eximissem de exercê-la enquanto estivessem a serviço da governança.

No entanto, a recorrência a outros tipos documentais para a análise da composição camarária permitiu que se constatasse que os agentes mercantis correspondiam a cerca de 11% do total de pessoas que desempenharam os ofícios de juiz ordinário, vereador, procurador, almotacé e escrivão.[28] Ou seja, embora a Câmara Municipal fosse reduto da elite agrária, pessoas de outros segmentos sociais, em especial os comerciantes, não estavam inteiramente privados do acesso aos cargos concelhios.[29]

Embora as Ordenações detalhassem as especificidades de cada cargo, na prática, havia uma sobreposição das funções de juiz ordinário, vereador e procurador, de acordo com a ocasião e com a matéria apreciada. Acredito, inclusive, que os comentários tecidos por Russel-Wood acerca do funcionamento das câmaras em Minas Gerais, e endos-

---

26 Avanete Pereira Sousa, *Poder local, cidade e atividades econômicas (Bahia, século XVIII)*. São Paulo: FFLCH/USP, 2003, p. 108 (tese de doutorado).

27 *Actas da Camara Municipal de São Paulo 1744-1748*. São Paulo: Typographia Piratininga, 1918, vol. XII, p. 498-9.

28 Ao longo do período, 506 pessoas desempenharam os ofícios de juiz ordinário, vereador, procurador, escrivão e almotacé na Câmara Municipal, entre as quais 56 agentes mercantis.

29 Tenha-se em mente que os agentes mercantis eleitos para análise, conforme já assinalado no capítulo anterior, foram os mercadores, homens de negócio, vendeiros, taverneiros, caixeiros, mascates, os que "vivem de seus negócios" e os que "vivem de suas agências". Entre as ocupações declaradas no censo de 1765, figurava a de negociante e esta também foi incorporada ao grupo. Além disso, o cruzamento de dados e a multiplicidade de fontes trouxeram à cena sujeitos detentores de lojas de fazenda seca e envolvidos com carregações de fazendas e escravos, que não foram identificados por nenhum dos termos assinalados, mas evidentemente poderiam ser designados como mercadores ou homens de negócio. Dois sujeitos se enquadram neste perfil e também foram integrados ao grupo de agentes mercantis eleito para verificação de ingresso nos órgãos de poder.

sados por Avanete Pereira Sousa para o contexto soteropolitano, possam ser transpostos para a realidade paulistana.

Segundo ele, as esferas de responsabilidade dos camaristas não eram claramente definidas, mas estavam interligadas, o que gerava uma série de inconvenientes:

> primeiro, uma convergência de jurisdições, ou seja, o fato de cada membro do Senado assumir as funções de seus colegas; segundo, numa convergência pessoal, pela qual, o encarregado de um cargo poderia eventualmente assumir um outro; terceiro, uma convergência de competência executiva, especialmente no caso dos juízes e procurador.[30]

Mesmo em face da dificuldade de precisar as competências dos membros do concelho, julgo importante salientar que, de forma geral, os juízes ordinários tinham principalmente atribuições judiciais e fiscais; os vereadores exerciam o papel administrativo geral, formulando uma política municipal e cumprindo decretos reais e governamentais; e o procurador, envolvido em todos os aspectos do governo local, agia como perscrutador dos problemas citadinos – abastecimento de víveres, construção e manutenção de obras públicas, acompanhamento das arrematações, execução das posturas.

Ficava a cargo dos almotacés a tarefa de regularização das relações de mercado e de observância das normas municipais. Como visto no capítulo 2, eram eles os responsáveis por fiscalizar o provimento de gêneros alimentícios à população; penalizar os transgressores dos editais públicos; inspecionar pesos e medidas dos estabelecimentos comerciais; averiguar os preços dos mantimentos e examinar as licenças dos agentes mercantis e dos oficiais mecânicos.

Como suas atribuições estavam diretamente vinculadas ao controle das práticas comerciais, eles foram incluídos entre os ofícios eleitos para análise. Foi por meio dos procedimentos adotados, durante as correições periódicas realizadas, que se visualizou a dinâmica mercantil paulistana e que vários comerciantes foram identificados.[31]

O quinto cargo eleito foi o de escrivão, responsável pelo registro de tudo aquilo que se passava na Câmara Municipal, fosse na assistência cotidiana às sessões do concelho, fosse transcrevendo alvarás, decretos, regimentos e confeccionando toda a sorte de documentos públicos.

Eleitos anualmente, os camaristas correspondiam a dois juízes ordinários, três vereadores e um procurador. Os doze almotacés eram nomeados aos pares, no princípio de cada ano, para um mandato de dois meses, e o escrivão não tinha um período definido

---

30 A. J. R. Russel-Wood, *op. cit.*, p. 48.

31 Concordo com Rui de Abreu Torres, para quem seria mais adequado classificá-los como coordenadores de afazeres econômicos diversificados do que como simples polícias do comércio interno. Rui de Abreu Torres, "Almotacé", in: Joel Serrão (dir.), *Dicionário da História de Portugal*, Porto, s/d, vol. I, p. 121.

para o exercício do ofício. Mas este último cargo não era vitalício e hereditário como ocorria na câmara de Salvador setecentista.

A tabela a seguir apresenta o movimento dos agentes mercantis na Câmara Municipal (tabela 2). As datas correspondem à primeira ocorrência da eleição ou da ocupação dos cargos e não foi considerada a repetição de um mesmo ofício em anos diferentes. É importante atentar para esta colocação, pois, muitas vezes, os chamados "homens da governança" – aqueles que já haviam participado do Concelho ou eram descendentes de camaristas – eram convocados a participar de uma ou mais sessões, pela ausência de algum oficial. Ademais, a partir de 1750, os juízes ordinários passaram a desempenhar a função de almotacés nos dois primeiros meses do ano seguinte aos seus mandatos.

Tabela 2:

Movimento dos agentes mercantis na Câmara Municipal (1711-1765)

Agentes Mercantis	Data da primeira participação na Câmara Municipal				
	Juiz	Vereador	Procurador	Escrivão	Almotacé
Agostinho Duarte do Rego		1752	1747		
Agostinho Nogueira da Costa		1744			1739
Alexandre Monteiro de Sampaio		1751	1743		1739
André Alvares de Castro		1737			1738
Antonio Correa Ribeiro				1732	
Antonio da Silva Brito		1746			1745
Antonio de Freitas Branco			1759	1748	
Antonio do Couto Moreira					1760
Antonio Fernandes Nunes			1765		
Antonio Francisco de Sá			1761		1757
Antonio José Pinto					1764
Antonio Xavier Garrido		1734	1732		1732
Bento do Amaral da Silva	1752	1746			1741
Caetano Prestes				1734	
Diogo Rodrigues Marques					1712
Domingos Fernandes Lima		1760	1764		
Domingos Francisco de Andrade					1760
Domingos Francisco do Monte			1760		1758
Francisco de Sales Ribeiro	1763		1741		1739
Francisco Pereira Mendes		1755			1756
Francisco Pinto de Araújo					1756
Francisco Xavier dos Santos					1762
Gaspar de Matos		1727			1725
Inácio Antonio de Almeida		1764			1746
Jerônimo de Castro Guimarães			1758		1756
Jerônimo Pereira de Castro		1757			1757
João da Silva Machado				1760	

146 A TEIA MERCANTIL: NEGÓCIOS E PODERES EM SÃO PAULO COLONIAL

Joaquim Ferreira			1762		1758
José da Silva Brito					1752
José da Silva Ferrão	1751		1736		1735
José de Morais Franco			1744		
José Francisco de Andrade					1753
José Francisco Guimarães			1754		1752
José Gonçalves Coelho			1762		1752
José Rodrigues Pereira	1754		1750		1749
Lopo dos Santos Serra		1758	1752		
Luis Pedroso de Almeida					1742
Manuel Antonio de Araújo					1765
Manuel de Macedo		1741			1740
Manuel de Magalhães Cruz		1761	1757		1756
Manuel de Oliveira Cardoso		1741	1739		
Manuel Francisco Vaz			1750		
Manuel Gonçalves da Silva					1765
Manuel José da Cunha	1743	1740	1738		1737
Manuel José de Sampaio			1756		1753
Manuel Luis Ferraz		1730	1722	1717	1735
Manuel Soares de Carvalho		1759			1756
Manuel Veloso					1726
Manuel Vieira da Silva				1724	
Matias Alvares Vieira de Castro	1751				1748
Matias da Costa Figueiredo		1757	1744		1743
Miguel Alvares Ferreira			1754		
Pascoal Alvares de Araújo		1756			1753
Salvador Marques Brandão		1757	1751		1751
Tomé Alvares de Castro					1724
Tomé Rabelo Pinto			1753		1752

Fontes: *Actas da Camara Municipal de S. Paulo* – volumes VIII ao XV; *Registro Geral da Camara Municipal de S. Paulo* – volumes III ao XI; Nuto Sant'Anna. *Metrópole (histórias da cidade de São Paulo de Piratininga e São Bernardo do Campo em tempos de El-Rei, o Cardeal Dom Henrique, da Dinastia de Avis)*. São Paulo, Departamento de Cultura, vol. 3, 1953; *Documentos interessantes para a história e costumes de São Paulo*. São Paulo: Instituto Historico e Geographico de S. Paulo, 1937 (vol. LXII: Recenseamentos 1765-1767); IANTT – *Habilitações do Santo Ofício*; IANTT – Habilitações da ordem de Cristo; BNL – Seção manuscritos – códice 4530; AESP – Inventários e testamentos não publicados; AESP – Inventários do 1º Ofício; AESP – Escrituras – 2º cartório de notas da capital – livros 1 e 2; ACMSP – *Dispensas e processos matrimoniais*; ACMSP – Processos de divórcio e nulidade de casamento; ACMSP – Processos gerais antigos – autos cíveis; ACMSP – Processos gerais antigos – autos crimes; ACMSP – Processos gerais antigos – testamentos.

A observação da tabela já conduz a duas conclusões imediatas. Em primeiro lugar, dos 56 agentes mercantis participantes da Câmara Municipal ao longo do período estudado, 64,28% ocuparam dois ou mais cargos. Em segundo lugar, a porta de entrada para a grande maioria (71,42%) foi a almotaçaria. Além disso, constata-se que dos 40 sujeitos que ingressaram como almotacés, 16 desempenharam como segundo ofício o de procurador, o que corresponde a uma trajetória comum a quase metade dos referidos agentes.

As cifras compulsadas corroboram visões clássicas da historiografia acerca dos ofícios camarários. De fato, em todo o império, o exercício da almotaçaria era o canal mais próximo de acesso a outros postos da governança e, de acordo com Maria Helena Cruz Coelho e Joaquim Romero Magalhães, tal cargo só interessava a quem quisesse entrar no grupo dos principais da terra, não atendendo a quem a ele já pertencia.[32]

O fato de alguns edis baianos se recusarem a servir como almotacés nos meses seguintes aos seus mandatos levou Avanete Pereira Sousa a argumentar, inclusive, que o dito ofício não era considerado função de primeira nobreza entre aqueles que haviam ocupado o cargo de vereador,[33] reiterando a afirmação dos historiadores portugueses.

Para o contexto mineiro, a situação é diversa, pois, como salientou Russel-Wood, "enquanto em Salvador o status de almotacé foi sempre humilde, em Vila Rica, o calibre dos titulares era mais elevado".[34] Sem identificar as atividades econômicas de seus ocupantes, Maria de Fátima Gouvêa também constatou que "o cargo de almotacé parece ter sido a principal porta de acesso a outros cargos da governança no Rio de Janeiro, em finais do século XVIII e início do XIX".[35]

Se havia desprezo pela almotaçaria em Salvador, Evaldo Cabral de Melo igualmente verificou que os fidalgos de Olinda buscavam arrinconar os comerciantes nos cargos de almotacé e de procurador por acreditarem que tais funções públicas melhor se coadunavam com a diligência mascatal.[36] Ao que parece, o ofício de procurador também era relegado a uma posição inferior aos de juiz ordinário e de vereador em Salvador. Os dados coligidos por Avanete Pereira Sousa revelaram que do total de procuradores em exercício durante o século XVIII, "23% geralmente após um ano de mandato, passaram a servir como vereadores, indicando que, em muitos casos, a função foi fonte de ascensão a postos imediatamente superiores".[37]

Para a situação metropolitana, embora as disposições favoráveis ao grupo mercantil na legislação pombalina, José Viriato Capela e Rogério Borralheiro assinalam que até 1803 "não se encontram um carpinteiro, alfaiate, mercador ou negociante nomeado para vereador, e fidalgos, cavaleiros para procurador. A estratificação é clara e o estatuto social

---

32 Maria Helena da Cruz Coelho & Joaquim Romero Magalhães, *op. cit.*, p. 55.

33 Avanete Pereira Sousa, *op. cit.*, p. 107.

34 A. J. R. Russel-Wood, *op. cit.*, p. 61.

35 Maria de Fátima Gouvêa, "Redes de poder na América Portuguesa – o caso dos homens bons do Rio de Janeiro, ca. 1790-1822", *Revista Brasileira de História*. São Paulo, vol. 18, nº 36, 1998, p. 318.

36 Evaldo Cabral de Mello, *op. cit.*, p. 164.

37 Avanete Pereira Sousa, *op. cit.*, p. 105.

mais baixo da sociedade amarantina apenas andava no lugar de procurador, ficando o lugar de vereador exclusivamente aos fidalgos da vila e concelhos vizinhos".[38]

Quanto ao grau de incidência dos comerciantes ao longo do período, foi possível constatar que só houve participação mais efetiva a partir da terceira década do século XVIII.[39] Há que se conjeturar que esta fase corresponde praticamente ao término da expansão de São Paulo, o que pode significar, de forma simultânea, níveis menores de deslocamento associados a uma maior estabilidade e sedentarização da população. No processo de fixação da urbe, os agentes mercantis reinóis procuravam construir redes de sociabilidade, aprofundar laços parentais e, cada vez mais, participar da vida social e administrativa por meio do ingresso nas instituições locais.

Nos decênios de 1740, 1750 e 1760, muitos daqueles almotacés figuram como procuradores, vereadores e juízes ordinários, o que revela o esforço de um movimento ascendente no interior da Câmara.

Tal percurso é confirmado se atentarmos para a composição do órgão concelhio no período posterior ao enfocado na pesquisa. Ao investigar o grau de representação de diferentes estratos sociais na instituição, entre 1765 e 1800, Kátia Maria Abud constatou que "havia na Câmara 385 cargos, dos quais foram identificados 173 ocupantes. Destes 61,84% eram comerciantes, 25,43% eram agricultores. Juntos ocupavam 82,27% dos cargos disponíveis. Os 17,73% restantes foram divididos entre profissionais liberais, mineiros, funcionários públicos e outros".[40]

Interessante perceber que os valores apresentados pela historiadora são bastante diferentes dos contabilizados neste trabalho, com o destaque para a relevância numérica da participação dos comerciantes em detrimento dos senhores da terra. Ora, o que a pesquisa aqui desenvolvida mostra é que não houve uma mudança radical na ocupação dos postos camarários pelos comerciantes a partir do governo do Morgado de Mateus e seus sucessores, mas antes que o preenchimento de cargos por aqueles agentes já vinha se delineando e aumentando gradativamente desde os anos de 1730.

---

38 José Viriato Capela & Rogério Borralheiro, "As elites do norte de Portugal na administração municipal (1750/1834)", in: Alberto Vieira (coord.), *O município no mundo português*, Funchal, Centro de Estudos do Atlântico/Centro Regional de Turismo e Cultura, 1998, p. 104.

39 Estes dados comprovam as análises de Affonso de Taunay, que enunciou o embate de reinóis e naturais da terra na primeira metade do século XVIII, mas não forneceu números para avaliação e as esboçadas por Ilana Blaj infelizmente não desenvolvidas. Os trabalhos de ambos foram abordados no capítulo 1.

40 Kátia Maria Abud, *Autoridade e riqueza: contribuição para o estudo da sociedade paulistana na segunda metade do século XVIII*. São Paulo: FFLCH/USP, 1978, p. 92 (dissertação de mestrado). Ver também os dados apresentados por Kuznesof sobre a participação dos agentes mercantis na Câmara Municipal para a 2ª metade do século XVIII apresentados no capítulo 1.

A busca por poder e distinção social 149

Se os agentes mercantis tinham o acesso facilitado aos postos camarários pela almotaçaria, a conquista do mais elevado cargo de juiz ordinário era privilégio de poucos devido à concordata de 1655, assinada pelo Conde de Atouguia, governador-geral do Brasil, com o intuito de colocar fim às contendas entre as famílias Pires e Camargo.

De acordo com Affonso de Taunay, o conteúdo do alvará estabelecia que deveriam ser escolhidos

> um juiz e dois vereadores da família dos Pires e outro juiz e um vereador e um procurador da família dos Camargos, e no seguinte fossem desta o juiz e dois vereadores, e da outra o outro juiz, vereador e procurador, e havendo pessoas capazes de servir os mesmos cargos de outras famílias se metessem três somente em cada eleição, ou triênio, para vereadores e três para procuradores.[41]

Como se observa, o acordo praticamente dividia os cargos do concelho entre as duas principais famílias da terra e parece indiscutível que tenha influenciado a composição camarária no período estudado, já que ele foi renovado em 1674 e 1688, e novamente confirmado por carta régia endereçada ao governador de São Paulo, D. Rodrigo César de Meneses, em 24 de abril de 1722.

O edital registrado em 12 de janeiro de 1765, ano final da pesquisa, evidencia tanto a permanência do acordo durante o século XVIII como o seu parcial descumprimento em face do ingresso de indivíduos estranhos às tradicionais famílias da terra. Dizia o juiz presidente da Câmara:

> Faço saber que sendo indispensável a pronta e devida obediência com que todos os vassalos devem respeitar o cumprimento das reais ordens; e constando-me que algumas pessoas costumam esquecer-se desta necessária lembrança na ocasião da factura dos oficiais que hão de servir na Câmara desta cidade alterando a provisão de 24 de novembro de 1655 passada pelo conde de Atouguia, vice-rei deste Estado, por que determina que em cada ano sirva de juiz uma pessoa da família Pires e outro juiz da família dos Camargos e o mesmo manda praticar com os dois vereadores permitindo somente que um vereador e o procurador do concelho sejam pessoas neutrais [...] por este meu edital declaro que todos os republicanos que se lhe não há de aceitar voto para juízes ordinários e vereadores fora de serem dados em pessoas de Pires e Camargos (...)[42]

---

41 Affonso de E. Taunay, *História da cidade de São Paulo no século XVIII (1711-1720)*. São Paulo: Imprensa Oficial do Estado, 1931, t.I, p. 48-9.

42 "Registo de um edital que o juiz presidente mandou registar depois de publicado a respeito da eleição de barrete", *Registro Geral da Camara Municipal de S. Paulo 1764-1795*. São Paulo: Typographia Piratininga, 1920, vol. XI, p. 95-6.

150 A TEIA MERCANTIL: NEGÓCIOS E PODERES EM SÃO PAULO COLONIAL

De fato, dos 56 agentes mercantis participantes da Câmara Municipal, entre 1711 e 1765, apenas seis conseguiram ser eleitos para o cobiçado posto, porém todos já haviam iniciado a trajetória camarária como almotacés.

Somente o capitão Bento do Amaral da Silva,[43] que vivia de seus negócios, havia nascido em São Paulo, pois os demais eram originários do reino.

Enquanto Francisco de Sales Ribeiro e José da Silva Ferrão eram originários da província de Estremadura, José Rodrigues Pereira, Manuel José da Cunha e Matias Alvares Vieira de Castro eram minhotos.

Todos os portugueses figuram na documentação como mercadores, homens de negócio ou foram designados por ambos os termos, com exceção de Matias Alvares Vieira de Castro, sobre o qual não há registro de ocupação, no entanto, sabemos de seu passado como caixeiro de loja de mercador e seu envolvimento nas carregações de mercadorias e escravos para Goiás. A Cunha foi atribuído o termo licenciado, pois, simultaneamente aos negócios na loja de fazenda seca, comercializava remédios e substâncias preparadas em sua botica.

Tal como o paulista, os reinóis participaram das Companhias de Ordenanças. Francisco de Sales Ribeiro, José da Silva Ferrão foram capitães e José Rodrigues Pereira e Matias Alvares Vieira de Castro, sargentos-mores.[44]

Ainda, José da Silva Ferrão, José Rodrigues Pereira e Matias Alvares Vieira de Castro foram cavaleiros da Ordem de Cristo.[45]

Apenas Manuel José da Cunha ingressou em um clã tradicional da terra, ao desposar Maria de Lima de Camargo, filha de Fernando Lopes de Camargo e Maria de

---

43 Não se trata de Bento do Amaral da Silva português, que foi ouvidor-geral da cidade de São Paulo na segunda década do século XVIII.

44 Infelizmente não foi possível avaliar a representatividade dos agentes mercantis nas Companhias de Ordenanças, pois não há listagens sobre seus integrantes que cubram o período estudado. Entretanto, por meio das várias fontes compulsadas, contabilizei 31 comerciantes que ocuparam os postos de ajudante, alferes, tenente, sargento, capitão, sargento-mor e capitão-mor. As patentes serão mencionadas no texto de acordo com a aparição dos agentes mercantis. Sobre este espaço de poder e de prestígio na capitania de São Paulo, ver Nanci Leonzo, *As Companhias de ordenanças na capitania de São Paulo das origens ao governo de Morgado de Mateus*. São Paulo: Fundo de Pesquisas do Museu Paulista da Universidade de São Paulo, 1977; Elizabeth Anne Kuznesof, "The role of merchants in the economic development of São Paulo: 1765-1850", *Hispanic American Historical Review*, nov. 1980, p. 571-92.

45 IANTT – Habilitações do Santo Ofício – m. 2 – dil. 31 – Pascoal Alvares de Araújo; IANTT – Habilitações da Ordem de Cristo – letra J – m.15 – nº 8 – José da Silva Ferrão; letra J – m. 24 – nº 2 – José Rodrigues Pereira; letra M – m. 47 – nº 66 – Matias Alvares Vieira.

Lima.[46] Os demais realizaram casamentos endogâmicos, no seio de famílias ligadas ao trato mercantil.

Como se vê, foram os mercadores e os homens de negócio, atuantes em vários ramos do comércio, que ocuparam o cargo mais elevado na Câmara Municipal. Porém, a diversificação não se restringiu apenas às atividades mercantis, eles também ocuparam muitos cargos em instituições locais e imperiais. Além do órgão concelhio, das Companhias de Ordenanças, do Santo Ofício e da Ordem de Cristo, participaram da Santa Casa de Misericórdia e das Irmandades.

Assim como o Concelho Municipal, a Santa Casa de Misericórdia seguia o modelo da matriz portuguesa e era, igualmente, considerada um espaço de distinção e hierarquização entre os colonos. Conforme a afirmação lapidar de Charles Boxer – repetida até a exaustão pela maioria dos trabalhos dedicados à análise destes órgãos –, "a Câmara e a Misericórdia podem ser descritas, apenas como ligeiro exagero, como os pilares gêmeos da sociedade colonial desde o Maranhão até Macau".[47]

Além de tementes a Deus, humildes e caridosos, seus membros deviam ser reputados como homens bons. De modo geral, seus deveres correspondiam a ações caritativas – alimentar e vestir os necessitados, dar abrigo aos viajantes, visitar os encarcerados e os enfermos, e enterrar os mortos. Nas vilas e cidades coloniais, as irmandades da Misericórdia costumavam ainda manter um hospital e, por administrarem fundos provenientes de doações e de legados particulares, muitas vezes, funcionavam como banqueiras e corretoras, emprestando dinheiro a juros.[48]

Ao analisar o papel da Santa Casa de Misericórdia em São Paulo, ao longo de três séculos, Laima Mesgravis chamou a atenção para a mudança na composição dos quadros da instituição com o afluxo de reinóis na capitania, a partir dos setecentos. Segundo a historiadora,

---

46 ACMSP – Dispensas e processos matrimoniais – 4-4-18. As alianças matrimoniais dos agentes mercantis do universo de pesquisa serão abordadas no capítulo 5.

47 Charles Boxer, *op. cit.*, p. 267.

48 Sobre a atuação da Misericórdia baiana como fornecedora de crédito, ver os trabalhos de Rae Flory, *Bahian society in the colonial period: the sugar planters, tobacco growers, merchants and artisans of Salvador and the Reconcavo, 1680-1725*, Austin: University of Texas, 1978. Sobre os papéis desempenhados por esta instituição e pelo juizado de órfãos no mercado de crédito fluminense, ver Antonio Carlos Jucá de Sampaio, "O mercado carioca de crédito: da acumulação senhorial à acumulação mercantil (1650-1750)", *Estudos Históricos*. Rio de Janeiro, nº 29, 2002, p. 29-49. Várias pesquisas sobre as Misericórdias portuguesas elaboradas nos últimos anos destacam esta faceta da instituição, entre as quais: Isabel dos Guimarães Sá, *As Misericórdias portuguesas de D. Manuel I a Pombal*. Lisboa: Livros Horizonte, 2001; Maria Marta Lobo de Araújo, *Dar aos pobres e emprestar a Deus. As Misericórdias de Vila Viçosa e Ponte de Lima (séculos XVII-XVIII)*, Braga: Universidade do Minho, 2000 (tese de doutorado); Américo Fernandes da Silva Costa, *Poder e conflito. A Santa Casa de Misericórdia de Guimarães, 1650-1800*, Braga: Universidade do Minho, 1997 (tese de doutorado).

152 A TEIA MERCANTIL: NEGÓCIOS E PODERES EM SÃO PAULO COLONIAL

com grandes transformações decorrentes da 'corrida do ouro' que motivaram o afastamento de muitos paulistas da cidade e com a arribada de dezenas de forasteiros, entre os quais comerciantes portugueses, (...) surgiu então uma nova liderança local formada de portugueses enriquecidos no comércio das minas, que contestava a predominância dos velhos paulistas, e que contava, quase sempre com o apoio das autoridades coloniais.[49]

Se este novo contexto influenciou o ingresso progressivo dos agentes mercantis na Câmara Municipal, quando se volta o olhar para a participação dos comerciantes como provedores na Santa Casa de Misericórdia, descobre-se uma incidência ainda mais expressiva. Do total de 45 provedores que dirigiram a instituição, entre 1711 e 1765, 33,33% estavam atrelados ao trato mercantil e eram provenientes do reino (tabela 3).

Tabela 3:
Agentes mercantis – provedores (1711-1765)

Ano compromissal	Agentes mercantis	Atividades comerciais
1728-1729 / 1729-1730 1730-1731 / 1731-1732	Manuel Luis Ferraz	Homem de negócio
1742-1743	Matias da Silva	Mercador Homem de negócio Vive de seus negócios
1743-1744	José da Silva Ferrão	Mercador Homem de negócio Vive de seus negócios
1744-1745	André Alvares de Castro	Mercador Homem de negócio Vive de seus negócios
1745-1746 / 1747-1748 1749	Miguel Alvares Ferreira	Homem de negócio Mercador
1746-1747	Tomé Alvares de Castro	Mercador Vive de seus negócios
1749-1750 / 1761-1762	Manuel de Oliveira Cardoso	Mercador Homem de negócio Vive de seus negócios
1750-1751	Lopo dos Santos Serra	Mercador Vive de seus negócios
1751-1752	Matias Alvares Vieira de Castro	Carregações de fazendas e escravos

---

49 Laima Mesgravis, *A Santa Casa de Misericórdia de São Paulo, 1599(?)-1884: contribuição ao estudo da assistência social no Brasil*. São Paulo: Conselho Estadual de Cultura, 1976, p. 72.

1752-1753	Francisco de Sales Ribeiro	Mercador Homem de negócio
1758-1759	Manuel de Faria Couto	Mercador Vive de seus negócios
1759-1760	Manuel José de Sampaio	Mercador Vive de seus negócios
1760-1761	Salvador Marques Brandão	Mercador Vive de seus negócios
1762-1763	Jeronimo da Costa Guimarães	Mercador
1764-1765	Tomé Rabelo Pinto	Mercador

Fontes: *Actas da Camara Municipal de S. Paulo* – volumes VIII ao XV; *Registro Geral da Camara Municipal de S. Paulo* – volumes III ao XI; *Documentos interessantes para a história e costumes de São Paulo*. São Paulo: Instituto Historico e Geographico de S. Paulo, 1937 (vol. LXII: Recenseamentos 1765-1767); IANTT – *Habilitações do Santo Ofício*; IANTT – Habilitações da ordem de Cristo; BNL – Seção manuscritos – códice 4530; AESP – Inventários e testamentos não publicados; AESP – Inventários do 1º Ofício; AESP – Escrituras – 2º cartório de notas da capital – livros 1 e 2; ACMSP – Breves apostólicos; ACMSP – Dispensas e processos matrimoniais; ACMSP – Processos de divórcio e nulidade de casamento; ACMSP – Processos gerais antigos – autos cíveis; ACMSP – Processos gerais antigos – autos crimes; ACMSP – Processos gerais antigos – testamentos; ACMSP – *Livro das eleições e dos inventários da fábrica da Irmandade do Santíssimo Sacramento*; Nuto Sant'Anna. *Metrópole (histórias da cidade de São Paulo de Piratininga e São Bernardo do Campo em tempos de El-Rei, o Cardeal Dom Henrique, da Dinastia de Avis)*. São Paulo: Departamento de Cultura, vol. 3, 1953; Laima Mesgravis, *A Santa Casa de Misericórdia de São Paulo, 1599(?)-1884: contribuição ao estudo da assistência social no Brasil*. São Paulo: Conselho Estadual de Cultura, 1976.

O aspirante ao cargo de provedor deveria ser homem abonado e senhor de preeminência social e política, o que lhe facilitaria angariar fundos junto à comunidade para as necessidades da irmandade. Disto decorria seu papel decisivo em termos de finanças e administração.[50]

Foram tais atribuições que levaram Glauco Carneiro a adicionar mais um motivo para explicar a participação significativa dos agentes comerciais na Misericórdia de São Paulo: a falta de candidatos a provedor, pois este exigia a despesa de cerca de quatrocentos mil réis e mais gastos. Para comprovar tal assertiva, o autor analisou o termo de sessão da Misericórdia, de 3 de novembro de 1730, em que o provedor e homem de negócio "Manuel Luis Ferraz protesta[va] contra uma tradição da Santa Casa paulistana, no

---

50 As atribuições do provedor e dos demais membros da Misericórdia podem ser conferidas em Laima Mesgravis, *op. cit.*, p. 124-37.

sentido de obter de seus provedores o atendimento de todos os seus gastos, contrariando o observado em todas as demais Santas Casas e o Compromisso da Instituição".[51]

Como se observa pelo conteúdo do documento, embora reduto tradicional da elite agrária, a necessidade de capitais para o exercício da função, muitas vezes, abriu brechas para que os senhores de terra delegassem a direção da irmandade ao grupo mercantil, ao mesmo tempo em que este último se valeu da acumulação de bens e da participação em outros órgãos de poder para ingressar na Misericórdia.[52]

As relações tácitas estabelecidas entre os dois segmentos sociais parecem guardar traços das redes clientelares, tão características da dinâmica do Estado patrimonialista português. Neste caso, pode-se visualizar com nitidez a oferta de bens econômicos pelo polo socialmente inferior em troca de bens simbólicos, com vistas ao acesso a posições de prestígio, de outro modo inatingíveis.[53]

Ainda que se levem em conta as especificidades das Misericórdias nas áreas em que foram estabelecidas, é difícil não esboçar comparações com a Santa Casa de Salvador, profundamente estudada por Russel-Wood. De acordo com ele, somente na década de 1740, os homens de negócio ascenderam à provedoria, revelando a maior aceitação da comunidade mercantil pela elite baiana. Entretanto, antes mesmo deste período, negociantes já vinham ocupando o cargo de tesoureiro com a pretensão de galgar uma posição melhor na Misericórdia.

Segundo o historiador, embora enriquecidos, os mercadores ingressavam na irmandade como irmãos "menores" em cargos subalternos, devido ao fato de lidarem com pesos e medidas e manusearem dinheiro em suas lojas. Os homens de negócio, por sua vez, distantes dos "defeitos mecânicos", eram classificados como "maiores" e, portanto, estavam aptos para o desempenho de ofícios mais elevados.[54]

Em artigo sobre as relações entre os senhores de terra e os comerciantes baianos, durante o século XVII e princípios do XVIII, Rae Flory e David Grant Smith refutaram algumas considerações feitas por Russel-Wood. Em primeiro lugar, os autores constataram a entrada dos homens de negócio como irmãos "maiores" antes da passagem

---

51 Glauco Carneiro, *O poder da Misericórdia – A Santa Casa na história de São Paulo*. São Paulo: s/e, 1986, vol. 1, p. 191.

52 A dependência da Misericórdia mineira com relação ao capital mercantil também foi apontada por Júnia Furtado. Segundo a historiadora, "com o passar do tempo, tornou-se cada vez mais difícil para as Misericórdias conseguir recursos para sustentar suas obras sem a ajuda dos homens de negócio, pois eram eles os detentores de enormes fortunas na sociedade colonial e metropolitana da época". Júnia Furtado, *Homens de negócio...*, p. 223.

53 Antonio Manuel Hespanha & Ângela B. Xavier, "As redes clientelares", A. M. Hespanha (coord.), *História de Portugal – O Antigo Regime*. Lisboa: Editorial Estampa, vol. 4, 1998, p. 343.

54 A. J. R. Russel-Wood, *Fidalgos e filantropos. A Santa Casa de Misericórdia da Bahia, 1550-1755*. Brasília: Ed. da Unb, 1991, p. 91-6.

do século, inclusive, com a ocupação do cargo de provedor; em segundo, afirmaram que estes homens eram reconhecidos como mercadores quando admitidos como irmãos de condição superior; em terceiro, a sua admissão durante os seiscentos e sua eleição para o mais alto posto da instituição contaram com o apoio ou, ao menos, a aquiescência dos senhores de terra, letrados e oficiais da Coroa.

Embora concordem que os homens de negócio tenham assumido um papel mais significativo na irmandade no decorrer do século XVIII, acreditam que este movimento deva ser entendido mais como a continuidade de um processo bem estabelecido na centúria anterior do que como uma ruptura fundamental com o passado.[55]

Frente ao que foi exposto para o contexto soteropolitano, cabe retornar à análise da Misericórdia de São Paulo. Como se vê na tabela 3, dentre os 15 comerciantes que ocuparam o cargo de provedor, foi possível contabilizar 13 mercadores. Tal fato pode significar que a irmandade paulistana não fazia distinção entre irmãos "menores" e "maiores", de acordo com a atividade mercantil exercida, ao contrário do que foi apontado por Russel-Wood e relativizado por Flory e Smith.

Foi ainda possível verificar que o ofício camarário significava um trampolim para o ingresso na Misericórdia, pois 80% dos agentes mercantis-provedores haviam passado primeiramente pela Câmara Municipal. Ao que parece, para a realidade paulistana, também era válido o provérbio alentejano "quem não está na câmara, está na misericórdia".[56]

José da Silva Ferrão, como vimos, ingressou nas instituições locais pela Câmara Municipal, desempenhando o ofício de almotacé em 1735 e, nos anos posteriores, os de procurador e juiz ordinário. Foi eleito provedor da Misericórdia para o biênio 1743-1744. Outrossim, foi pela almotaçaria que André Alvares de Castro chegou aos órgãos de poder na década de 1730. Sendo escolhido para o cargo mais prestigiado da Misericórdia como sucessor de Ferrão, o homem de negócio posteriormente retornou à câmara exercendo, por várias vezes, o cargo de vereador durante o início dos anos 1750.

Tais trajetórias, sem dúvida, podem ser estendidas a vários outros agentes mercantis que passaram pelas instituições locais, no entanto, ambas guardam a particularidade de seus personagens terem conseguido se habilitar a cavaleiros da Ordem de Cristo, como já apontado para os casos de outros dois juízes ordinários.[57] É certo que os serviços prestados à governança e as fortunas acumuladas nas transações comerciais durante anos tiveram um peso decisivo no momento da aprovação dos candidatos.

---

55 Rae Flory e David Grant Smith, "Bahian Merchants and Planters in the Seventeenth and Early Eighteenth Centuries", *Hispanic American Historical Review*, 58 (4), 1978, p. 582-5.

56 Charles Boxer, *op. cit.*, p. 279.

57 IANTT – Habilitações da Ordem de Cristo – letra J – m. 15 – nº 8 – José da Silva Ferrão; letra A – m. 45 – nº 55 – André Alvares de Castro.

Também para o Rio Janeiro, Maria de Fátima Gouvêa identificou indivíduos que haviam participado dos dois órgãos, entre a última década do século XVIII e a independência do Brasil.[58] Embora se trate de um contexto histórico bastante distinto do enfocado nesta pesquisa, devido à proeminência da cidade como capital da colônia e sede da monarquia portuguesa, a análise comprovou a articulação do poder concelhio com outros polos de autoridade locais. Aliás, tal situação não foi exclusividade colonial, tanto que a produção historiográfica portuguesa dos últimos anos tem salientado o alto nível de interpenetração entre as duas instituições.[59]

Pelo fato de haver sucessão dos cargos camarários para o da provedoria, na Misericórdia foi constatada uma participação majoritária dos agentes mercantis a partir do quarto decênio dos setecentos, haja vista que apenas um deles, o já referido Manuel Luis Ferraz, dirigira a instituição entre 1728 e 1732. Na verdade, eles dominaram a provedoria até 1765, somente se ausentando do cargo entre 1754 e 1758, como se observa na tabela 3.

Entretanto, há que se ressaltar que a Câmara não era o único, nem o primeiro, veículo de nobilitação. Dos 15 agentes mercantis-provedores, 14 tiveram participação no próprio concelho e nas irmandades – associações de ajuda mútua, responsáveis por assuntos religiosos.

Os irmãos professos faziam contribuições destinadas, em parte, à construção de templos, à organização de cultos e procissões. Buscavam, em troca das caridades e boas ações, conquistar o reconhecimento como bons cristãos, merecedores da salvação eterna. O universo católico justapunha-se à ordem social, configurando, entre os colonos, referências de distinção.

As formas de agregação presentes nas irmandades refletiam as estratificações sociais e raciais da colônia. Guardando-se as especificidades de cada contexto, de forma geral, a Irmandade do Carmo congregava os homens brancos proprietários e os mais abastados de determinada localidade; os oficiais mecânicos participavam da Irmandade de São José; e a Irmandade de Nossa Senhora do Rosário reunia os negros escravos e forros.

Ao analisar as irmandades leigas e a política colonizadora em Minas Gerais, Caio César Boschi sublinhou que

---

58 Maria de Fátima Gouvêa, *op. cit.*, p. 318.

59 Mário José Costa da Silva, *A Santa Casa de Misericórdia de Montemor-o-Velho: espaço de sociabilidade, poder e conflito (1546-1803)*, Coimbra: Universidade de Coimbra, 1996 (dissertação de mestrado); Laurinda Faria dos Santos Abreu, *A Santa Casa da Misericórdia de Setúbal de 1500 a 1755: aspectos de sociabilidade e poder*, Setúbal, Santa Casa da Misericórdia de Setúbal, 1990; Maria Marta Lobo de Araújo, *Dar aos pobres e emprestar a Deus...*; Manuel de Oliveira Barreira, *A Santa Casa de Misericórdia de Aveiro: pobreza e solidariedade (1600-1750)*, Coimbra: Universidade de Coimbra, 1995 (dissertação de mestrado).

A busca por poder e distinção social 157

se, perante o Estado, no nível jurídico-institucional, as irmandades de brancos, de mulatos e de negros foram equivalentes, no plano social essa equivalência inexistiu. (...) Ao congregarem indivíduos de diferentes grupos sociais, seja com o objetivo de aperfeiçoamento espiritual, seja para exprimir o *status* dos mesmos, as irmandades (...) ratificaram o regime escravocrata e sua estrutura social marcadamente hierarquizada.[60]

Ainda de acordo com este historiador, apoiando-se nas análises de Russel-Wood, os homens de negócio enriquecidos – ávidos por se livrarem do estigma racial e religioso, que os identificava aos cristãos-novos – procuravam ocupar altos cargos nas irmandades leigas e fazer demonstrações públicas de religiosidade para, deste modo, partilharem do universo cultural da elite colonial, marcado pela fé cristã, e por ela serem aceitos.

Dedicada ao estudo da atuação dos homens de negócio nas Minas setecentistas, Júnia Ferreira Furtado constatou, para a primeira metade da centúria, a participação de vários comerciantes nos quadros da Irmandade do Santíssimo Sacramento, bastião quase exclusivo da elite branca e proprietária.[61]

Investigando os mecanismos de integração dos negociantes na elite dirigente fluminense, em inícios do século XIX, Riva Gorenstein igualmente verificou que estes agentes ocuparam postos importantes na Irmandade do Santíssimo Sacramento da Freguesia da Candelária e na dos Passos de N. S. Jesus Cristo, as principais do Rio de Janeiro.[62]

Para o contexto paulistano, testemunhei significativa participação dos comerciantes na Ordem Terceira da Penitência de São Francisco e na Irmandade do Santíssimo Sacramento. Na primeira, instituída em meados dos seiscentos, entre os sujeitos que ocuparam os cargos de ministro, vice-ministro, secretário e síndico, ao longo do período estudado, os agentes mercantis correspondiam a 46,29% do total de irmãos.

Embora a criação da Irmandade do Santíssimo Sacramento remonte à década de 1690, só existem informações sobre seus membros a partir de 1731, pois os livros de entrada de irmãos e irmãs anteriores a este período não estão disponíveis. Nesta instituição, a presença mercantil é ainda mais significativa, já que 62% dos ofícios de provedor, procurador, tesoureiro e escrivão foram desempenhados por comerciantes.

---

60 Caio Boschi, *Os leigos e o poder (Irmandades Leigas e Política Colonizadora em Minas Gerais)*. São Paulo: Ática, 1986, p. 168.

61 Júnia Ferreira Furtado, *op. cit.*, p. 141-2.

62 Riva Gorenstein, "Comércio e Política: o enraizamento de interesses mercantis portugueses no Rio de Janeiro (1808-1830), in: Lenira Menezes Martinho & Riva Gorenstein, *Negociantes e Caixeiros na Sociedade da Independência*. Rio de Janeiro: Secretaria Municipal de Cultura, Turismo e Esportes, Departamento Geral de Documentação e Informação Cultural, Divisão de Editoração, 1993, p. 194. Sobre a participação de comerciantes nas ordens terceiras do Carmo e de São Francisco no Rio de Janeiro setecentista, ver também William de Souza Martins, *Membros do corpo místico: ordens terceiras no Rio de Janeiro (c.1700-1822)*. São Paulo: Edusp, 2009.

Os dados obtidos também revelam a prevalência numérica de adventícios em ambas as irmandades sobre os paulistas, o que pode ser justificado por duas razões. Em primeiro lugar, pela imigração maciça para a capitania de São Paulo, em virtude dos negócios decorrentes das descobertas auríferas; em segundo, pelo fato de a Ordem Terceira de São Francisco e do Santíssimo congregarem reinóis de grossos cabedais, enquanto os naturais da terra se reuniam preferencialmente na Irmandade do Carmo.[63]

Nos testamentos, os agentes mercantis procuravam salientar os seus elos com as irmandades, que lhes conferiam prestígio e reputação. Comumente elaborados em momentos de pouca lucidez entre os limites da vida e da morte, as disposições de cada testador expressavam tanto o seu passado como as expectativas futuras no tribunal celeste.[64]

"Cuidar da alma e partir os haveres", nas palavras de Alcântara Machado,[65] eram os dois principais objetivos que orientavam a feitura do testamento, que em geral seguia uma estrutura básica.

A primeira parte era composta pelas seguintes cláusulas religiosas: Preâmbulo – oferta do testamento, localização e datação do documento, identificação do testador e razões que o levaram à redação; Recomendação da alma – invocação aos santos de devoção;

---

63 A preferência dos naturais da terra pela Irmandade do Carmo foi sugerida por Adalberto Ortmann, *História da Antiga Capela da Ordem Terceira da Penitência de São Francisco em São Paulo*. Rio de Janeiro: Ministério da Educação e Saúde/DPHAN, 1951, p. 125. Embora tenha conseguido autorização para pesquisar os livros da Irmandade do Carmo, constatei com pesar que aqueles dedicados à entrada de irmãos estão desaparecidos, desconfiando-se inclusive que foram queimados. De toda forma, mesmo não podendo calcular o número total de irmãos carmelitas e o número de irmãos comerciantes, uma vez que ocorra menção na documentação de que tal agente pertencia à Ordem de Nossa Senhora do Monte Carmelo, será feito o registro.

64 Nos estudos sobre as atitudes do homem perante a morte, os testamentos têm sido as séries documentais privilegiadas. Tema caro aos franceses, desde a década de 1970, foi igualmente alvo de atenção por parte de alguns historiadores brasileiros que se debruçaram sobre estas fontes e refletiram sobre o papel da morte na sociedade colonial. Philippe Ariès, *História da morte no Ocidente*. Rio de Janeiro: Francisco Alves, 1977; Michel Vovelle, *Piété baroque et déchristianisation en Provence au XVIIIe siècle*, Paris Éditions du Seuil, 1978; Pierre Chaunu, *La mort à Paris: 16e, 17e, 18e siècles*, Paris: Fayard, 1978; François Lebrun, *Les hommes et la mort en Anjou aux 17e et 18e siècles*, Paris: Mouton, 1971. Sheila de Castro Faria, *A colônia em movimento: fortuna e família no cotidiano colonial*. Rio de Janeiro: Nova Fronteira, 1998, p. 266-7; Maria Luiza Marcílio, "A morte de nossos ancestrais", in: José de Souza Martins (org.), *A morte e os mortos na sociedade brasileira*. São Paulo: Hucitec, 1983; João José Reis, *A morte é uma festa: ritos fúnebres e revolta popular no Brasil do século XIX*. São Paulo: Companhia das Letras, 1991; Eduardo França Paiva, *Escravos e libertos nas Minas Gerais do século XVIII: estratégias de resistência através dos testamentos*. São Paulo: Annablume, 1995.

65 Alcântara Machado, *Vida e morte do bandeirante*. Belo Horizonte: Itatiaia; São Paulo: Edusp, 1980, p. 223.

A busca por poder e distinção social **159**

Acolhida do corpo – nomeação dos testamenteiros, disposições sobre o local da sepultura e enterro; Aparatos fúnebres - escolha das mortalhas e orientações sobre o cortejo fúnebre; Preocupações pós-sepultamento – demandas de missas pelo repouso da alma do defunto e distribuição dos legados pios e das esmolas às irmandades e aos pobres.

A segunda parte dizia respeito ao legado dos bens materiais e tinha início com uma pequena ficha pessoal do testador, contendo a declaração da naturalidade, filiação, estado civil e herdeiros universais. Em seguida, o testador fazia um inventário detalhado ou sucinto de seus bens móveis e imóveis e recomendava como deveriam ser distribuídos. Havia ainda uma listagem dos credores e devedores, bem como das quantias envolvidas nos empréstimos, temas abordados no capítulo 2. Para finalizar, ele repetia a indicação de seus testamenteiros e estabelecia o valor a ser pago e o tempo gasto na execução das determinações.[66]

Embora os testamentos expressassem sua última e derradeira vontade, os testadores poderiam alterá-los, produzindo os chamados codicilos, que visavam reformar o texto original. Uma vez redigidos, substituíam os primeiros nas disposições discriminadas e passavam pelo processo de aprovação e abertura.

Neste momento, interessam-nos sobretudo as cláusulas religiosas, pois nelas é mencionada a filiação dos comerciantes às irmandades leigas. Nos 17 documentos consultados, 12 testadores pediram para ser amortalhados com o hábito de São Francisco e enterrados na capela da Ordem Terceira da Penitência e, ainda, mencionaram outras irmandades das quais eram irmãos.

A recomendação do mercador e homem de negócio João Francisco Lustosa é um exemplo das vontades de muitos outros:

> Declaro que meu corpo será sepultado na capela de minha Ordem Terceira de meu Patriarca São Francisco // por que o peço ao muito reverendo Padre Comissário e senhor Ministro e aos mais irmãos da Mesa deem sepultura a meu corpo na dita capela como dão aos mais irmãos. Meu corpo será amortalhado em o hábito de meu Patriarca São Francisco // Peço ao Senhor Provedor da Misericórdia mande dar a tempo que lhe parecer para o que meus testamenteiros darão de esmola 20$000 à tumba com sua bandeira (...)[67]

As disposições de Manuel de Macedo são semelhantes, mas ele ainda declarou ser irmão da Santa Casa de Misericórdia, das irmandades do Santíssimo Sacramento, dos Passos, das Almas, de Nossa Senhora do Rosário e pediu que todas acompanhassem seu

---

66 Para a descrição da estrutura documental, baseei-me nos próprios testamentos lidos e nos trabalhos de Eduardo de França Paiva, *op. cit.*, p. 37-43; Sandra Paschoal Leite de Camargo Guedes, *Atitudes perante a morte em São Paulo (séculos XVII a XIX)*, FFLCH/USP, 1986, p. 14-60 (dissertação de mestrado) e Ana Cristina Araújo, *A morte em Lisboa: atitudes e representações, 1700-1830*. Lisboa: Editorial Notícias, 1997.

67 AESP – Inventários 1º ofício – ord. 667 – cx. 55.

corpo.[68] Manuel Mendes de Almeida igualmente foi professo nas irmandades mencionadas e na de Nossa Senhora da Boa Morte, de Nossa Senhora do Rosário dos Brancos e na dos Pretos e de São Benedito. No entanto, maior confiança tinha na Ordem Terceira de São Francisco e na Santa Casa, pois nomeou, entre seus testamenteiros, tanto o ministro e irmãos franciscanos da Mesa como o provedor da Misericórdia, além de deixar de esmola 100$000 para cada uma das duas instituições.[69]

Tal como Macedo, José Francisco de Andrade, era filiado a todas as irmandades citadas e, embora quisesse ser sepultado na capela da Ordem Terceira de São Francisco, pedia para que seu corpo fosse depositado na Santa Casa de Misericórdia, de onde seria levado à ordem dos franciscanos para o enterro.[70]

Jerônimo de Castro Guimarães também preferiu que seu corpo fosse velado em outro local que não o do sepultamento. Segundo as determinações:

> (...) meu corpo será amortalhado no hábito do meu Patrono São Francisco e posto na minha sala em um estrado e tapete que tenho com quatro velas no corpo e outras quatro ao pé da imagem do Santo Cristo chamada de meia libra e do mesmo estrado será levado na tumba da Santa Casa simplesmente (...) à Igreja de minha Venerável Ordem Terceira de São Francisco e aí sepultado onde goze ainda que indigno irmão professo (...)[71]

Segundo as disposições de Manuel Soares de Carvalho, ele gostaria de ser sepultado no claustro do Convento de São Francisco, pois "é meu gosto ficar na companhia daqueles a quem sempre amei em vida". Entretanto, caso o padre guardião do convento repugnasse tal solicitação, ele se contentava em ter o corpo enterrado na capela dos irmãos franciscanos.

Também pedia aos testamenteiros darem parte à venerável Ordem Terceira de Itu para que "me escrevam na pauta dos defuntos e mandem dizer as missas que são obrigados pela remissão". Ainda declarou ser irmão confrade da Mãe Santíssima Senhora de Monte Carmelo da vila de Santos e solicitou que o prior da irmandade fosse avisado de seu falecimento para fazer os sufrágios devidos e prover o lugar vago.[72]

O fato de Carvalho pertencer a duas irmandades em localidades diferentes denota a circulação e a moradia de alguns agentes mercantis em outras paragens. Entretanto, o afastamento provisório ou definitivo da cidade de São Paulo não impedia que permanecessem ligados às irmandades locais.

---

68 AESP – Inventários e testamentos não publicados – ord.531 – cx. 54.

69 AESP – Inventários 1º ofício – ord. 667 – cx. 55.

70 AESP – Inventários e testamentos não publicados – ord.532 – cx. 55.

71 AESP – Inventários 1º ofício – ord. 637 – cx. 25.

72 AESP – Inventários e testamentos não publicados – ord.549 – cx. 72.

O referido José Francisco de Andrade, temendo falecer na cidade do Rio de Janeiro, deu instruções para que seu corpo também lá fosse amortalhado no hábito de São Francisco. Da mesma forma, Jerônimo da Costa Guimarães, residindo em Sorocaba, solicitava a mortalha dos franciscanos, mas pedia para ser enterrado na Irmandade do Santíssimo Sacramento.[73]

Francisco Pinto de Araújo, tão mencionado no capítulo anterior, acabou sua vida em Portugal, na freguesia de São Pedro de Miragaia, extramuros da cidade do Porto. Já tendo ocupado os ofícios de secretário, vice-ministro e ministro, na cidade de São Paulo, entre as décadas de 1740 e 1760, passou a ser irmão franciscano em solo lusitano. Em seu testamento, solicitou ser amortalhado no hábito dos religiosos de São Francisco e sepultado na capela dos terceiros do mesmo santo patriarca, onde se fariam todos os sufrágios. Caso houvesse impedimentos, o enterro seria feito na Igreja de São Francisco, e a esmola de 50$000 seria transferida ao Convento.[74]

Embora participantes da Irmandade do Santíssimo Sacramento, três testadores solicitaram ser amortalhados com o hábito de Nossa Senhora do Carmo. Enquanto André Alvares da Silva e Tomé Alvares de Castro queriam ser enterrados na capela da Irmandade, Manuel Gonçalves de Silva preferiu ser sepultado na capela do Santíssimo Sacramento da Sé Catedral.[75]

Da mesma forma que nos testamentos figuram a mortalha de uma irmandade e o sepultamento em outra, era comum que muitas confrarias fossem contempladas com doações, pois os agentes mercantis eram professos em várias, como já se mencionou. Em geral, as esmolas variavam entre 20$000 e 50$000, mas havia testadores mais generosos, mais afortunados ou mais tementes a Deus.

No caso de Gaspar de Matos, parte da esmola foi doada à Ordem Terceira de São Francisco, em cuja capela foi enterrado, mas a vultuosa quantia de 200$000 deveria ser aplicada de acordo com certas obrigações. Segundo o testamento, os irmãos deveriam cobrir sua sepultura todos os anos no dia de finados, rezar o responso e fazer os sufrágios devidos. Caso não aceitassem, seus testamenteiros deveriam despender o dinheiro em obras pias.[76]

Já Domingos João Vilarinhos, também sepultado na capela dos franciscanos, doou casas de um lanço para a Irmandade das Almas na Sé nas condições declaradas:

> para que tomem posse delas e as administrem e reedifiquem e conservem na forma que
> estão, com os quintais até a outra rua, sem haver separação em nenhum tempo, e o seu

---

73 AESP – Inventários e testamentos não publicados – ord.667 – cx. 55.

74 ACMSP – Processos gerais antigos – testamentos – 3-4-8.

75 ACMSP – Processos gerais antigos – testamentos – 3-4-8 (André Alvares da Silva); AESP – Inventários e testamentos não publicados – ord. 549 – cx. 72 (Tomé Alvares de Castro); AESP – Juizado de órfãos – avulso (Manuel Gonçalves da Silva).

76 AESP – Inventários 1º ofício – ord. 677 – cx. 65.

162 A teia mercantil: negócios e poderes em São Paulo colonial

rendimento mandarão dizer em missas pelas almas do Purgatório, ou alguma coisa que for precisa para o altar e capela de São Miguel, conforme acharem que será melhor para o serviço de Deus.[77]

Além das esmolas deixadas à Ordem Terceira da Penitência de São Francisco, onde foram sepultados, José da Silva Ferrão e José Rodrigues Pereira legaram somas de dinheiro à Irmandade do Santíssimo Sacramento para que os irmãos os pusessem a juros e os seus réditos fossem aplicados nas benfeitorias da Sé. No entanto, Pereira foi mais específico ao doar 100$000 ao Santíssimo, quantia reduzida pela metade no codicilo:

> Declaro que deixo ao Santíssimo da Sé desta cidade 100$000 que os irmãos da Mesa da Irmandade porão a juros para que seus réditos sejam para azeite de sua lâmpada e não sendo necessário para este efeito, para qualquer ornato da capela, cuja quantia existirá sempre com toda a segurança, e se não poderá nem consumir em outra coisa, e quando se pretenda o contrário, meus herdeiros o poderão haver a si.[78]

Como se vê, as mesmas práticas usurárias que conduziam os negócios em vida eram perpetuadas após a morte, desde que a aplicação do dinheiro estivesse de acordo com as exigências do credor. Do contrário, os herdeiros podiam realizar as cobranças tão caras aos agentes mercantis e seus procuradores nas escrituras.

Este caso narrado mostra outra faceta da atuação das irmandades em solo piratiningano – o fornecimento de crédito. A sobrevivência da instituição não se dava apenas pelas doações dos irmãos, mas também pelos juros cobrados dos empréstimos de dinheiro.[79]

Além dos testamentos, as escrituras do 2º cartório de notas da capital guardam exemplares de tal prática. Em 14 de dezembro de 1754, o ferrador Francisco de Souza Murza, apresentando como fiador o tenente Antonio da Silva Brito, tomou emprestada a quantia de 370$000 a juros da Ordem Terceira de São Francisco, por meio de seu síndico, o capitão e mercador Salvador Marques Brandão.[80] Passados dez dias, o mesmo síndico emprestou 100$000, a razão de juros de 6 ¼%, a José da Cunha Franco, cujo fiador era o padre Salvador Cardoso de Oliveira.[81]

---

77 AESP – Inventários e testamentos não publicados – ord. 544 – cx. 67.

78 AESP – Inventários 1º ofício – ord. 686 – cx. 74.

79 Sobre o papel das irmandades como fornecedoras de crédito na Bahia, ver Rae Flory, *Bahian society...*, p. 72-82.

80 Salvador Marques Brandão era capitão de cavalos de uma das companhias do regimento da Ordenança de Vila Boa dos Goiás. IANTT – Chancelaria D. João V – livro 106 – fls. 65-65vol.

81 AESP – 2º Cartório de notas da Capital (1742-1935) – livro 2 – E13419 – fls. 169-170 e 172-172vol.

Quando os empréstimos ocorreram, Salvador Marques Brandão estava desempenhando o ofício de síndico pela segunda vez, pois já ocupara o cargo no biênio de 1748-49. Na década de 1750, foi nomeado como vice-ministro da irmandade e, finalmente, em 1762-63, dirigiu a instituição como ministro. Se esta trajetória ascendente parece natural, na verdade, não pode ser estendida a todos dos irmãos.

Embora tenha buscado perseguir os passos trilhados pelos agentes mercantis no interior das Irmandades, tal como procedi com relação aos seus movimentos na Câmara Municipal, os resultados não foram conclusivos.

Se para o órgão concelhio foi possível observar certo percurso comum dos comerciantes na ocupação dos postos e a importância da almotaçaria como porta de entrada para aquela instituição, para a Ordem Terceira da Penitência de São Francisco é difícil encontrar um padrão de conduta.

Entretanto, há que se ressaltar que dos 50 agentes mercantis que participaram como irmãos franciscanos, somente 22 ocuparam o posto de ministro. Sem dúvida, este último correspondia ao cargo mais alto da instituição e deveria ser preenchido por pessoas de posse. Isto porque, além de se responsabilizar por todas as despesas das festas e solenidades da Ordem – o dia de Santa Isabel, mais tarde das Chagas, o dia do ofício pelos irmãos defuntos, a procissão de Cinzas, ao final de cada ano compromissório, o irmão ministro reunia a Mesa e pagava de seu bolso a terça parte das contas. O restante era dividido em catorze partes iguais, sendo duas delas pagas pelo vice-ministro, e as demais rateadas entre o secretário, o síndico e os doze mesários.[82]

O reconhecimento do prestígio do cargo pode ser avaliado no processo crime que correu no juízo eclesiástico em 1743. Os réus eram o homem de negócio e sargento-mor Manuel de Oliveira Cardoso e sua esposa Manuela Angélica de Castro, acusados de sacrilégio, envolvendo briga e efusão de sangue no alpendre da Igreja do Convento de Nossa Senhora do Carmo.

Para atestar que não haviam sido os mandantes da surra dada por seu escravo Manuel no alfaiate Francisco Ferreira, eles tiveram que provar inocência nas dezenove contrariedades propostas pelo vigário da vara e uma delas mencionava a participação do homem de negócio na Ordem Terceira de São Francisco como exposto a seguir:

> 8. Provará que o Réu marido da Ré no mesmo dia e hora que sucedeu dar o escravo Manuel no ferido se achava na capela da Sua Venerável Ordem Terceira de São Francisco donde o presente ano ocupa o *nobre cargo de ministro* lugar muito remoto e distante da Igreja do Convento do Carmo donde se deu no ferido e mal podia mandar nem consentir para o dito ferimento.[83]

---

82 Adalberto Ortmann, *op. cit.*, p. 35.

83 ACMSP – Processos gerais antigos – autos crimes – Manuel de Oliveira Cardoso – sacrilégio – 1743 (grifo meu).

164 A teia mercantil: negócios e poderes em São Paulo colonial

O processo se encerrou com a absolvição dos réus, pois ficou comprovado que eles não haviam concorrido para o referido sacrilégio, recaindo toda a culpa sobre o escravo Manuel que cometera o crime de moto próprio pelos ciúmes da sua amásia com quem o ferido também se divertia desonestamente.

Atestando, na listagem dos irmãos franciscanos e do Santíssimo, repetição de nomes de participantes da Câmara Municipal e da Santa Casa de Misericórdia, verifiquei que mais da metade dos comerciantes iniciou seu percurso pelas Irmandades, o que indica que a inserção nestas instituições leigas era o canal de mais fácil acesso para a conquista de outros espaços de prestígio social (tabela 4).

Tabela 4:

Datas dos primeiros ofícios nos órgãos de poder local (1711-1765)

Agentes mercantis	Câmara Municipal*	Santa Casa de Misericórdia	Ordem 3ª da Penitência de São Francisco	Irmandade do Santíssimo Sacramento
Agostinho Duarte do Rego	1747			1743
Agostinho Nogueira da Costa	1739			1734
Alexandre Monteiro de Sampaio	1739			1737
André Alvares de Castro	1737	1744		
Antonio Correa Ribeiro	1732			1732
Antonio da Silva Brito	1745		1740	1745
Antonio de Freitas Branco	1748		1746	1748
Domingos Francisco de Andrade	1760		1765	
Domingos João Vilarinho			1730	1748
Domingos Pereira Guedes			1742	1746
Francisco Antunes			1749	1747
Francisco da Silva Coelho			1728	1731
Francisco de Sales Ribeiro	1739	1752	1733	1731
Francisco Pereira Mendes	1755		1763	1759
Francisco Pinto de Araújo	1756		1744	1761
Gaspar de Matos	1725		1711	
Inácio da Costa Siqueira			1743	1744
Jerônimo de Castro Guimarães	1756		1745	1752
João Afonso Esteves			1747	1744
João Alvares Ramos			1760	1746
João da Silva Machado	1760			1758
João Rodrigues Vaz			1738	1742
Joaquim Ferreira	1758			1764
José Alvares Torres	1727			1737
Jose da Silva Ferrão	1735	1743	1736	1758

José Francisco de Andrade	1753		1752	1755
Jose Francisco Guimarães	1752		1748	
Jose Gonçalves Coelho	1752			1751
Jose Rodrigues Pereira	1749		1752	1749
Lopo dos Santos Serra	1753	1750	1743	1744
Manuel de Faria Couto		1758		1763
Manuel Francisco de Melo	1746		1739	
Manuel Francisco Vaz	1751		1755	1752
Manuel de Macedo	1740		1741	1736
Manuel de Oliveira Cardoso	1739		1742	1733
Manuel Gomes da Costa			1743	1746
Manuel Gonçalves da Silva	1765			1765
Manuel Jorge da Silva			1732	1732
Manuel Jose da Cunha	1737		1734	1736
Manuel Jose de Sampaio	1753	1759	1754	1752
Manuel Luis Ferraz	1717	1728	1711	1735
Manuel Rodrigues Ferreira			1746	1742
Manuel Soares de Carvalho	1756		1757	
Manuel Veloso	1726			1735
Manuel Vieira da Silva	1724			
Matias Alvares Vieira	1748	1751		1762
Matias da Silva		1742	1738	1731
Miguel Alvares Ferreira	1754	1745		1751
Pascoal Alvares de Araújo	1753		1756	1754
Paulo Filgueira de Carvalho			1747	1755
Pedro Gonçalves do Rego			1744	1734
Salvador Marques Brandão	1751	1760	1748	1747
Sebastião Fernandes do Rego			1719	1740
Tome Alvares de Castro	1724	1746		1741
Tome Rabelo Pinto	1752	1764	1735	1733

Fontes: *Actas da Camara Municipal de S. Paulo* – volumes VIII ao XV; *Registro Geral da Camara Municipal de S. Paulo* – volumes III ao XI; *Documentos interessantes para a história e costumes de São Paulo*. São Paulo: Instituto Historico e Geographico de S. Paulo, 1937 (vol. LXII: Recenseamentos 1765-1767); IANTT – *Habilitações do Santo Ofício*; IANTT – Habilitações da ordem de Cristo; BNL – Seção manuscritos – códice 4530; AESP - Inventários e testamentos não publicados; AESP - Inventários do 1º Ofício; AESP – Escrituras – 2º cartório de notas da capital – livros 1 e 2; ACMSP - Dispensas e processos matrimoniais; ACMSP – Processos de divórcio e nulidade de casamento; ACMSP – Processos gerais antigos – autos cíveis; ACMSP – Processos gerais antigos – autos crimes; ACMSP – Processos gerais antigos – testamentos; ACMSP – *Livro das eleições e dos inventários da fábrica da Irmandade do Santíssimo Sacramento*; Nuto Sant'Anna. *Metrópole (histórias da cidade de São Paulo de Piratininga e São Bernardo do Campo em tempos de El-Rei, o Cardeal Dom Henrique, da Dinastia de Avis)*. São Paulo: Departamento de Cultura, vol. 3, 1953; Laima Mesgravis, *A Santa Casa de Misericórdia de São Paulo, 1599(?)-1884: contribuição ao estudo da assistência social no*

Brasil. São Paulo: Conselho Estadual de Cultura, 1976; Adalberto Ortmann, *História da Antiga Capela da Ordem Terceira da Penitência de São Francisco em São Paulo*. Rio de Janeiro: Ministério da Educação e Saúde/DPHAN, 1951.

* data da primeira ocorrência da eleição ou da ocupação do cargo

Após contabilizar as intersecções de nomes que apareceram nas sucessivas listagens e incorporar os comerciantes que desempenharam os ofícios de juiz e escrivão de órfãos,[84] finalmente cheguei ao universo de cem agentes mercantis que tiveram inserção na Câmara Municipal, na Santa Casa de Misericórdia, na Ordem Terceira da Penitência de São Francisco, na Irmandade do Santíssimo Sacramento e no Juizado de Órfãos, entre os anos de 1711 e 1765 (tabela 5).

Tabela 5:

Participação dos agentes mercantis nos órgãos de poder (1711-1765)

Agentes mercantis	Atividades comerciais	Órgãos de poder
Agostinho Duarte do Rego	Mercador	Câmara Municipal Santíssimo Sacramento
Agostinho Nogueira da Costa	Mercador Homem de negócio	Câmara Municipal Santíssimo Sacramento
Alexandre Monteiro de Sampaio	Mercador	Câmara Municipal Santíssimo Sacramento
Alexandre Francisco de Vasconcelos	Vive de seus negócios	Santíssimo Sacramento
André Alvares de Castro	Mercador Homem de negócio Vive de seus negócios	Câmara Municipal Misericórdia
André Alves da Silva	Mercador Homem de negócio	Santíssimo Sacramento
Antonio Correa Ribeiro	Vendeiro	Câmara Municipal Santíssimo Sacramento
Antonio da Costa Lobo	Mercador Homem de negócio Vive de seus negócios	Santíssimo Sacramento
Antonio da Silva Brito	Mercador Vive de seus negócios	Câmara Municipal São Francisco Santíssimo Sacramento

---

84 Ao longo do período, 26 pessoas ocuparam os cargos de juiz e escrivão de órfãos, das quais 3 (11,53%) eram agentes mercantis. Tal como na Câmara, a representatividade mercantil foi pequena nesta instituição, que zelava pela herança dos órfãos até a maioridade, muitas vezes, emprestando dinheiro a juros, proveniente da arrematação em praça pública dos bens dos herdeiros.

Antonio de Freitas Branco	Mercador Homem de negócio	Câmara Municipal São Francisco Santíssimo Sacramento
Antonio do Couto Moreira	Mercador	Câmara Municipal
Antonio Fernandes Nunes	Mercador Homem de negócio	Câmara Municipal
Antonio Francisco de Andrade	Vive de seus negócios	São Francisco
Antonio Francisco de Sá	Vive de seus negócios	Câmara Municipal
Antonio José Pinto	Mercador Vive de seus negócios	Câmara Municipal
Antonio Xavier Garrido	Mercador Homem de negócio Vive de seus negócios	Câmara Municipal
Bento do Amaral da Silva	Vive de seus negócios	Câmara Municipal
Bento Pires	Vendeiro Mercador Homem de negócio Vive de seus negócios	Santíssimo Sacramento
Bento Ribeiro de Araújo	Vendeiro Taverneiro	Santíssimo Sacramento
Caetano Prestes	Taverneiro	Câmara Municipal
Cipriano Ribeiro Dias	Mercador Taverneiro	São Francisco
Diogo Rodrigues Marques	Vive de suas agências	Câmara Municipal
Domingos Fernandes Lima	Mercador	Câmara Municipal
Domingos Francisco de Andrade	Mercador Vive de seus negócios	Câmara Municipal São Francisco
Domingos Francisco do Monte	Mercador	Câmara Municipal
Domingos João Vilarinhos	Mercador Vive de seus negócios	São Francisco Santíssimo Sacramento
Domingos Pereira Guedes	Mercador	São Francisco Santíssimo Sacramento
Francisco Antunes	Mercador Vive de seus negócios	São Francisco Santíssimo Sacramento
Francisco da Silva Coelho	Mercador	São Francisco

Francisco de Sales Ribeiro	Mercador Homem de negócio	Câmara Municipal Misericórdia São Francisco Santíssimo Sacramento
Francisco Pereira Mendes	Vive de seus negócios	Câmara Municipal São Francisco Santíssimo Sacramento
Francisco Pinto de Araújo	Mercador Homem de negócio Vive de seus negócios	Câmara Municipal São Francisco Santíssimo Sacramento
Francisco Rodrigues Ferreira	Vive de seus negócios	Santíssimo Sacramento
Francisco Rodrigues Souto	Mercador Homem de negócio	São Francisco
Francisco Xavier dos Santos	Homem de negócio	Câmara Municipal
Gaspar de Matos	Mercador Homem de negócio	Câmara Municipal São Francisco
Gregório de Castro Esteves	Mercador	São Francisco
Inácio Antonio de Almeida	Vive de suas agências	Câmara Municipal
Inácio da Costa Siqueira	Vive de seus negócios	São Francisco Santíssimo Sacramento
Jerônimo da Costa Guimarães	Mercador	Misericórdia
Jerônimo de Castro Guimarães	Mercador Homem de negócio Vive de seus negócios	Câmara Municipal São Francisco Santíssimo Sacramento
Jerônimo Pereira de Castro	Vive de seus negócios Vive de suas agências	Câmara Municipal
João Afonso Esteves	Mercador Homem de negócio Vive de seus negócios	São Francisco Santíssimo Sacramento
João Alvares Ramos	Mercador	São Francisco Santíssimo Sacramento
João da Silva Machado	Mercador	Câmara Municipal Santíssimo Sacramento
João de Araújo	Vendeiro	São Francisco
João Corrêa de Figueiredo	Mercador	São Francisco
João Francisco Lustosa	Mercador Homem de negócio Vive de seus negócios	São Francisco
João Rodrigues Vaz	Mercador	São Francisco Santíssimo Sacramento

Joaquim Ferreira	Mercador Vive de seus negócios	Câmara Municipal Santíssimo Sacramento
José Alvares Torres	Mercador Vive de suas agências	Juizado de Órfãos Santíssimo Sacramento
José da Silva Brito	Vive de seus negócios Vive de suas agências	Câmara Municipal
Jose da Silva Ferrão	Mercador Homem de negócio Vive de seus negócios	Câmara Municipal Misericórdia São Francisco Santíssimo Sacramento
José de Medeiros Pereira	Mercador Taverneiro Homem de negócio Vive de seus negócios	Santíssimo Sacramento
José de Moraes Franco	Mercador	Câmara Municipal
José Francisco de Andrade	Mercador	Câmara Municipal São Francisco Santíssimo Sacramento
José Francisco Guimarães	Mercador Vive de seus negócios	Câmara Municipal São Francisco
José Gonçalves Coelho	Mercador Vive de seus negócios	Câmara Municipal Santíssimo Sacramento
José Rodrigues Pereira	Mercador Homem de negócio Vive de seus negócios	Câmara Municipal São Francisco Santíssimo Sacramento
Lopo dos Santos Serra	Mercador Vive de seus negócios	Câmara Municipal Misericórdia São Francisco Santíssimo Sacramento
Luis Pedroso de Almeida	Vendeiro	Câmara Municipal
Luis Rodrigues Lisboa	Mercador Vive de seus negócios	São Francisco
Manuel Antonio de Araújo	Mercador Negociante	Câmara Municipal
Manuel Carvalho Pinto	Mercador	Santíssimo Sacramento
Manuel de Faria Couto	Mercador Vive de seus negócios	Misericórdia Santíssimo Sacramento
Manuel de Macedo	Mercador Homem de negócio Vive de seus negócios	Câmara Municipal Juizado de Órfãos São Francisco Santíssimo Sacramento
Manuel de Magalhães Cruz	Mercador Homem de negócio	Câmara Municipal

		Câmara Municipal
Manuel de Oliveira Cardoso	Mercador Homem de negócio Vive de seus negócios	Misericórdia São Francisco Santíssimo Sacramento
Manuel de Souza Santos	Vendeiro Homem de negócio	Santíssimo Sacramento
Manuel Francisco de Melo	Mercador	Câmara Municipal São Francisco
Manuel Francisco Vaz	Mercador Vive de seus negócios	Câmara Municipal São Francisco Santíssimo Sacramento
Manuel Gomes da Costa	Mercador Homem de negócio	São Francisco Santíssimo Sacramento
Manuel Gonçalves da Silva	Mercador	Câmara Municipal Santíssimo Sacramento
Manuel Gonçalves Sete	Mercador Vive de seus negócios	Santíssimo Sacramento
Manuel Jorge da Silva	Mercador Homem de negócio	São Francisco Santíssimo Sacramento
Manuel José da Cunha	Homem de negócio	Câmara Municipal São Francisco Santíssimo Sacramento
Manuel José da Encarnação	Vendeiro	Santíssimo Sacramento
Manuel José de Sampaio	Mercador Vive de seus negócios	Câmara Municipal Misericórdia São Francisco Santíssimo Sacramento
Manuel José Rodrigues	Mercador	Santíssimo Sacramento
Manuel Luis Costa	Vendeiro Vive de seus negócios Vive de suas agências	Santíssimo Sacramento
Manuel Luis Ferraz	Homem de negócio	Câmara Municipal Misericórdia São Francisco Santíssimo Sacramento
Manuel Mendes de Almeida	Loja de fazenda seca Carregações de fazen- das e escravos	São Francisco
Manuel Rodrigues Ferreira	Mercador	São Francisco Santíssimo Sacramento
Manuel Soares de Carvalho	Homem de negócio Vive de seus negócios	Câmara Municipal São Francisco
Manuel Veloso	Mercador Homem de negócio	Câmara Municipal Santíssimo Sacramento
Manuel Vieira da Silva	Mercador	Câmara Municipal Juizado de Órfãos

Mateus de Oliveira	Mercador Homem de negócio	Santíssimo Sacramento
Mateus Fernandes de Oliveira	Vive de seus negócios	São Francisco
Matias Alvares Vieira de Castro	Carregações de fazenda e escravos	Câmara Municipal Misericórdia Santíssimo Sacramento
Matias da Costa Figueiredo	Mercador	Câmara Municipal
Matias da Silva	Mercador Homem de negócio Vive de seus negócios	Câmara Municipal Misericórdia São Francisco Santíssimo Sacramento
Miguel Alvares Ferreira	Mercador Homem de negócio	Câmara Municipal Misericórdia Santíssimo Sacramento
Pascoal Alvares de Araújo	Mercador Homem de negócio	Câmara Municipal São Francisco Santíssimo Sacramento
Paulo Filgueira de Carvalho	Mercador Vive de seus negócios	São Francisco Santíssimo Sacramento
Pedro Gonçalves do Rego	Mercador Vive de seus negócios	São Francisco Santíssimo Sacramento
Salvador Marques Brandão	Mercador Vive de seus negócios	Câmara Municipal Misericórdia São Francisco Santíssimo Sacramento
Sebastião Fernandes do Rego	Homem de negócio	São Francisco Santíssimo Sacramento
Sebastião Henriques	Mercador	São Francisco
Tomé Alvares de Castro	Mercador	Câmara Municipal Misericórdia Santíssimo Sacramento
Tomé Rabelo Pinto	Mercador Vive de seus negócios	Câmara Municipal Misericórdia São Francisco Santíssimo Sacramento

Fontes: *Actas da Camara Municipal de S. Paulo* – vol. VIII ao XV; *Registro Geral da Camara Municipal de S. Paulo* – volumes III ao XI; *Documentos interessantes para a história e costumes de São Paulo*. São Paulo: Instituto Historico e Geographico de S. Paulo, 1937 (vol. LXII: Recenseamentos 1765-1767); IANTT - *Habilitações do Santo Ofício*; IANTT - Habilitações da ordem de Cristo; BNL – Seção manuscritos – códice 4530; AESP - Inventários e testamentos não publicados; AESP – Inventários do 1º Ofício; AESP – Escrituras – 2º cartório de notas da capital – livros 1 e 2; ACMSP –

172 A TEIA MERCANTIL: NEGÓCIOS E PODERES EM SÃO PAULO COLONIAL

Breves apostólicos; ACMSP – Dispensas e processos matrimoniais; ACMSP – Processos de divórcio e nulidade de casamento; ACMSP – Processos gerais antigos – autos cíveis; ACMSP – Processos gerais antigos – autos crimes; ACMSP – Processos gerais antigos – testamentos; ACMSP – *Livro das eleições e dos inventários da fábrica da Irmandade do Santíssimo Sacramento*; Nuto Sant'Anna. *Metrópole (histórias da cidade de São Paulo de Piratininga e São Bernardo do Campo em tempos de El-Rei, o Cardeal Dom Henrique, da Dinastia de Avis)*. São Paulo: Departamento de Cultura, vol. 3, 1953; Laima Mesgravis, *A Santa Casa de Misericórdia de São Paulo, 1599(?)-1884: contribuição ao estudo da assistência social no Brasil*. São Paulo: Conselho Estadual de Cultura, 1976; Adalberto Ortmann, *História da Antiga Capela da Ordem Terceira da Penitência de São Francisco em São Paulo*. Rio de Janeiro, Ministério da Educação e Saúde/DPHAN, 1951.

Pela leitura da tabela 5, percebe-se a predominância dos mercadores – conjugados com os termos homem de negócio e "vive de seus negócios" –, na participação dos órgãos de poder local, sobre a modesta representação de vendeiros e taverneiros, e a inexistência de caixeiros e mascates.

Dos 54 agentes mercantis que ocuparam cargos em dois ou mais órgãos, 49 eram mercadores. Vendeiros e taverneiros participaram apenas de uma instituição, com exceção de Antonio Correa Ribeiro, natural da capitania do Rio de Janeiro, que desempenhou simultaneamente, em 1732, o ofício de escrivão na Câmara Municipal e na Irmandade do Santíssimo Sacramento.

Enquanto os mercadores exerceram os postos mais elevados de juízes ordinários na Câmara Municipal e de provedores na Misericórdia, como já assinalado, os vendeiros e taverneiros não tiveram acesso a eles. Na Irmandade do Santíssimo Sacramento, Manuel José da Encarnação e Manuel de Souza Santos, provenientes do Porto, desempenharam o ofício de procurador; o minhoto Manuel Luis Costa e o paulista Bento Ribeiro de Araújo ocuparam o cargo de tesoureiro. O taverneiro Caetano Prestes, natural de Santos, desempenhou o ofício de escrivão no Concelho e, na mesma instituição, Luis Pedroso de Almeida foi almotacé. Por fim, João de Araújo ocupou o cargo de secretário na Ordem dos franciscanos.

Se, no capítulo 2, foi possível estabelecer uma hierarquia entre mercadores, vendeiros e taverneiros pela magnitude dos estabelecimentos, volume dos estoques e diversificação dos ramos de negócio, neste momento, a participação em vários órgãos de poder e a ocupação dos cargos mais prestigiados revelam a distinção social alcançada pelos mercadores, em São Paulo setecentista, em detrimento de outros agentes do segmento mercantil.

Para finalizar, cumpre destacar que para qualquer um dos órgãos que se lance o olhar – Câmara Municipal, Santa Casa de Misericórdia, Ordem Terceira da Penitência de São Francisco, Irmandade do Santíssimo Sacramento e Juízo de Órfãos – é possível perceber a ciranda de agentes mercantis. Embora a maioria dos ofícios dos espaços de prestígio estivesse dominada pelos proprietários rurais, havia uma brecha para o ingresso

A busca por poder e distinção social 173

de um seleto grupo de comerciantes que circulava por todos eles, compondo a teia mercantil que entrelaçava negócios e poderes em São Paulo setecentista.

3.2. Familiares do Santo Ofício e cavaleiros da Ordem de Cristo

Se a primeira parte do capítulo procurou investigar as estratégias adotadas pelo setor mercantil para a obtenção do reconhecimento social local – por meio da participação em órgãos de poder –, as fontes relativas às habilitações do Santo Ofício e da Ordem de Cristo projetaram tais pretensões para o âmbito do Império Português.

Assim como os negociantes do reino, os comerciantes residentes em São Paulo buscavam por meio da distinção de familiares e de cavaleiros – além dos privilégios de que desfrutavam – colocar-se no lado positivo das fronteiras, tão marcantes e caras à sociedade lusitana, que separavam cristãos velhos e cristãos novos, nobres e mecânicos.[85]

Os processos de habilitação do Santo Ofício são fontes riquíssimas de informações, pois, embora a preocupação primordial do Tribunal fosse a investigação da pureza de sangue do postulante, as diligências realizadas pelos comissários, tanto no reino como no ultramar, revelaram uma gama espetacular de dados sobre a trajetória de vida do habilitando, bem como o substrato mental que orientava a organização social no mundo português.

Para habilitar-se pelo Santo Ofício, o suplicante primeiramente encaminhava à Mesa um requerimento, do qual constavam sua ocupação, o estado civil, a filiação, a naturalidade e o local de residência, solicitando a ocupação de familiar.

Com o pedido em mãos, a Mesa do Santo Ofício iniciava o processo de averiguação dos requisitos do habilitando, por meio da audição de testemunhas. Primeiramente, o pedido de "Nada consta" era solicitado aos notários dos tribunais de Coimbra, Évora e Lisboa, que conferiam o rol de penitenciados e passavam uma certidão, atestando a inocência ou não do postulando.

A partir daí, começavam as diligências extrajudiciais, em geral, realizadas pelos comissários do Santo Ofício. A primeira, para investigar a geração, era feita informalmente com algumas testemunhas no local de nascimento do habilitando. A segunda, com ênfase na capacidade, era feita no lugar de moradia do pretendente ou em Lisboa, desde que as testemunhas o conhecessem.

Passava-se, então, às diligências judiciais, também divididas em duas partes, que se desenvolviam mediante a aplicação de um interrogatório composto por onze questões sobre a geração dos habilitandos e outro de seis questões sobre sua capacidade.

O comissário ou pessoa de confiança responsável pela diligência elegia um sacerdote cristão velho de boa vida e costumes, a quem era dado o juramento dos santos evange-

---

85 A ideia das fronteiras me foi sugerida por Jorge M. Pedreira, "Os negociantes de Lisboa na segunda metade do século XVIII: padrões de recrutamento e percursos sociais", *Análise social*, vol. XXVII (116-7), 1992 (2 e 3), p. 439-40.

lhos, para ser escrivão dos depoimentos, os quais deveriam ser colhidos com cautela e segredo junto a doze testemunhas antigas, com os mesmos requisitos citados.

A elas era perguntado se conheciam o habilitando, seus pais, avós paternos e maternos; se todos estes eram e foram pessoas cristãs velhas limpas de sangue e geração, sem mácula ou raça alguma de judeu, cristão novo, mouro, mourisco, mulato, infiel ou de outra alguma infecta nação de gente novamente convertida à Santa Fé Católica; e se por legítimos, e inteiros cristãos velhos eram e foram sempre todos, e cada um deles tidos, havidos e reputados, sem haver em tempo algum forma ou rumor em contrário; se foram presos ou penitenciados pela Inquisição, ou incursos em infâmia pública ou pena vil.

Além do interrogatório, o comissário deveria solicitar os livros de batismo, em que constassem os assentos do habilitando e de seus ascendentes, transcrevê-los e levar para os membros da Mesa. Caso não fossem todos da mesma freguesia, assim que a primeira diligência se encerrasse, o referido comissário se deslocava para outras paragens, em busca de novos depoimentos e documentos.

Nos interrogatórios realizados na colônia e/ou em Lisboa sobre a vida atual e pregressa do candidato, os inquisidores queriam saber se as testemunhas o conheciam, desde quando e por qual razão; se sabiam de prisão e penitência do próprio, pais e avós pelo Santo Ofício; se o habilitando era de bons procedimentos, vida e costumes; se vivia limpamente e com bom trato; que cabedal tinha de seu ou se de seu negócio tirava lucros para se sustentar com limpeza e asseio; se sabia ler e escrever; quantos anos representava ter de idade; se o dito, antes de vir da sua pátria e passar para os estados das Minas, alguma vez fora casado, de que lhe ficassem filhos, ou se constava que tivesse algum ilegítimo.

A partir das informações fornecidas pelos comissários e uma vez que todo o processo tivesse transcorrido de acordo, os deputados do conselho geral do Santo Ofício julgavam o habilitando digno da ocupação pretendida e finalizavam seu parecer com os termos *Aprovo e habilito*. Caso o familiar do Santo Ofício se casasse posteriormente, era necessária a comunicação à Mesa e novo processo de informações da limpeza de sangue e geração da esposa tinha início.[86]

Na colônia, os familiares eram responsáveis por informar o comissário local do Santo Ofício sobre os casos que pertenciam à jurisdição inquisitorial; convocar as testemunhas para deporem nos processos de habilitação; realizar as prisões; confiscar os bens e conduzir os réus até o porto de embarque.

---

86 A descrição da estrutura documental foi baseada nos processos de habilitação do Santo Ofício consultados no Arquivo Nacional da Torre do Tombo, nos esclarecimentos de Aldair Carlos Rodrigues e na dissertação de mestrado de Daniela Buono Calainho, *Em nome do Santo Ofício: familiares da Inquisição Portuguesa no Brasil colonial*. Rio de Janeiro: Instituto de Filosofia e Ciências Sociais, UFRJ, 1992.

A busca por poder e distinção social 175

Os processos de habilitação do Santo Ofício consultados, ocorridos entre as décadas de 1730 e 1750, dizem respeito a sete agentes mercantis,[87] por ordem cronológica de solicitação: João Francisco Lustosa, João Afonso Esteves, Francisco Pinto de Araújo, João Alvares Ramos, Jerônimo de Castro Guimarães, Manuel de Magalhães Cruz e Pascoal Alves de Araújo.[88] Os postulantes se autodenominavam mercadores ou homens de negócio. Mas as testemunhas os reconheciam pelos seguintes termos e expressões, empregados de forma indistinta: mercador, mercador de roupas, homem de negócio, "vive de sua loja", "vive de seus negócios", "tem loja de fazenda seca", "trata de sua mercancia".

Quando solicitaram a familiatura do Santo Ofício, seis agentes mercantis eram solteiros e João Francisco Lustosa já havia enviuvado de sua esposa Catarina Pacheco de Siqueira, vítima do contágio das "bexigas". Suas idades oscilavam entre 28 e 35 anos, o que demonstra que demoraram a se casar. De fato, Pascoal Alvares de Araújo contraiu matrimônio com Ana Joaquina de Castro, aos 34 anos;[89] João Afonso Esteves se casou com Inácia Maria de Jesus, aos 37 anos,[90] e Jerônimo de Castro Guimarães quase cinquentenário desposou Ângela da Silva Padilha.[91]

---

87 Embora este número pareça reduzido, na verdade ele é bastante expressivo, pois o levantamento realizado por Aldair Carlos Rodrigues no Livro de Registros e Provisões, do fundo Inquisição de Lisboa, depositado no Arquivo Nacional da Torre do Tombo, revelou que para este intervalo temporal apenas 19 habitantes de toda a capitania de São Paulo conseguiram se habilitar a familiares do Santo Ofício. Aldair Carlos Rodrigues, *Sociedade e Inquisição em Minas Colonial:* Os Familiares do Santo Ofício (1711-1808). São Paulo: FFLCH/USP, 2007, p. 127-8 (dissertação de mestrado).

88 Tanto para o Santo Ofício como para a Ordem de Cristo, só foram consultados os processos dos agentes mercantis que participaram dos órgãos de poder local em São Paulo. Arquivo Nacional da Torre do Tombo (IANTT) – Habilitações do Santo Ofício – m.09 – dil.143 – Jerônimo de Castro Guimarães; m.78 – dil. 1424 – João Afonso Esteves; m. 02 – dil. 31 – Pascoal Alvares de Araújo; m. 63 – dil. 1215 – Francisco Pinto de Araujo; m. 89 – dil. 1533 – João Alvares Ramos; Habilitações incompletas – m. 20 – doc. 43 – João Francisco Lustosa; m. 25 – doc. 75 – Manuel de Magalhães Cruz. Posteriormente, Aldair Carlos Rodrigues localizou mais dois agentes mercantis do universo de pesquisa entre os familiares do Santo Ofício – Francisco Xavier dos Santos e Domingos Pereira Guedes –, mas, infelizmente, não tive acesso aos seus processos.

89 Arquivo da Cúria Metropolitana de São Paulo (ACMSP) – Dispensas e processos matrimoniais – 4-65-442.

90 ACMSP – Dispensas e processos matrimoniais – 4-25-150.

91 ACMSP – Dispensas e processos matrimoniais – 5-6-130.

Lustosa permaneceu viúvo até a morte em 1746;[92] Francisco Pinto de Araújo regressou ao reino e faleceu solteiro no Porto;[93] sobre João Alvares Ramos e Manuel de Magalhães Cruz, não se sabe se chegaram a casar.

Como era exigido que os postulantes tivessem cabedal suficiente para se sustentar com limpeza e asseio, é de supor que já tivessem amealhado alguma fortuna até aquela idade. Por meio das falas das testemunhas, moradoras em solo piratiningano – em sua maioria ligadas ao trato mercantil e nascidas nas regiões do Douro e do Minho –, certificamos-nos de que os agentes mercantis eram possuidores de dois mil a quarenta mil cruzados.[94]

Os habilitandos eram igualmente provenientes do norte de Portugal, todos naturais da província do Minho. Em geral, vinham de famílias de lavradores e, ao que parece, somente o pai de Manuel de Magalhães Cruz "vivia de andar aos jornais", quando não tinha o que fazer em suas próprias terras.[95] O genitor de Jerônimo de Castro Guimarães foi o único a ser registrado como pedreiro, ligado aos ofícios mecânicos.[96]

Sobre o percurso realizado pelos agentes mercantis desde a saída de suas pátrias até a chegada a São Paulo, pouco sabemos pela leitura das habilitações. Apenas o processo de Manuel de Magalhães Cruz revela que ainda rapaz saíra da freguesia de Santa Maria Madalena, comarca de Vila da Feira, para morar em Vila Nova de Gaia na casa de um tio, mercador de loja de linhos e outros gêneros no miúdo, onde fazia o serviço de casa e ia à escola.[97]

A descrição deste retalho de vida apresenta dois elementos a serem considerados: a escolaridade e a idade da partida dos sujeitos de Portugal. Ainda que todos fossem considerados alfabetizados, ou seja, soubessem ler e escrever, as testemunhas destacaram que João Alvares Ramos, antes de partir, era estudante gramático[98] e que Jerônimo de Castro Guimarães estudara gramática com os padres no colégio da Companhia de Jesus em São Paulo.[99]

---

92 AESP – Inventários 1º ofício – ord. 667 – cx. 55.

93 ACMSP – Processos gerais antigos – Testamentos – 3-4-8.

94 Naquela época, 400 réis equivaliam a um cruzado.

95 IANTT – Habilitações do Santo Ofício – m. 25– doc. 75.

96 IANTT – Habilitações do Santo Ofício – m. 9 – dil. 143.

97 IANTT – Habilitações do Santo Ofício – m. 25 – doc. 75. Ao analisar as trajetórias dos negociantes portugueses do Minho a Lisboa, Jorge Pedreira afirmou que "alguns vinham para a companhia de parentes (pelo menos, 43% dos casos que conhecemos), sobretudo tios (20%) ou irmãos. Por vezes, estes parentes já tinham iniciado uma carreira comercial, eram homens de negócio ou, mais frequentemente, mercadores, de quem eles começavam por ser caixeiros". Jorge Pedreira, *Os homens de negócio da praça de Lisboa...*, p. 430.

98 IANTT – Habilitações do Santo Ofício – m.89 – dil. 1533.

99 IANTT – Habilitações do Santo Ofício – m.9 – dil. 143.

A busca por poder e distinção social 177

Os processos matrimoniais, entretanto, guardam informações sobre seus percursos. Assim como Manuel de Magalhães Cruz, os demais partiram de suas terras ainda jovens, antes de completarem vinte anos.

Batizado em 1717, Jerônimo de Castro Guimarães deixara a freguesia de Santa Eulália de Fafe, termo de Guimarães, arcebispado de Braga, em tenra idade, com 12 para 13 anos, e foi morar na cidade do Porto, aí permanecendo até 1735. Neste ano, embarcara para colônia, demorara-se cerca de um mês e meio na cidade do Rio de Janeiro e de lá partira para São Paulo, onde iniciou sua carreira mercantil como caixeiro, residindo na casa de José da Silva Ferrão, em companhia de Antonio de Freitas Branco.[100]

Com o passar dos anos, passou a viver por conta própria, pois as testemunhas do processo de habilitação afirmaram que, em solo piratiningano, ele vivia de sua loja e, pelo processo matrimonial, sabemos que ele fazia constantes viagens ao Rio de Janeiro a seu negócio.

Pascoal Alvares de Araújo, natural da freguesia de Moreira dos Cônegos, termo de Guimarães, e João Afonso Esteves, proveniente da freguesia de Santa Maria da Cabração, termo de Ponte de Lima, também vieram jovens para a colônia. Enquanto o primeiro partira da cidade do Porto, o segundo embarcara em Lisboa, mas ambos vieram diretamente do Rio de Janeiro para São Paulo.[101]

Pascoal declarou em seu processo de habilitação que era homem de negócio, e o inventário aberto em 1774 denuncia que, entre suas atividades, havia o comércio de mercadorias em loja de fazenda seca, pois as dívidas ativas e passivas estavam registradas no livro da loja.[102] Além disso, como mencionado no capítulo 2, realizava viagens ao Rio de Janeiro para buscar fazenda para seus negócios e estava envolvido com o comércio de escravos e animais.

Pretendendo a habilitação de familiar em 1744, João Afonso Esteves se autodenominou mercador, mas as testemunhas o reconheciam "por tratar de seu negócio" ou "viver de sua mercancia".[103] Três anos depois, ao tentar habilitar sua esposa, ele disse ser mercador de roupas e, finalmente, em um auto cível de 1755, informou viver "dos serviços de seus escravos e mais negócios".[104]

A multiplicidade dos termos ocupacionais também é flagrante no processo de habilitação de Francisco Pinto de Araújo e, mais uma vez, reforça a indistinção das nomenclaturas utilizadas. Em seu requerimento à Mesa, apresentou-se como homem de negócio, mas as testemunhas disseram que o conheciam por tratar de negócio do qual

---

100 ACMSP – Dispensas e processos matrimoniais – 5-6-730.

101 ACMSP – Dispensas e processos matrimoniais – 4-65-442 (Pascoal Alvares de Araújo); ACMSP – Dispensas e processos matrimoniais – 4-25-150 (João Afonso Esteves).

102 AESP – Inventários 1º ofício – ord. 642 – cx. 30.

103 IANTT – Habilitações do Santo Ofício – m. 78 – dil. 1424.

104 AESP – Juízo dos Órfãos – CO 5380.

vivia ou ainda atestaram que o habilitando "vive limpa e abastadamente tratando de sua mercancia que é o modo de vida que tem".[105]

Nos capítulos anteriores, já foram mencionados o início de sua vida como caixeiro de Gaspar de Matos, o comércio na loja de fazenda seca e as transações de escravos. Embora falecesse no reino, seu testamento comprova que ainda mantinha negócios com a colônia. Em São Paulo, tinha sociedade com Manuel Teixeira Coelho, dívidas com o familiar Jerônimo de Castro Guimarães e com os herdeiros de seu antigo patrão e, em Vila Boa de Goiás, era parceiro de José Gomes de Barros, para quem enviava carregações.[106]

Ao investigar a inserção destes agentes mercantis nos órgãos de poder, verifiquei que o próprio Francisco Pinto de Araújo, seu primo Pascoal Alvares de Araújo e Jerônimo de Castro Guimarães participaram da Câmara Municipal, da Irmandade do Santíssimo Sacramento e da Ordem Terceira da Penitência de São Francisco; João Alvares Ramos e João Afonso Esteves foram professos nas duas irmandades, enquanto João Francisco Lustosa somente participara da mesa dos franciscanos; e, por fim, Manuel de Magalhães Cruz fora camarista. Nas Companhias de Ordenanças, João Afonso Esteves foi alferes; João Alvares Ramos, Pascoal Alvares de Araújo e Manuel de Magalhães Cruz ocuparam o posto de capitão e Jerônimo de Castro Guimarães alcançou a patente de sargento-mor.

Avaliando se os comerciantes haviam ingressado primeiramente nos órgãos de poder e depois solicitado a habilitação do Santo Ofício, deparei-me com a situação inversa. Ao que parece, era a familiatura que lhes abria as portas para os ofícios nas instituições locais, o que corrobora a afirmação de Maria Beatriz Nizza da Silva de que "quando os homens de negócio aspiraram aos cargos municipais e a outros símbolos da nobreza como os hábitos das ordens militares, a familiatura constituía um passo importante nessa caminhada social ascendente".[107]

Se voltarmos os olhos para a documentação relativa à Ordem de Cristo, não é este o quadro com o qual nos confrontamos. Como os deputados da Mesa de Consciência e Ordens estavam preocupados em investigar não só a pureza do sangue, mas também a mácula mecânica na vida pregressa dos candidatos a cavaleiros, era fundamental que os agentes mercantis, no momento da habilitação, já tivessem se desvencilhado do passado como caixeiros ou como mercadores de loja aberta, "vendendo, medindo e pesando ao povo qualquer gênero de mercancia".[108] Além disso, o fato de terem participado dos órgãos de poder era mais um argumento para qualificá-los à distinção pretendida.

Tal como as habilitações do Santo Ofício, os processos de habilitação da Ordem de Cristo são fontes preciosas de consulta, uma vez que para se tornar cavaleiro o pos-

---

105 IANTT – Habilitações do Santo Ofício – m. 63 – dil.1215.

106 ACMSP – Processos gerais antigos – Testamentos – 3-4-8.

107 Maria Beatriz Nizza da Silva, *Ser nobre na colônia*. São Paulo: Editora da Unesp, 2005, p. 161.

108 Evaldo Cabral de Mello, *A fronda dos mazombos: nobres contra mascates, Pernambuco (1666-1715)*. São Paulo: Companhia das Letras, 1995, p. 182.

tulante tinha sua vida devassada e muitas informações nos dão a conhecer mais do que fragmentos de sua vida.[109]

Em princípio, o hábito era dado como recompensa a determinados serviços prestados pelos vassalos a Sua Majestade, guardando em si capital simbólico e econômico, pois, além da marca social distintiva, o agraciado era remunerado com uma tença anual.[110] Entretanto, a partir de meados do século XVII, caso o habilitando não tivesse serviços próprios a invocar, a insígnia poderia ser adquirida mediante a renúncia da mercê por outrem, a prestação de serviços financeiros ou a sua própria compra.[111] Seja qual for o caso, uma vez que o rei concedesse a mercê, iniciava-se o processo de habilitação, com as chamadas provanças.

As diligências também contavam com a oitiva de muitas testemunhas. Para tanto, havia um rol de perguntas impresso e padronizado que procurava radiografar a vida do habilitando. As questões eram as seguintes:

> 1. Se conhece o justificante, cujo [sic] filho é; se conhece, ou conheceu a seu pai, mãe e avós; como se chamavam ou chamam, donde foram naturais, e aonde viveram; e respondendo que sim, se lhe perguntará como o sabe.
>
> 2. Se é parente do dito justificante; e dizendo que sim, declare em que grau, se por sanguinidade, ou afinidade, e tendo parentesco até o terceiro grau o não admitirá a testemunhar.
>
> 3. Se é amigo do dito justificante, ou inimigo, ou criado chegado à sua casa; se lhe falaram ou ameaçaram, ou subornaram, ou recebeu, ou se lhe prometeu alguma coisa porque diga o contrário da verdade; e sendo criado atual o não perguntarão.
>
> 4. Se sabe se é nobre, e o foram seus quatro avós, nomeando cada um deles per si, e declare por que razão o sabe.
>
> 5. Se é nascido de legítimo matrimônio.
>
> 6. Se é infamado de algum caso grave, e de tal maneira, que sua opinião, e fama esteja abatida entre os homens bons.
>
> 7. Se é filho, ou neto, de herege ou de quem cometeu crime de lesa Majestade.

---

109 Embora também tenha consultado às habilitações da Ordem de Avis e de Santiago, nenhum agente mercantil do universo de pesquisa foi localizado.

110 "O Estado moderno português tendeu a encarar o hábito como um dispositivo de regulação política e como uma moeda de troca de pagamento muito vantajosa; a própria sociedade também tendeu a incorporar a mercê de insígnias como uma forma de pagamento, simultaneamente com valor econômico e honorífico". Fernanda Olival, "Honra, mercê e venalidade: as ordens militares e o Estado Moderno em Portugal (1641-1789)" – resumo, *Anais da Universidade de Évora*, nᵒˢ 8 /9, jan. 2003, p. 287.

111 Jorge Miguel Pedreira, "Os negociantes de Lisboa na segunda metade do século XVIII: padrões de recrutamento e percursos sociais", *Análise Social*, vol. XXVII (116-7), 1992 (2º e 3º), p. 437.

8. Se tem raça de mouro, judeu, ou cristão novo, ou se é disto infamado.

9. Se é filho, ou neto, de oficial mecânico ou de lavradores, que lavrassem terras alheias por jornal.

10. Se foi gentio, ou seu pai, mãe e avós de ambas as partes.

11. Se tem dúvidas, a que a Ordem fique obrigada, ou tem algum crime, porque esteja obrigado à justiça.

12. Se é casado, e sua mulher é contente que ele entre nesta religião.

13. Se é professo em outra religião, e se fez voto em Jerusalém, Roma ou Santiago.

14. Se é doente de alguma doença, ou aleijão, que lhe seja impedimento a servir à Ordem.

15. Que idade tem, se passa de cinquenta anos, ou menos de dezoito.

Interessante perceber que, após todas as perguntas, se pedia às testemunhas que revelassem como sabiam das informações. Apesar desta solicitação ser comum nas inquirições feitas naquela época, no caso das habilitações das ordens militares esta exigência era fundamental, já que as testemunhas nem sempre eram ouvidas em São Paulo. Era necessário, pois, que se encontrassem pessoas em Portugal que tivessem passado pela colônia e travado conhecimento com o candidato.

Uma vez realizados os interrogatórios, os membros da Mesa de Consciência e Ordens avaliavam se os candidatos estavam aptos para serem habilitados. Caso apresentassem antecedente manual, possuíssem mais de 50 anos de idade ou tivessem sangue infecto, eram impedidos de obter a mercê. Entretanto, tinham direito a apelações.

Os argumentos utilizados para requerer dispensa de algum "defeito" igualmente se revelam fontes respeitáveis de informações, pois os candidatos buscavam mostrar todos os serviços realizados em prol da Coroa e as falas das testemunhas nos dão a conhecer a consideração social sobre o comércio. Se convencessem os membros da Mesa, poderiam ser dispensados mediante o pagamento de donativos e habilitados para receber o hábito da Ordem de Cristo com certidão passada.[112]

Os pretendentes à habilitação da Ordem de Cristo consultados foram Manuel Veloso, André Alvares de Castro, Manuel de Oliveira Cardoso, Matias Alvares Vieira de

---

112 A descrição da estrutura documental baseou-se nos processos de habilitação da Ordem de Cristo, guardados no Arquivo Nacional da Torre do Tombo, e nas obras de Fernanda Olival, *As Ordens Militares e o Estado Moderno – honra, mercê e venalidade em Portugal (1641-1789)*. Lisboa:Estar, 2001 e Jorge Miguel Pedreira, *Os homens de negócio da praça de Lisboa de Pombal ao Vintismo: diferenciação, reprodução e identificação de um grupo social*. Lisboa:Universidade Nova de Lisboa, 1995 (dissertação de doutorado).

A busca por poder e distinção social 181

Castro, José da Silva Ferrão, José Rodrigues Pereira e Francisco Pereira Mendes, cujos processos transcorreram entre as décadas de 1730 e 1760.[113]

Todos eram reinóis, seis provenientes do Minho e José da Silva Ferrão, natural de Santarém, patriarcado de Lisboa. Manuel de Oliveira Cardoso saiu do Porto com 11 anos, morou algum tempo no Rio de Janeiro e depois veio para São Paulo.[114] José Rodrigues Pereira, por sua vez, chegou à colônia com 16 ou 17 anos de idade e, durante 25 anos, residiu na cidade fluminense, em São Paulo e nas minas de Goiás,[115] até se estabelecer definitivamente na capital paulista. Já Francisco Pereira Mendes, natural de Barcelos, antes de chegar a São Paulo, permanecera em Minas Gerais, auxiliando o governador D. Lourenço de Almeida a reprimir revoltas e, em Goiás, onde se tornou capitão das tropas auxiliares de cavalos.[116] Somente adulto, com cerca de 35 anos, José da Silva Ferrão desembarcou no Rio de Janeiro, de onde, sem demora, partiu para São Paulo.[117]

Em solo piratiningano, antes de se candidatarem a cavaleiros da Ordem de Cristo, dedicaram-se à carreira comercial, participaram dos órgãos de poder local e constituíram famílias, estabelecendo laços parentais no seio do próprio grupo mercantil.

Em 1733, Manuel de Oliveira Cardoso contraiu núpcias com Manuela Angélica de Castro, filha do mercador Tomé Alvares de Castro. Em 1735, José da Silva Ferrão desposou Maria da Silva Leite, viúva de Gaspar de Matos e passou a ter como enteada Francisca Xavier de Matos, esposa de Matias Alvares Vieira e cunhada de André Alvares de Castro. Dez anos depois, aos 42 anos, José Rodrigues Pereira casou-se com Ana de Oliveira Montes, enteada de seu primo Tomé Rabelo Pinto e neta de Manuel Veloso. E, finalmente, em 1749, Francisco Pereira Mendes se uniu em matrimônio com Maria Josefa, filha do comerciante Manuel Mendes de Almeida.[118]

Embora se saiba que o casamento era o mais importante mecanismo pelo qual o comerciante reinol ganhava acesso aos recursos da sociedade paulista e que muitos imigrantes bem sucedidos preferiam se unir às famílias da elite agrária, os dados desta pesquisa mostram redes de parentesco estabelecidas por meio de casamentos endogâmicos no interior do segmento mercantil. O extenso núcleo familiar citado acima, encabeçado

---

113 IANTT - Habilitações da Ordem de Cristo – letra A – m. 45 – nº 55 – André Alvares de Castro; letra F – m. 04 – nº 07 – Francisco Pereira Mendes; letra J – m. 24 – nº 02 – José Rodrigues Pereira; letra J – m. 15 – nº 08 – José da Silva Ferrão; letra M – m. 44 – nº 17 – Manuel de Oliveira Cardoso; letra M – m. 46 – nº 62 – Manuel Veloso; letra M – m. 47 – nº 66 – Matias Alves Vieira.

114 ACMSP – Dispensas e processos matrimoniais – 4-4–17.

115 ACMSP – Dispensas e processos matrimoniais – 4-29–174.

116 ACMSP – Dispensas e processos matrimoniais – 4-10–56.

117 ACMSP – Dispensas e processos matrimoniais – 4-6–22.

118 ACMSP – Dispensas e processos matrimoniais – 4-4-17 (Manuel de Oliveira Cardoso); 4-6-22 (José da Silva Ferrão); 4-42-255 (Matias Alvares Vieira); 4-29-174 (José Rodrigues Pereira); 4-10-56 (Francisco Pereira Mendes).

182 A TEIA MERCANTIL: NEGÓCIOS E PODERES EM SÃO PAULO COLONIAL

pelos comerciantes Gaspar de Matos, Manuel Veloso, Manuel Mendes de Almeida e Tomé Alvares de Castro, congregava cerca de 30 agentes mercantis, correspondendo a quase um terço do universo de pesquisa.

José Rodrigues Pereira e José da Silva Ferrão candidataram-se a cavaleiros da Ordem de Cristo com mais de 50 anos, e, em virtude da idade avançada, sofreram impedimentos no decorrer das provanças. Ademais, ao primeiro faltou qualidade por ter avô mercador e avó de segunda condição.[119]

As ocupações dos progenitores também atrapalharam as vidas de Manuel Veloso, Manuel de Oliveira Cardoso e Francisco Pereira Mendes. Quanto ao primeiro, não conseguiram informações sobre seus avós; quanto ao segundo, além de descobrirem que fora caixeiro de mercador de loja aberta, seus avós haviam se dedicado a ofícios mecânicos e o último encontrou obstáculos pelo fato de seus pais estarem envolvidos com comércio, assim como o avô materno que antes de comprar as terras de que vivia e de algum pano de linho, andara pelas feiras ajudando um mercador.[120]

Para André Alvares de Castro e Matias Alvares Vieira, as complicações recaíram exclusivamente sobre a lide mercantil: André dedicara-se à loja de fazenda seca e seu irmão, no início da vida na América, fora caixeiro de mercador de loja aberta de um primo, onde vendia a vara e côvado, como já narrado no capítulo 1.[121]

Uma vez constatadas as faltas de qualidade, foi necessário que tanto os agentes mercantis como as testemunhas argumentassem a favor deles, com vistas à obtenção de dispensas. Para comprovar a limpeza de mãos, os depoentes hierarquizavam homens e negócios por meio da valorização e/ou detração de umas atividades em relação a outras. Se para os processos de habilitação do Santo Ofício foi apontado o emprego indistinto

---

119 IANTT- Habilitações da Ordem de Cristo – letra J – m. 24 - nº 2 – José Rodrigues Pereira; letra J – m. 15 – nº 8 – José da Silva Ferrão. De acordo com o esclarecimento da Profa. Dra. Fernanda Olival, ser de segunda condição significava estar ligado aos ofícios mecânicos.

120 IANTT – Habilitações da Ordem de Cristo – letra M – m. 46 – nº 62 – Manuel Veloso; letra M – m. 44 – nº 17 – Manuel de Oliveira Cardoso; letra F – m. 04 – nº 07 – Francisco Pereira Mendes.

121 IANTT – Habilitações da Ordem de Cristo – letra A – m. 45 – nº 55 – André Alvares de Castro; letra M – m. 47 – nº 66 – Matias Alvares Vieira. Não foi fácil perceber que André e Matias eram irmãos, mesmo porque não consta da documentação da Ordem de Cristo que o sobrenome do último era Castro. Recorrendo à *Genealogia paulistana*, descobri que André havia nascido na freguesia de São Cosme de Gondomar e era filho de André Jorge Vieira de Castro. Nos processos matrimoniais, Matias também aparecia como natural da mesma freguesia, mas parte do nome de seu pai estava corroída. O Banco de Dados então mostrou que, no *Registro Geral da Câmara Municipal de São Paulo*, em 1751, havia uma petição e alvará de filhamento e brasão de armas de Matias em que ele se dizia filho de André Jorge Vieira de Castro. Luis Gonzaga da Silva Leme, *Genealogia paulistana* (CD-ROM). São Paulo: Macromedia, 2002, vol. 1. p. 139 e 916-20; ACMSP – Dispensas e processos matrimoniais – 4-42-255; *Registro Geral da Camara Municipal de S. Paulo 1750-1763*. São Paulo: Typographia Piratininga, 1919, vol. X, p. 95-100.

de termos relacionados às práticas mercantis, o mesmo não pode ser dito com relação à Ordem de Cristo.

Com o intuito de afastar José da Silva Ferrão do balcão de sua loja, as testemunhas afirmaram ser ele homem de negócio, vivendo com toda estimação e à lei da nobreza, mandando carregações para várias partes do reino como para o estrangeiro.[122] Sobre José Rodrigues Pereira, os depoentes o enalteceram dizendo que nunca souberam que tivesse loja, mas sim que era possuidor de grandes cabedais e que o encontraram no Rio de Janeiro, comprando partidas grossas de fazenda e escravos para serem remetidos para São Paulo e Goiás. Ainda pesava a seu favor o fato de dispor de caixeiros e emprestar dinheiro a risco.[123]

Manuel de Oliveira Cardoso, por sua vez, foi considerado um dos principais homens de negócio da cidade de São Paulo, mandando várias e grandes carregações de fazendas e escravos para as minas da capitania, contribuindo, desta forma, para o aumento dos reais contratos e dos quintos. Para justificar a dispensa em seu favor, os próprios deputados declararam que o habilitando constou ter as partes pessoais e limpeza necessárias, "porém que o justificante no seu princípio fora caixeiro no Brasil em que depois tivera loja por alguns anos em que assistira, a qual deixara, e hoje vive com trato nobre".[124]

Embora André Alvares de Castro argumentasse que só havia praticado o exercício da mercancia no início da vida, tivera loja de fazenda seca em Itu em sociedade com Manuel Soares de Carvalho até 1735, sete anos antes do processo de habilitação. Como visto no capítulo 2, juntamente com Matias Alvares Vieira, ambos foram sócios nas carregações de escravos e fazendas para Cuiabá e Goiás.[125]

Pelos casos, percebe-se que a venda a retalho em loja aberta era depreciada, pois maculava a carreira dos agentes mercantis e os impedia de viver com trato nobre. Pelo contrário, a realização do comércio por grosso era motivo de enaltecimento dos sujeitos envolvidos em transações de grande porte e de longas distâncias. Neste tipo documental, os termos mercador e homem de negócio não podiam ser empregados de forma indiscriminada, tanto que nenhum candidato se declarou ou foi denominado mercador.

Nesta altura da vida, a loja já não era mais a única fonte de renda dos agentes mercantis, e sim mais um entre tantos negócios. Administrados por caixeiros, os estabelecimentos comerciais figuraram nos inventários e testamentos de três cavaleiros. Em 1762, quatro anos após o término do processo de habilitação de José da Silva Ferrão, no inventário feito por ocasião de sua morte, as fazendas da loja foram arroladas, mesmo procedimento adotado pelos avaliadores no processo de Francisco Pereira Mendes, aber-

---

122 IANTT – Habilitações da Ordem de Cristo – letra J– m. 15 – nº 8 – José da Silva Ferrão.

123 IANTT – Habilitações da Ordem de Cristo – letra J – m. 24 – nº 2 – José Rodrigues Pereira.

124 IANTT – Habilitações da Ordem de Cristo – letra M – m. 44 – nº 17 – Manuel de Oliveira Cardoso.

125 AESP – Inventários e Testamentos não publicados – ord. 549 – cx. 72 – 1772.

to em 1781.[126] Da mesma forma, o testamento de José Rodrigues Pereira, escrito em 1771, oito anos após a conquista do hábito, revela que ele tinha lojas em São Paulo e em Mogi das Cruzes, como mencionado no capítulo 2.

Para atenuar as máculas mecânicas dos avós, os candidatos procuravam reforçar as qualidades de outros familiares. José da Silva Ferrão afirmou que seu pai fora ajudante das ordenanças e dois irmãos seus eram padres, sendo um detentor do hábito de São Pedro.[127] José Rodrigues Pereira argumentou que seus pais eram lavradores, sustentando-se das fazendas que fabricavam por si e por seus criados.[128]

Mas o principal argumento utilizado pelos postulandos para a obtenção da mercê de cavaleiro e a dispensa dos impedimentos era o serviço prestado ao monarca. A participação nas Câmaras Municipais, nas Companhias de Ordenanças e em outros órgãos de poder local era comumente evocada. Os cargos honrosos distinguiam socialmente os ocupantes e estreitavam os laços de fidelidade e pertença dos vassalos ao Império, tornando-os merecedores de recompensas régias.

Manuel de Oliveira Cardoso, procurador em 1739 e vereador em 1742, reproduziu, inclusive, em seu petitório, uma certidão passada em 18 de janeiro de 1715, pela qual o monarca confirmava a todos os paulistas que servissem como juízes ordinários, vereadores e procuradores a nobreza de cavaleiros. Na verdade, segundo as Ordenações Filipinas, tal privilégio se referia aos enquadramentos sociais e nada tinha a ver com a mercê das ordens militares.[129]

Matias Alvares Vieira lembrou aos deputados da Mesa que havia sido condecorado no posto de sargento-mor da cavalaria da ordenança de São Paulo, como constava da certidão do Registro das Mercês, servira os cargos mais honrosos da república na Vila Boa de Goiás e, durante quarenta dias e noites, guardara e protegera com zêlo e satisfação mais de vinte arrobas de ouro na casa da Intendência, arriscando-se aos perigos latentes de um arraial infestado de inimigos.[130]

De acordo com Fernanda Olival, durante o século XVIII, além das exigências da pureza de sangue e do repúdio ao trabalho manual, os hábitos da Ordem de Cristo

---

126 AESP – Inventários e testamentos não publicados – ord. 541 – cx. 64 (José da Silva Ferrão); Inventários 1º ofício – ord. 664 – cx. 52 (Francisco Pereira Mendes).

127 IANTT – Habilitações da Ordem de Cristo – letra J – m. 15 - nº 8 – José da Silva Ferrão. Embora não conste do processo de Ferrão, sabemos entretanto que seu pai, embora ajudante das ordenaças, fora sapateiro e seu avô materno, barbeiro, pois tais informações constam da habilitação do Santo Ofício de seu irmão, Bernardo da Silva Ferrão, feita em carta em 1743. IANTT – Habilitações do Santo Ofício – m. 8 – doc. 416. Devo esta referência a Aldair Carlos Rodrigues.

128 IANTT – Habilitações da Ordem de Cristo – letra J – m. 24 – nº 2 – José Rodrigues Pereira.

129 *Registro Geral da Camara Municipal de S. Paulo 1710-1734*. São Paulo: Typographia Piratininga, 1917, vol. IV, p. 175-6. Devo o esclarecimento a Prof. Dra. Fernanda Olival.

130 IANTT – Habilitações da Ordem de Cristo – letra M – m. 47 – nº 66 – Matias Alvares Vieira.

só eram distribuídos aos colonos que tivessem ocupado postos nas Companhias de Ordenanças e levado oito arrobas anuais às Casas de Fundição, mercê concedida conforme a lei régia de 03 de dezembro de 1750.[131]

Estas condições eram favoráveis aos agentes mercantis, pois os seis participavam das ordenanças: André Alvares de Castro, Francisco Pereira Mendes, José da Silva Ferrão e Manuel Veloso eram capitães e José Rodrigues Pereira, Manuel de Oliveira Cardoso e Matias Alvares de Castro já haviam sido promovidos a sargentos-mores. Ademais, José Rodrigues Pereira e Francisco Pereira Mendes contavam com a "certidão de arroba", por terem entregado mais de dez arrobas de ouro, na Casa de Fundição de Vila Boa de Goiás e de Vila Rica respectivamente.

Seja pelo conjunto de argumentos, seja pelo preenchimento destes requisitos, o fato é que todos foram dispensados dos impedimentos, pois, ao que parece, estes não eram considerados intransponíveis pela Mesa de Consciência e Ordens, pelo menos, ao longo do século XVIII. Segundo Fernanda Olival, entre 1720 e 1777, 39% dos candidatos foram dispensados das "mecânicas", 5,5% por serem maiores de 50 anos e 3,3% por falta de notícias. Do rigor dos deputados, só não escapavam os cristãos novos, para os quais não houve uma dispensa sequer no período.[132]

As dispensas, contudo, não eram gratuitas. Em troca da aprovação, os agentes mercantis foram obrigados a pagar donativos para socorro dos soldados na Índia e/ou para o sustento e obras do colégio dos meninos órfãos de Lisboa, cujos valores variaram entre 240$000 e 600$000.

Uma vez aprovados, alguns cavaleiros receberam uma tença anual praticamente irrisória que correspondia a 12$000. Daí, reforçarmos a ideia da busca à mercê como sinal de distinção e acúmulo de capital simbólico, pois os gastos empreendidos no processo eram elevadíssimos se comparados aos ganhos econômicos.

Os hábitos lançados nos bens dos inventários também são uma boa medida para se avaliar os investimentos realizados para o reconhecimento social, já que eles eram exibidos em festividades e cerimônias públicas. André Alvares de Castro possuía três hábitos – as cruzes da Ordem de Cristo –, entre os quais um de diamantes, avaliados em 89$000.[133] Entre peças de ouro descritas no inventário de José da Silva Ferrão, constavam

---

131 Cf. curso de extensão *Mobilidade social no Portugal Moderno e no Império Português (séculos XVI-XVIII)*, ministrado pela Profa. Dra. Fernanda Olival, da Universidade de Évora, promovido pela Cátedra Jaime Cortesão, nos dias 21, 22, 23 set. 2005, realizado no Departamento de História – FFLCH/USP. Sobre a recolha do ouro nas casas de fundição e os pedidos de hábito de Cristo, ver Fernanda Olival, "Mercado de hábitos e serviços em Portugal", *Análise social*, vol. XXXVIII (168), 2003, p. 749; Maria Beatriz Nizza da Silva, *Ser nobre na colônia*, p. 198-202.

132 Cf. dados apresentados no curso de extensão *Mobilidade social no Portugal Moderno e no Império Português (séculos XVI-XVIII)*, ministrado pela Profa. Dra. Fernanda Olival.

133 AESP – Inventários 1º ofício – ord. 721 – cx. 109.

186 A TEIA MERCANTIL: NEGÓCIOS E PODERES EM SÃO PAULO COLONIAL

quatro hábitos, dois esmaltados de branco e vermelho, outro cravado com cinquenta e três pedras de diamantes grandes e pequenas, esmaltado de vermelho, e um pequenino, todos avaliados em 219$600.[134]

Mesmo mortos, os agentes mercantis queriam ser lembrados como cavaleiros, tanto que José Rodrigues Pereira declarou em seu testamento que "meu corpo em qualquer parte que falecer será amortalhado no hábito de meu Padre São Francisco, levando por cima o hábito de minha Ordem de Cristo, de que sou também professo e será sepultado na capela de minha venerável Ordem Terceira da Penitência".[135] José da Silva Ferrão manifestou semelhante desejo na instrução aos seus testamenteiros:

> meu corpo será sepultado na capela da nossa Ordem Terceira da Penitência de São Francisco, onde sou indigno irmão e onde tenho sido ministro e, como sou professo na Ordem de Cristo, irei amortalhado como costumam ir os mais professos na mesma ordem sempre com meu hábito de São Francisco e o meu cordão.[136]

A declaração do testador já evidencia a sua participação como ministro da irmandade, o que nos leva a verificar a inserção dos sujeitos nos órgãos de poder local. Assim como constatado para as Ordenanças, todos foram camaristas. Além destas instituições, Manuel Veloso, Matias Alvares Vieira, José da Silva Ferrão, José Rodrigues Pereira e Francisco Pereira Mendes participaram da Mesa da Irmandade do Santíssimo Sacramento, e os três últimos também foram irmãos franciscanos.

Ademais, José da Silva Ferrão, Manuel de Oliveira Cardoso e os irmãos Castro foram provedores da Misericórdia. O ingresso nesta instituição sugere que tais agentes mercantis tinham maior proeminência social, pois, segundo Isabel dos Guimarães Sá, a Santa Casa de Misericórdia era a instituição local mais prestigiada no Império lusitano e o cargo de provedor, o de mais difícil acesso.[137]

Se compararmos a participação nas instituições locais dos candidatos a familiares com as dos cavaleiros, veremos que os últimos atuaram em mais órgãos. Como a habilitação do Santo Ofício ocorria quando os postulandos eram mais jovens, eles não estavam livres de sofrer reveses que os afastassem de outras distinções sociais ao longo da vida. Já os cavaleiros agraciados com a mercê real solicitaram os hábitos de Cristo num momento avançado da vida, quando estavam com a carreira e a atuação sociopolítica mais consolidadas. Nesta altura, não dependiam só da loja de fazenda seca para viver,

---

134 AESP – Inventários e testamentos não publicados – ord. 561 – cx. 64.

135 AESP – Inventários 1º ofício – ord.701 – cx. 89.

136 ACMSP – Processos gerais antigos – Testamentos – 3-4-7.

137 Cf. palestra proferida pela Profa. Dra. Isabel dos Guimarães Sá na Cátedra Jaime Cortesão, em 24 nov. 2005.

mas abasteciam outras regiões coloniais com fazendas e escravos. Ainda, a ocupação de cargos em vários órgãos de poder, também considerada demonstração de serviços prestados ao rei, facilitava-lhes o enfrentamento de obstáculos nas provanças.

Uma vez analisada a conquista de capital simbólico por meio da participação dos agentes mercantis nas instituições locais e imperiais, o capítulo seguinte será dedicado à caracterização do perfil socioeconômico dos sujeitos do universo de pesquisa, com base nos cabedais calculados nos inventários e declarados no censo de 1765. Com mais minúcias será tratada a posse de bens de raiz e de cativos, primeiro sinal de distinção na sociedade colonial em geral e na paulistana em particular. Desta forma, as práticas comerciais, a participação nos órgãos de poder e o acúmulo de fortunas serão considerados em conjunto como expressão do mundo colonial e, em particular, da cidade de São Paulo, em que honra e riqueza cada vez mais se conjugavam.

Capítulo 4

Negócios e fortunas

"Viver alguns instantes com os mortos de que vimos, entre as cousas que os cercavam, é a volúpia a que nos convidam essas folhas rebarbativas, desmanchadas em poeira ou mosqueadas de bolor".[1] Se, com esta frase, Alcântara Machado encerrou o primeiro capítulo "O que dizem os inventários" de sua obra *Vida e morte do bandeirante*, foi com o mesmo sentimento que me debrucei sobre os processos deixados pelos agentes mercantis do universo de pesquisa.

Os historiadores que trabalharam com este tipo documental têm salientado a preciosidade da fonte na medida em que a descrição de bens é extremamente detalhada, até mesmo com o arrolamento de objetos sem valor algum. De fato, a riqueza de informações chega a ser quase infinita dependendo do olhar e da abordagem que se queira dar para os dados.[2]

---

1 Alcântara Machado, *Vida e morte do Bandeirante*. São Paulo: Edusp; Belo Horizonte: Itatiaia, 1980, p. 34.

2 Vários historiadores dedicados ao estudo dos comerciantes coloniais utilizaram os inventários para analisar suas formas de atuação e de vivência. Entre tantos, ver João Luís Fragoso, *Homens de grossa aventura: acumulação e hierarquia na praça mercantil do Rio de Janeiro, 1790-1830*. Rio de Janeiro, 1790-1830; Sheila de Castro Faria, *A colônia em movimento: fortuna e família no cotidiano colonial*. Rio de Janeiro: Nova Fronteira, 1998; Júnia Ferreira Furtado, *Homens de negócio: a interiorização da metrópole nas minas setecentistas*. São Paulo: Hucitec, 1999; Helen Osório, *O império português no sul da América: estancieiros, lavradores e comerciantes*. Porto Alegre: Ed. da UFRGS, 2007, p. 281. Maria José Rapassi Mascarenhas, *Fortunas coloniais: elite e riqueza em Salvador 1760-1808*. São Paulo, FFLCH/USP, 1998 (tese de doutorado). Uma boa síntese e discussão sobre o emprego deste tipo documental na historiografia estrangeira e brasileira encontra-se em Maria Luiza Ferreira de Oliveira, *Entre a casa e o armazém: relações sociais e experiência da urbanização – São Paulo, 1850-1900*. São Paulo: Alameda, 2005, e em Maria Lucília Viveiros Araújo, *Os caminhos da riqueza dos paulistanos na primeira metade do oitocentos*. São Paulo: Hucitec/Fapesp, 2006.

192 A TEIA MERCANTIL: NEGÓCIOS E PODERES EM SÃO PAULO COLONIAL

Para início do processo, a(o) inventariante, diante do juiz de órfãos e do escrivão e sob o juramento dos santos evangelhos, comprometia-se a dar a inventário os bens que lhe haviam ficado por falecimento do inventariado(a). Ainda dizia quando e onde havia morrido, se tinha deixado ou não testamento e os nomes e idades dos herdeiros. Caso houvesse menores, era designado um tutor e curador dos órfãos.

Passava-se então à nomeação dos avaliadores e partidores, geralmente em duplas, e tinha início o lançamento de bens, cuja ordem variava de um inventário para outro, apesar de comumente seguir um padrão. Os itens eram agrupados por afinidade e listados sob determinados títulos. Em primeiro lugar, eram arrolados: dinheiro amoedado, ouro, diamantes, prata, bronze, aljofares, cobre, estanho, arame. Às vezes, fazia-se diferenciação entre o ouro em pó, em barras e lavrado. Somente no inventário de Gaspar de Matos consta a procedência das barras, oriundas das minas de Cuiabá e Goiás.

Quanto aos imóveis, eram descritos como bens de raiz, e caso houvesse algum fora do espaço urbano, por vezes, havia a distinção entre bens lançados na cidade e bens da roça. Da mesma forma, ocorria a descrição distinta dos trastes da casa e dos do sítio ou chácara. Alguns mais minuciosos ainda separavam os bens domésticos em alfaias, caixas, bofetes, tamboretes, catres, louça fina, louça da Índia, pratos e vidros, roupas brancas e de cor. Outros bens, embora pudessem figurar entre os trastes da casa, por vezes, apareciam discriminados isoladamente como candeeiros, armas de fogo, trempes, ferramentas, ferraria, ferragem e ferro velho. Os ornamentos religiosos apareciam sob as denominações nicho e imagens, quadros, painéis e pinturas.

Os serviçais eram separados em escravos e peças de administração, mas os negros da terra raramente foram mencionados, o que evidencia a transição da mão de obra indígena para a africana no decorrer do século XVIII em São Paulo. Os animais arrolados eram divididos em gado vacum, cavalgaduras e bestas. Havia também uma parte destinada ao lançamento das fazendas da loja, com a descrição pormenorizada de um sem número de mercadorias comercializadas.

Por fim, os inventários se encerravam com o arrolamento das dívidas ativas e passivas. Entre os valores que se deviam ao monte, por vezes, havia a separação por dívidas mal paradas, sentenças, créditos e assentos no livro de loja ou constantes do borrador moderno ou ainda do livro de razão, com a contabilidade dos juros.

Uma vez realizado o lançamento dos bens, tinha início o auto de partilha, por vezes, acompanhado do orçamento.[3] Em primeiro lugar, aparecia a somatória dos bens. Do monte bruto ou monte-mor descontavam-se os gastos com funeral, as custas do inven-

---

3 Para a compreensão dos cálculos desta parte dos inventários, muito me ajudaram as explicações de Muriel Nazzari, *O desaparecimento do dote: mulheres, famílias e mudança social em São Paulo, Brasil, 1600-1900*. São Paulo: Companhia das Letras, 2001.

tário e as dívidas passivas.[4] A partir do patrimônio líquido ou monte-menor, os bens do casal eram divididos pela metade e o cônjuge sobrevivente ficava com sua meação. A meação ou o espólio do inventariado era então dividido por três. As duas partes, denominadas legítimas, correspondiam à porção da herança reservada por lei aos herdeiros necessários (ascendentes ou descendentes).

Os inventariados que possuíam herdeiros só podiam dispor livremente do terço restante, denominado terça. Era deste montante que se pagavam os gastos com missas e esmolas pedidas nos testamentos. O remanescente da terça podia ser destinado a quem o falecido indicasse. Caso o inventariado morresse *ab intestado*, a terça parte da terça, ou seja, a tercinha era tirada do espólio por lei, para ser usada pela Igreja para as missas em favor da alma falecida.

Entretanto, cabe salientar que os inventários analisados não estão na sua totalidade completos. Alguns se apresentam fragmentados, com a interrupção do processo no meio da avaliação dos bens e/ou com fólios desaparecidos. Às vezes, os manuscritos estão bastante borrados, havendo penetração das tintas de um fólio para outro, o que dificulta a decifração das letras. Além disso, muitos papéis, ou parte deles, encontram-se carcomidos pelas traças. Para o caso dos inventários, isto constitui um grave problema, pois é, justamente, nas laterais externas dos fólios que estão dispostos os valores dos bens arrolados e, quando estes números não são visíveis, porque devorados, a avaliação parcial dos bens ou a comparação com similares de outros inventariados pode ficar comprometida.

De toda forma, ultrapassando os obstáculos apresentados, aliás, comuns em todo o território nacional no que diz respeito à preservação de muitos documentos produzidos no período colonial, foi possível localizar e transcrever inventários de 32 do total de 100 agentes mercantis do universo de pesquisa (tabela 6).

Tabela 6:
Distribuição dos inventários dos agentes mercantis do universo de pesquisa no século XVIII

Décadas	Número de inventários
1730	01
1740	04
1750	09
1760	03
1770	06
1780	07
1790	02

Fonte: AESP – Inventários do 1º Ofício e Inventários e Testamentos não publicados

---

4 Em alguns processos, primeiramente, houve o desconto das dívidas passivas, e da meação do inventariado foram subtraídos os gastos com funeral e as custas do inventário.

194 A TEIA MERCANTIL: NEGÓCIOS E PODERES EM SÃO PAULO COLONIAL

Embora o corte cronológico final da pesquisa seja 1765, é evidente que muitos agentes mercantis – participantes dos órgãos de poder até esta data - vieram a falecer posteriormente, daí consultar seus nomes nos inventários disponíveis no Arquivo do Estado de São Paulo até inícios do século XIX. A data do último processo localizado, entretanto, foi 1798.[5]

Mesmo que as conjunturas socioeconômicas e políticas tenham se alterado ao longo do tempo, a documentação será analisada em conjunto, com os comentários que se fizerem necessários, pois a descrição dos bens não indica que os comerciantes do universo de pesquisa tivessem mudado totalmente a orientação de seus negócios na segunda metade do século XVIII, dedicando-se majoritariamente à produção agrícola de exportação. Tal como outras fontes documentais já analisadas – os processos matrimoniais, os autos cíveis, as escrituras, os testamentos, as habilitações do Santo Ofício e da Ordem de Cristo, as Atas e o Registro Geral da Câmara Municipal de São Paulo – os inventários reforçaram a diversificação das atividades mercantis e os contatos dos comerciantes com outras áreas coloniais.

Neste capítulo, concentrarei as análises sobre a composição da riqueza dos comerciantes a partir dos elementos constantes nos inventários *post mortem*. Na segunda parte, tecerei comentários sobre os bens de raiz e os escravos pertencentes ao conjunto de inventariados e, por fim, procurarei situar a posição dos agentes mercantis na sociedade paulistana setecentista com base nos patrimônios brutos avaliados nesta documentação e nos cabedais declarados no censo de 1765.

4.1. A composição da riqueza

Para a análise da composição dos patrimônios dos agentes mercantis, foram considerados 30 inventários, pois o processo de Manuel Mendes de Almeida foi interrompido durante a avaliação de bens[6] e o de Antonio de Freitas Branco teve início apenas na fase da partilha, também se apresentando bastante fragmentado.[7] Devido ao tamanho reduzido da amostra, não se espere que os dados retratem a realidade do grupo mercantil residente em São Paulo setecentista, mas antes que as informações revelem traços das

---

5 No Arquivo do Tribunal de Justiça do Estado de São Paulo, foi localizado um único inventário relativo aos agentes mercantis do universo de pesquisa. Trata-se do processo de Domingos Fernandes Lima, encerrado em 1815. Como a data é muito posterior ao corte final da pesquisa, decidi não o incluir entre os elementos da amostra analisados neste capítulo. Entretanto, a transcrição documental foi realizada e, mais à frente, comentarei em nota a composição de sua fortuna e o grupo no qual estaria enquadrado. ATJESP – Inventários e testamentos – 1º ofício da família – proc. 1895.

6 AESP – Inventários 1º ofício – ord.532 – cx.55.

7 AESP – Juizado de Órfãos – avulso – 1783.

vidas de 30% dos comerciantes que participaram dos órgãos de poder e de prestígio social até 1765.

Se nos capítulos anteriores foi possível vislumbrar as trajetórias dos agentes até a fixação na capital paulista, as formas de atuação na lide mercantil e as estratégias para a conquista da distinção social, neste momento pretendo verificar os rumos que os negócios tomaram no decorrer de suas existências.

Para tanto, os inventariados foram divididos em três grupos de acordo com o vínculo mercantil expresso neste tipo documental. No grupo 1, foram reunidos 12 agentes mercantis que tiveram as fazendas das lojas, os trastes das vendas e as carregações arroladas nos processos; no grupo 2, foram alocados 10 agentes que apresentaram vínculos com o comércio nos bens de raiz, nas dívidas ativas e passivas e nos testamentos, embora as mercadorias envolvidas nas transações não fossem avaliadas; e, finalmente, do grupo 3 fazem parte 8 agentes que, no passado, haviam atuado no mundo dos negócios – com loja de fazenda seca e/ou abastecendo a cidade e outras regiões – mas, no final da vida, não apareceram ligados ao comércio.[8]

Para a composição da riqueza (ou fortuna), aqui entendida como o conjunto de bens econômicos, foram levados em consideração os seguintes componentes dos inventários:

– bens de raiz: moradas de casas, quintais, sítios, chácaras, taperas, "sorte de terras", terrenos e lavras. Deste item fazem parte tanto os imóveis localizados na cidade como aqueles situados nos arredores;[9]

– bens domésticos: mobiliário, roupa pessoal e da casa, louça, objetos de metal, imagens, oratórios, equipamentos e ferramentas;[10]

---

8 Como o critério para o agrupamento foi o vínculo mercantil expresso nos inventários, e a análise, empreendida com base na composição dos patrimônios, era de se esperar que houvesse tanto variação de fortunas no interior de cada segmento como diferenças entre os ciclos de vida dos falecidos. Para calcular a faixa etária dos inventariados, realizei cálculos a partir do cotejamento de dados em vários corpos documentais, já que a esmagadora maioria era reinol, o que praticamente inviabilizou o acesso aos registros de batismo, somente disponíveis quando transcritos num processo de casamento. Na maioria as vezes, a data de falecimento corresponde à da abertura do inventário. Há que se considerar, portanto, as idades mencionadas como aproximadas, de forma semelhante ao que era anotado pelos escrivães da época, "tantos anos mais ou menos".

9 Somente dois agentes mercantis tiveram propriedades em outras vilas. André Alvares de Castro possuía um sítio em Santos, que não foi avaliado, e Jerônimo da Costa Guimarães tinha um sítio no bairro de Ipanema, na vila de Sorocaba, onde morava.

10 Com exceção dos equipamentos e ferramentas, Jorge Pedreira considerou estes bens como "recheio da casa", Jorge Pedreira, *Os homens de negócio da praça de Lisboa...*, p. 307. Em princípio, pretendi avaliar estes dois itens isoladamente, mas seus valores eram irrisórios e nem sempre houve separação entre os bens da cidade e os da roça. Portanto, foram contabilizados no conjunto dos bens domésticos e, quando se fizer necessário, eles serão tratados de forma particular.

– bens comerciais: fazendas das lojas, trastes das vendas, carregações;

– dinheiro amoedado;

– metais preciosos: ouro em barra, ouro em pó, objetos de ouro e prata e joias;

– animais: gado vacum, cavalar e muar;

– escravos: mão de obra negra;

– dívidas ativas: créditos e saldos a receber por liquidação de sociedades; dívidas passivas.

A tabela 7 apresenta a participação de cada um dos componentes nos patrimônios separados pelos três grupos mencionados acima. As porcentagens foram calculadas a partir da soma dos bens e não dos montes-mores, pois nem todos os inventários trouxeram o valor final do conjunto avaliado.

Tabela 7:

Composição média (%) dos patrimônios dos grupos de agentes mercantis inventariados

Componentes	Grupo 1	Grupo 2	Grupo 3
Bens de raiz	13,3	13,3	18,6
Bens domésticos	2,9	5,5	5,2
Bens comerciais	19,4	0,0	0,0
Dinheiro amoedado	9,8	11,9	0,6
Metais preciosos	6,8	4,9	6,0
Animais	0,4	1,4	2,3
Escravos	9,1	13,7	42,7
Dívidas ativas	38,3	49,2	24,5
Total	100,0	100,0	100,0
Dívidas passivas	16,0	21,6	17,1

Fonte: AESP – Inventários do 1º Ofício e Inventários e Testamentos não publicados

Grupo 1

Pela leitura da tabela 7, percebe-se que o patrimônio do grupo 1 – formado por 12 agentes mercantis que reconhecidamente possuíram lojas ou vendas até o final da vida – dividia-se, por ordem decrescente de importância, entre dívidas ativas, bens comerciais e imóveis.[11]

---

11 O peso dos componentes da fortuna do comerciante Domingos Fernandes Lima (nota 431), falecido na segunda década do século XIX, seguiu o mesmo padrão observado para os patrimônios dos integrantes do grupo 1, o que reforça a análise aqui empreendida. ATJESP – Inventários e testamentos – 1º ofício da família – proc. 1895. O estudo de Helen Osório sobre os negociantes no Rio Grande de São Pedro durante a segunda metade do século XVIII e as primeiras décadas do XIX igualmente revelou que os patrimônios dos exclusivamente comerciantes repartiam-se entre imó-

Seis comerciantes tiveram as dívidas ativas como o maior componente das fortunas, variando de 34,7% até 78,5%. Para José da Silva Ferrão (1690-1762), Alexandre Monteiro de Sampaio (1703-1755) e Manuel de Macedo (1700-1753) os créditos a receber ultrapassaram 70% da soma dos bens, certamente, provenientes do adiantamento de mercadorias e do empréstimo de dinheiro a juros.[12] Os dois primeiros poderiam inclusive ser considerados grandes prestamistas, pois os bens comerciais giravam em torno de 2% a 3% do montante, o que indica que, nesta altura da vida, as lojas eram um entre tantos negócios.

Estudando a composição do patrimônio, interesses econômicos e padrões de investimento dos homens de negócio da praça de Lisboa, Jorge Pedreira ampliou o entendimento da questão ao afirmar que

> o peso decisivo das dívidas ativas de diferentes proveniências e a importância menor das mercadorias no conjunto de seus cabedais mostram que a finalidade das operações que conduziam era, antes de mais, a reprodução e a acumulação do capital e não a reposição das existências: nisso se distinguia o grosso trato do comércio de retalho, que alguns homens de negócio ainda praticavam nas lojas e armazéns, mas em que não concentravam as suas energias.[13]

No caso de Macedo, o valor das fazendas da loja correspondia a 11,6% do patrimônio, revelando que sua fortuna estava majoritariamente assentada em dois componentes. Tal característica talvez possa ser explicada pelo fato de ele ter morrido aos 53 anos em plena atividade e em fase de acumulação. De acordo com a análise de Pierre Goubert sobre os comerciantes de Beauvais no século XVII, a fortuna de Manuel de Macedo poderia ser considerada jovem, composta essencialmente por dívidas ativas e estoques, sendo pequeno o espaço ocupado por terras e imóveis urbanos, no caso do mercador equivalente a 4% do patrimônio.[14]

Embora as dívidas ativas tivessem o maior peso nos patrimônios de Gaspar de Matos (34,7%) e de Manuel José da Cunha (44,1%), os bens comerciais eram bastante significativos, correspondendo respectivamente a 18,8% e 26,2% da avaliação total. Matos

---

veis, dívidas ativas e bens comerciais, o que, segundo a historiadora, caracterizava a composição típica do grupo mercantil. Helen Osório, "Comerciantes do Rio Grande de São Pedro: formação, recrutamento e negócios de um grupo mercantil da América Portuguesa", *Revista Brasileira de História*. São Paulo, vol. 20, nº 39, 1998, p. 118.

12 Respectivamente, AESP – Inventários e testamentos não publicados – ord. 541 – cx. 64; AESP – Inventários 1º ofício – ord. 703 – cx. 91; AESP – Inventários 1º ofício – ord. 705 – cx. 93.

13 Jorge Pedreira, *Os homens de negócio da praça de Lisboa...*, p. 305.

14 Pierre Goubert, *Cent mille provinciaux au XVII siècle – Beauvais et les beauvaisis de 1600 à 1730*, Paris: Flammarion, 1968, p. 372-3, *apud* João Luís Fragoso, *op. cit.*, p. 347-8.

(1682-1735) era possuidor de duas lojas de fazenda seca e tinha uma sociedade com o genro Manuel de Macedo.[15] O licenciado e homem de negócio Cunha (? – 1746), além da loja de mercador, dispunha de uma botica, cujos estoques foram computados entre os bens comerciais. Em seu inventário, também foi avaliada a carregação de fazendas encomendada no Rio de Janeiro, mas ainda a caminho depois de sua morte.[16]

Se, à primeira vista, tendemos a caracterizar tais fortunas como jovens, o relevo do dinheiro amoedado na composição da riqueza de ambos nos leva a interpretá-las sob outro prisma. Devido ao caráter restrito do meio circulante no período colonial, mesmo depois das descobertas auríferas, o peso expressivo deste componente nos inventários dos dois sujeitos revela que, além de controlarem o fluxo comercial, Matos e Cunha controlavam o fluxo monetário.

Embora tal fato tivesse sido incomum no conjunto dos inventários consultados, para dois outros agentes – Francisco Pereira Mendes (1710-1781) e Antonio Francisco de Sá (1730-1782) – o dinheiro amoedado constituía a maior fonte de riqueza dos patrimônios, correspondendo respectivamente a 39,5% e 34,5%,[17] o que distinguia estes quatro comerciantes não só dos demais grupos sociais como dos outros elementos do próprio segmento mercantil.

O caso de Manuel Gonçalves Sete (1710-1755) é um pouco diferente, mas deve ser analisado neste momento. Os metais preciosos tiveram o maior peso (39,1%) na composição de sua fortuna, mas há que se considerar que eles se apresentaram sob a forma de uma carga de 17 barras de ouro que seu irmão, José Gonçalves Sete, deveria levar à vila de Santos e remeter para a Casa da Moeda do Rio de Janeiro, de onde viria o produto em dinheiro amoedado.[18]

De acordo com Antonio Carlos Jucá de Sampaio,

> o controle da circulação monetária por parte da elite mercantil não se revertia em lucro para esta somente através da possibilidade de realizar empréstimos para terceiros. Mais do que isso, tal controle permitia-lhe também ganhos consideráveis na relação com o restante da sociedade, sobretudo pela capacidade que isso representava de ditar os termos de troca de moeda pelos produtos coloniais.[19]

---

15 AESP – Inventários 1° ofício – ord. 734 – cx. 122.

16 AESP – Inventários 1° ofício – ord. 651 – cx. 39.

17 Respectivamente, AESP – Inventários 1° ofício – ord. 664 – cx. 52; AESP – Inventários 1° ofício – ord. 730 – cx. 118.

18 AESP – Inventários 1° ofício – ord. 653 – cx. 41.

19 Antonio Carlos Jucá de Sampaio, *Crédito e circulação monetária na colônia: o caso fluminense, 1650-1750*, p. 15-6. www.abphe.org.br/congresso2003/Textos/Abphe_2003_75.pdf. Acesso em: 01 dez. 2006)

Para João Rodrigues Vaz (? – 1746), João Francisco Lustosa (1699-1746) e Manuel Luis Costa (1700-1755), os bens comerciais encabeçaram seus patrimônios, variando entre 31,1% e 62,4%.[20] Lustosa foi o único integrante do grupo que, além de não apresentar créditos a receber, contraíra mais dívidas do que emprestara, já que seus débitos perfaziam 65,1% da somatória geral. Na verdade, a tabela 7 revela que o grupo 1 se diferencia dos demais por apresentar o índice mais baixo de dívidas passivas.

As fazendas das lojas dos integrantes deste grupo e o estoque da venda de Costa – já descrito no capítulo 2 – revelam a infinidade de mercadorias disponíveis ao público nos estabelecimentos comerciais. Como elas eram arroladas sem obedecer a uma ordem precisa e nem sempre eram agrupadas de acordo com características comuns, tornou-se um problema exibi-las em texto.

Para contornar o problema, primeiramente, anotei todos os produtos que apareciam nos inventários em uma só listagem, já que a variação era pouca de uma loja para outra. Em seguida, para organizá-los e classificá-los, recorri às inestimáveis fichas sobre os *Equipamentos, usos e costumes da casa brasileira*, de Ernani de Silva Bruno, agora disponibilizadas na *internet* no *site* do Museu da Casa Brasileira.[21] Tais procedimentos contribuíram tanto para que se visualizasse com maior clareza aquele "emaranhado" de bens, como para que os apresentasse de forma mais integrada.

Entre os *tecidos* vendidos em vara ou côvado, encontravam-se baeta, pano, panico, seda, sarja, estamenha, droguete, cetim, veludo, damasco, camelão, barregana, brim, serafina, linha, holanda crua, chita, chita da Índia, fustão, tafetá, cambraia, linho, linha, bretanha, lã de camelo, lã inglesa, linhagem de Hamburgo, linhagem de Holanda, renda, pelica, camurça, duquesa, ruão, riscado de Malta, riscado de Hamburgo, chamalote, holandilha, estopa, algodão, algodão da terra, melânia. Os produtos de *couro* eram de marroquim, bezerro, cordovão, carneira, baldréu e veado.

Entre *vestes e joias*, identifiquei roupas do vestuário feminino e masculino, calçados, acessórios e joias, assim distribuídos: camisas, calções, véstias, saias, luvas, lenços, meias, ligas, chapéus, enchimentos de vestido, peneiras singelas de vestido, sapatos, saltos de sapato, botas, perucas de cabeleira, bocetas de cabeleira, retrós, fitas, cadarços, canutilhos, miçangas, botões, abotoaduras, fivelas, cordões, fios de ouro e prata, brincos de aljofres, fios de conta de ouro. Em *rouparia*, havia toalhas de mesa, colchas e lençóis.

Os *utensílios domésticos*, usados para cozinhar, limpar e para o serviço de mesa, eram: aparelhos de chá de louça branca da Índia, bacias de arame, bacias de latão, bules, caldeirinhas de estanho, chávenas, chocolateiras, cocos da Bahia, copos, facas, garrafas

---

20 Respectivamente, AESP – Inventários 1º ofício – ord. 659 – cx. 47; AESP – Inventários 1º ofício – ord. 667 – cx. 55; AESP – Inventários 1º ofício – ord. 703 – cx. 91.

21 Disponível em: www.mcb.sp.gov.br. Acesso em: 01 dez. 2006. É evidente que adaptações foram necessárias, portanto, caso haja imprecisões no agrupamento de alguns produtos, a responsabilidade é inteiramente minha.

de vidro de cristal, panelas de cobre, peças de Macau, pratos de estanho, sopeiras, tachos de latão, talheres.

Em *peças e instrumentos*, agrupei objetos de uso pessoal, de escritório, de trabalho manual, enfim, de uso caseiro: cachimbos, pitos, bocetas de tabaco, biqueiras, candeias de ferro, fechaduras, cadeados, aldabras de porta, dobradiças, ferros de engomar, passadores, tesouras, canivetes, escovas, pentes, espelhos de vestir, navalhas de barba, óculos, tinteiros de escrivão, maços de papel de cartas, resmas de papel, mãos de papel pardo, livros, alfinetes, agulhas, dedais, barbantes, tapetes. Os *instrumentos musicais e afins* vendidos eram rabecas e maços de cordas de viola. Entre as *peças de mobiliário*, havia móveis de guarda, como baús. Como *peças de culto*, classifiquei rosários, relicários, cruzes, coroas de coco para rezar, cera, incenso.

Os *apetrechos de trabalho* disponíveis nas lojas eram: almocafres, anzóis, balanças, brochas, caixinhas de seda de sapateiro, fios de sapateiro, compassos de ferro, cravos, enxadas, foices, lancetas de parir, limas de ourives, machados, martelos, martelos de carpinteiro, martelos de sapateiro, tesouras de alfaiate, pincéis, pregos, raladores de folha de Flandres, serrotes, tachas de sapateiro, trinchetes, verrumas.

Entre os *equipamentos de transporte e acessórios*, localizei esporas, estribos, ferragens de sela, freios, pregaduras de sela, canoa.

As *armas e munições* mais comuns eram espadins, espingardas, carabinas, pistolas, pederneiras de capão, pólvora. E os *metais*, comercializados em arrobas e libras, eram aço, ferro e chumbo.

Como *materiais para higiene*, considerei os vidros de óleo para cabeleira, vidros de água da rainha,[22] sabão de pedra, sabonete.

E, por fim, de difícil classificação, agrupei tudo aquilo que me parecia *temperos, grãos, bebidas e preparados*: cevada, salsa parrilha, canela, pimenta, erva doce, chocolate, café, chá, pastilha, quintílio, enxofre, zarcão, purgos, solimão, ântimo, breu, resina de batata, tártaro, esmalte, pedra ume.

Como já comentado no capítulo 2, o arrolamento das mercadorias permite perceber que, pelo menos nestas lojas, não havia especialização de mercadorias. Especialização também não era a característica das atividades econômicas desempenhadas pelos agentes mercantis proprietários de estabelecimentos comerciais, pois se compararmos os valores das fazendas de loja com a soma dos bens, constatamos que eles mal atingiam 40% do total das riquezas, o que reforça a ideia de que as fortunas dos inventariados estavam assentadas em múltiplas fontes.

---

22 Laura de Mello e Souza julgou tratar-se de "acqua della regina" (água de colônia) e esclareceu que, originalmente fabricada em Florença, foi introduzida na França pela rainha Catarina de Médicis no meado do século XVI. Anos depois, a fórmula foi levada à Alemanha, onde passou a ser manipulada na cidade de Colônia.

Todos os comerciantes do grupo 1 eram proprietários de bens de raiz no centro da cidade de São Paulo, onde moravam; entretanto, um terço não dispunha de sítios e chácaras nos arredores da capital, o que revela o caráter predominantemente urbano de suas atividades econômicas.

Os imóveis arrolados nos inventários de Gaspar de Matos, de Francisco Pereira Mendes e de Tomé Alvares de Castro (1685-1772) evidenciaram moradas de casas destinadas à locação e, entre as dívidas ativas de José da Silva Ferrão, foram registrados vários créditos a receber provenientes de aluguéis, indicando que os agentes lançavam mão deste expediente para auferir rendas.

Dos 11 bens de raiz listados no processo de Matos, três foram explicitamente descritos como "casas de aluguel" e quatro, mencionados individualmente como casas em que residiam o secretário de governo, o tesoureiro dos defuntos e ausentes, o vigário e o ferrador Manuel Gonçalves Cubas. Castro, por sua vez, alugava dois imóveis na rua de São Bento, um para o sargento-mor Manuel Caetano de Zunega e outro para Antonio dos Santos. E do inventário de Mendes constou uma morada de casas na rua Direita, com lojas por baixo, onde moravam o mercador Ferraz e João Francisco de Vasconcelos.

Se para o caso paulistano, os bens de raiz do grupo 1 ocuparam a terceira posição na composição das fortunas, para o contexto riograndense e lisboeta da segunda metade do século XVIII e das décadas iniciais da centúria seguinte, os imóveis representaram a segunda fonte de receita dos comerciantes inventariados. Ao analisar a composição média dos patrimônios dos negociantes sulistas, Helen Osório verificou que as dívidas ativas, em primeiro lugar, seguidas pelos prédios urbanos definiam o perfil dos comerciantes.[23] Para o caso dos homens de negócio da praça de Lisboa, Jorge Pedreira igualmente constatou que "os bens de raiz que geravam essas rendas constituíam precisamente a segunda componente mais importante, embora a longa distância das dívidas ativas, para a formação das fortunas mercantis".[24]

Os valores atribuídos aos imóveis localizados na área central da cidade de São Paulo eram, em geral, muito superiores aos das zonas periféricas, nos quais havia modestas plantações e criação de gado. Esta discrepância pode sugerir que os bens imobiliários "rurais" eram preteridos pelos comerciantes. Todavia, apenas em parte isto é verdade, pois João Luís Fragoso, ao estudar o espaço fluminense da primeira metade dos oitocentos, constatou que os bens rústicos – ainda que a atividade agrária gerasse valor –, custavam bem menos que os prédios urbanos.[25]

Mesmo levando em consideração a análise do historiador, os investimentos dos agentes mercantis do grupo 1 em sítios e chácaras – reforce-se que nenhum tinha imóveis rurais em outras vilas e cidades –, o emprego da mão-de-obra nestas propriedades e a

---

23 Helen Osório, "Comerciantes do Rio Grande de São Pedro...", p. 114.

24 Jorge Pedreira, *op. cit.*, p. 306.

25 João Fragoso, *op. cit.*, p. 337.

produção agropecuária não nos autorizam a afirmar que as atividades ligadas ao mundo agrário desempenhavam um importante papel nos seus negócios. Aliás, tal fato já havia sido comentado no capítulo 2, quando se discutiu a movimentação do gado na cidade de São Paulo e a arrematação do corte de carne.

Fragoso, entretanto, demonstrou que, entre 1790 e 1815, eram poucas as faixas de fortunas em condições de adquirir um bem com valor superior a 3:000$000 e este número ainda se reduzia mais quando o preço ultrapassava 10:000$000, equivalente a uma fazenda com mais de 50 escravos e 300 alqueires de terras, ou de engenhos de porte (montes-correntes e com mais de 60 cativos). Afora a dificuldade, citou vários comerciantes que montaram suas fortunas valendo-se das práticas monopolistas e especulativas, do abastecimento de carne, do comércio de tropas e, em um dado momento, reverteram parte de suas acumulações em fazendas.[26]

Segundo o autor, parte da explicação deste comportamento seria dada pela necessidade da reprodução das relações de poder – não restritas somente à aplicação improdutiva do excedente econômico em rendas, compra de *comendas* etc. – em sistemas agrários. Em suas próprias palavras,

> é certo que, ao se transformar em fazendeiro, o negociante se torna senhor de homens e terras, o que lhe permite subir na hierarquia social. Contudo, perde a sua liquidez. Esse fenômeno vem nos demonstrar que a transformação da acumulação mercantil em fazendas escravistas é um movimento também subordinado a uma lógica de ascensão social.[27]

As informações trazidas por Fragoso nos levam a questionar se os agentes mercantis do grupo 1 – embora situados conjuntural e temporalmente distantes do contexto por ele analisado – tinham condições de adquirir propriedades rurais do porte descrito, mas não o faziam, ou justamente delas não dispunham em virtude de capital insuficiente. A avaliação das fortunas do grupo 1 evidenciou que 7 comerciantes (58,3%) tinham plenas possibilidades de converter parte do capital mercantil em propriedades agrárias, pois os patrimônios líquidos ultrapassaram a casa dos dez contos de réis. No entanto, até o final de suas vidas, não adotaram este comportamento, haja vista a pouca representatividade dos negócios agrários em suas fortunas: bens rurais – imóveis, recheio da casa, equipamentos e ferramentas – (3,4%) e animais (0,4%).

Os dados, portanto, induzem à conclusão de que, diferentemente dos homens de negócio da praça do Rio de Janeiro, a busca por status social entre os comerciantes do grupo 1, essencialmente atrelados ao trato mercantil e residentes em São Paulo setecentista, não passava pela aquisição de propriedades rurais e pela dedicação às atividades agropastoris.

---

26 *Idem*, p. 359-65.

27 *Idem*, p. 367.

Uma ressalva, entretanto, precisa ser feita. Ainda que a historiografia paulista mais recente destaque o caráter comercial da agricultura desenvolvida na capitania de São Paulo ao longo do século XVIII,[28] só se deu maior incentivo governamental à produção de alimentos e de cana-de-açúcar para o mercado externo a partir do governo de Morgado de Mateus (1765-1775), período não vivido por 9 dos 12 agentes mercantis da amostra.

O caso de Tomé Alvares de Castro é o único que foge à regra entre os integrantes deste grupo no tocante ao peso dos imóveis rústicos e dos escravos na composição do patrimônio. As dívidas ativas respondiam pela maior fonte de receita (38,5%) e eram secundadas pelo plantel de 47 cativos (29,8%) e pelos imóveis localizados nos arredores da capital (15,3%), que faziam frente inclusive aos bens de raiz urbanos (12,6%).[29]

Ele residia no centro da cidade numa morada de casas situada no largo da Igreja de Nossa Senhora do Carmo e tinha armação de venda em um imóvel na rua detrás do Carmo, cujos estoques representaram a ínfima e desprezível porcentagem de 0,1% de sua fortuna. A avaliação dos trastes da venda e das pouquíssimas mercadorias nela disponíveis foi o critério que me obrigou a colocá-lo no grupo 1, entretanto, os demais dados indicam que ele estava se afastando do mundo mercantil no fim da vida, haja vista que, cinco anos antes de seu falecimento, ele fora registrado como lavrador no censo de 1767, o que ajuda a compreender o desvio da composição do patrimônio em relação ao restante do conjunto.

Salvo o caso singular de Castro, a posse de escravos variava entre 3% e 15,7% do total da riqueza. Embora os escravos respondessem por cerca 6% dos patrimônios líquidos de José da Silva Ferrão, Francisco Mendes de Almeida e Alexandre Monteiro de Sampaio – todos calculados acima de 19:000$000 – estes possuíam respectivamente 49, 31 e 29 cativos, o que os enquadrava entre os proprietários coloniais de grande porte. Já para aqueles cujos montes-menores foram avaliados em menos de cinco contos de réis, os escravos representavam cerca de 10% da composição da riqueza. Apesar da porcentagem mais elevada, Manuel Luis Costa era detentor de 3 cativos, Manuel Gonçalves Sete possuía 5 escravos e João Francisco Lustosa, 9.

Os exemplos retratam o comportamento geral do grupo 1 e nos levam a concluir que os maiores plantéis estavam nas mãos dos comerciantes mais ricos, embora significassem, no máximo, 6,2% de seus investimentos. Por outro lado, os agentes mercantis menos abastados possuíam poucos escravos, os quais tinham um peso mais expressivo em suas fortunas. Se excetuarmos o plantel de Tomé Alvares de Castro, verificamos que 1/3 dos comerciantes detinha cerca de 70% dos escravos disponíveis na amostra, o que evidencia a concentração da posse de cativos pelos elementos mais afortunados.

Em seis inventários, os cativos foram descritos como "escravos da cidade"; em três não houve discriminação; no processo de Manuel de Macedo, foram arrolados entre os

---

28 Sobre esta questão, ver a discussão historiográfica realizada no capítulo 1.

29 AESP – Inventários e testamentos não publicados – ord. 549 – cx. 72.

bens do sítio e, no de Francisco Pereira Mendes, foram distribuídos entre a cidade e a roça. Tal quadro sugere que, além do emprego na mão de obra em afazeres urbanos e rurais, os escravos dos maiores plantéis podiam ser comercializados pelos agentes do grupo 1.

Para que se tenha ideia dos padrões de investimentos dos integrantes deste grupo de acordo com as fortunas, na tabela 8 serão apresentados os patrimônios líquidos dos 12 agentes mercantis sobre os quais foram realizadas as análises.[30]

Tabela 8:

Patrimônios líquidos dos inventariados do grupo 1

Inventariados	Datas dos inventários	Patrimônios líquidos
Gaspar de Matos	1735	61:728$713
José da Silva Ferrão	1762	56:358$408
Francisco Pereira Mendes	1781	40:691$692
Manuel de Macedo	1753	23:244$114
Alexandre Monteiro de Sampaio	1755	19:015$218
Antonio Francisco de Sá	1782	18:911$400
Manuel José da Cunha	1746	13:234$114
João Rodrigues Vaz	1746	9:609$627
Tomé Alvares de Castro	1772	4:725$599
Manuel Gonçalves Sete	1755	4:539$480
João Francisco Lustosa	1746	1:070$590
Manuel Luis Costa	1755	942$990

Fonte: AESP – Inventários do 1º Ofício e Inventários e Testamentos não publicados

A tabela 8 revela que a distribuição de riqueza entre os integrantes do grupo 1 era bastante heterogênea, haja vista a discrepância entre os montes-menores extremos de Gaspar de Matos e de Manuel Luis Costa, o único vendeiro entre os inventariados. Embora nem sempre a média corresponda à realidade do conjunto, é importante observar que o patrimônio líquido médio girava em torno de 21:000$000, o que é elevado para a sociedade paulistana setecentista se tomarmos como base o censo de 1765, no qual só houve registro de um cabedal acima deste valor, não por acaso pertencente a um comerciante.[31]

Apoiando-se nos dados censitários, Affonso de Taunay afirmou que "no decorrer do terceiro quartel do século XVIII não havia, em toda a capitania de São Paulo, quem possuísse bens no valor de três ou quatro escassas dezenas de contos de réis".[32] Se tivesse

---

30 Quando os valores não estavam disponíveis nos inventários, fiz os cálculos descontando as dívidas passivas, o funeral e as custas. Decidi subtrair estes dois últimos itens, pois vários orçamentos assim se apresentavam.

31 Atente-se para o fato já comentado no capítulo 1 acerca das sub-avaliações das fortunas neste tipo documental.

32 Affonso de E. Taunay, *Pedro Taques e seu tempo...*, p.117-8.

acesso ao inventário do opulento homem de negócio José da Silva Ferrão, talvez pensasse diferente sobre o assunto.

As dívidas ativas lideraram os patrimônios de Gaspar de Matos, José da Silva Ferrão, Alexandre Monteiro de Sampaio, Manuel de Macedo e Manuel Vaz da Cunha, detentores de cabedais superiores a 10:000$000. Inseridos ainda neste grupo dos mais abastados, Francisco Mendes de Almeida e Antonio Francisco de Sá tiveram o dinheiro amoedado como fonte de receita principal, seguido pelos créditos a receber. Já João Rodrigues Vaz, João Francisco Lustosa e Manuel Luis da Costa, cujos patrimônios líquidos eram inferiores a tal cifra, contaram com o predomínio das fazendas das lojas e das mercadorias das vendas na composição da riqueza.

De forma geral, como visto na tabela 7, os bens comerciais foram o segundo componente de maior peso nas fortunas dos agentes mercantis, inclusive definindo o próprio grupo. O curioso é perceber que 75% dos comerciantes desta amostra desenvolveram seus negócios e faleceram antes de 1765, inclusive, quando a capitania paulista perdeu sua autonomia político-administrativa, o que sugere que a tão propalada pobreza de São Paulo deva ser relativizada. Se os valores não indicam pujança, tampouco revelam decadência.

Grupo 2

No grupo 2, foram reunidos 10 sujeitos que tiveram vínculos com o comércio referidos nos testamentos e inventários, mas nos quais não houve menção à existência de mercadorias em lojas que pudessem ser avaliadas. Os casos narrados a seguir procuram evidenciar as informações presentes nestes dois tipos documentais que ligavam os homens ao mundo mercantil.

Pascoal Alvares de Araújo (1718-1774) era possuidor de uma loja localizada no canto da rua de Santa Tereza e, nas dívidas ativas, houve cobrança de créditos registrados nos livros da loja. Ele também se dedicava ao comércio de animais, pois, em seu inventário, consta a "lembrança da despesa feita com os camaradas na junta do gado", e as quantias referentes aos mantimentos foram arroladas.[33] Também na parte referente às dívidas ativas de Manuel de Faria Couto (1714-1780) ficou evidente que ele havia adiantado mercadorias de seu estabelecimento comercial que ainda precisavam ser pagas.[34]

Jerônimo da Costa Guimarães (? – 1798) declarou, em seu testamento, estar envolvido com negócios e loja de fazenda seca com seu genro em Sorocaba.[35] Da mesma forma procedeu Manuel Soares de Carvalho (1702-1772) ao registrar que seu trato era,

---

33 AESP – Inventários 1º ofício – ord. 642 – cx. 30.

34 AESP – Inventários 1º ofício – ord. 650 – cx. 38.

35 AESP – Inventários e testamentos não publicados – ord. 565 – cx. 88.

e sempre fora, negociar e que tinha sociedades em Cuiabá.[36] Agostinho Duarte do Rego (1701-1752) também possuía sociedade e acerto de contas nas minas, só que neste caso elas estavam em Goiás.[37]

Em seu testamento, José Rodrigues Pereira (1703-1771) afirmou "que como sou homem que trata de meu negócio nesta cidade e fora dela depende todo o negócio de correspondências". Em seguida, esclareceu ter duas lojas na capital – uma com o sócio Lourenço Ribeiro Guimarães e outra administrada por Manuel João Salgado – e, na vila de Mogi das Cruzes, a loja estava a cargo de José Francisco dos Santos.[38] As contas de Manuel Veloso (1667-1752), por sua vez, deviam ser ajustadas com o genro Gregório de Castro Esteves e os avaliadores citaram os créditos a ele devidos conforme os assentos nos livros.[39]

Na parte referente às dívidas ativas de Manuel Antonio de Araújo (1733-1790), o fato de o caixeiro da inventariante, Gregório José Soares, ter lançado vários créditos que se deviam àquela herança indica que o falecido era seu patrão.[40]

Jerônimo de Castro Guimarães (1717-1798) declarou a existência de livro de razão em seu testamento. No inventário, foram citadas as contas com o compadre e mercador Manuel José Gomes e as anotadas no borrador.[41] Como já assinalado no capítulo 2, estes instrumentos eram típicos da lide mercantil.

E, por fim, após o lançamento e descrição dos bens de André Alvares de Castro (? – 1752), havia um fólio com o registro dos lucros devidos ao falecido, provenientes de uma carregação de cavalos enviada a Minas Gerais por sua conta e de seu irmão Matias Alvares Vieira.[42]

Como se observa na tabela 7 – Composição média (%) dos patrimônios dos grupos de agentes mercantis inventariados –, a riqueza do grupo 2 estava assentada, por ordem decrescente de importância, em dívidas ativas, escravos e bens de raiz, o que representa uma mudança de comportamento dos integrantes deste conjunto se comparados ao grupo anterior pela introdução dos cativos com peso mais expressivo na composição de fortunas.

As dívidas ativas representaram o maior componente dos patrimônios de 80% do grupo e, para seis inventariados, a sua participação na soma dos bens foi superior a 48%, o que sugere que estes homens ligados ao universo das práticas mercantis, concentraram seus esforços no empréstimo de dinheiro a juros, atuando como prestamistas.

---

36 AESP – Inventários e testamentos não publicados – ord. 549 – cx. 72.

37 AESP – Inventários 1º ofício – ord. 528 – cx. 51.

38 AESP – Inventários 1º ofício – ord. 686 – cx. 74.

39 AESP – Inventários e testamentos não publicados – ord. 528 – cx. 51.

40 AESP – Inventários e testamentos não publicados – ord. 562 – cx. 85.

41 AESP – Inventários 1º ofício – ord. 637 – cx. 25.

42 AESP – Inventários 1º ofício – ord. 721 – cx. 109.

Ainda que haja indícios claros de que alguns fossem proprietários de lojas, como mencionado anteriormente, o fato de as mercadorias não serem avaliadas nos leva a concluir que o capital usurário era a força motriz de seus negócios, dada a distância que as dívidas ativas (49,2%) se encontram em relação aos demais elementos contabilizados – escravos (13,7%) e bens de raiz (13,3%).

Dois casos, entretanto, merecem ser mencionados devido ao peso das dívidas passivas no conjunto dos bens. Embora Pascoal Alvares de Araújo e Jerônimo da Costa Guimarães tivessem créditos a receber, o primeiro contraiu dívidas astronômicas, correspondendo a quase totalidade de seu patrimônio, reduzido a meros 230$872; já, para o segundo, os débitos responderam por 59,9% do montante, o que comprometeu sua fortuna, mas não impediu que o monte-menor calculado fosse superior a um conto de réis. De toda forma, mesmo computadas as dívidas passivas de ambos, a tabela 7 revela que tal componente correspondia a 21,6%, ou seja, pouco mais de um quinto do montante do grupo 2.

Os escravos representaram a segunda ou a terceira fonte de receita para os integrantes deste grupo. Com exceção de Jerônimo da Costa Guimarães, morador em Sorocaba e possuidor de apenas dois africanos, os demais detinham plantéis que variavam entre 11 e 31 cativos, distribuídos de forma mais equilibrada entre os inventariados, ao contrário do que foi verificado para o grupo 1, cujos agentes mercantis mais abastados concentraram porcentagem significativa de mão de obra escrava.

Embora não fossem plantéis desprezíveis, não se pode assegurar que todos viviam do comércio de escravos. Talvez fosse mais acertado pensar que os empregassem nos trabalhos cotidianos da cidade – em suas casas ou como negros de ganho[43] – e/ou na labuta do campo.

André Alvares de Castro, por exemplo, tinha cinco imóveis na cidade e um sítio na vila de Santos. Era senhor de 28 cativos, dos quais 10 foram descritos pelos ofícios que desempenhavam – alfaiates, sapateiros, costureiras, engomadeiras, rendeiras, doceiras, cozinheiras, lavadeiras. Embora não houvesse distinção entre os cativos da capital e da vila litorânea, é certo que o vaqueiro Manoel, de nação banguela, cuidasse das 49 reses do sítio, descrito sem vestígios de produção agrícola.

No inventário de Manuel Antonio de Araújo, os 31 cativos foram arrolados como "escravos da cidade", ainda que ele também fosse proprietário de um sítio no bairro do Juqueri. Destes, apenas dois foram descritos como carpinteiro e alfaiate. O processo de Manuel Soares de Carvalho curiosamente não contou com o lançamento de bens

---

43 Sobre a utilização dos escravos como negros de ganho, ver Leila Mezan Algranti, *O feitor ausente: estudo sobre a escravidão no Rio de Janeiro*: Petrópolis, Vozes, 1998 e, da mesma autora, o artigo sucinto e esclarecedor "Escravidão na cidade", in: Zélio Alves Pinto (org.), *Cadernos paulistas: história e personagens*. São Paulo: Ed. Senac/Imprensa Oficial do Estado, 2002, p. 72-5.

de raiz, mas os bens domésticos foram avaliados. Entre os 12 escravos listados, 4 foram identificados como ferreiros, rebocador e barbeiro.

Ainda que 80% dos inventariados tivessem propriedades nos arredores de São Paulo, apenas 3 processos apresentaram escravos entre os bens do sítio. Os valores atribuídos aos imóveis "rurais", bens domésticos, equipamentos, ferramentas e animais representaram 4,4% do patrimônio conjunto. Já os imóveis da cidade avaliados em conjunto com o "recheio da casa", pelo contrário, representaram 15,5% do total geral dos bens. Além disso, metade dos integrantes da amostra dispunha de dois ou mais imóveis na cidade dos quais podiam obter rendas.

Portanto, os dados apresentados revelam que, em geral, as atividades econômicas do grupo 2 – assim como as do grupo precedente - estavam concentradas na cidade, de onde os sujeitos dirigiam os negócios, conjugando as práticas usurárias com as atividades agropecuárias de pouco relevo.

Mais uma vez, a fim de que se visualizem os investimentos do grupo 2, tendo como parâmetros as fortunas individuais, na tabela 9 serão apresentados os montes-menores dos dez inventariados estudados.

Tabela 9:

Patrimônios líquidos dos inventariados do grupo 2

Inventariados	Datas dos inventários	Patrimônios líquidos
André Alvares de Castro	1752	21:098$107
Manuel Antonio de Araújo	1790	17:549$392
José Rodrigues Pereira	1771	14:632$500
Agostinho Duarte do Rego	1752	14:210$718
Jerônimo de Castro Guimarães	1798	14:158$400
Manuel Veloso	1752	10:875$371
Manuel Soares de Carvalho	1772	2:329$692
Manuel de Faria Couto	1780	2:261$995
Jerônimo da Costa Guimarães	1793	1:725$546
Pascoal Alvares de Araújo	1774	230$872

Fonte: AESP – Inventários do 1º Ofício e Inventários e Testamentos não publicados

A primeira observação a se fazer a partir da leitura da tabela 9 é uma clara divisão de riqueza entre os integrantes deste grupo: seis possuíam patrimônios líquidos superiores a 10:000$000, ao passo que para o restante os montantes não atingiam 5:000$000. Decorrente desta situação, percebe-se que os rumos seguidos por aqueles que se afastaram das lojas ou não tiveram as mercadorias avaliadas foram bastante distintos, tanto que os inventariados mais ricos concentravam em suas mãos 93,4% da riqueza da amostra.

As dívidas ativas encabeçaram não só os patrimônios dos seis sujeitos mais abastados – André Alvares de Castro, Manuel Antonio de Araújo, José Rodrigues Pereira,

Agostinho Duarte do Rego, Jerônimo de Castro Guimarães e Manuel Veloso –, mas também ocuparam a primeira posição nos inventários de Manuel de Faria Couto e, inclusive, de Pascoal Alvares de Araújo, perpassando todo o conjunto.

De forma análoga ao que foi constatado para o grupo 1, as dívidas ativas estiveram presentes nas vidas e nas fortunas de todos os integrantes deste grupo, com maior ou menor peso, o que reforça o papel fundamental do mercado de crédito na sociedade paulista, no qual os sujeitos vinculados ao comércio tinham participação ativa e determinante.

Se para o grupo precedente, os bens comerciais representaram a segunda fonte de receita, para o grupo 2 tal posição, em geral, foi ocupada pelos escravos e pelos bens de raiz, como se verifica nos inventários de oito sujeitos, independentemente do valor das fortunas.

Dois casos fogem à regra por apresentarem dinheiro amoedado e metais preciosos como componentes significativos dos patrimônios, entretanto, a própria exceção se explica. Manuel Soares de Carvalho vivera durante anos nas minas de Cuiabá antes de se fixar em São Paulo e lá manteve negócios e dívidas ativas até o final da vida, como consta de seu testamento. Agostinho Duarte do Rego, por sua vez, tinha sociedade e acerto de contas nas minas de Goiás, de onde, provavelmente, vinham-lhe as barras de ouro, descritas em seu inventário, que ele mandava transformar em moeda.

Ainda que a fortuna média do grupo 2 girasse em torno de 10:000$000 e estivesse muito acima dos cabedais dos chefes de domicílios recenseados em 1765, o conjunto dos patrimônios líquidos deste grupo era 62% inferior ao do grupo 1, o que demonstra a importância das lojas nos negócios dos agentes mercantis em São Paulo setecentista.

Grupo 3

O grupo 3 é composto por oito sujeitos que no passado haviam desenvolvido atividades mercantis, porém, nos testamentos e nos inventários, não há indícios da relação com o comércio.

Domingos João Vilarinhos (1685-1766) e Francisco da Silva Coelho (? – 1750) foram relacionados entre os contribuintes do donativo real de 1730 com lojas. Manuel Gonçalves da Silva (1723-1783), João da Silva Machado (1735-1785), Domingos Francisco do Monte (1715-1773) e Manuel Rodrigues Ferreira (1701-1768) apresentaram fiadores para abrir loja de fazenda seca. Nas três oportunidades em que foi testemunha em autos cível e crime, e no processo de habilitação do Santo Ofício de Pascoal Alvares de Araújo, José Francisco Guimarães (1718-1781) foi registrado como mercador. E, por fim, o único paulista de todo o conjunto, Bento do Amaral da Silva (? – 1753), foi identificado pelo escrivão da Câmara Municipal, em 1750, como aquele que "vive de seus negócios".

Como se vê, a não ser pelo natural da terra, todos estiveram reconhecidamente à frente de lojas em determinado momento de suas existências, entretanto os bens avaliados nos inventários não guardam vestígios dos estabelecimentos.

A tabela 7 – Composição média (%) dos patrimônios dos grupos de agentes mercantis inventariados – revela que os principais componentes da riqueza do grupo 3, por ordem decrescente de importância, eram os escravos (42,7%), as dívidas ativas (24,5%) e os bens de raiz (18,6%).

Embora os cativos predominassem no conjunto, na verdade, eles representavam o maior peso dos patrimônios somente para os quatro sujeitos mais pobres da amostra, o que pode ter gerado uma distorção da realidade, uma vez que os escravos valiam muito em inventários parcos de bens.

Nos processos de Bento do Amaral da Silva e de Francisco da Silva Coelho, o arrolamento de bens foi extremamente modesto e não foram lançados imóveis, o que sugere que moravam de aluguel. O primeiro era possuidor de 5 cativos e o segundo de 2, mas estes plantéis reduzidos representaram respectivamente 66,4% e 72,5% de suas fortunas.[44]

Manuel Rodrigues Ferreira, por sua vez, era proprietário de uma morada de casas térreas na rua de João Alvares Ramos e de uma tapera na freguesia de Nossa Senhora dos Guarulhos, sem casa, nem arvoredo, cujos valores mal atingiram 90$000. Seus bens domésticos reduziam-se a um oratório de madeira da terra, um bofete com gaveta, uma caixinha pequena de 5 palmos com fechadura, 4 tamboretes velhos e 1 chapéu de sol grande muito velho.

Além das 6 cabeças de gado vacum, Ferreira possuía apenas 3 escravos que acabaram por representar, frente a inventário tão modesto, 73,7% do patrimônio. Mas nem o mínimo pôde ser partilhado entre a esposa e os dois filhos – que se abstiveram da herança – já que os limitados bens estavam penhorados pelos credores.[45]

Embora Domingos Francisco do Monte tivesse uma morada de casas na rua de São Bento e fosse um modesto usurário, provavelmente, vivia da produção agrícola de seu sítio localizado na paragem do Tremembé, onde havia dois quartéis de cana de um ano e uma roça de milho e feijão. Aí produzia aguardente, pois entre os equipamentos foi avaliado um alambique em bom uso, e fazia farinha, já que dispunha de uma roda de ralar mandioca, prensa e forno de cobre de torrar farinha com bastante uso.

Dos 11 escravos que possuía, 7 estavam com problemas de saúde: 4 apresentavam inchaço nos pés e nas pernas; o crioulo Miguel era aleijado do braço esquerdo, mal feito dos pés e com o joelho direito inchado; Maria, de nação Cabandá, tinha os pés rachados, e a crioula Elena tinha uma nuvem no olho direito. Ou seja, embora o plantel não fosse insignificante, estava bastante comprometido pela desvalorização do preço da mão de obra em virtude das doenças. Mesmo assim, os cativos foram a maior fonte de receita de Domingos Francisco do Monte, correspondendo a 29,3% do patrimônio.[46]

---

44 Respectivamente, AESP – Inventários 1º ofício – ord. 645 – cx. 33; AESP – Inventários e testamentos não publicados – ord. 523 – cx. 46.

45 AESP – Inventários 1º ofício – ord. 665 – cx. 53.

46 AESP – Inventários e testamentos não publicados – ord. 550 – cx. 73.

Passemos agora à averiguação do comportamento da outra metade do grupo 3 que não teve os escravos encabeçando os montantes, mas antes respondendo pela segunda e/ou terceira fonte de receita.

Para dois inventariados, as dívidas ativas desempenharam o papel mais importante de suas fortunas, o que significa que a alternativa à venda de mercadorias recaía sobre o empréstimo de dinheiro a juros.

No caso de Manuel Gonçalves da Silva, o mais abastado da amostra, os créditos a receber perfaziam 36,3% do patrimônio,[47] mas nem de longe o peso deste componente em suas atividades econômicas poderia equipará-lo aos grandes prestamistas dos grupos 1 e 2.

Diversamente do restante do grupo, as barras e os objetos de ouro e de prata lavrada eram significativas (27,9%) na composição de seus bens, o que pode indicar que fazia comércio com as minas, que não foram discriminadas no processo, impedindo-me de alocá-lo no grupo 2, em que seria melhor enquadrado devido ao seu perfil de investimento.

O plantel de 22 escravos era o maior da amostra, mas contava com 5 doentes. Embora os avaliadores não separassem os escravos da cidade e da roça, é provável que alguns fossem empregados na chácara situada no subúrbio da cidade, com roda e prensa de mandioca, criação de 9 reses e desprovida de plantações.

Como se observa pela descrição de seus bens, as atividades de Manuel Gonçalves da Silva se concentravam na cidade assim como as de Domingos João Vilarinhos, sobre as quais preponderavam as dívidas ativas, que chegaram a ultrapassar 93% do total de riqueza.[48] Embora não houvesse lançamento de bens de raiz no processo, ele declarou, em seu testamento, ser possuidor de duas moradas de casas no centro da cidade, uma das quais deixava como legado à Irmandade das Almas. Como não dispunha de imóveis nos arredores da capital, é evidente que os únicos dois escravos que possuía trabalhavam na cidade.

Os dois outros inventariados, dos quais ainda resta tratar, são José Francisco Guimarães e João da Silva Machado, cujos patrimônios eram liderados pelos bens de raiz – 46,7% e 37,8% respectivamente –, secundados pelos escravos e nos quais as dívidas ativas foram inexistentes ou nem atingiram 8% dos montantes. Embora a composição das fortunas seja semelhante, os padrões de investimentos são diferentes e merecem ser comentados.

Guimarães possuía quatro imóveis urbanos, dois dos quais descritos como "casas onde mora Antonio Fernandes Outeiro de Lima" e "casas onde mora Manuel Pereira Crispim". Apesar dos bens de raiz da cidade serem poucos, é provável que neles apostasse suas fichas, atuando como um modesto rentista. Era também em solo piratiningano que concentrava 12 escravos de cujo trabalho auferia algum lucro, pois um terço tinha ofícios de rendeiras e alfaiate. Apenas 2 escravos eram empregados na chácara que con-

---

47 AESP – Inventários 1º ofício – ord. 653 – cx. 41.

48 AESP – Inventários e testamentos não publicados – ord. 544 – cx. 67.

tava com 15 cabeças de reses, roda e prensa de mandioca, alguns arvoredos, mas sem descrição de roças.[49]

Machado, por sua vez, era proprietário de cinco bens de raiz na cidade. Morava na rua São Bento e tinha mais duas moradas de casas – uma no mesmo logradouro e uma no beco do Avô indo para a Rua Nova –, um pedaço de terras e um quintal murado no mesmo beco. É certo que investia em imóveis urbanos, mas não se sabe se eram destinados à locação.[50]

No seu caso, é possível que a produção agropecuária – tal como visto para Domingos Francisco do Monte – tivesse um papel importante para seu sustento, ainda que pouco valesse no conjunto de bens. Os 11 escravos que possuía eram empregados no sítio localizado no Jaraguá, bairro de Embuassava, composto por dois canaviais pequenos e novos, moenda, roda, prensa, barris, aparelhos e apetrechos, gamelas, arvoredos e as terras que lhe pertenciam. Havia ainda a criação de animais, representada por 3 cavalos, 7 éguas, 2 juntas de bois mansos, 10 vacas e 4 novilhas.

Ora, esses casos narrados revelam que o afastamento das lojas e a migração para a terra, em geral, significaram empobrecimento para aqueles que um dia haviam sido mercadores. Se observarmos os patrimônios líquidos dos integrantes do grupo 3 (tabela 10), a realidade fica ainda mais nítida.

Tabela 10:

Patrimônios líquidos dos inventariados do grupo 3

Inventariados	Datas dos inventários	Patrimônios líquidos
Manuel Gonçalves da Silva	1783	5:324$935
José Francisco Guimarães	1781	3:241$287
Domingos João Vilarinhos	1766	2:280$695
João da Silva Machado	1785	2:218$113
Domingos Francisco do Monte	1773	1:091$785
Manuel Rodrigues Ferreira	1768	252$800
Francisco da Silva Coelho	1750	169$385
Bento do Amaral da Silva	1753	167$806

Fonte: AESP – Inventários do 1º Ofício e Inventários e Testamentos não publicados

Como se vê, as fortunas deste grupo mal chegavam a 5:500$000 e podem ser denotativas do fracasso dos inventariados na carreira comercial e da dificuldade, senão impossibilidade de se manter no mundo dos negócios.[51]

---

49 AESP – Inventários 1º ofício – ord. 701 – cx. 89.

50 AESP – Inventários 1º ofício – ord. 654 – cx. 42.

51 Esta análise é similar à realizada por Helen Osório com relação às fortunas dos estancieiros sulistas que anteriormente haviam se dedicado ao comércio. Embora para o contexto paulistano não se possa afirmar que os integrantes do grupo 3 tenham se dedicado exclusivamente à agrope-

Bento do Amaral da Silva, Francisco da Silva Coelho e Manuel Rodrigues Ferreira terminaram suas vidas praticamente na miséria; Domingos Francisco do Monte e João da Silva Machado passaram a depender cada vez mais da produção agropecuária, o que não lhes trouxe maiores condições de prosperidade; João Francisco Guimarães vivia das parcas rendas de seus imóveis e dos ofícios dos negros de ganho; e, finalmente, Domingos João Vilarinhos e Manuel Gonçalves da Silva – caso destoante na composição das fortunas desta amostra – sobreviviam principalmente dos empréstimos que realizavam, que lhes conferiram algum destaque no grupo.

Se comparados aos integrantes dos grupos 1 e 2, os patrimônios dos homens desta amostra os colocariam nos patamares mais baixos da hierarquia mercantil, haja vista que a riqueza conjunta do grupo 3 representava apenas 4,1% do montante calculado para os três grupos (tabela 11).

Tabela 11:
Patrimônios líquidos conjuntos dos 30 inventariados

Grupos	Patrimônios líquidos
Grupo 1	254:072$214
Grupo 2	99:072$593
Grupo 3	14:746$806

Fonte: AESP – Inventários do 1º Ofício e Inventários e Testamentos não publicados

Como se observa, o grupo 1 detinha cerca de 70% de toda a riqueza líquida calculada, o que indica uma profunda desigualdade socioeconômica entre os comerciantes atuantes em solo piratiningano. Além disso, os três sujeitos mais abastados – Gaspar de Matos, José da Silva Ferrão e Francisco Pereira Mendes –, que representavam 10% do conjunto, concentravam em suas mãos 44,5% das fortunas do segmento mercantil inventariado, evidenciando, mais uma vez, a importância dos bens comerciais e da permanência no mundo dos negócios para o sucesso econômico dos sujeitos envolvidos com a lide mercantil na cidade de São Paulo setecentista.

4.2. Bens de raiz e escravos

Uma vez realizada a análise da composição das fortunas dos agentes mercantis inventariados, é interessante que se conheçam as características de alguns elementos presentes nos processos, e exaustivamente contabilizados. Para tanto, nesta parte do capítulo, tecerei comentários sobre os imóveis e os cativos, que serão apresentados de forma mais descritiva do que analítica.

---

cuária, como demonstrado, o possível abandono das atividades mercantis certamente comprometeu a ascensão socioeconômica dos inventariados. Helen Osório, *op. cit.*, p. 117.

214 A TEIA MERCANTIL: NEGÓCIOS E PODERES EM SÃO PAULO COLONIAL

Bens de raiz

Dos 32 inventários *post mortem* consultados, houve menção aos bens de raiz em 28. Como já foi mencionado, a ausência de imóveis nos processos de Francisco da Silva Coelho e Bento do Amaral da Silva se justifica pela pobreza de ambos, pois seus bens eram muito reduzidos e os patrimônios líquidos não atingiram 200$000.

Entretanto, a pobreza não pode ser a explicação para o silêncio quanto aos bens de raiz nos processos de Domingos João Vilarinhos e Manuel Soares de Carvalho, ambos falecidos solteiros. Embora não figurassem no inventário de Vilarinhos, sabemos que era possuidor de duas moradas de casas no centro da cidade de São Paulo, como declarado em testamento aberto em 1766. Para o caso de Carvalho, a incógnita é maior, pois no início de seu processo consta que era homem de negócio avultado e houve avaliação dos bens domésticos. Além disso, os dois tiveram os monte-mores avaliados em torno de 2:300$000.

Vimos que os agentes mercantis residiam em solo piratiningano, mas a maioria também possuía sítios, chácaras e taperas nas áreas periféricas[52] (tabela 12). Da cidade comandavam os negócios, vendiam mercadorias em lojas, emprestavam dinheiro a juros, alugavam casas, comercializavam escravos, enviavam carregações às regiões mineratórias.

Tabela 12:

Localização dos bens de raiz dos inventariados

Localização dos imóveis	Número de proprietários
Somente na cidade	06
Cidade, cercanias e outras vilas	22

Fonte: AESP – Inventários do 1º Ofício e Inventários e Testamentos não publicados

Em média, os comerciantes eram proprietários de 1 a 4 imóveis urbanos, porém os dois agentes mercantis mais ricos do universo de pesquisa – Gaspar de Matos e José da Silva Ferrão – possuíam 11 e 10 bens de raiz na cidade respectivamente. Há que se ressaltar que José da Silva Ferrão, após a morte de Gaspar de Matos, contraiu matrimônio com a viúva, provavelmente herdando parte dos bens do primeiro.

Os imóveis urbanos arrolados foram descritos como moradas de casas térreas, sobrados ou casas assobradas, quintais murados ou não, chãos cercados, terras ou terrenos.

O inventário de Jerônimo de Castro Guimarães, datado de 1798, revela que o homem de negócio possuía quatro moradas de casas térreas no chamado "Triângulo",[53]

---

52 No conjunto dos inventários, foram registrados 116 bens de raiz. Para efeito de tabulação dos dados, foram desconsiderados os imóveis descritos sem valores.

53 Sobre o traçado urbanístico da cidade de São Paulo setecentista, ver capítulo 1.

duas na rua do Rosário, uma na rua São Bento e a última na rua da Quitanda, mas também era possuidor do sítio dos Pinheiros, situado no bairro da Penha.

Ao falecer em 1756, Alexandre Monteiro de Sampaio deixou aos seus herdeiros duas moradas de casas localizadas no centro da cidade de São Paulo, uma no largo da matriz no arraial de Mogi Guaçu e dois sítios na paragem do Ipiranga e em Piracaia, distrito da freguesia da Nossa Senhora da Conceição dos Guarulhos. O imóvel localizado no canto do Páteo da Sé, defronte ao capitão Francisco de Sales, foi descrito como uma morada de casas de "três lanços, todas forradas de paredes de taipa de pilão, cobertas de telhas e de sobrado".[54]

Na mesma década, o lançamento dos bens de André Alvares de Castro, por ocasião de sua morte, mostra que ele era possuidor de cinco imóveis na capital e de um sítio na vila de Santos, de onde era natural sua esposa Maria Ângela Eufrásia da Silva. No centro da cidade, um dos bens de raiz foi registrado como "uma morada de casas de dois lanços e seus fundos assobradados com capela e seu quintal com seus arvoredos".

O fragmento tal como consta no processo nos dá a entender que somente os fundos do imóvel eram assobradados e não os dois lanços, entretanto como não há o emprego o termo "térreas" não se pode assegurar que as moradas de casas fossem só de um pavimento. Semelhante confusão é causada pelo registro de um imóvel de Gaspar de Matos, falecido em 1734, descrito como "uma morada de casas de dois lanços, onde mora o tesoureiro dos defuntos e ausentes, as quais são assobradadas em um lanço e são térreas com seus quintais".

Como muitas vezes a documentação não esclareceu a questão sobre o emprego da nomenclatura "sobrado", somente a leitura de bibliografia especializada pôde elucidar as dúvidas.[55] Recorrendo ao trabalho de Carlos Lemos, *Casa paulista*, percebi que sobrado correspondia a "um espaço que sobrou, isto é, espaço situado acima do forro, ou do teto, de um compartimento térreo e sob o telhado; seria o que hoje chamamos de 'sótão'. Seria também o espaço embaixo de um soalho, espaço habitável que hoje chamamos

---

54 Como as referências documentais já foram mencionadas na 1ª parte do capítulo, elas não serão repetidas.

55 Foram consultadas as obras de Luís Saia, *Morada Paulista*, 2ª ed. São Paulo: Perspectiva, 1978; Ernani da Silva Bruno, *O equipamento da casa bandeirista segundo os antigos inventários e testamentos*. São Paulo: Departamento do Patrimônio Histórico, 1977; e Carlos Lemos, *Casa paulista: história das moradias anteriores ao ecletismo trazido pelo café*. São Paulo: Edusp, 1999. Aqui me reportarei mais a este último, pois a riqueza de detalhes e as explicações minuciosas foram fundamentais para o entendimento dos elementos condicionantes dos partidos arquitetônicos: programa de necessidades e técnicas construtivas.

de porão".[56] Tal definição, entretanto, não impede que algumas moradas de sobrado tivessem dois ou mais pavimentos.

Outro termo invariavelmente presente nas descrições e já assinalado aqui é "lanço". Foi muito difícil, no momento da transcrição, compreender exatamente seu significado e, mais uma vez, foi Carlos Lemos quem elucidou que lanço era uma série de cômodos encarreirados, um atrás do outro, formando uma fila perpendicular à rua.[57] Frente ao esclarecimento, consegui perceber que, na maioria dos casos, os agentes mercantis moravam em casas com uma porta e uma janela para a rua, ou uma porta e duas janelas, pois os demais cômodos deitavam suas portas para o interior da habitação.[58]

O elemento que unia os lanços era o corredor, passagem estreita e comprida situada entre os compartimentos. Havia também o chamado "corredor de trás" – onde normalmente se instalava o fogão –, paralelo à rua nos fundos da casa, separando os cômodos dos quintais já murados no século XVIII. Em poucos inventários, houve menção à cozinha como compartimento separado da casa, como se observa na minuciosa descrição da residência de Domingos Francisco do Monte, falecido em 1773:

> uma morada de casas de dois lanços de paredes de taipa de pilão cobertas de telha, com duas salas forradas e assoalhadas, com suas alcovas também forradas e assoalhadas, com seus repartimentos e corredor e varanda, com seu soto [sic] com sua janela assoalhado, com seu quintal amurado e cozinha fora de taipa de pilão coberta de telha, sitas nesta cidade na rua de São Bento, que de uma banda partem com casas de Joaquim Ferreira e da outra com casas de Leonor de Siqueira e os fundos do quintal partem com os fundos da casa de Bento Ribeiro.

Como se vê pelos fragmentos transcritos, a maior parte das moradas localizadas no centro da cidade de São Paulo era de taipa de pilão, técnica paulista por excelência, coberta de telhas. Apenas no inventário do licenciado e homem de negócio Manuel José da Cunha, datado de 1746, tijolos foram mencionados, o que muito me surpreendeu, pois, de acordo com Carlos Lemos, esta técnica construtiva começou a ser utilizada nos finais dos setecentos, período por ele classificado como pombalino açucareiro. Sem dúvida, seu imóvel era diferenciado. Localizado nos "Quatro Cantos" e avaliado em 1:200$000, foi o único descrito com 7 lanços, "três lanços térreos para a parte da Rua Direita e quatro lanços para a parte da rua de São Bento de sobrado (...) com algumas madeiras, tijolos e telhas".

---

56 Carlos Lemos, *Casa paulista...*, p. 24. O autor comenta que o termo sobrado confundiu muitos pesquisadores que se empenharam em verificar quais teriam sido os primeiros exemplares de São Paulo, sem terem conhecimento da verdadeira acepção da palavra nos tempos coloniais.

57 Carlos Lemos, *op. cit.*, p. 23.

58 Nem sempre portas e janelas eram mencionadas nos inventários.

Negócios e fortunas 217

O valor deste imóvel foi um dos mais elevados da amostra e certamente para sua avaliação concorreram os materiais construtivos empregados, o tamanho da residência e a localização privilegiada no centro da capital. Outros seis bens de raiz, que atingiram valores superiores a conto de réis e igualmente se localizavam no coração de São Paulo, pertenceram aos comerciantes abastados do universo de pesquisa – Gaspar de Matos, José da Silva Ferrão, Francisco Pereira Mendes, Alexandre Monteiro de Sampaio, Antonio Francisco de Sá e João Rodrigues Vaz.

Todos eram sobrados, de 2 a 3 lanços, com paredes revestidas de taipa de pilão e cobertos de telhas. Mas estes casos são raros, pois, em geral, os valores dos imóveis consultados variaram de 150$000 a 800$000, dependendo do padrão construtivo, do número de lanços, da localização e do arbítrio dos avaliadores. O imóvel de Domingos Francisco do Monte transcrito acima, por exemplo, com salas e alcovas forradas e assoalhadas, varandas, repartimentos, cozinha fora e quintal murado, situado na rua São Bento, uma das principais de Piratininga, atingiu a modesta cifra de 250$000.

Com relação aos bens de raiz urbanos, interessava-me, sobretudo, verificar se havia menção às lojas e às vendas entre as descrições, e pude constatar sua presença nos inventários de Francisco Pereira Mendes, Antonio Francisco de Sá, Pascoal Alvares de Araújo, Manuel Mendes de Almeida, José da Silva Ferrão, Manuel Gonçalves Sete e Tomé Alvares de Castro.

Pascoal Alvares de Araújo, falecido em 1774, possuía

> uma morada de casas de sobrado de dois lanços, paredes de taipa de pilão, cobertas de telhas, loja, portas e janelas, forradas com seus repartimentos por cima e por baixo (...) no canto da rua de Santa Tereza, que esta [sic] esquerda parte com casas de Antonio Correa Pires Barradas e da parte dos fundos com casas do patrimônio do reverendo Padre Joaquim.

Nesta morada, realizava seus negócios, pois os outros bens de raiz de que dispunha eram dois quintais na cidade e umas lavras – onde falecera – na freguesia de Conceição dos Guarulhos, com seis casas de paredes de mão, cobertas de telhas, já velhas.

Entre os inúmeros bens de raiz de José da Silva Ferrão, encontram-se três lojas. De seu inventário, constam "umas casas de sobrados novas de dois lanços com seus corredores, forradas por cima, com suas janelas [...] de uma e outra parte, com sua loja debaixo no canto, defronte das casas de Ângela Vieira em que tem loja Tomé Rabelo, com seus quintais, até defronte de João Alvares Ramos, amurados de taipa de pilão";

> uma morada de casas, defronte do capitão Manoel de Oliveira Cardoso, de dois lanços, com seu corredor e quintal de sobrado [...] de fora com sua loja, que parte de uma banda com casas do reverendo cônego padre e do outro com uns muros do dito capitão mor;

e ainda "uma morada de casas em que mora Miguel João que partem com Pascoal Alvares de Araújo, da banda de cima com João da Silva Machado, de dois lanços, com sua loja forrada, com corredor e seu quintalzinho".

Julguei conveniente, a título de exemplo, transcrever os bens de raiz com estabelecimentos comerciais, pois a menção aos confrontantes permite perceber que muitos agentes mercantis eram vizinhos. José da Silva Ferrão, Pascoal Alvares de Araújo, Tomé Rabelo Pinto, João Alvares Ramos, João da Silva Machado e Manuel de Oliveira Cardoso fazem parte do universo de pesquisa. Se, por um lado, pode-se argumentar que a cidade era bastante pequena, por outro, há que se reconhecer que eles moravam em lugares privilegiados, onde havia concentração das atividades comerciais, como já assinalado no capítulo 1.

Outro ponto interessante a destacar é o fato de um tal Miguel João morar em um dos imóveis do Ferrão destinado ao comércio de mercadorias. Seria ele um caixeiro ou um locatário? Mesmo não tendo meios para responder a questão, é relevante anunciá-la, pois o caso é ilustrativo de situações recorrentes em que aparecem pessoas morando em casas de outrem. Tanto os inventários têm mostrado que muitos agentes mercantis alugavam seus imóveis e viviam destes rendimentos, como os processos de casamento têm revelado que vários reinóis recém-chegados iniciavam suas vidas como caixeiros, residindo nas casas dos patrões.

O fato de existir indicação de lojas e vendas nos bens de raiz em poucos inventários não significa, entretanto, que apenas estes agentes dispunham de estabelecimentos comerciais. Como já analisado na primeira parte do capítulo, em doze inventários houve, inclusive, a descrição pormenorizada das mercadorias vendidas nas lojas e a listagem dos trastes das vendas.

Embora a dedicação às atividades rurais não tivesse se configurado como uma importante fonte rentável de investimento para a maioria dos inventariados, cerca de 70% do grupo mercantil era proprietário de sítios e chácaras nos arredores da cidade de São Paulo.

Se no centro da cidade possuíam de 1 a 4 imóveis, nas áreas periféricas os bens de raiz, em geral, restringiam-se a 1 ou 2, ocupados por plantações e criação de gado. As localidades mais citadas eram Ipiranga, Tremembé, Tatuapé, Penha, Jaraguá, Santo Amaro, Conceição dos Guarulhos, Juqueri, Cotia, Pacaembu, Caguaçu e Piratininga. Embora prevalecesse a técnica construtiva da taipa de pilão, algumas moradas de casas de 1 a 3 lanços foram descritas com paredes de mão, o que evidencia a rusticidade destas construções.

Sesmarias só foram mencionadas em dois inventários. Francisco Mendes Pereira possuía uma "sorte de terras na freguesia de Cotia, no bairro de Caucaia, de uma légua em quadra por sesmaria, terras todas lavradias de matos virgens e capoeiras", provavelmente, herdada de seu sogro Manuel Mendes de Almeida que requisitara terras naquela localidade nos anos de 1720.[59] E, embora no processo de Tomé Alvares de Castro não

---

59 AESP – Sesmarias, patentes e provisões – livro 5 – fls. 7vol.

viesse explícita, há que se conjeturar que "as terras de meia légua e uma de sertão", localizadas na paragem de Ajuja [sic], correspondessem à sesmaria por ele solicitada em 1739 na vila de Mogi.[60]

O espaço dedicado à lavoura aparece nos inventários como terras lavradias, às vezes, descritas como "uma roça de dois alqueires, com três quartos de milho e um quarto de cana", "mandiocal novo", "dois canaviais pequenos", "uma roça de feijão" ou simplesmente "horta". As árvores frutíferas mencionadas eram arvoredos de espinhos (cítricos em geral), jabuticabeiras, bananeiras, laranjeiras, pinheiros e palmeiras.

Moendas foram encontradas em cinco inventários, sendo que em quatro há a menção a alambiques, o que indica produção de aguardente e de garapa de rapadura. A existência de monjolo foi verificada apenas no sítio de Jerônimo da Costa Guimarães, no bairro de Ipanema, vila de Sorocaba, onde morreu, e não nas cercanias de São Paulo. Na verdade, os equipamentos para produção mais comuns nos imóveis rurais eram a roda e a prensa de ralar mandioca, registradas em treze inventários.

Como já foi comentado, também era muito comum, nos sítios e chácaras, a existência de "cercado para pastos" ou "pasto realengo". As reses – gado vacum, cavalar e bestas – variavam de uma dezena a uma centena e meia, não chegando a representar porcentagem expressiva no conjunto de bens avaliados. De toda forma, não há como ignorar a criação de gado e as modestas plantações entre as atividades econômicas desenvolvidas pelos agentes mercantis.

O que deve ser ressaltado, entretanto, é a mudança sofrida pela paisagem física e humana da cidade de São Paulo e suas cercanias ao longo do século XVIII com relação ao retrato pintado por Alcântara Machado para os seiscentos.

De acordo com o autor, nos dois séculos iniciais de colonização, a exploração da terra era a única profissão capaz de trazer riqueza e ascendência, daí a supremacia incontestável do meio rural sobre o urbano. A análise de 450 inventários referentes a esse período lhe forneceu subsídios para descrever os padrões construtivos, os elementos arquitetônicos e o mobiliário das casas da roça ou do sítio como superiores aos da casa da vila, cuja finalidade era servir de pouso aos proprietários fazendeiros que lá descansavam alguns dias, enquanto realizavam um ou outro negócio e participavam das festas religiosas.

Comparando as residências urbanas e rurais, Alcântara Machado assinalou que "a outra, a da vila, de proporções modestas é apenas um teto destinado a abrigar o dono durante alguns dias ou semanas, e que, tirante essas ocasiões, permanece deserta e silenciosa, a entristecer o povoado".[61] No século seguinte, entretanto, a chegada de imigrantes reinóis dedicados ao comércio mudaria significativamente o modo de morar e de viver na cidade, não mais considerada como um apêndice do campo, mas sim como um centro

---

60 AESP – Sesmarias, patentes e provisões – livro 9 – fls. 110.

61 Alcântara Machado, *op. cit.*, p. 61.

mercantil em desenvolvimento, favorável às possibilidades de ascensão social, às alianças matrimoniais e à participação nas instituições de prestígio.

O quadro dos bens de raiz, aqui descrito para a centúria seguinte, chega a ser quase uma inversão daquele retratado pelo autor. Residentes no centro da capital paulista, proprietários de vários imóveis urbanos, os comerciantes do universo de pesquisa – cujos inventários foram avaliados – não se retiraram da capital para morar em seus sítios e chácaras, dedicando-se exclusivamente às atividades rurais, nem mesmo frente ao impulso agrícola governamental promovido a partir de 1765.

Além disso, as fortunas dos mais abastados agentes mercantis se encontravam a léguas de distância do espólio mais avultado dos primeiros anos dos setecentos – o de Mateus Rodrigues da Silva, morto em 1710, e possuidor de bens alvidrados em 12:721$157[62] –, evidenciando que a cidade de São Paulo, durante a primeira metade do século XVIII, era um espaço favorável ao enriquecimento de seus moradores, em especial, daqueles atrelados à lide comercial.

Escravos

Desde meados de década de 1720, as Atas da Câmara Municipal de São Paulo guardam diversos registros sobre a obrigatoriedade de se fazer a comunicação aos juízes ordinários dos escravos trazidos do Rio de Janeiro. Muito também se discutiu nas vereações sobre a necessidade de deixá-los de quarentena na Rua do Lavapés para que fossem examinados em função do temor do contágio das bexigas.

Ademais, data de 24 de abril de 1733, uma carta do governador da capitania, o Conde de Sarzedas, endereçada aos oficiais do Concelho a respeito do regimento de capitães do mato que deveria ser posto em prática na capitania paulista, devido às constantes reclamações das fugas de escravos.[63] Estas preocupações são um indício de que a mão de obra escrava estava cada vez mais sendo utilizada na cidade de São Paulo, primeiramente em concorrência e depois em substituição ao braço indígena.

A documentação camarária já havia mostrado que os moradores da capital dispunham de escravos no meio urbano, em especial vendeiros, padeiras e quituteiras, mas até então não havia sido possível avaliá-los. A leitura dos inventários, por sua vez, iluminou a questão e possibilitou que se tivesse maior clareza sobre a presença do escravo negro em São Paulo setecentista.

Todos os comerciantes inventariados possuíam cativos, contudo a contabilidade só pôde ser feita em 30 processos, isto porque, como já explicado no início do capítulo, os processos de Antonio de Freitas Branco e de Manuel Mendes de Almeida estavam bas-

---

62 Alcântara Machado, *op. cit.*, p. 40.

63 *Documentos interessantes para a história e costumes de São Paulo.* São Paulo: Typographia Andrade & Mello, 1902, vol. XLI, p. 53-4 (Correspondência do Conde de Sarzedas, 1732-1736).

tante fragmentados. Embora não houvesse lançamento das peças escravas no inventário de Mendes, ele declarara a posse de 97 cativos em seu testamento.

Para tabulação dos dados, procurei dar conta da maioria das informações presentes nas descrições das peças escravas: sexo, cor, origem, etnia, faixa etária, estado civil, relações de parentesco, categorias ocupacionais e tamanho dos plantéis.

Foram contabilizados 494 escravos: 271 homens, 220 mulheres e 03 indefinidos, em virtude do péssimo estado dos documentos. Houve menção à procedência de 210 cativos, sendo que 199 eram africanos, o que corresponde a 40,3% do total. Os onze restantes eram provenientes do Rio de Janeiro, de Pernambuco, de Juqueri e da própria cidade de São Paulo. Para os demais, ou não havia indicação alguma, ou constavam categorias ligadas à cor: crioulo, mulato, pardo, cabra e preto.[64]

A historiografia tem se esforçado para definir o que significavam estas nomenclaturas e se tem percebido que não eram utilizadas de maneira uniforme para as várias regiões da América Portuguesa. Cotejando os trabalhos de Stuart Schwartz, Mary Karasch, Francisco Vidal Luna e Herbert Klein, acredito ser possível dizer que crioulos correspondiam aos negros nascidos na colônia, mulatos ou pardos (mulatos mais claros) eram os filhos de pais europeus e africanos, e cabras eram denominados de forma pejorativa aqueles escravos de raça mista.[65]

Se cor e origem regional dividiam os nascidos em solo colonial, era a etnia que supostamente identificava os africanos. Entretanto, não se pode afirmar com segurança se as "nações" dos escravos – "Joana Angola", "José Mina", "Antonio Benguela" – correspondiam aos grupos étnicos ou ao porto de embarque de escravos trazidos de regiões distantes do interior para a costa da África.

Em seus trabalhos sobre as irmandades negras nos séculos XVIII e XIX, João José Reis, Mariza de Carvalho Soares e Marina de Mello e Souza, preocupados com a questão da construção de identidades de africanos e seus descendentes, têm alertado para o perigo de se cair na armadilha de identificar grupos étnicos com as nações, que eram rótulos elaborados por traficantes de escravos, europeus ou africanos, muitas vezes a partir de determinadas regiões, que pouco ou nada tinham com as identidades étnicas autoatribuídas dos povos tragados pela diáspora.[66]

---

64 Às vezes, em vez de se declarar "um escravo por nome tal", os avaliadores usavam os termos "negro" ou "preto" de forma indistinta, tanto para os africanos como para os nascidos no Brasil. Mais raramente, apareciam as indicações "branca", "clara", "fusco", "fula que parece mulata".

65 Mary Karasch, *A vida dos escravos no Rio de Janeiro (1808-1850)*. São Paulo: Companhia das Letras, 2000, p. 36-41; Stuart Schwartz, *Segredos internos: engenhos e escravos na sociedade colonial*. São Paulo: Companhia das Letras, 1988, p. 213; Francisco Vidal Luna e Herbert Klein, *Evolução da sociedade e economia escravista de São Paulo, de 1750 a 1850*. São Paulo: Edusp, 2005, p. 200.

66 João José Reis, "Identidade e diversidade étnicas nas irmandades negras no tempo da escravidão", in: *Tempo*. Rio de Janeiro, vol. 2, nº 3, 1996; Mariza de Carvalho Soares, *Devotos*

Curiosa e paradoxalmente, Mariza de Carvalho Soares mostrou que o sistema classificatório que emergia do universo do tráfico negreiro, ou seja, a identidade atribuída calcada na nação, acabou sendo "incorporada pelos grupos e servindo, de forma alternativa e combinada como ponto de partida para o reforço de antigas fronteiras étnicas ou para estabelecimento de novas configurações identitárias".[67]

Refletindo sobre o processo de reorganização social e cultural dos africanos na sociedade escravista da América Portuguesa, a historiadora propôs a noção de grupos de procedência, expressão utilizada para se referir à formação de unidades mais inclusivas onde interagiam indivíduos de diferentes grupos étnicos.[68]

Levando em conta as ponderações dos especialistas, procurei, na medida do possível, sistematizar as informações referentes aos escravos africanos lançados nos inventários e verifiquei que a grande maioria era proveniente da África Ocidental e do Centro-Oeste Africano. Embora com variações dos pesos das etnias, realidades semelhantes foram identificadas para Minas Gerais, ao longo dos setecentos e oitocentos, e para o Rio de Janeiro, na primeira metade do século XIX.[69]

Isto se explica pelo fato de as duas áreas terem sido as maiores fornecedoras de cativos para a América.[70] De acordo com Paul Lovejoy, "durante o século XVIII, de maneira geral, o comércio estava altamente concentrado na Costa do Ouro, nos Golfos de Benin

---

da cor: identidade étnica, religiosidade e escravidão no Rio de Janeiro, século XVIII. Rio de Janeiro: Civilização Brasileira, 2000; Marina de Mello e Souza, *Reis negros no Brasil escravista: história da festa de coroação do Rei Congo.* Belo Horizonte: Editora UFMG, 2002.

67 Mariza de Carvalho Soares, "O Império de Santo Elesbão na cidade do Rio de Janeiro no século XVIII", *Topoi.* Rio de Janeiro, 2002, nº 4, p. 60.

68 "Por isso mais do que etnias (no sentido de grupos originais ou de traços culturais primordias) considero estar tratando aqui [os negros congregados nas irmandades de Santo Elesbão e de Santa Efigênia no Rio de Janeiro] de um conjunto de configurações étnicas em permanente processo de transformação". Mariza de Carvalho Soares, "O Império de Santo Elesbão...", p. 60.

69 Laird Bergad, *Escravidão e história econômica: demografia de Minas Gerais, 1720-1888*, Bauru: Edusc, 2004, p. 227-30; Mary Karasch, *A vida dos escravos ...*, p. 46-7.

70 Na América Portuguesa, em geral, o tráfico originado da África Ocidental se dirigia para a Bahia, Recife e áreas de colonização mais antiga, enquanto os negros embarcados na África Central Oeste conhecidos por congos, angolas e benguelas, ou na África Oriental eram direcionados ao porto do Rio de Janeiro, e daí a São Paulo e às regiões sulinas. Cf. Douglas Libby, "As populações escravas das Minas Setecentistas: um balanço preliminar", in: M.E.L. de Resende; L. C. Villalta, *As Minas setecentistas.* Belo Horizonte: Autêntica/Companhia do Tempo, vol. 1, 2007, p. 431. Ida Lewcowicz; Horácio Gutierrez; Manolo Florentino. *Trabalho compulsório e trabalho livre na história do Brasil.* São Paulo: Editora Unesp, 2008, p. 21.

e Biafra, e sobretudo na África Centro-Ocidental. Tomadas em conjunto, essas áreas foram responsáveis por quase 88% do comércio" transatlântico e islâmico.[71]

As idades atribuídas aos escravos não eram muito precisas, pois estavam acompanhadas da expressão "pouco mais ou menos". Dos cativos cujas idades foram mencionadas, 51,8% correspondiam à faixa etária do setor produtivo, aqui considerado dos 20 aos 49 anos; 34,2% se encontravam entre meses e 19 anos; e 14% foram avaliados com mais de 50 anos.[72]

Um dado interessante a ser comentado é que as crianças de até 9 anos e os de grande capacidade produtiva (20 a 29 anos) apresentavam números bastante próximos – 72 e 84 respectivamente –, o que sugere níveis altos de importação de mão de obra associados a uma elevada taxa de reprodução. Tais constatações nos levam a um outro aspecto abordado pela historiografia da escravidão: as famílias escravas.

Atentando para o estado civil declarado nos inventários lidos, verifiquei a existência de 50 casais com ou sem filhos. Do conjunto de homens casados, 40 eram africanos, o que corresponde a 66,7% do total, padrão similar ao encontrado por Laird Bergad para as Minas, no período de 1720 a 1888. Segundo o autor, "entre os escravos reconhecidos como casados, com ou sem filhos, os africanos eram encontrados com frequência muito maior do que os nascidos no Brasil, e respondiam por 70% de todos os homens casados na amostra inteira".[73]

Para os escravos de minha amostra, somente constatei relações familiares de primeiro grau: pai, mãe e filhos. Para melhor visualizar as 55 famílias, dividi-as em três grupos: 13 eram compostas por pai, mãe e filhos; 41 por mãe e filhos; e uma por pai e filhos. Em todos os grupos, predominavam as famílias com um único filho, mas no caso dos núcleos formados pelo casal e filhos, não há uma distância significativa com relação àqueles com dois a quatro filhos. A contabilidade geral revelou, então, que 163 escravos estabeleceram ligações familiares, ou seja, 33% do total.[74]

---

71 Paul Lovejoy, *A escravidão na África: uma história de suas transformações*. Rio de Janeiro: Civilização Brasileira, 2002, p. 98.

72 A expressiva participação de escravos africanos em idade adulta reforça o padrão dos plantéis dos comerciantes estudado por John Manuel Monteiro para o início dos setecentos em São Paulo. John Manuel Monteiro, *Negros da terra: índios e bandeirantes nas origens de São Paulo*. São Paulo: Companhia das Letras, 1994, p. 223-4.

73 Laird Bergad, *op. cit.*, p. 232.

74 Sobre a temática das famílias escravas, ver José Flávio Motta, *Corpos escravos, vontades livres: posse de cativos e família escrava em Bananal (1801-1829)*. São Paulo: Annablume/Fapesp, 1999; Manolo Florentino e José Roberto Góes, *A paz nas senzalas: famílias escravas e tráfico atlântico, Rio de Janeiro, 1790-1850*. Rio de Janeiro: Civilização Brasileira, 1997; Iraci del Nero da Costa, Robert Slenes e Stuart Schwartz, "A família escrava em Lorena (1801)", *Estudos Econômicos*, 17 (2), maio-ago. 1987, p. 245-95; Eliana Maria Rea Goldschmidt, "Matrimônio e escravidão em São Paulo

224 A TEIA MERCANTIL: NEGÓCIOS E PODERES EM SÃO PAULO COLONIAL

Para situar os tamanhos dos plantéis dos inventariados no contexto da escravidão colonial, foram consultados os trabalhos de Francisco Vidal Luna e Iraci del Nero da Costa sobre a posse de cativos em várias localidades de Minas Gerais, São Paulo e Rio de Janeiro; Laird Bergad, sobre as populações escravas de três zonas mineiras – Diamantina, Ouro Preto/Mariana, São João del Rei e Tiradentes; Horácio Gutierrez, sobre a questão em vilas e cidades paranaenses do litoral e do planalto; Elizabeth Darwiche Rabelo, sobre a mão de obra escrava na capitania de São Paulo em 1798; Carlos de Almeida Prado Bacellar, sobre o papel do escravo na economia de abastecimento na região de Sorocaba.[75]

As palavras de José Flávio Motta, entretanto, parecem resumir as conclusões a que chegaram os especialistas. Ao encerrar o capítulo dedicado à historiografia e estrutura da posse de escravos no livro *Corpos, escravos, vontades livres*, o autor assinalou que

> dos trabalhos que se têm dedicado à análise da estrutura e posse de escravos depreende-se que, em várias regiões do Brasil e em diversos pontos do tempo ao longo dos séculos dezoito e dezenove, foi marcante a presença, entre os escravistas, daqueles detentores de poucos cativos, os quais não obstante, em todos os casos referidos, estiveram sempre de posse de parcela significativa da massa escrava.[76]

Quando se volta o olhar para os tamanhos dos plantéis dos agentes comerciais de São Paulo setecentista em tela, surpreendentemente, constata-se que os proprietários de pequeno porte, considerados pelos especialistas como os detentores de 1 a 5 escravos, não eram a maioria (tabela 13).

---

colonial: dificuldades e solidariedades", in: Maria Beatriz Nizza da Silva (org.), *Brasil: colonização e escravidão*. Rio de Janeiro: Nova Fronteira, 2000, p. 59-72; Cristiany Miranda Rocha, *História das famílias escravas: Campinas, século XIX*, Campinas: Editora da Unicamp, 2004.

75 Francisco Vidal Luna e Iraci del Nero da Costa, "Posse de escravos em São Paulo no início do século XIX", *Estudos Econômicos*, 13 (1), jan./abr. 1983, p. 211-21; Francisco Vidal Luna e Iraci del Nero da Costa, "Estrutura da posse de escravos", in: Francisco Vidal Luna e Iraci del Nero da Costa, *Minas colonial: economia e sociedade*. São Paulo: FIPE/Pioneira, 1982, p. 31-55; Iraci del Nero da Costa, "Notas sobre a posse de escravos nos engenhos e engenhocas fluminenses (1778)", *Revista do Instituto de Estudos Brasileiros*. São Paulo: IEB/USP, vol. 28, 1988, p. 111-3; Laird Bergad, *op. cit.*; Horacio Gutierrez, "Demografia escrava numa economia não exportadora: Paraná, *Estudos Econômicos*, 17 (2), 1987, p. 297-314; Elizabeth Darwiche Rabello, *As elites na sociedade paulista na segunda metade do século XVIII*. São Paulo: Safady, 1980; Carlos de Almeida Prado Bacellar, *Viver e sobreviver em uma vila colonial: Sorocaba, séculos XVIII e XIX*. São Paulo: Annablume/Fapesp, 2001.

76 José Flávio Motta, *op. cit.*, p. 97.

Tabela 13:

Posse de escravos pelos agentes mercantis inventariados

Número de proprietários	Número de escravos possuídos	%
07	01 a 05	23,3
02	06 a 09	6,7
11	10 a 19	36,7
06	20 a 29	20,0
02	30 a 39	6,7
02	40 a 49	6,7

Fonte: AESP – Inventários do 1º Ofício e Inventários e Testamentos não publicados

A observação inicial a ser feita é que os senhores com mais de 5 escravos correspondiam a 76,7% do total, e mais da metade da amostra detinha plantéis de 10 a 29 cativos, do que se depreende que os agentes mercantis podem ser considerados proprietários de médio e grande porte. Na tentativa de justificar esta constatação, recorri tanto às analises dos autores como aos dados fornecidos pela documentação.

Em primeiro lugar, a predominância de proprietários de pequeno porte nas áreas coloniais não significava necessariamente que a maioria dos escravos estivesse nas mãos destes senhores. É evidente que havia concentração de grandes plantéis nas mãos de poucos, o que em parte pode explicar o quadro.

Entretanto, a historiografia tem apontado que esta maior concentração da posse de escravos ocorria, em geral, nas sociedades que cultivavam poucas espécies para exportação, pois nas sociedades com estruturas econômicas mais diversificadas a posse de escravos tendia a ser mais dispersa. Ou seja, nas palavras de Laird Bergad, "onde a especialização era essencial para a estrutura econômica regional, a concentração de riqueza sob a forma de posse de escravos era maior do que em outras regiões brasileiras".[77]

Frente a tais assertivas, poder-se-ia questionar se este não era o caso da capitania de São Paulo, dedicada à produção de açúcar para o mercado externo, após os impulsos dados pelo Morgado de Mateus a partir de 1765. Contudo as análises de Vidal Luna e Herbert Klein sobre a escravidão e a economia de São Paulo, entre 1750 e 1850, logo deitam por terra esta suposição.

De acordo com os autores, a economia rural paulista durante a maior parte do período anterior a 1800 esteve baseada principalmente na produção de alimentos para o consumo doméstico e para o mercado interno. E, mesmo após o crescimento da produção comercial de açúcar e de café, a produção de gêneros comestíveis permaneceu como uma parte fundamental da economia, também associada às novas safras de exportação.

---

77 Laird Bergad, *op. cit.*, p. 303.

Baseados no censo de 1798, Luna e Klein mostraram que, embora o açúcar correspondesse a dois terços de todas as "exportações", animais e gêneros de subsistência respondiam por um terço dos produtos comercializados.

Além disso, assinalaram que mesmo as regiões privilegiadas para a produção da cana e do café – Oeste paulista e Vale do Paraíba – não eram monocultoras. Ainda, afirmaram que o braço escravo – primeiramente indígena e depois negro – era a mão de obra por excelência usada tanto na produção dos gêneros destinados à exportação, como naquela dirigida ao abastecimento do mercado interno.[78]

Se voltarmos aos inventários lidos, nada nos indica que os agentes mercantis se dedicassem com exclusividade à plantação de cana, além do que seus imóveis se localizavam nas cercanias da cidade e não nas zonas privilegiadas de produção para a exportação. Portanto, como visto na primeira parte do capítulo, os comerciantes utilizavam a mão de obra, na cidade, como escravos domésticos e/ou negros de ganho e, nos sítios, para a produção agropecuária, na maioria das vezes, com vistas à própria subsistência.[79]

Ora, estas observações sugerem que São Paulo, ainda na segunda metade do século XVIII, primava mais pela diversidade das atividades econômicas do que pela especialização e, embora a estrutura da posse de escravos seguisse o que foi apontado pela historiografia,[80] a maioria dos agentes mercantis do universo de pesquisa inventariados não se enquadrava no perfil dos proprietários de pequeno porte. Pelo contrário, eles eram médios e grandes senhores, que comercializavam os escravos, empregavam-nos na cidade, nas atividades agropastoris e, certamente, no transporte de mercadorias para outras regiões coloniais, podendo ser considerados a elite comercial de São Paulo setecentista.

---

78 Vidal Luna e Herbert Klein, *op. cit.*

79 Apenas 9,1% dos escravos foram descritos segundo suas categorias profissionais. Para os escravos homens, houve menção a alfaiates, sapateiros, barbeiros, ferreiros, carpinteiros, rebocadores, caldeireiros, vaqueiros e feitores e, para as mulheres, a costureiras, rendeiras, engomadeiras, cozinheiras e doceiras.

80 As análises de Maria Cristina Wissenbach reforçam esta afirmação, pois de acordo com a historiadora, "A partir do advento das grandes lavouras do açúcar e do café se tornaram imperativos movimentos de concentração da mão-de-obra escrava tendo em vista as necessidades do sistema de *plantation*. No caso particular do município paulista, no entanto, onde, mesmo no século XIX, não se verificou tendência similar, as condições de vida econômica da cidade e de seu entorno, o ritmo intermitente de sua urbanização e a conformação do que se poderia chamar de setores econômicos urbanos encaminharam-se para manter a pequena e a média propriedade escrava como traços dominantes de sua história". Maria Cristina Wissenbach, *Sonhos africanos, vivências ladinas: escravos e forros em São Paulo (1850-1880)*. São Paulo: Hucitec/ História Social USP, 1998, p. 89.

4.3. O comerciante na sociedade paulistana

Para encerrar o capítulo, parece interessante que se busque estabelecer paralelos, por um lado, entre as fortunas dos agentes mercantis inventariados e seus homólogos em outros contextos coloniais e, por outro, entre o grupo comercial e a elite agrária paulista.

Apesar de instigante, tal tarefa se mostrou extremamente complicada, por várias razões. Primeiramente, não foram avaliados os inventários de todos os comerciantes ativos em São Paulo setecentista, mas antes a análise se concentrou sobre aqueles que participaram dos órgãos de poder local até 1765. Em segundo lugar, embora os historiadores tenham utilizado os inventários para compreender as formas de atuação e de vivência dos comerciantes no século XVIII, nem sempre construíram hierarquias com base na riqueza.

Júnia Ferreira Furtado, por exemplo, valeu-se de numerosos inventários para analisar a composição das fortunas dos homens de comércio das minas setecentistas, mas não informou sobre os patrimônios brutos constantes dos processos.[81] Por outro lado, muitos comerciantes sulistas investigados por Helen Osório faleceram no século XIX, conjuntura distante da que é objeto deste estudo. Mesmo assim a autora afirmou que "confrontando especificamente fortunas de negociantes, o maior monte-mor encontrado no extremo sul é de 40.400 libras, enquanto, para o Rio de Janeiro, Fragoso apresenta mais de 20 nomes de negociantes de grosso trato que ultrapassam as 50.000 libras".[82] Ora, ambos os historiadores converteram os mil-réis em moeda inglesa justamente pelo processo inflacionário dos oitocentos, o que compromete a comparação, pois os valores utilizados não correspondem ao período focalizado nesta tese.

De toda forma, apreciemos os dados contabilizados para a região fluminense em dois momentos dos setecentos. Antonio Carlos Jucá de Sampaio assinalou que Francisco de Seixas Fonseca, um dos principais negociantes do início da centúria, falecido em 1730, teve a fortuna calculada em 105:356$046. Inácio da Silva Medela, por sua vez,

> ao falecer em 1746 deixou dívidas ativas num valor total de mais de 131:000$000, as quais representavam a maior parte de sua fortuna, que englobava ainda quatro sobrados e oito casas térreas na cidade do Rio de Janeiro, além de terras situadas no recôncavo da baía de Guanabara.[83]

---

81 Júnia Ferreira Furtado, *op. cit.*

82 Helen Osório, "Comerciantes do Rio Grande de São Pedro...", p. 131 (nota 17).

83 Antonio Carlos Jucá de Sampaio, *Na encruzilhada do Império: hierarquias sociais e conjunturas econômicas no Rio de Janeiro (c.1650-c.1750)*. Rio de Janeiro: Arquivo Nacional, 2003, p. 262.

228 A TEIA MERCANTIL: NEGÓCIOS E PODERES EM SÃO PAULO COLONIAL

Ao estudar a composição das fortunas de alguns comerciantes do Rio de Janeiro com montes-mores superiores a 50:000$000, entre 1794 e 1846, João Ribeiro Fragoso localizou quatro inventariados na última década do século XVIII com patrimônios brutos que variavam entre 80:100$342 e 132:699$094.[84]

Ainda que restritas a alguns casos, estas cifras são bastante superiores aos montes-mores dos agentes mercantis inventariados, residentes em São Paulo. Somente Gaspar de Matos e José da Silva Ferrão tiveram patrimônios brutos avaliados em mais de 50 contos de réis, sendo que o mais alto do conjunto não atingiu 70:000$000. Tal conclusão, no entanto, pode ser explicada por dois fatores correlatos: o Rio de Janeiro, ao longo do século XVIII, como cidade portuária e capital da colônia, tornou-se um centro mercantil extremamente desenvolvido e os agentes comerciais mencionados pelos historiadores eram homens de grosso trato vinculados ao comércio atlântico.

Passemos, então, a avaliar as fortunas dos inventariados no contexto paulista. Mais uma vez, obstáculos foram encontrados. Como já mencionado no capítulo 1, em geral, os historiadores se apoiaram nas listas nominativas – e não nos inventários – para calcular patrimônios e configurar hierarquias dos estratos sociais no século XVIII, o que prejudica análises comparativas pelo descompasso das cifras. Como salientou Muriel Nazzari,

> a riqueza média registrada no censo de 1765 pelos domicílios da cidade de São Paulo foi de 296$154. Como as famílias de minha amostra [54 espólios, no intervalo de 1750 a 1769] eram todas de proprietários, minoria da população, seu patrimônio líquido era muito mais alto, de 2:016$000.[85]

Como calcular, então, as fortunas dos senhores de terra a fim de compará-las com as dos comerciantes? O procedimento foi selecionar inventários de membros da elite agrária paulista que tivessem participado dos órgãos de poder local, entre 1711 e 1765. Tal tarefa procurou, portanto, estabelecer os mesmos critérios adotados para a composição do universo de agentes mercantis. No entanto, para o segmento agrário, privilegiou-se a ocupação dos mais altos cargos de juízes ordinários na Câmara Municipal e de provedores na Santa Casa de Misericórdia, tradicionalmente controlados pelos filhos das principais famílias da terra.

O resultado foi a transcrição de 15 processos abertos entre as décadas de 1720 e 1790.[86] Como se vê, a amostra é ainda mais reduzida do que a dos comerciantes inventariados, portanto, os dados devem ser considerados como mínimos e não se deve exigir que retratem a realidade social de São Paulo setecentista, mas antes que revelem traços

---

84 João Luís Fragoso, *op. cit.*, p. 318.

85 Muriel Nazzari, *op. cit.*, p. 100.

86 Os inventariados pertencentes ao segmento agrário encontram-se arrolados nas fontes.

da riqueza dos grupos agrário e mercantil que dividiram postos de poder e de prestígio naquele contexto.

O gráfico 2 apresenta a distribuição dos patrimônios brutos por faixas de fortuna com base nas porcentagens equivalentes ao número de pessoas em cada um dos segmentos.

Gráfico 2: Patrimônios brutos da elite agrária e dos agentes mercantis participantes dos órgãos de poder local (%)

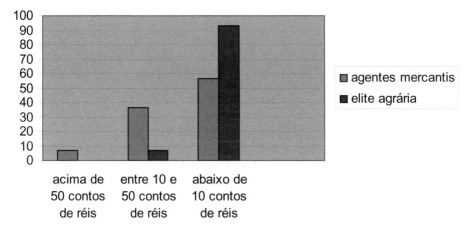

Fonte: AESP – Inventários do 1º Ofício e Inventários e Testamentos não publicados

Como se vê, apenas 6,7% das fortunas agrárias foram avaliadas acima de 10 contos de réis. Para tal grupo, nenhum monte-mor excedeu 21:000$000. As fortunas mercantis, por sua vez, apresentaram desempenho bastante diferente. Ainda que mais da metade dos comerciantes tivesse patrimônios calculados abaixo de 10 contos de réis, 36,7% podiam ser enquadrados entre aqueles detentores de fortunas médias elevadas e 6,7% considerados muito ricos.

Se comparadas as fortunas dos comerciantes com as dos senhores de terra para as amostras selecionadas, conclui-se que os agentes mercantis do universo de pesquisa integravam a elite econômica paulistana no século XVIII. Para que não fiquemos reféns da fragilidade de amostras pequenas, é importante verificar como os historiadores que se dedicaram aos estudos das fortunas no século XIX hierarquizaram homens e valores.

Maria Lucília Viveiros Araújo, ao investigar a riqueza dos paulistanos na primeira metade do oitocentos, dividiu os 146 inventários consultados em três faixas de fortunas. Seguindo os passos de Fragoso, estipulou que os proprietários com mais de 50 contos de réis, os muito ricos, formariam o grupo A. No grupo B, com mais de 10 contos de réis ficariam os ricos, e o grupo C, com até 10 contos de réis, corresponderia às camadas médias da sociedade.[87]

Kátia Maria de Queirós Mattoso já havia empregado semelhante distribuição de riqueza para a análise da sociedade baiana no século XIX. Segundo a historiadora, homens e mulheres situados nas camadas médias da população eram possuidores de patrimônios de 2:100$000 a 10:000$000; acima deste grupo, situavam-se os indivíduos detentores de fortunas médias altas, com montes brutos até 50:000$000; e, no topo da pirâmide, com riqueza acima deste valor, estava a minoria que poderia ser considerada a mais rica do país.[88]

De acordo com tais classificações, 43,4% dos agentes mercantis do universo de pesquisa também poderiam ser enquadrados entre os sujeitos ricos e muito ricos, o que reforça a ideia de que pertencessem à elite econômica de São Paulo setecentista.

Uma outra forma de abordar a questão e comprovar o que se está afirmando é analisar os cabedais declarados no censo de 1765, realizado na cidade de São Paulo. Ressalvas já foram feitas a este tipo documental por Maria Luiza Marcílio e Carlos de Almeida Prado Bacellar quanto à sub-avaliação das fortunas dos chefes de fogos.[89]

De fato, se compararmos os cabedais dos agentes mercantis com os montes-mores nos respectivos inventários, veremos que os valores tiveram um aumento substancial. No entanto, se poderia argumentar que os comerciantes, ao longo dos anos, ampliaram negócios, amealharam fortunas e enriqueceram seus patrimônios. Isto é verdade, mas em parte. Dois casos evidenciam que os cabedais declarados não correspondiam inteiramente à riqueza possuída.

Em 1765, o recenseador registrou o cabedal do mercador Domingos João Vilarinhos em 500$000, todavia, falecido no ano seguinte, os bens arrolados em seu inventário quadruplicaram tal cifra, já que foram avaliados em 2:280$295. Situação similar ocorreu com a fortuna de D. Maria da Silva Leite. Viúva do abastado homem de negócio José da Silva Ferrão, a meação da inventariante fora calculada, em 1762, em 28:179$204, mas três anos depois, o cabedal constante do censo foi praticamente reduzido a um terço, ou seja, 10:000$000.

Ainda que tais descompassos não abandonem o horizonte da análise, julgo importante avaliar as fortunas dos agentes mercantis registradas neste tipo documental, pois, além de terem sido alvo do estudo de vários historiadores – como discutido no capítulo 1 –, os dados são privilegiados por guardarem informações sobre os cabedais de vários segmentos sociais num único ano.

Neste momento, a análise recairá sobre o recenseamento ocorrido na freguesia da cidade, que compreendia quatro companhias de ordenanças: Cidade, Nossa Senhora do

---

87 Maria Lucília Viveiros Araújo, *op. cit.*, p. 89.

88 Kátia Maria de Queirós Mattoso, *Bahia, a cidade do Salvador e seu mercado no século XIX*. São Paulo: Hucitec; Salvador: SMEC, 1978.

89 Ver capítulo 1.

Ó e Santana, Caguaçu e São Miguel.[90] Foram levantados 899 fogos, habitados por 1748 homens e 2090 mulheres. A riqueza total acumulada foi calculada em 266:243$000, o que gerou uma riqueza média por família de 296$154.

Quarenta e dois chefes de fogos foram identificados como mercadores, homens de negócio, negociantes e vendeiros. Entretanto, a consulta a outras fontes documentais permitiu que mais 24 agentes mercantis – arrolados sem ocupação declarada – fossem incorporados ao grupo. Do total de 66 sujeitos, a contabilidade só pôde ser efetuada para 54, pois 12 não tiveram os cabedais mencionados. Como a maior riqueza foi registrada em 28:000$000, as faixas de fortunas consideradas para a tabulação dos dados foram mais modestas do que as estabelecidas para os patrimônios brutos dos inventários (gráfico 3).

Gráfico 3: Cabedais de 54 agentes mercantis - censo de 1765

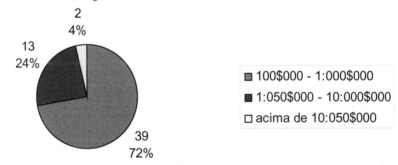

Fonte: *Documentos interessantes para a história e costumes de São Paulo*. São Paulo: Instituto Historico e Geographico de S. Paulo, 1937, vol. LXII.

Como se observa, uma significativa parcela do grupo mercantil teve cabedais declarados abaixo de 1 conto de réis e somente dois recenseados tiveram as fortunas avaliadas acima de 10:050$000. Entretanto, os comerciantes José Rodrigues Pereira e Francisco Pereira Mendes, cujos cabedais correspondiam a 28:000$000 e 20:000$000 respectivamente, foram os únicos moradores detentores de cifras tão avultadas.

Para se ter uma ideia, salvo os 15 agentes mercantis com cabedais superiores a um conto de réis, apenas mais 23 habitantes desfrutavam de igual condição, ou seja, nas freguesias recenseadas, 37 chefes de domicílios e 1 agregado concentravam cerca de 60% da riqueza.

É evidente que este restrito grupo correspondia à elite afortunada paulistana setecentista e, não só os agentes mercantis do universo de pesquisa dele faziam parte como os quatro cabedais mais elevados estavam em suas mãos. Além dos dois citados acima, os homens de negócio Francisco de Sales Ribeiro e Manuel de Oliveira Cardoso possuíam

---

90 Publicado em *Documentos interessantes para a história e costumes de São Paulo*. São Paulo: Instituto Historico e Geographico de S. Paulo, 1937, vol. LXII (Recenseamentos 1765-1767).

fortunas registradas em 8:000$000. Se anteriormente, com base nos montes-mores dos inventários, já se assinalara a proeminência dos homens de comércio no contexto piratiningano, as informações do censo de 1765 vieram a reforçar a posição de destaque assumida pelos comerciantes na hierarquia econômica de São Paulo no século XVIII.

Entretanto, como a riqueza, por si só, não trazia honra, mas era fundamental para a manutenção do status social, é importante que, mais uma vez, voltemo-nos à participação dos comerciantes inventariados e recenseados nos órgãos de poder local, procurando assinalar as possíveis correspondências entre fortunas e prestígio.

Se nos detivermos na atuação dos agentes mercantis mais abastados, veremos que eles ocuparam os principais cargos da Câmara Municipal, da Santa Casa de Misericórdia, da Ordem Terceira da Penitência de São Francisco, da Irmandade do Santíssimo Sacramento, do Juizado de Órfãos.[91]

O capitão Gaspar de Matos foi ministro da Ordem Terceira de São Francisco. José da Silva Ferrão, o segundo inventariado em ordem patrimonial, teve a atuação mais espetacular do grupo: foi juiz ordinário, provedor da Misericórdia e do Santíssimo Sacramento, ministro da Irmandade franciscana, capitão das Ordenanças e cavaleiro da Ordem de Cristo. Abaixo dele na hierarquia mercantil, com uma fortuna superior a 40:000$000, estava posicionado o também capitão e cavaleiro da ordem de Cristo Francisco Pereira Mendes, que ocupou os postos mais elevados das duas irmandades. Somente Manuel de Macedo, o quarto na pirâmide, desempenhou o cobiçado ofício de juiz de órfãos. Outro cavaleiro, André Alvares de Castro, com monte bruto superior a 21:000$000, dirigiu a Misericórdia no biênio de 1744-1745. E o homem de negócio e licenciado Manuel José da Cunha, por sua vez, atuou como juiz ordinário no órgão concelhio, ministro dos franciscanos e provedor do Santíssimo.

Os detentores dos maiores cabedais declarados no censo de 1765 igualmente praticaram o exercício de funções prestigiadas nas referidas instituições. O sargento-mor e cavaleiro José Rodrigues Pereira foi juiz ordinário e provedor da Irmandade do Santíssimo. O capitão Francisco de Sales Ribeiro dirigiu todos os órgãos, com exceção do juizado de órfãos. E, além de ter conquistado o posto de capitão-mor, o cavaleiro Manuel de Oliveira Cardoso foi provedor da Misericórdia e do Santíssimo Sacramento e ainda ministro dos franciscanos, os mesmos postos ocupados pelo sargento-mor Lopo dos Santos Serra, possuidor de uma fortuna calculada em 6:400$000.

Embora o destaque tenha sido dado aos mais afortunados, isso não significa que apenas estes homens comandaram as instituições locais. Na verdade, os postos mais

---

91 A correspondência entre fortunas e cargos será estabelecida até 1765, baliza cronológica final da pesquisa. Sobre a participação dos agentes mercantis nos órgãos de poder local a partir desta data até o final do século XVIII, ver Kátia Maria Abud, *Autoridade e riqueza...*, p. 93-7 e 128-30; Laima Mesgravis, *A Santa Casa de Misericórdia de São Paulo...*, p. 83-7 e Adalberto Ortmann, *História da Capela de São Francisco em São Paulo...*, p. 432-435.

prestigiados também passaram pelas mãos de outros comerciantes situados em patamares inferiores de riqueza.

Entretanto, o interessante é perceber que os cabedais avultados facilitaram não só o ingresso, mas a direção sucessiva de vários órgãos por parte dos membros da elite mercantil. Ainda que os espaços de poder na São Paulo setecentista fossem redutos das famílias da terra, cada vez mais a projeção econômica alcançada pelos comerciantes conjugava-se com o reconhecimento e o prestígio sociais, na medida em que estes últimos conquistavam postos de comando. O sucesso na carreira mercantil, a posse de bens de raiz e escravos, o acúmulo de fortunas e a atuação sociopolítica redimia os privilegiados de um passado maculado pela origem humilde e adventícia e pela falta de limpeza de mãos.

Se é evidente que os homens de comércio se conheciam, pois atuavam nos mesmos órgãos locais, resta investigar se suas motivações econômicas e a coesão como grupo social eram reforçadas por laços de parentesco. No próximo capítulo, as alianças matrimoniais e a constituição de famílias no interior do segmento comercial serão o ponto de partida para a narração de trajetórias de vida, construídas a partir do entrelaçamento dos negócios, das relações parentais e da inserção social dos agentes mercantis na cidade de São Paulo setecentista.

Capítulo 5

O comércio em retalhos de vida

Aos 11 anos de idade, Manuel de Macedo partira de sua terra natal, vila de Guimarães, na região do Minho, para realizar a longa travessia do Atlântico em direção à América Portuguesa. Quando desembarcou no porto do Rio de Janeiro, foi levado a Santos na sumaca de Antonio da Costa Lobo e, finalmente, chegou à cidade de São Paulo em 1722.[1]

Iniciou a carreira comercial como caixeiro do abastado homem de negócio Gaspar de Matos e, mais tarde, estabelecido com loja de fazenda seca na rua Direita, dedicou-se ao comércio de mercadorias trazidas por ele do Rio Janeiro ou encomendadas a outros agentes mercantis, como Lopo dos Santos Serra e Tomé Rabelo Pinto, e aos negócios realizados nas minas de Goiás em sociedade com o também mercador Antonio de Freitas Branco.[2]

Em 1735, contraiu matrimônio com Escolástica Maria de Matos, filha de seu patrão. Pelo menos duas de suas herdeiras desposaram outros comerciantes: Maria Teresa Vitória da Silva casou-se com Francisco Xavier dos Santos, filho do mercador reinol Lopo dos Santos Serra,[3] e Ana Maria de Macedo foi a primeira esposa do minhoto Manuel Antonio de Araújo.[4]

A partir da década de 1730, começou a circular pelos órgãos locais de poder e prestígio social, atuando como escrivão da Irmandade do Santíssimo Sacramento. Já no início do decênio seguinte, desempenhou os cargos de almotacé e vereador na Câmara

---

1 ACMSP – Dispensas e processos matrimoniais – 4-6-22.

2 AESP – Inventários 1° ofício – ord. 734 – cx. 122 (Gaspar de Matos); AESP – Inventários 1° ofício – ord. 705 – cx. 93 (Manuel de Macedo).

3 *Documentos interessantes para a história e costumes de São Paulo*. São Paulo: Instituto Historico e Geographico de S. Paulo, 1937, vol. LXII (Recenseamentos 1765-1767).

4 ACMSP – Dispensas e processos matrimoniais – 4-86-658. A outra filha Escolástica Joaquina contraiu matrimônio com o agente mercantil José Vaz de Carvalho, que não integra o universo de pesquisa.

Municipal e, no mesmo período, participou da Ordem Terceira da Penitência de São Francisco como síndico. Finalmente, foi nomeado como juiz de órfãos em 1747, posto que ocupou durante três anos.[5]

Faleceu em 1753, deixando um patrimônio líquido de cerca de vinte e três contos de réis, composto majoritariamente por dívidas ativas, fazendas da loja e escravos.[6]

Se esta trajetória bem sucedida resgata muitos aspectos das vidas dos comerciantes em São Paulo setecentista, já abordados nos capítulos precedentes, ela traz um dado novo sobre as ligações familiares travadas pelos agentes do universo de pesquisa. No caso de Macedo, o matrimônio ocorreu no interior do próprio grupo mercantil, e ele herdou uma loja de fazenda seca de seu sogro. Tal como ele, os genros estavam envolvidos na faina comercial.

Sua história familiar não é única. Percursos similares poderiam ser estendidos a muitos agentes mercantis atuantes em solo piratiningano e aos homólogos residentes em várias partes da América colonial e da Europa do Antigo Regime. De fato, os historiadores dedicados ao estudo dos comerciantes na época moderna têm assinalado a conjugação entre negócios e famílias como estratégia tanto para a consolidação da carreira comercial quanto para a mobilidade social pretendida pelo grupo.[7]

Embora os casamentos endogâmicos tenham ocorrido nos espaços mencionados, fortalecendo os interesses mercantis e a coesão do grupo, as uniões com elementos da nobreza, no reino, e com membros da elite agrária, na colônia, também foram pretendidas pelos comerciantes, que as encaravam como mecanismos de ascensão socioeconômica e de acesso a postos políticos e militares.

Frente ao quadro esboçado, é necessário que se investiguem as alianças matrimoniais e a constituição de famílias orquestradas pelos agentes mercantis em São Paulo setecentista. Para tanto, a primeira parte do capítulo será dedicada à análise da questão, levando-se em conta, simultaneamente, as particularidades do caso paulistano e as possíveis semelhanças com contextos já estudados pela historiografia. Na segunda parte, serão narradas algumas trajetórias de vida que possam iluminar a atuação dos comerciantes mencionados ao longo do trabalho, até então analisados de forma fragmentada.

---

5 Todos os registros sobre a participação dos agentes mercantis nos órgãos de poder foram obtidos a partir do cruzamento de informações do banco de dados elaborado. Ver capítulo 3.

6 aesp – Inventários 1º ofício – ord. 705 – cx. 93.

7 Jorge Miguel Pedreira, *Os homens de negócio da praça de Lisboa...*, p. 242-93; Susan Socolow, *Los mercaderes de Buenos Aires virreinal: familia y comercio*, Buenos Aires, Ediciones de la flor, 1991, p. 49-70; Rae Flory, *Bahian society in the mid-colonial period...*, p. 229-37; Helen Osório, *"Comerciantes do Rio Grande de São Pedro..."*, p. 112-4; Sheila de Castro Faria, *A colônia em movimento...*, p. 208-12; Riva Gorenstein, *Negociantes e caixeiros na sociedade da independência...*, p. 195; Luis Ribeiro Fragoso, *Homens de grossa aventura...*, p. 330-1.

A consulta a múltiplas fontes documentais revelou o estado civil de 82 agentes mercantis do universo de pesquisa. Dos 18 restantes não há informações disponíveis para 13, pois sobre quatro deles – Antonio do Couto Moreira, Mateus de Oliveira, Mateus Fernandes de Oliveira e Manuel de Magalhães Cruz –, o último registro nos documentos compulsados os mencionava como solteiros, o que não garante que tivessem permanecido celibatários até o final da vida.

Antonio do Couto Moreira, por exemplo, citado nos censos de 1765 e 1767 como solteiro, pode ter contraído núpcias posteriormente, pois àquela época contava com 32 anos de idade[8]. Dúvida semelhante paira sobre Manuel Magalhães da Cruz que continuava celibatário até 1761, quando, partindo de viagem, encaminhou um pedido à câmara episcopal de São Paulo, solicitando uma declaração de que estava desimpedido "para tomar o estado que lhe parecer".[9]

O último caso para o qual os dados não foram conclusivos diz respeito a Francisco Rodrigues Souto, acusado em 1748 pelo promotor do juízo eclesiástico de viver amancebado com uma preta chamada Apolônia. Como o mercador não desistisse do escandaloso trato e ilícita comunicação, mesmo em face das repetidas admoestações que lhe tinham feito os párocos passado e vigente, vinha o denunciante exigir que o réu fosse castigado com as penas de direito.

Inquiridas as testemunhas, o relacionamento ficou comprovado pela fala do também mercador Domingos Francisco Guimarães, o qual declarou que

> o denunciado tem em sua casa e companhia a denunciada Apolônia que, em algum tempo, foi sua escrava e hoje forra, com a qual anda amancebado há mais de dois anos, e que o suposto manda a dita denunciada para um sítio que tem no bairro da Penha, a torna a recolher a sua casa, continuando o mesmo trato e causando escândalo a toda a vizinhança.[10]

Como não disponho de informações sobre uma eventual regularização eclesiástica do concubinato de Francisco Rodrigues Souto, não foi possível incluí-lo entre os homens casados do universo de pesquisa.

Para o grupo de 82 comerciantes sobre o qual há dados concretos, três foram celibatários definitivos, como se comprova nos testamentos de Manuel Soares de Carvalho,

---

8 *Documentos Interessantes para a História e Costumes de São Paulo*. São Paulo: Instituto Historico e Geographico de S. Paulo, 1937, vol. LXII (Recenseamentos 1765-1767).

9 ACMSP – Dispensas e processos matrimoniais – 4-75-549.

10 ACMSP – Processos gerais antigos – autos crimes – Francisco Rodrigues Souto – 1748 – concubinato.

Domingos João Vilarinhos e de Francisco Pinto de Araújo,[11] falecido na cidade do Porto. Dos 79 casados, três – Jerônimo Pereira de Castro, Manuel Gomes da Costa e Antonio da Costa Lobo – foram registrados no censo de 1765 como "casados no reino".[12]

Sobre o estado civil deste último, já se tinha informação pela dispensa matrimonial de 1748. Por ordem do reverendo padre vigário geral do bispado de São Paulo, Lobo foi obrigado a sair da cidade no termo de trinta dias com o fundamento de ser casado e se achar vivendo ausente de sua mulher. Alegando ter licença da esposa – moradora na vila do Conde, arcebispado de Braga, a quem sempre socorrera –, ser homem de negócio de exemplar procedimento, ter dívidas passivas e ativas com várias pessoas e não poder deixar a sua fazenda e loja ao desamparo, pedia que se esperasse uma nova licença que viria na frota seguinte. De fato, após alguns meses, o documento chegou renovando sua permanência na colônia por três anos.[13] Embora não se tenha notícia do que aconteceu após este tempo, o fato é que no recenseamento de 1765, ou seja, catorze anos depois do prazo vencido, o mercador de 70 anos continuava a residir em solo piratininingano, com cabedal declarado de 150$000 e ainda casado em Portugal.

O grupo de 76 agentes que contraíram matrimônio na colônia era essencialmente composto por portugueses, pois, como assinalado no capítulo 1, a maioria dos elementos do universo de pesquisa era proveniente do reino e das ilhas atlânticas[14]. O alto índice de homens casados revela a opção pelo casamento como forma de fortalecimento da carreira mercantil e de mobilidade social, reiterando as análises de Jorge Pedreira para os homens de negócio da praça de Lisboa, de Susan Socolow para os mercadores de Buenos Aires, de Helen Osório para o segmento mercantil do Rio Grande do Sul e de Rae Flory para os comerciantes na Bahia.

Tal como os historiadores, verifiquei que, embora o recrutamento do corpo mercantil fosse externo à capitania de São Paulo, as esposas escolhidas eram naturais da terra, em geral, nascidas na própria cidade e nas vilas vizinhas. Mas seriam elas pertencentes às famílias da elite agrária ou do grupo mercantil?

Os dados coletados revelaram que 30% dos agentes desposaram filhas de sujeitos atrelados à lide comercial. No entanto, se expandirmos os laços familiares para rela-

---

11 Respectivamente, AESP – Inventários e Testamentos não publicados – ord. 549 – cx. 72; AESP – Inventários e Testamentos não publicados – ord.544 – cx. 67; ACMSP – Processos gerais antigos – testamentos – 3-4-8.

12 *Documentos interessantes para a história e costumes de São Paulo*. São Paulo: Instituto Historico e Geographico de S. Paulo, 1937, vol. LXII (Recenseamentos 1765-1767)... A partir deste momento, sempre que se tratar dos censos, considere-se esta referência bibliográfica.

13 ACMSP – Dispensas e processos matrimoniais – 4-39-239.

14 Do conjunto de 76 comerciantes casados, 68 eram originários de Portugal e ilhas, 6 naturais da colônia – 4 da cidade de São Paulo, 1 da vila de Santos, 1 da capitania do Rio de Janeiro – e 2 de origem desconhecida.

ções entre cunhados comerciantes, entre filhas, netas e sobrinhas de agentes mercantis com descendentes de outros agentes, esta cifra é duplicada.[15] Em outras palavras, os cruzamentos realizados comprovaram que cerca de 60% dos agentes do universo de pesquisa estabeleceram ligações parentais no interior do próprio grupo mercantil, o que reforça o lugar de destaque assumido pelos negócios desenvolvidos em solo pira-tiningano nos setecentos.[16]

Ao analisar as relações de parentesco firmadas pelos homens de negócio da praça de Lisboa na segunda metade do século XVIII, Jorge Pedreira afirmou que "os casamentos no seio da comunidade mercantil serviam para consolidar as casas de negócio, tanto pelos meios que se colocavam ao seu dispor, como pelo reforço do seu lugar na teia de conhecimentos pessoais na praça".[17] Como apenas um terço dos sujeitos de sua amostra em idade tardia contraiu matrimônio no meio dos negócios, Pedreira julgou que os casamentos endogâmicos serviam mais para fortalecer uma carreira mercantil do que para a lançar.[18]

Cifras semelhantes foram constatadas por Rae Flory para a sociedade baiana, entre 1680 e 1725, em que cerca de 32% dos comerciantes desposaram filhas de outros agentes mercantis[19]. Já os dados trazidos por Susan Socolow sobre os casamentos dos comerciantes de Buenos Aires, em finais do século XVIII, são bastante distintos dos retratados pelos dois autores. Segundo a autora, 66% das esposas dos comerciantes eram em sua maioria criollas de nascimento, filhas de agentes mercantis atuantes na cidade, o que fazia com que o casamento servisse como veículo pelo qual o comerciante originário da Espanha consolidava sua posição na sociedade portenha.[20]

Para o entendimento das alianças matrimoniais estabelecidas no contexto paulistano, é importante que se retomem as análises de Muriel Nazzari comentadas no início da tese. Segundo a autora, no começo do século XVIII, os comerciantes buscavam desposar filhas da elite agrária com vistas aos dotes trazidos para o matrimônio e às possibilidades

---

15 De acordo com Jorge Pedreira, "é certo que os índices da endogamia profissional não podem ser medidos apenas pelos ofícios dos sogros. Seria necessário contabilizar também as uniões com sobrinhas, irmãs ou cunhadas dos homens de negócio, que representam igualmente alianças no corpo do comércio". Jorge Pedreira, *op. cit.*, p. 259.

16 Estas cifras são superiores às encontradas por Helen Osório para o contexto riograndense que localizou 35% dos comerciantes aparentados entre si ou com outros negociantes. Helen Osório, *op. cit.*, p. 112.

17 Jorge Pedreira, *op. cit.*, p. 266.

18 Mas, situação distinta foi encontrada na geração seguinte, uma vez que a investigação das profissões dos genros destes homens de negócio levou o historiador a concluir que 55% dos genros também eram negociantes. Jorge Pedreira, *op. cit.*, p. 371.

19 Rae Flory, *op. cit.*, p. 233-4.

20 Susan Socolow, *op. cit.*, p. 51-2.

de maior inserção social. Entretanto, com o passar dos anos, as transações mercantis bem sucedidas fortaleceram a posição econômica de seus agentes que, por meio da riqueza acumulada, conseguiram ocupar postos políticos e militares.[21] Ou seja, os laços de parentesco com as tradicionais famílias da terra deixaram de representar a única via de acesso para a mobilidade e o reconhecimento sociais almejados.

Se levarmos em conta a comparação das fortunas dos agentes mercantis inventariados e/ou recenseados em 1765 com as da elite agrária, realizadas no capítulo anterior, fica ainda mais fácil compreender a razão pela qual Nazzari sugeriu que, em meados dos setecentos, os proprietários da terra passaram a cobiçar genros comerciantes. Além disso, é evidente que as relações parentais endogâmicas tendiam a favorecer os envolvidos, beneficiados pelas possibilidades de expansão e de prosperidade dos negócios.

A partir das informações compulsadas nos processos matrimoniais, nos registros de casamentos, nas habilitações do Santo Ofício e da Ordem de Cristo, nos inventários e testamentos, e complementadas pelas obras de Pedro Taques de Almeida Paes Leme, Luiz Gonzaga da Silva Leme e Manuel Eufrásio de Azevedo Marques,[22] foi possível elaborar uma "árvore genealógica" que entrelaça 27 agentes mercantis do universo de pesquisa por meio das mais diversas relações familiares endogâmicas, o que corresponde a cerca de 35% dos comerciantes casados na cidade de São Paulo.[23]

Para que se entenda a composição do diagrama "Relações familiares dos agentes mercantis do universo de pesquisa" é necessário descrever os procedimentos adotados para sua construção. Antes de tudo, é fundamental enfatizar que a árvore genealógica, de cunho artesanal, foi elaborada para atender às finalidades do capítulo, ou seja, para facilitar a visualização dos matrimônios contraídos no seio do grupo comercial, bem

---

21 Muriel Nazzari, *O desaparecimento do dote...*, p. 131-48.

22 Pedro Taques de Almeida Paes Leme, *Nobiliarquia paulistana histórica e genealógica*. Belo Horizonte: Itatiaia; São Paulo: Edusp; 1980; Luis Gonzaga da Silva Leme, *Genealogia paulistana* (CD-ROM). São Paulo: Macromedia, 2002; Manuel Eufrásio de Azevedo Marques, *Apontamentos históricos, geográficos, estatísticos e noticiosos da Província de São Paulo:* Martins, s/d.

23 Entretanto, fora da "árvore genealógica", encontrei relações endogâmicas de parentesco estabelecidas entre outros agentes mercantis. Envolvidos pela relação sogro-genro, temos Sebastião Henriques e Antonio Corrêa Ribeiro, Manuel Jorge da Silva e Antonio de Freitas Branco, Alexandre Francisco de Vasconcelos e Manuel Luis da Costa, Manuel Luis Ferraz e Manuel Francisco de Melo. A relação entre cunhados pôde ser testemunhada para José Francisco Guimarães, Manuel Rodrigues Ferreira e José da Silva Brito que se casaram com três irmãs, filhas de José Monteiro da Fonseca e Gertrudes Maria de Siqueira. Da mesma forma, Domingos Fernandes Lima, José Gonçalves Coelho e Antonio Francisco de Sá desposaram as herdeiras de Antonio Lopes de Miranda e Mariana Rodrigues de Oliveira. Ainda, o filho de Matias da Costa Figueiredo se casou com uma sobrinha dos três últimos comerciantes, e a filha de Manuel de Faria Couto contraiu núpcias com outro cunhado deles. Por fim, constatei que a filha de Jerônimo da Costa Guimarães se casou com o neto de Caetano Prestes.

como mostrar que parte dos descendentes também casava entre si, aprofundando laços internos e consolidando interesses econômicos. Portanto, as disposições dos indivíduos no diagrama não correspondem necessariamente às gerações das quais faziam parte.

1. O diagrama envolveu as relações familiares de sete agentes mercantis – considerados "cabeças" – e seus descendentes: Bento do Amaral da Silva, Manuel Veloso, Manuel Mendes de Almeida, Manuel José da Cunha, Gaspar de Matos, Tomé Alvares de Castro e João Francisco Lustosa.

2. Os homens aparentados com os "cabeças" foram apresentados na tonalidade mais escura à da família a qual estavam ligados e as mulheres numa variação mais clara.

3. Para destacar os agentes mercantis do universo de pesquisa, os retângulos nos quais seus nomes estão na mesma tonalidade escura dos homens, porém com bordas mais grossas.

5. Não foram incluídos todos os descendentes dos casais, somente aqueles que se uniram às famílias de outros comerciantes. De forma análoga, não constam do diagrama os pais de esposas de comerciantes que não eram ligados ao trato mercantil, a menos que tenham originado famílias de comerciantes aparentados entre si, como foi o caso de Manuel Veloso e Gaspar de Matos.

6. A palavra entre parênteses "Portugal", registrada em alguns retângulos, indica que os indivíduos moravam no reino, mas foram incluídos para que as relações entre irmãos pudessem ser percebidas.

8. Quando os nomes ou sobrenomes das esposas dos comerciantes encontrados nos documentos diferiram dos apresentados nas obras genealógicas, optou-se pela manutenção daqueles registrados nas fontes.

Uma vez explicitados os critérios considerados para a elaboração da árvore genealógica, passemos à narração das trajetórias de vida dos agentes mercantis nela representados.

Bento do Amaral da Silva, natural de São Paulo, era filho de Inácio Dias da Silva e Ana Maria do Amaral Gurgel, ambos pertencentes às tradicionais famílias paulistas. De acordo com Pedro Taques, Bento do Amaral da Silva excedeu a todos de seu tempo na arte de andar a cavalo, destreza herdada do pai, recebendo elogios rasgados do futuro governador de Cuiabá, D. Antonio Rolim de Moura, durante sua estadia na cidade, à espera da monção para aquelas minas.[24]

Eleito juiz ordinário nos pelouros de 1752, não pôde, entretanto, cumprir seu mandato, pois, andando em ronda com os oficiais da justiça, encontrou-se com o régulo facinoroso Manuel Soares que o assassinou com um tiro à queima roupa. Lamentou o

---

24 Pedro Taques de Almeida Paes Leme, *op. cit.*, t. I, p. 140.

244 A TEIA MERCANTIL: NEGÓCIOS E PODERES EM SÃO PAULO COLONIAL

genealogista morte tão sentida, como era a vida estimada de Bento do Amaral da Silva, "porém morreu quem morreu, e a lima do tempo tudo consome, e só lamenta os estragos da ruína quem participa do golpe para chorar os effeitos d'elle, como até hoje, com viva dor, chora a viúva sua mulher o desamparo dos tenros filhos que lhe ficaram".[25]

Embora seu avô paterno, Domingos Dias da Silva tivesse deixado, ao falecer em 1725, um monte bruto de cerca de oito contos de réis,[26] parece que a fortuna foi se dissipando ao longo dos anos e não chegou às mãos de Bento do Amaral da Silva, que, vivendo de seus negócios, acumulou mais dívidas do que proventos, tanto que seu patrimônio foi avaliado em módicos 167$000, quando se procedeu ao auto de partilha do inventário.[27]

Apesar dos louros atribuídos ao "cidadão de São Paulo", o agente mercantil – natural da terra e pertencente às "nobres" famílias piratininganas – foi o mais pobre, em termos de riqueza, dos elementos inventariados do universo de pesquisa. Destes dados se deduz que o alto cargo da Câmara de São Paulo para o qual foi nomeado deveu-se mais à proeminência familiar de seus antepassados do que à sua capacidade de amealhar fortunas nos negócios.

Uma de suas filhas, Beatriz Dionísia do Amaral, ao se casar com Joaquim da Costa de Siqueira, filho do minhoto Inácio da Costa de Siqueira[28] e de Maria Josefa Veloso, ingressou no seio de uma família de comerciantes, encabeçada pelo português Manuel Veloso.

5.1. Família de Manuel Veloso

Embora não se saiba quando Manuel Veloso, proveniente do arcebispado de Braga, chegou a São Paulo, é certo que aqui já residia desde a primeira década do século XVIII, pois seu nome constava da lista dos moradores convocados, em 08 de março de 1709, para o ajuste do preço do sal em falta nas terras do Planalto de Piratininga, que andava exorbitante.[29]

Se, nesta ocasião, o mercador tomara parte de uma relevante discussão sobre o abastecimento da população, no edital publicado em 28 de março de 1713, sua condição era

---

25 Pedro Taques de Almeida Paes Leme, *op. cit.*, t. I, p. 141.

26 AESP – Inventários 1º ofício – ord. 741 – cx. 129.

27 AESP – Inventários 1º ofício – ord. 645 – cx. 33.

28 Natural da cidade de Braga, Inácio da Costa de Siqueira veio para a cidade de São Paulo, aos 12 anos de idade, por volta de 1730. Em 1739, contraiu núpcias com Maria Josefa, tornando-se genro de Manuel Veloso. Vivendo de seus negócios, na década de 1740, ocupou o cargo de tesoureiro do dinheiro da Irmandade do Santíssimo Sacramento e participou da Ordem Terceira da Penitência de São Francisco como síndico. ACMSP – Dispensas e processos matrimoniais – 4-11-67.

29 *Actas da Camara Municipal de S. Paulo 1701-1719*. São Paulo: Typographia Piratininga, 1916, vol. VIII, p. 187-9.

O comércio em retalhos de vida 245

bem diferente, pois foi acusado de ter em seu poder grande quantidade de ouro em pó desencaminhado dos quintos reais.[30]

Em busca a sua residência, foram encontradas e sequestradas oitocentas oitavas de ouro, e o doutor Sebastião Galvão Rasquinho – ouvidor-geral da comarca de São Paulo – ordenou que o mercador fosse preso e condenado à morte, além da perda de sua fazenda para a Câmara na forma das leis de Sua Majestade.

Entretanto, ao começar a proceder à devassa, o ouvidor decidiu suspender a pena aplicada quando foi informado de que quase todos os moradores da comarca incorriam no delito, pois era comum a permutação de ouro em pó por qualquer outro gênero de fazendas, em gravíssimo prejuízo da Coroa. Livre das condenações e, ao que parece, reconhecido pelas autoridades, Manuel Veloso foi, quatro anos depois, provido no posto de capitão dos moradores da cidade de São Paulo pelo general D. Pedro de Almeida.[31]

Durante o ano de 1720, arrematou o corte de carne da cidade pelo período de oito meses[32] e, no seguinte, tomou parte da comissão responsável por avaliar as obras da cadeia, construída pelo capitão mor José de Góes e Moraes.[33] Também, em 24 de maio de 1722, foi chamado pelos camaristas, juntamente com outros notáveis, para discutir sobre a necessidade de haver um médico residente na cidade.[34] E, por fim, em 06 de julho de 1726, tomou posse e fez juramento do cargo de almotacé na Câmara Municipal de São Paulo.[35]

Ulteriormente, Veloso desempenhou o ofício de procurador na Irmandade do Santíssimo Sacramento em 1735 e, no ano seguinte, habilitou-se a cavaleiro da Ordem de Cristo.

Na década de 1730, aliás, foi ativa a sua participação na deliberação de vários assuntos importantes aos paulistanos. Em 18 de outubro de 1730, por exemplo, fez parte da

---

30 "Registro de um edital do desembargador ouvidor geral sobre os quintos e descaminhos do ouro em pó", *Registro Geral da Camara Municipal de S. Paulo 1710-1734*. São Paulo: Typographia Piratininga, 1917, vol. IV, p. 54-5.

31 "Registro da patente de capitão dos moradores desta cidade Manuel Velho [sic] do senhor general dom Pedro de Almeida", 18.12.1717, *Registro Geral da Camara Municipal de S. Paulo 1710-1734*. São Paulo: Typographia Piratininga, 1917, vol. IV, p. 268-70. Apesar de o título do registro estar incorreto, no corpo do documento, o sobrenome Veloso aparece por mais de uma vez.

32 *Actas da Camara Municipal de S. Paulo 1720-1729*. São Paulo: Typographia Piratininga, 1916, vol. IX, p. 21-2.

33 *Actas da Camara Municipal de S. Paulo 1720-1729*. São Paulo: Typographia Piratininga, 1916, vol. IX, p. 79-80.

34 *Actas da Camara Municipal de S. Paulo 1720-1729*. São Paulo: Typographia Piratininga, 1916, vol. IX, p. 174-5.

35 *Actas da Camara Municipal de S. Paulo 1720-1729*. São Paulo: Typographia Piratininga, 1916, vol. IX, p. 490-1.

junta dos homens bons e mais particulares do povo que debateu o corte da carne.[36] Quatro anos depois, seu nome estava entre os candidatos ao cargo de tesoureiro dos novos direitos e ordenados dos ouvidores gerais da comarca.[37] Como o eleito não assumira o posto, Veloso foi chamado para tomar posse da dita ocupação. Desculpando-se por sua idade e por seus achaques, comprometeu-se a permanecer no referido cargo até janeiro do ano seguinte, depois do que pedia dispensa.

Nem mesmo um mês havia se passado quando o mercador retornou ao senado, alegando incapacidade para permanecer na ocupação. Dizia ele que aceitara ser tesoureiro por acreditar que sua função seria apenas a de receber o dinheiro. Mas, na realidade, tomara conhecimento de que deveria fazer contas e passar bilhetes, atribuições estas que, segundo sua opinião, exigiam contadores e pessoas muito inteligentes, o que não era seu caso, visto não saber escrever, nem entender de contas. Admitido seu requerimento, foi dispensado do cargo e convocada nova eleição, na qual saiu vitorioso o mercador Domingos João Vilarinhos.[38]

Os argumentos usados por Manuel Veloso para se eximir do ofício, entretanto, não condiziam com suas atividades. É curioso que um sujeito que desviara uma considerável quantidade de ouro; arrematara o contrato do corte de carne; assumira o posto de almotacé, fiscalizando pesos e medidas, e fora acusado do crime de usura em 1732 não soubesse fazer contas. Além disso, ele não era um simples mercador, pois dispunha de caixeiros, importava mercadorias do reino, tinha negócios e sesmaria em Cuiabá.

Novamente, a presença de Veloso foi requisitada pelos camaristas quando a questão do sal voltou à pauta da vereação de 28 de fevereiro de 1736. Devido à chegada de uma ordem régia sobre o consumo do alimento na cidade de São Paulo e seu termo, por meio de uma carta do general Gomes Freire de Andrade,[39] foram convocadas as pessoas da nobreza e do povo para deliberar sobre a quantidade de sal necessária à população.

Neste mesmo ano, outra solicitação, de natureza completamente diversa, levou Veloso à Câmara. Desta vez, pretendia-se dar providências sobre a acomodação dos bexiguentos pelo grande dano que experimentavam os moradores da cidade em sua assistência.[40]

---

36 *Actas da Camara da Cidade de S. Paulo 1730-1736.* São Paulo: Typographia Piratininga, 1916, vol. x, p. 86-7.

37 *Actas da Camara da Cidade de S. Paulo 1730-1736.* São Paulo: Typographia Piratininga, 1916, vol. x, p. 363-5.

38 *Actas da Camara da Cidade de S. Paulo 1730-1736.* São Paulo: Typographia Piratininga, 1916, vol. x, p. 370-2.

39 *Actas da Camara da Cidade de S. Paulo 1730-1736.* São Paulo: Typographia Piratininga, 1916, vol. x, p. 462-4.

40 *Actas da Camara da Cidade de S. Paulo 1730-1736.* São Paulo: Typographia Piratininga, 1916, vol. x, p. 484-5.

Ainda, em 17 de janeiro de 1739, o nome de Manuel Veloso figurava entre os homens de negócios da praça de São Paulo chamados a concorrerem, espontânea e graciosamente, para o recebimento e cortejo do general na capitania. Nesta ocasião, foram discutidos os seguintes preparativos: a edificação da rancharia do Rio dos Couros para hospedagem de D. Luis de Mascarenhas durante seu trajeto à capital; a construção dos quatro arcos na cidade; a ida do sargento-mor Manuel Antunes Belém de Andrade à vila de Santos, para cumprimentar o governador em nome da câmara e do povo de São Paulo; a ornamentação das ruas pelos taverneiros e oficiais mecânicos.[41]

Até o fim da vida esteve atrelado à lide comercial, pois a última menção a Manuel Veloso nas fontes compulsadas ocorreu seis anos antes de seu falecimento, como testemunha no processo de casamento de João Afonso Esteves, em que foi registrado como vivendo "de seu negócio de mercador".[42]

Quando morreu octogenário, em 1751, residia numa morada de casas situadas na rua Direita, de dois lanços e seus corredores, cobertas de telhas e revestidas com paredes de taipa de pilão, adornadas por 12 quadros com molduras de cinco palmos de altura e quatro de largo. Além de 2 bofetes, 10 caixas, 15 tamboretes e 3 bancos de encosto, entre os principais móveis da residência, estavam uma imagem de crucifixo com seu calvário e sua cruz dourada de metal e outra de Nossa Senhora do Carmo com a coroa de prata e uma medalha de ouro esmaltada, um candeeiro de latão e dois de folha de Flandres, três catres da terra, um leito de jacarandá e um guarda-roupa.[43]

Era ainda possuidor de dois sítios localizados nas paragens de Pacaembu e Piratininga, 72 cabeças de gado e 17 escravos distribuídos pela cidade e pela roça. Com patrimônio bruto avaliado em 11:573$121, as dívidas ativas representavam 72% de sua fortuna, com devedores residentes em solo paulistano e espalhados pelas minas de Cuiabá, Goiás e de Paranapanema.[44]

---

41 *Actas da Camara Municipal de S. Paulo 1737-1743*. São Paulo: Typographia Piratininga, 1916, vol. XI, p. 183-5.

42 ACMSP – Dispensas e processos matrimoniais – 4-25-150.

43 Ao longo do capítulo, outras descrições do mobiliário guardado nas residências dos agentes mais abastados serão feitas para que se tenha ideia do recheio das casas. Mais uma vez, pelos bens domésticos, é possível testemunhar o enriquecimento dos moradores da cidade de São Paulo setecentista em relação aos dos séculos precedentes. Para fins de comparação, ver Alcântara Machado, *Vida e morte do bandeirante*, p. 67-76. Sobre o espaço doméstico colonial, ver Leila Mezan Algranti, "Famílias e vida doméstica", in: Laura de Mello e Souza (org), *História da vida privada no Brasil...*, p. 83-154. Ainda, sobre a composição do interior das casas paulistanas e a arquitetura doméstica urbana no século XIX, ver Paulo César Garcez Marins, *Através da rótula: sociedade e arquitetura urbana no Brasil, séculos XVII a XX*. São Paulo: FFLCH/USP, 1999 (tese de doutorado).

44 AESP – Inventários e Testamentos não publicados – ord. 528 – cx. 51.

248 A teia mercantil: negócios e poderes em São Paulo colonial

Paralelamente aos negócios e à participação sociopolítica na vida cotidiana da cidade, Manuel Veloso aqui se casou e constituiu família. Sua esposa, Inácia Vieira, era filha do português Francisco Vieira Antunes e de Isabel Manuel Alvares de Sousa, e neta materna de Manuel Alvares de Sousa, considerado por Silva Leme, "nobre cidadão de São Paulo, sepultado no mosteiro de São Bento, com jazigo próprio".[45] Embora se desconheça a ocupação do sogro de Veloso, os dados genealógicos indicaram que estava unido à família da terra.

Manuel Veloso e Inácia Vieira tiveram seis filhos. Os varões Manuel e Bento foram encaminhados à carreira eclesiástica, mas as quatro mulheres desposaram comerciantes reinóis, confirmando o que foi apontado no início do capítulo para o caso de Manuel de Macedo e pelos historiadores sobre o papel da relação sogro-genro no grupo mercantil, ou seja, a transmissão da atividade comercial não passava de pai para filho, mas antes ficava a cargo dos genros a continuação dos negócios dos sogros.[46]

Gregório de Castro Esteves casado com Catarina, por exemplo, aparece várias vezes como parceiro de negócios de Veloso. Proveniente de Viana, região do Minho, é citado nas fontes compulsadas desde a década de 1720, quando ocupou os cargos de secretário e síndico da Ordem Terceira de São Francisco, sempre envolvido com loja, fazendas e atividades em Cuiabá, Goiás e Rio de Janeiro.[47]

Muito tempo devia gastar naquelas minas, pois o genro Pedro Taques de Almeida Paes Leme, ao traçar a genealogia de sua primeira esposa, Maria Eufrásia de Castro

---

45 Luis Gonzaga da Silva Leme, *op. cit.*, vol. 8, p. 322-3.

46 *"El alto grado de endogamia de clase demonstrado por el grupo comerciante daba continuidad a las empresas mercantiles de la época. A través del matrimonio de sus hijas con comerciantes más jovenes, los comerciantes de la colonia cimentaban viejas sociedades y formaban otras nuevas. Para el padre, el casamento de su hija con un comerciante más joven prometía la continuación del negocio familiar, la introducción de nuevas energías y capital y una vida decente para su hija. Había casado a su hija con un hombre cuya conducta podía entender y juzgar, cuyas pautas de moderación, trabajo intenso y buen sentido comercial eran idénticas a las suyas. Para el novio, su matrimonio con la hija del comerciante anunciaba una alianza con un colega establecido, la extensión del negocio y los contactos personales a través de los oficios de su suegro, el aceso a mercaderías y a préstamos, y la aceptación por parte de otros comerciantes. El joven comerciante que se casaba con la hija de un comerciante demonstraba ser un participante serio de la vida y el comercio porteños".* Susan Socolow, *op. cit.*, p. 52.

47 Gregório de Castro Esteves foi identificado como mercador na carta que o governador Rodrigo César de Meneses enviou ao primo Aires da Saldanha de Albuquerque, capitão-general da capitania do Rio de Janeiro, solicitando que Castro pudesse fornecer-se da frota na cidade fluminense. "Carta do (governador e capitão-general da capitania de São Paulo), Rodrigo César de Meneses, para o (governador e capitão-general da capitania do Rio de Janeiro), Aires de Saldanha de Albuquerque (Coutinho Matos e Noronha), a quem pede favor para o mercador da cidade de São Paulo Gregório de Castro, que possa aí fornecer-se da frota", 27 mar. 1727, AHU_ACL_CU_023.01, cx. 3, D. 376 (Projeto Resgate – Documentos manuscritos avulsos da Capitania de São Paulo – Mendes Gouvêa).

Lomba, contou que o sogro era capitão do regimento de cavalaria das minas de Vila Boa, mas não fez menção alguma acerca da ocupação mercantil de Esteves. O mesmo ocorreu com relação aos ascendentes maternos da mulher. O genealogista se restringiu a relatar que a sogra era irmã de clérigo secular em São Paulo e de religioso franciscano no Rio de Janeiro, mas nenhuma linha foi gasta para citar o avô Manuel Veloso, suas filhas e maridos, ainda menos para dizer que todos estavam atrelados à lide comercial.[48]

Outro fato curioso, totalmente silenciado por Pedro Taques, é o processo de divórcio movido por Catarina Veloso contra Gregório de Castro Esteves. Em 19 de novembro de 1729, protegida no Recolhimento de Santa Tereza, a suplicante solicitava o divórcio de seu marido pelo evidente risco de morte que corria.

Pelo depoimento de Catarina, sabe-se que, vindo o marido na monção das minas do Cuiabá –"para onde tinha ido tratar de seu negócio" – encontrou a suplicante na mesma casa em que a deixara, com recolhimento igual a sua honra e honestidade. Entretanto, "logo que chegou a tratou com desprezos e, além disso, lhe deu muitas bofetadas, puxando-lhe simultaneamente pelos cabelos, arrastando-a pelo chão, lançando-lhe as mãos à garganta para afogá-la e fazendo-lhe com estas violências e tiranias muitas feridas sanguinolentas pelo corpo".[49] Por fim, vítima de um tiro quase certeiro, a suplicante não viu outro remédio para escapar-lhe senão fugir, gritando pelas justiças de Sua Majestade.

O processo, no entanto, não se estendeu por muito tempo, pois, já em 15 de dezembro, o denunciado compareceu ao juízo eclesiástico querendo receber sua esposa em casa. Esta, por sua vez, inquirida pelo vigário da vara sobre sua disposição em voltar à vida marital, não obstante as razões de sevícias, "respondeu em firmes palavras que estava com ânimo de fazer vida com seu marido e que esse era seu gosto e vontade". Se houve novo rompimento posteriormente, as fontes não revelam. Mas é certo que juntos foram viver na Vila Boa de Goiás, para onde também se dirigiram Pedro Taques e a esposa, Maria Eufrásia.[50]

Quanto às outras filhas de Manuel Veloso, constatei não só que se casaram com homens ligados ao mundo do comércio como também tiveram genros comerciantes.

Tomé Rabelo Pinto, segundo marido de Escolástica Veloso, era originário da freguesia de São Vicente de Campos do concelho de Ruivais, comarca e arcebispado de Braga. Ao chegar à América, desembarcou no Rio de Janeiro, onde permaneceu por

---

48 Pedro Taques de Almeida Paes Leme, *op. cit.*, t. I, p. 174. O silêncio quanto às atividades comerciais exercidas pelos parentes da esposa e a preferência em nomear apenas aqueles ligados às carreiras eclesiástica e militar evidenciam o preconceito "estamental" nas linhagens elaboradas por Pedro Taques. Ainda que estivesse ingressando numa família de comerciantes e sendo favorecido pelo dote proveniente dos negócios mercantis, estes não só foram desvalorizados como completamente ocultados.

49 ACMSP – Processos de divórcio e nulidade de casamento – 15-1-3.

50 Affonso de E. Taunay, "Prefácio", in: Pedro Taques de Almeida Paes Leme, *op. cit.*, t.I, p. 18.

mais de seis meses antes de vir para São Paulo.[51] O processo de fixação na capital paulista, como de tantos outros, contou simultaneamente com o ingresso numa família de mercadores, com a participação nos órgãos de poder local e sua presença nas discussões de assuntos de interesse da coletividade.

Aos 30 anos, em 1733, contraiu núpcias com a viúva Escolástica, tendo por testemunhas os homens de negócio Manuel de Oliveira Cardoso e Manuel Luis Ferraz.[52] Neste mesmo ano, ocupou o cargo de tesoureiro da Irmandade do Santíssimo Sacramento e foi um dos cobradores do donativo real para o casamento dos príncipes, responsável pela freguesia da cidade.[53]

Ao longo das décadas seguintes, foi ativa sua participação na referida irmandade e na Ordem Terceira de São Francisco, em que chegou a vice-ministro no biênio de 1750-51. Em 1736, foi nomeado como tesoureiro para o cofre dos órfãos. Também no início dos anos 1750, desempenhou o ofício de almotacé na Câmara Municipal e, em seguida, saiu como procurador nos pelouros. Finalmente, foi eleito provedor da Santa Casa de Misericórdia para o ano compromissal de 1764-65.

Quanto à participação nos assuntos cotidianos da vida paulistana, em 26 de fevereiro de 1735, juntamente com outros habitantes, deliberou sobre a postura do pão, pois, em virtude da falta de farinha, foi necessário que se estabelecessem novos valores para o preço e o peso do alimento, que deveria ser feito "de farinha de trigo pura sem mistura de raspas de madeira ou outras quaisquer farinhas de outro gênero que não seja de trigo".[54] Na mesma sessão também ficaram acordadas as quantias a serem cobradas pelas medidas de vinho, aguardente e azeite do reino, aguardente de cana e açúcar.

No ano seguinte, em companhia do sogro Manuel Veloso, fez parte da comissão que discutiu sobre o consumo de sal necessário à população e ainda, na década de 1730, concorreu com outros mercadores para os arcos construídos para a recepção do governador D. Luis de Mascarenhas. Por fim, em 16 de junho de 1764, seu nome constou de um requerimento endereçado ao rei de Portugal, composto por 97 assinaturas, a favor do restabelecimento da casa de fundição na cidade de São Paulo.[55]

---

51 ACMSP – Dispensas e processos matrimoniais – 4-4-18.

52 ACMSP – Registros de Casamentos – Catedral da Sé – Paróquia Nossa Senhora da Anunciação – livro 2 – 1690-1767 – 1-3-16 – fls. 32vol.

53 *Actas da Camara da Cidade de S. Paulo 1730-1736*. São Paulo: Typographia Piratininga, 1916, vol. x, p. 272-3.

54 *Actas da Camara da Cidade de S. Paulo 1730-1736*. São Paulo: Typographia Piratininga, 1916, vol. x, p. 410-2.

55 *Actas da Camara Municipal de S. Paulo 1756-1764*. São Paulo: Typographia Piratininga, 1919, vol. xiv, p. 583-94.

Embora se tenha notícia de que realizava constantes viagens ao Rio de Janeiro em busca de mercadorias desde a década de 1740, somente em 1751 apresentou fiador para abrir loja de fazenda seca na cidade.[56]

O estabelecimento comercial se localizava no imóvel da cunhada Ângela Vieira, defronte às casas do homem de negócio José da Silva Ferrão.[57] No inventário de sua esposa, aberto em 1753, as fazendas foram avaliadas em 2:388$477, o que demonstra tratar-se de uma loja de grande porte.[58]

Pelo processo, descobrimos que residia na rua Direita, numa morada de casas de dois lanços pequenos com seus corredores, de taipa de pilão, cobertas de telhas, e um lanço de sobrado, quintal murado, portas, janelas, fechaduras e chaves. É provável que já viúvo continuasse nesta residência, pois foi identificado no mesmo logradouro pelo recenseador em 1765.

Se os dados quanto à moradia são coincidentes para os dois momentos, o mesmo não pode ser dito quanto à sua fortuna. Em 1753, coube-lhe como meação no auto de partilha a quantia de 3:316$854, mas, no censo, o cabedal declarado foi de apenas 800$000. Como não disponho de seu próprio inventário, é impossível saber se o patrimônio reduzido a um quarto indicava reveses na vida do mercador ou se teria sido sub-avaliado pelo temor da cobrança de impostos. O fato é que, no censo de 1767 e em um auto cível de 1776, Tomé Rabelo Pinto foi registrado como lavrador, vivendo de suas lavouras,[59] o que pode significar o abandono do mundo dos negócios no fim da vida.

Foi ele o medianeiro do casamento de seu primo José Rodrigues Pereira, morador no Rio de Janeiro, com a enteada Ana de Oliveira Montes, fruto do enlace de Escolástica com o primeiro marido, Bento Gomes de Oliveira. Embora o matrimônio só tivesse ocorrido em 1745, José Rodrigues Pereira já se encontrava na América havia cerca de 25 anos. Ele saíra ainda adolescente da freguesia de São Martinho, vila de Ruivais na região do Minho, para a cidade do Porto, de onde deixou o reino. Na colônia, residiu na cidade fluminense, em Goiás e até mesmo em São Paulo, tanto que os parentes da noiva o conheciam havia bastante tempo, sobretudo, por ter feito assistência na casa do próprio Tomé Rabelo Pinto.[60]

Ao narrar a biografia de José Rodrigues Pereira, Manuel Eufrásio de Azevedo Marques ignorou seu processo de casamento e, portanto, sua estadia em Goiás e no Rio de Janeiro, afirmando que "veio estabelecer-se em São Paulo no início do século XVIII, e

---

56 "Termo de fiança que dá Thomé Rabello para pôr loja de fazenda seca nesta cidade", *Registro Geral da Camara Municipal de S. Paulo 1750-1763*, São Paulo 1750-1763, Typographia Piratininga, 1920, vol. X, p. 121-2.

57 AESP – Inventários e Testamentos não publicados – ord.541 – cx. 64.

58 AESP – Inventários e Testamentos não publicados – ord.530 – cx. 53.

59 AESP – Juízo dos Resíduos – Autos de contas de testamento – C05470 – doc. 005.

60 ACMSP – Dispensas e processos matrimoniais – 4-29-174.

aqui, pela sua atividade e inteligência adquiriu fortuna considerável na época do florescimento das minas de ouro".[61] Interessante o fato de acrescentar que sua esposa fazia parte "das mais distintas famílias da terra", quando, na verdade, seu padrasto, o avô e outros tios maternos eram reinóis e estavam visceralmente ligados ao trato mercantil.

A partir do estreitamento de laços parentais numa família de comerciantes, Pereira passou a circular pelos órgãos de poder e prestígio social. Quatro anos após as núpcias, já o encontramos como tesoureiro do dinheiro do Santíssimo Sacramento e como almotacé na Câmara Municipal. Nas duas instituições, chegou a ocupar os mais altos cargos de juiz ordinário, em 1755, e de provedor da Irmandade em 1765. Igualmente desempenhou o ofício de ministro da Ordem Terceira da Penitência de São Francisco, no biênio de 1758-59, em cuja capela pediu para ser enterrado com a mortalha do santo e o hábito da Ordem de Cristo, da qual se tornou cavaleiro professo em 1763.[62] Na companhia de Ordenanças, ingressou como tenente, mas foi elevado ao posto de sargento-mor na década de 1760.

Em testamento, declarou ser homem de negócio na cidade e fora dela, com correspondentes em várias localidades e possuidor de duas lojas de fazenda seca na capital e uma em Mogi das Cruzes. Entre os devedores discriminados no seu inventário, muitos residiam em solo piratininagno, mas outros se encontravam nas minas de Cuiabá e Goiás, na cidade do Rio de Janeiro e nas vilas de Paranaguá, Santos, Jundiaí e Araçariguama, o que revela a amplitude das transações mercantis realizadas.[63]

José Rodrigues Pereira figurou no censo de 1765 com o cabedal mais avultado registrado, 28:000$000, sendo julgado, mediante este tipo documental, o morador mais rico da freguesia da cidade. Mas já era considerado abastado antes mesmo de o censo ter tornado pública sua riqueza, pois, em 24 de setembro de 1763, foi chamado à Câmara Municipal, onde os oficiais lhe solicitaram o empréstimo de 100$000 em dinheiro a juros para a mudança da habitação dos presos.[64]

No caso de Pereira, a informação declarada no censo não era falsa, uma vez que a soma dos bens de seu inventário, aberto cinco anos depois, atingiu a cifra de 26:196$200. Entretanto, descontadas as dívidas e as custas do funeral, este valor ficou reduzido a 14:632$500. Ainda que as dívidas passivas tivessem diminuído seu patrimônio, as ativas representaram a maior receita na composição da fortuna do homem de negócio, secundadas pelas barras de ouro e pelas joias. Talvez tenha sido justamente a sua ligação com as áreas mineratórias e os metais preciosos, que de lá lhe chegavam, que o fez assinar o requerimento pela reinstalação da casa de fundição em 1764.

---

61 Manuel Eufrásio de Azevedo Marques, *op. cit.*, t. 2, p. 64.

62 IANTT – Habilitações da Ordem de Cristo – letra J – m. 24 – nº 2 – José Rodrigues Pereira.

63 AESP – Inventários 1º ofício – ord. 686 – cx. 74.

64 *Actas da Camara Municipal de S. Paulo 1756-1764.* São Paulo: Typographia Piratininga, 1919, vol. XIV, p. 513-4.

O comércio em retalhos de vida 253

Pereira residia no lugar mais prestigiado da cidade – os "Quatro Cantos" – no cruzamento da rua Direita com a São Bento, numa morada de casas grandes, cobertas de telhas e com paredes de taipa de pilão, adornadas com 5 painéis da Paixão de Cristo, quadros com molduras, várias imagens de santos e um espelho grande de madeira de nogueira com seus filetes dourados de quatro palmos de comprido e dois e meio de largo. Como peças de mobiliário, dispunha de uma papeleira de vinhático com 5 gavetas, um catre de madeira da terra e um leito de jacarandá com balaustres de roscas e a cabeceira de latão.[65]

Era também proprietário de bens de raiz na roça talvez herdados por sua esposa da mãe Escolástica, pois os imóveis se localizavam nas mesmas paragens descritas no inventário de Manuel Veloso. No sítio de Piratininga, criava 77 cabeças de gado e no do Pacaembu, 29 reses.[66]

Ao falecer em 1769, deixou 8 filhos. Das mulheres, duas contraíram matrimônio com dois irmãos, filhos do homem de negócio Francisco de Sales Ribeiro, membro da família de comerciantes encabeçada por Gaspar de Matos. Porém, nenhum dos filhos homens seguiu a carreira mercantil: Joaquim se tornou padre, José ingressou na carreira militar e Antonio foi para a Universidade de Coimbra, onde se formou em leis; atuou como desembargador do Paço e, em 1822, participou como deputado na Assembleia Constituinte do Império do Brasil.[67]

A reiteração do afastamento dos herdeiros varões do mundo mercantil nos leva a concordar com Nazzari que, também analisando as trajetórias dos descendentes de Manuel Veloso e de José Rodrigues Pereira, concluiu que "enquanto fazer casar uma filha com um rico comerciante era um modo aceitável de manter a fortuna da família, evidentemente não o era um filho da família tornar-se comerciante".[68]

Provavelmente, não era isso que pensava o mercador Lopo dos Santos Serra. Originário da freguesia de São Sebastião, comarca de Leiria, província de Estremadura, Serra se casou na catedral da Sé de São Paulo, aos 26 anos, com Inácia Maria Rodrigues, filha de Ângela Vieira e de Luis Rodrigues Vilares. Foram testemunhas da cerimônia o avô materno da noiva, Manuel Veloso, e o capitão-mor José de Góes e Moraes.[69]

Quatro anos após ingressar numa família de comerciantes, ele iniciou o percurso pelos órgãos de poder local como secretário da Ordem Terceira da Penitência no

---

65 No sítio do Pacaembu, foi avaliado um oratório, cuja existência fora objeto de beneplácito papal, o que indica tanto a proeminência de José Rodrigues Pereira no cenário paulistano como a importância deste imóvel, localizado nas cercanias da cidade, para a vida religiosa e social da família. ACMSP – Breves apostólicos (oratórios) – 3-62-13 (1751).

66 AESP – Inventários 1º ofício – ord.686 – cx. 74.

67 Luis Gonzaga da Silva Leme, *op. cit.*, vol. 8, p. 383-7.

68 Muriel Nazzari, *op. cit.*, p. 143.

69 ACMSP – Registros de Casamentos – Catedral da Sé – Paróquia Nossa Senhora da Anunciação – livro 2 – 1690-1767 – 1-3-16 – fls.108.

biênio de 1743-44, passando a desempenhar o ofício de escrivão na Irmandade do Santíssimo Sacramento em 1744. Foi nomeado provedor da Misericórdia para o ano compromissal de 1750-51 e, finalmente, ocupou o cargo de procurador em 1753. Atente-se ainda para o fato de que, durante a década de 1750, exerceu o cargo de capitão nas Companhias de Ordenanças.

As atividades mercantis exigiam que viajasse com constância ao Rio de Janeiro em busca de mercadorias para sua loja de fazenda seca ou por encomenda de outros comerciantes. Por várias vezes, foi fiador das escravas padeiras de sua sogra e, como já assinalado no capítulo 2, também esteve envolvido com o comércio ilegal de aguardente, pelo qual foi condenado à multa e, reincidente no delito, encarcerado em 1746.

Em 17 de abril de 1762, juntamente com os mercadores Jerônimo de Castro Guimarães, Manuel José Rodrigues e Joaquim Ferreira, foi chamado pelos camaristas para se encarregar das festas reais que se faziam pelo Espírito Santo em comemoração ao nascimento do príncipe da Beira. Acordaram todos, então, que os homens de negócio de fazenda seca do termo da cidade deveriam dar, à sua custa, a função de touros com tudo o que fosse necessário e fornecer linho suficiente para se enfeitar os carros.[70] Dois anos depois, tal como Tomé Rabelo Pinto e José Rodrigues Pereira, assinou a petição para a reabertura da casa de fundição de São Paulo.

No censo de 1765, identificado como chefe de domicílio à rua Direita, o mercador declarou o elevado cabedal de 6:400$000,[71] porém a fortuna era bem maior, pois quando foi aberto o inventário de sua esposa, três anos depois, o monte-mor bruto foi avaliado em cerca de 13:000$000.[72]

Se a trajetória de Lopo dos Santos Serra é comum a tantos comerciantes reinóis que chegaram à cidade de São Paulo na primeira metade do século XVIII e aqui desenvolveram seus negócios, o encaminhamento dado aos filhos foi diferente daquele que observamos até agora. É certo que como todos os anteriores, ele teve um herdeiro que seguiu a carreira eclesiástica e também casou a filha mulher com um homem de negócio, morador no Rio de Janeiro. Mas destino semelhante foi dado a seus outros dois filhos varões que se uniram por laços matrimoniais a famílias "mercantis": Joaquim José dos Santos desposou Antonia Josefa Mendes da Silva, filha do abastado Francisco Pereira Mendes, e Francisco Xavier dos Santos contraiu núpcias com Maria Teresa Vitória da Silva, herdeira de Manuel de Macedo.[73] Vale ressaltar que ambos os sogros eram detentores de grandes fortunas, o que garantiu aos filhos de Lopo uma segurança econômica

---

70 *Actas da Camara Municipal de S. Paulo 1756-1764*. São Paulo: Typographia Piratininga, 1919, vol. XIV, p. 396-8.

71 Lembre-se de que apenas 37 chefes de domicílio e 1 agregado possuíam cabedais acima de 1:000$000.

72 AESP – Inventários e Testamentos não publicados – ord. 530 – cx. 53.

73 Luis Gonzaga da Silva Leme, *op. cit.*, vol. 8, p. 389-95.

que não precisaram perseguir, como ele fora obrigado a fazer ao deixar sua terra natal e cruzar o Atlântico.

O primogênito Francisco Xavier dos Santos, inclusive, criou-se e permaneceu por muitos anos no mundo dos negócios. Afiançado pelo pai, Francisco arrematou as fazendas da loja de José da Silva Ferrão por 1:574$840,[74] em 1763, e teve negócios nas minas de Cuiabá, onde se encontrava quando houve o recenseamento de 1765. De acordo com Azevedo Marques, "foi deputado tesoureiro-geral da junta da fazenda da capitania de São Paulo desde 9 de janeiro de 1796, cavaleiro da Ordem de Cristo, brigadeiro reformado de milícias e rico proprietário. Faleceu em maio de 1822 sem descendência".[75]

A análise dos membros da família de Manuel Veloso revelou, portanto, que a prática mercantil esteve presente em várias gerações, entrelaçando parentes e interesses comerciais que extrapolaram inclusive o próprio grupo familiar, haja vista que quatro de seus bisnetos estabeleceram alianças matrimoniais com netos de Gaspar de Matos e de Manuel Mendes de Almeida, líderes expressivos de famílias de comerciantes.

5.2. Família de Manuel Mendes de Almeida

Proveniente da vila de Figueiró dos Vinhos, bispado de Coimbra, Manuel Mendes de Almeida já se encontrava casado com Maria Gomes de Sá na freguesia de Monteserrate de Cotia, quando solicitou uma sesmaria em Caucaia, juntamente com o sogro Manuel Gomes de Sá, em 1727. Alegavam os suplicantes possuírem muitos escravos, mas não disporem de terras para lavrar seus mantimentos. Atendidos pelo governador Antonio da Silva Caldeira Pimentel, tiveram a doação de terras confirmada cinco anos depois pelo general Antonio Luis de Távora.[76]

Na dita freguesia permaneceu até o fim da vida, morando na propriedade herdada da sogra Felícia da Silva – com casas de três lanços, sendo dois assoalhados, com seus sobrados, e duas casas cobertas de telha de taipa de pilão – e cultivando milho e feijão nas terras tomadas por sesmaria, onde também tinha paióis cobertos de palha, criação de porcos e cinco cavalos de carga para a condução dos mantimentos.[77]

Entretanto, estes não eram os únicos bens de raiz que possuía, pois junto aos "Quatro Cantos", no coração da cidade de São Paulo, era proprietário de uma morada de casas de "três lanços, com seus corredores, quintal, cozinha fora, tudo de taipa de pilão e cobertas de telhas e forradas as suas dianteiras, que são os lanços por cima e por baixo".

---

74 AESP – Inventários e Testamentos não publicados – ord. 541 – cx. 64.

75 Manuel Eufrásio de Azevedo Marques, *op. cit.*, t.I, p. 292. Durante o intervalo temporal desta pesquisa, Francisco Xavier dos Santos ocupou o posto de almotacé na Câmara Municipal em 1762.

76 AESP – Sesmarias, patentes e provisões – livro 3 – fls. 14; AESP – Sesmarias, patentes e provisões – livro 5 – fls. 7vol.

77 AESP – Inventários e Testamentos não publicados – ord. 532 – cx.55.

Vizinhas a tal residência, ficavam uma loja de mercador e uma loja de tabuado em duas moradas de um lanço, localizadas na rua Direita.

Além do comércio de fazenda seca, Manuel Mendes de Almeida esteve envolvido com negócios mal-sucedidos nas Minas Gerais e com o comércio de escravos nas áreas de Cuiabá e Goiás. Antes de falecer, declarou em testamento ser detentor de 97 cativos, provavelmente, destinados a transações mercantis.[78]

Já na década de 1720, foi ministro da Ordem Terceira da Penitência de São Francisco, posto para o qual foi novamente eleito no biênio de 1746-47. Durante os anos de 1733 e 1734, esteve à frente da Casa de Fundição de São Paulo, coordenando os trabalhos ao lado do tesoureiro Manuel Veloso.

Este órgão havia sido extinto em 1704 e restabelecido em 1728, porém seu funcionamento, ao longo do século XVIII, foi questionado reiteradas vezes pelas autoridades coloniais e metropolitanas. Em 25 de abril de 1733, o Conde de Sarzedas enviou uma carta ao então provedor, Manuel Mendes de Almeida, indicando vários procedimentos habituais nas Minas Gerais que não estavam sendo seguidos pela Casa de Fundição paulistana.

De acordo com o governador, era obrigatório existir um livro em que fossem registrados os termos, as ordens régias, os requerimentos de partes, despachos e cumprimentos, os quais seriam posteriormente enviados em cópias para a secretaria do governo. Em segundo lugar, os oficiais só poderiam ser providos pelos generais, o que não estava sendo obedecido. Em terceiro, a relação do ouro remetida da capitania a Sua Majestade deveria ser detalhada e não tão sucinta como a apresentada no ano anterior. Em quarto, eram necessárias duas chaves – uma na mão do provedor e outra na do escrivão – para abrir a dita casa quando se marcassem as barras e não só uma como lhe constava. Em quinto, o ouro deveria ser reduzido a barras como se procedia nas minas. E, por fim, um dos fundidores deveria ser obrigado a marcar as barras quintadas na presença do provedor, escrivão e tesoureiro.[79]

Como se observa, as normas exigidas sugerem que irregularidades na fundição do ouro e na redução em barras eram praticadas pelos oficiais da Casa de Fundição. Abolida em 1736 em virtude da adoção do sistema de capitação, tal repartição da Intendência do Ouro foi restaurada em 1751, mas teve vida curta, já que foi novamente extinta em 1762.

O requerimento pelo restabelecimento do órgão, em 1764, assinado pelos agentes mercantis mencionados nas páginas anteriores, insere-se neste contexto conflituoso entre os moradores – beneficiados pelo ouro trazido das regiões mineratórias – e as autoridades coloniais – no caso, representadas pela figura do Conde de Bobadela, um

---

78 *Idem.*

79 "Para Manuel Mendes de Almeida, Provedor da Casa de Fundição desta Cidade, sobre a fundição do ouro e sua redução a barras", *Documentos Interessantes para a História e Costumes de São Paulo*. São Paulo: Typographia Andrade & Mello, 1902, vol. LXI, p. 55-6 (Correspondência do Conde de Sarzedas, 1732-1736).

O comércio em retalhos de vida 257

dos responsáveis não só pelo fechamento da Casa de Fundição, mas também pela perda de autonomia da capitania de São Paulo em 1748. Os clamores da população, por fim, foram ouvidos pelo novo governador, Morgado de Mateus, que reinstalou o órgão na cidade de São Paulo, em 1766.

Mas, nesta data, Manuel Mendes de Almeida já não vivia mais. Ele falecera dez anos antes, com a alta patente de capitão-mor da cidade concedida pelo governador D. Luis de Mascarenhas, em 30 de junho de 1742.[80] Em seu testamento, foi absolutamente detalhista quanto aos dotes dados aos filhos e filhas – dos quais tinha recibos – e orientou precisamente o testamenteiro quanto ao destino do dinheiro a ser doado a seus netos e às obras pias. Embora seu inventário tenha sido interrompido no meio do processo, no Juízo dos Resíduos há um documento referente a contas de testamento que versa sobre a terça deixada por ele no total de 14:366$695, o que indica que seu patrimônio era bastante avultado.[81]

De seu matrimônio com Maria Gomes de Sá, nasceram 8 filhos, porém, à época de sua morte, somente cinco estavam vivos. Os varões Manuel, Francisco e José tornaram-se monges beneditinos; Felipa faleceu solteira; Josefa Caetana Leonor casou-se com o doutor Gregório Dias da Silva, que fora ouvidor da cidade de São Paulo e sua comarca na década de 1730; mas as demais contraíram núpcias com comerciantes portugueses,[82] os quais partilharam empreendimentos mercantis com o sogro. Como se vê, tal como relatado para casos anteriores, o casamento com filhos da terra não foi estendido a seus descendentes.

Dos três genros envolvidos na lide comercial, somente o marido de Maria Josefa faz parte do universo de pesquisa. Francisco Pereira Mendes era natural da comarca de Barcelos, província do Minho, onde foi batizado em 1702. De acordo com Azevedo Marques, "transportou-se para São Paulo na primeira metade do século XVIII, onde ocupou importante posição e soube granjear fortuna".[83]

Antes de chegar à capital paulista, entretanto, ele residira por um bom tempo no interior da colônia, tanto que declarou no próprio processo matrimonial, em 1749, que

---

80 *Actas da Camara Municipal de S. Paulo 1737-1743*. São Paulo: Typographia Piratininga, 1916, vol. XI, p. 424-5. A confirmação régia da patente de capitão-mor da cidade de São Paulo a Manuel Mendes de Almeida ocorreu no ano seguinte. "Requerimento de Manuel Mendes de Almeida, pedindo a (D. Joãov) confirmação da carta patente pela qual o governador e capitão-general da capitania de São Paulo, D. Luís de Mascarenhas nomeia capitão-mor da cidade de São Paulo", 16.2,1743, AHU_ACL_CU_023-01, cx. 14, d. 1408 (Projeto Resgate – Documentos manuscritos avulsos da Capitania de São Paulo – Mendes Gouvêa). Como capitão-mor da cidade de São Paulo, a ele foi oferecida a obra *A vida do venerável Padre Belchior de Pontes, da Companhia de Jesus da Província do Brasil*, escrita pelo Padre Manoel da Fonseca e publicada em Lisboa em 1752.

81 AESP – Juízo dos Resíduos – Autos de contas de testamento – c05470 – doc. 005.

82 AESP – Inventários e Testamentos não publicados – ord. 532 – cx. 55.

83 Manuel Eufrásio de Azevedo Marques, *op. cit.*, t.1, p. 290.

"não tinha ofício nenhum, mais que ser capitão das tropas auxiliares de cavalos nas minas de Goiás".[84] Se o contraente tinha ou não ofício naquele momento, não há como averiguar, mas o fato é que no censo de 1767 foi registrado como vivendo de seus negócios e, em inventário datado de 1781, as fazendas de loja foram avaliadas em cerca de dois contos de réis.[85]

Portanto, no seu caso, talvez o casamento com a filha de um comerciante tenha lhe aberto as portas para o mundo dos negócios e lhe facilitado a projeção social, por meio da participação nos órgãos de poder local e da mercê alcançada de cavaleiro da Ordem de Cristo.[86] Na década seguinte ao matrimônio, já o encontramos desempenhando os ofícios de vereador e de almotacé na Câmara Municipal, de fiscal da Casa de Fundição e de provedor na Irmandade do Santíssimo Sacramento. No biênio de 1763-64, foi síndico da Ordem Terceira da Penitência de São Francisco, sendo eleito em seguida para o posto de ministro.

O sucesso da carreira mercantil de Francisco Pereira Mendes conjugado ao dote e à herança trazidos para o casal por sua esposa pode ser comprovado pelo cabedal declarado no censo de 1765, equivalente a 20:000$000, que o transformou no segundo morador mais rico da cidade de São Paulo, atrás do homem de negócio José Rodrigues Pereira. No entanto, tal cifra correspondeu somente à metade do patrimônio líquido avaliado em seu inventário aberto dezesseis anos depois.

A morada de casas em que residia a esposa à época do inventário, localizada nos "Quatro Cantos", foi herdada de seu sogro, assim como a sesmaria de uma légua em quadra no bairro de Caucaia, freguesia de Cotia. Francisco Pereira Mendes ainda possuía dois sobrados no centro de São Paulo – um na rua Direita e outro para a rua de São Francisco – e um sítio nas bandas dos Pinheiros

> com casas de vivenda, de três lanços térreas, grandes com varandas, com seu oratório ou capelinha dentro (...), várias imagens, tudo com muito asseio, quintal murado grande com vários arvoredos de espinhos, jabuticabeiras, água por cima, roda de mandioca de água, prensa, casa de fornalhas, duas casinhas fora, várias senzalas.[87]

Esta última informação é curiosa, pois foi a única encontrada em todos os inventários consultados. Além disso, o sítio foi avaliado em 1:000$000, o mais elevado da

---

84 ACMSP – Dispensas e processos matrimoniais – 4-10-56.

85 AESP – Inventários 1º ofício – ord. 664 – cx. 52.

86 No inventário de Francisco Pereira Mendes, foram avaliadas 4 cruzes de cavaleiro, grandes e pequenas, cravejadas de diamantes e uma medalha de ouro com a cruz de cavaleiro com peso de 8 oitavas.

87 AESP – Inventários 1º ofício – ord. 664 – cx. 52.

amostra, o que pode indicar tanto a imponência da propriedade, na qual trabalhavam 23 escravos, como o rendimento da produção, calcada no cultivo de alimentos e na criação de gado. De fato, os bens de raiz respondiam pela terceira posição entre os componentes de sua fortuna, encabeçada pelo dinheiro amoedado e pelas dívidas ativas.

Ao falecer, o abastado comerciante deixou seis herdeiros. Como já visto, uma de suas filhas se casou com o filho do mercador Lopo dos Santos Serra, mas também a irmã Gertrudes Maria foi a segunda esposa do negociante Manuel Antonio de Araújo, anteriormente casado no seio da família de Gaspar de Matos. Bartolomeu, o varão mais velho, seguiu a carreira eclesiástica, mas o seguinte, homônimo do pai, contraiu núpcias com Maria Hipólita, neta do licenciado e homem de negócio Manuel José da Cunha.[88]

5.3. Família de Manuel José da Cunha

Natural de Vila Nova de Serveira, comarca de Viana, província do Minho, Manuel José da Cunha saiu de sua terra natal, em 1716, para viver durante dois anos em Lisboa. De lá, em companhia de Antonio Tavares de Almeida e João Batista de Carvalho, embarcou na Nau Santa Rosa em direção ao Rio de Janeiro. Entretanto, antes de chegar a São Paulo, morou alguns anos na Vila Real do Senhor Bom Jesus do Cuiabá.[89]

Em 1733, casou-se com Maria de Lima de Camargo na freguesia de Cotia, tendo por testemunhas Manuel Gomes de Sá, sogro de Manuel Mendes de Almeida, e o homem de negócio Manuel Luis Ferraz.[90] Sua esposa era filha de Maria de Lima Siqueira e de Fernando Lopes de Camargo, ambos pertencentes a tradicionais famílias piratininganas. De acordo com Silva Leme, o avô paterno de Maria de Lima de Camargo era Fernando de Camargo Ortiz, "capitão sob as ordens do capitão mor Domingos Barbosa Cavalheiros na expedição contra os bárbaros gentios do sertão da Bahia em 1658".[91]

Com o falecimento do sogro quatro anos depois, detentor do elevado patrimônio de 20:133$203,[92] certamente Manuel José da Cunha foi beneficiado pela herança deixada a sua esposa, que lhe possibilitou aumentar o patrimônio previamente constituído e os estoques de mercadorias na loja de fazenda seca e na botica que possuía. A aliança matrimonial estabelecida com membros da elite agrária também deve ter concorrido para a projeção social alcançada pelo licenciado, uma vez que ele foi eleito para os mais altos cargos nas irmandades da cidade de São Paulo, além de ter sido um

---

88 Luis Gonzaga da Silva Leme, *op. cit.*, vol. 1, p. 463.

89 ACMSP – Dispensas e processos matrimoniais – 4-4-18.

90 ACMSP – Registros de Casamentos – Cotia – Paróquia Nossa Senhora do Monte Serrate – livro 1 – 1728-1749 – 10-3-2 – fls. 48 vols.

91 Luis Gonzaga da Silva Leme, *op. cit.*, vol. 1, p. 377.

92 AESP – Inventários 1º ofício – ord. 696 – cx. 84.

dos poucos agentes mercantis do universo de pesquisa a desempenhar o ofício de juiz ordinário na Câmara Municipal.

Foi ainda foi convidado pelo secretário de governo a empunhar as varas do pálio na procissão do Anjo Custódio, padroeiro do reino e protetor da monarquia lusitana, em 14 de julho de 1745.[93] Quatro festas religiosas marcavam o calendário litúrgico da cidade durante o século XVIII – São Sebastião, Anjo Custódio, Santa Isabel e a festa real de Corpus Christi – e ser chamado a participar de uma delas, carregando o estandarte, o pálio ou a charola, era uma distinção a que só tinham direito os homens bons da localidade.[94]

Nestas ocasiões solenes, a capital ficava toda enfeitada. Conforme relatou Affonso de Taunay,

> ordenava-se aos moradores que tivessem as suas testadas, por onde teria de passar o préstito, limpas e varridas, e as portas e varandas ornadas com colchas ou sedas, na forma costumeira e tradicional. Caiar-se-iam as paredes e muros tapando-se as covas e buracos acaso existentes pela vizinhança ou junto às testadas.[95]

Participar do evento em posição de destaque era, portanto, um símbolo de reconhecimento e prestígio social, pois todos os habitantes a uma distância de duas léguas da cidade eram convocados a fazer parte do cortejo.

Entre o casamento e o falecimento de Manuel José da Cunha, transcorreram-se apenas 13 anos, mas foi o suficiente para que ele amealhasse uma fortuna considerável, avaliada, em seu inventário, em 14:829$388. O patrimônio era composto principalmente por dívidas ativas, bens comerciais e dinheiro amoedado.[96]

O homem de negócio não dispunha de bens de raiz nos arredores de São Paulo, mas morava na residência mais imponente de seu tempo, localizada nos "Quatro Cantos", "com sete lanços a saber três lanços térreos para a parte da rua Direita e quatro lanços para a parte da rua de São Bento de sobrado (...) com algumas madeiras, tijolos e telhas".[97]

---

93 "Registro de um mandado e certidão para ser notificados os republicanos para pegarem no pálio da festa do Anjo Custódio, e charola", *Registro Geral da Camara Municipal de S. Paulo 1745-1747*. São Paulo: Typographia Piratininga, 1919, vol. VIII, p. 62-3.

94 Sobre as festividades religiosas ocorridas na capital paulista setecentista, ver Mônica Muniz Pinto de Carvalho, *A cidade de São Paulo no século XVIII: uma sociabilidade constituída em torno de símbolos do poder*. São Paulo: FFLCH/USP, 1994 (dissertação de mestrado).

95 Affonso de E. Taunay, *História da cidade de São Paulo no século XVIII (1735-1765)*. São Paulo: Divisão do Arquivo Histórico, 1949, vol.I, I² parte, p. 183.

96 AESP – Inventários I° ofício – ord. 651 – cx. 39.

97 *Idem.*

Entretanto, o que mais impressiona entre os bens arrolados no inventário são os livros que, provavelmente, consultava na botica. Neste estabelecimento, possuía um acervo de 47 títulos em 53 volumes, ligados às artes médicas, ciências naturais e biológicas. Como se vê, havia uma relação estreita entre a composição da livraria e a ocupação profissional do proprietário, o que reitera a análise proposta por Luiz Carlos Villalta para as bibliotecas mineiras setecentistas, de que "aqueles que se dedicavam a ofícios, na maioria das vezes, possuíam livros relacionados às suas carreiras, enquanto entre os demais, imperavam obras devocionais e, em menor escala, de medicina, história, belas letras e ciências exatas e naturais".[98]

Mas não só Cunha era proprietário de livros na São Paulo do século XVIII, vários outros agentes mercantis dispunham de obras à venda nos estabelecimentos comerciais trazidas nas carregações de mercadorias provenientes do Rio de Janeiro. A partir da consulta aos inventários dos elementos do universo de pesquisa, constatei mais de uma centena de títulos e cerca de 400 volumes disponíveis entre as fazendas das lojas e os trastes das casas.

Esse número é bastante superior ao encontrado por Alcântara Machado, que localizou apenas 55 livros em 15 inventários na vila paulistana nos séculos precedentes.[99] Embora não se possa dizer que os comerciantes eram detentores de grandes bibliotecas, há que se assinalar que, a partir dos setecentos, com o afluxo de pessoas à cidade de São Paulo e o desenvolvimento da atividade mercantil, houve um crescimento do mercado livreiro e do número de leitores na capital.

Ainda que este não seja o objetivo da pesquisa aqui empreendida e que estudos aprofundados sejam necessários para a avaliação das bibliotecas que começavam a se compor entre os habitantes piratininganos, foi possível constatar a expressiva quantidade de livros devocionais comercializados nas lojas de fazenda seca.

Ao analisar a circulação de livros no Rio de Janeiro em inícios do século XIX, Leila Mezan Algranti comentou que o predomínio de obras de devoção naquele momento revela, por um lado, que a demanda de livros religiosos no mercado livreiro se mantinha e, por outro, que as escolhas dos comerciantes ainda se pautavam por padrões de períodos anteriores. Segundo a historiadora, "fica claro que, potencialmente, os leitores visados nesse segmento não eram apenas os indivíduos ligados à Igreja, pois a maior parte das obras era escrita para todo e qualquer católico, a fim de ajudar em suas devoções particulares, nas orações e no acompanhamento dos ofícios".[100]

---

98 Luiz Carlos Villalta, *Reformismo ilustrado, censura e práticas de leitura: usos do livro na América Portuguesa*. São Paulo: FFLCH/USP, 1999, p. 385 (tese de doutorado).

99 Alcântara Machado, *Vida e morte do bandeirante*. Belo Horizonte: Itatiaia; São Paulo: Edusp, 1980, p. 103.

100 Leila Mezan Algranti, *Livros de devoção, atos de censura*. São Paulo: Hucitec/Fapesp, 2004, p. 193.

No caso específico de Cunha, verifiquei a existência de 25 volumes disponíveis na loja de fazenda seca referentes aos seguintes títulos de caráter religioso: *Mocidade enganada e desenganada, Combate espiritual, Mestre da vida, Horas portuguesas, Horas latinas*. Os preços dos livros variavam entre $300 e 1$100. Para que se tenha ideia dos valores em comparação com os de outras mercadorias comercializadas, basta dizer que eram mais caros do que um chapéu de baeta de moço e menino que, em 1746, custava $280 e equivaliam a um calção de pelica estimado em $800 ou a um par de meias de seda de mulher avaliado em 1$100.[101]

Mas deixemos este instigante tema para pesquisas futuras e voltemos à família de Manuel José da Cunha. De sua união com Maria de Lima de Camargo, nasceram quatro filhos, um homem e três mulheres. Destes, temos conhecimento de que o primogênito Fernando se tornou monge de São Bento e que, pelo menos, uma das filhas se casou com comerciante português[102]. Refiro-me a Ana Eufrosina, que desposou o tenente Manuel Rodrigues Jordão, proveniente de Coimbra. De acordo com Azevedo Marques, Jordão "ocupou distinta posição na cidade de São Paulo; possuiu boa fortuna adquirida no comércio de fazendas"[103] e nos negócios realizados em Cuiabá e Goiás.

Ao falecer em 1785, deixou sete herdeiros, entre os quais Maria Hipólita, casada com o filho de Francisco Pereira Mendes, já mencionados, e o brigadeiro Manuel Rodrigues Jordão, figura ilustre na sociedade paulistana e uma das maiores fortunas do início do século XIX. O brigadeiro possuía um plantel de 281 escravos e era proprietário de várias fazendas espalhadas por Itu, Piracicaba, Bananal, Paraibuna, Salto Grande, Morro Azul, Itapetininga, Caçapava e Pindamonhangaba. Mas as atividades agrárias também eram conjugadas às de comerciante, que giravam em torno de fazenda seca, tropas de mulas e mercadorias da botica.[104]

O brigadeiro Jordão desposou Gertrudes Galvão de Oliveira e Lacerda, filha de José Pedro Galvão de Moura Lacerda e de Gertrudes Teresa de Oliveira Montes,[105] curiosamente, neta materna do afortunado José Rodrigues Pereira e tataraneta do "cabeça" Manuel Veloso.

Ao analisar os negociantes de grosso trato na cidade de São Paulo na primeira metade dos oitocentos, com montes brutos superiores a 50 contos de réis, Maria Lucília Viveiros Araújo ainda destacou o marechal-de-campo Joaquim Mariano Galvão de Moura

---

101 AESP – Inventários 1º ofício – ord. 667 – cx. 55.

102 Luis Gonzaga da Silva Leme, *op. cit.*, vol. 1, p. 461-76.

103 Manuel Eufrásio de Azevedo Marques, *op. cit.*, t. 2, p. 103.

104 Maria Lucília Viveiros Araújo, *Os caminhos da riqueza dos paulistanos na primeira metade do oitocentos*. São Paulo: Hucitec/Fapesp, 2006, p. 152-6.

105 Frederico de Barros Brotero, *Brigadeiro Jordão (Manuel Rodrigues Jordão): esboço genealógico*. São Paulo: s/e., 1941, p. 4-5.

Lacerda, irmão de Gertrudes Galvão e neto de José Rodrigues Pereira, e o coronel Joaquim José dos Santos, bisneto do também "cabeça" Manuel Veloso.[106]

Tais dados são extremamente preciosos para esta pesquisa, pois revelam a continuidade dos negócios mercantis – aliados à produção agrícola – pelos descendentes daqueles portugueses que, na primeira metade do século XVIII, estimulados pelas descobertas auríferas, deixaram o reino em busca de fortuna na América Portuguesa, elegeram a modesta capital paulistana para a realização de suas atividades comerciais e prosperaram.

5.4. Família de Gaspar de Matos

Como se vê pelo diagrama, não foram só os descendentes dos "cabeças" os responsáveis pela articulação entre as famílias de Manuel Veloso e de Gaspar de Matos. Ambos já possuíam relações de parentesco desde o início de suas vidas maritais, pois Inácia Vieira, esposa de Veloso, era tia paterna de Maria Vieira da Cunha, primeira mulher de Matos.[107] Além disso, muitas questões concernentes ao abastecimento da população e à vida cotidiana da cidade os colocaram lado a lado.

Originário de vila Pouca de Aguiar, província de Trás-os-Montes, Gaspar de Matos também já estava em solo piratiningano no alvorecer do século XVIII. Assim como Veloso, foi convocado, em 08 de março de 1709, para discutir sobre o preço e o fornecimento de sal aos habitantes da cidade de São Paulo. Logo no mês seguinte, seu nome esteve, novamente, nas mãos dos camaristas, pois a eles chegara um requerimento do povo, com cento e quinze assinaturas, elegendo o capitão Amador Bueno da Veiga para cabo maior e defensor da Pátria.

Tal requerimento se dera em virtude da notícia da humilhação e derrota dos paulistas pelos emboabas no ano anterior. A nomeação do capitão tinha o intuito de colocá-lo como mestre-de-campo das tropas, na preparação de um revide aos forasteiros em Minas Gerais. É certo que, abalados pelas perdas humanas na batalha, os oficiais da Câmara prontamente ratificaram o pedido da população, alegando que frente "aos impulsos de um povo, não há quem resista".[108]

---

106 Maria Lucília Viveiros Araújo, *op. cit.*, p. 156-7.

107 Até o fim da vida, Gaspar de Matos e Manuel Veloso estiveram juntos, pois Matos nomeou o compadre para ser um de seus testamenteiros.

108 *Actas da Camara Municipal de S. Paulo 1701-1719*. São Paulo: Typographia Piratinga, 1916, vol. VIII, p. 190. Sobre a guerra dos emboabas, ver Maria Verônica Campos, *Governo de mineiros...*, p. 73-104 e Adriana Romeiro, *Paulistas e emboabas no coração das Minas: idéias, práticas e imaginário político no século XVIII*. Belo Horizonte: Ed. UFMG, 2009. Um dos desdobramentos da disputa de terras por paulistas e emboabas foi um novo mapeamento para a região com a criação da Capitania de São Paulo e Minas do Ouro, separada do Rio de Janeiro, por carta régia de 9 de novembro de 1709.

Matos e Veloso também foram nomeados para realizar a vistoria das obras da cadeia, feitas por José de Góes e Moraes, embora em momentos distintos. Como as obras não foram aprovadas de imediato, devido aos problemas de construção, segurança e dimensões, várias pessoas foram chamadas e substituídas, tanto por parte da Câmara como por parte do capitão-mor, para acompanhar as vistorias, ao longo dos anos de 1721 e 1722.[109] Ainda, em 24 de maio de 1722, os dois, juntamente com os homens bons da localidade, partilharam da decisão de se ter um médico em solo piratiningano.[110]

Embora a comercialização de mercadorias nas lojas de fazenda seca que possuía na capital e nas áreas mineratórias fosse uma das principais atividades mercantis de Gaspar de Matos, seu nome também apareceu relacionado ao comércio de carnes e escravos. Primeiramente, em 20 de outubro de 1723, responsabilizou-se como fiador pelo arrematante do corte de carne, Martinho Teixeira de Azeredo, a pagar seis mil réis ao concelho, toda vez que faltasse carne ao povo.[111] Dez anos depois, em 18 de abril de 1733, os camaristas o desobrigaram de pagar a fiança do donativo dos negros levados por Fernando Roque e Francisco de Távora de suas fazendas para as minas de Goiás.[112]

Interessante relatar uma convocação feita pelos oficiais da Câmara no fim deste período, em 28 de novembro de 1729, em razão de uma petição do doutor José de Burgos Vila Lobos, ouvidor-geral das minas de Cuiabá. Requeria ele uma declaração autêntica, jurada aos santos evangelhos, e assinada pelos camaristas e pessoas da governança, em que constassem os meses seguros para as monções com destino a Cuiabá, livres de perigos e riscos; as despesas que se costumavam ter com canoas, piloto, proeiro, remadores, um sacerdote para rezar a missa, um cirurgião com sua botica para curar os enfermos, dois criados, um cozinheiro, cinco escravos e cento e cinquenta cargas de matalotagem e medicamento de botica, além dos mantimentos necessários.[113]

---

109 As vereações que tratam deste assunto ocorreram em 17.09.1721, 22.09.1721, 24.09.1721, 16.12.1721, 28.02.1722. Gaspar de Matos foi nomeado como avaliador da Câmara para tal vistoria em 17.09.1721. *Actas da Camara Municipal de S. Paulo 1720-1729*. São Paulo: Typographia Piratininga, 1916, vol. IX, p. 75-6.

110 *Actas da Camara Municipal de S. Paulo 1720-1729*. São Paulo: Typographia Piratininga, 1916, vol. IX, p. 174-5.

111 *Actas da Camara Municipal de S. Paulo 1720-1729*. São Paulo: Typographia Piratininga, 1916, vol. IX, p. 296.

112 *Actas da Camara da Cidade de S. Paulo 1730-1736*. São Paulo: Typographia Piratininga, 1916, vol. X, p. 249.

113 *Actas da Camara Municipal de S. Paulo 1720-1729*. São Paulo: Typographia Piratininga, 1916, vol. IX, p. 642-3. Sobre o assunto das viagens a Cuiabá, ver o clássico de Sérgio Buarque de Holanda, *Monções*, 3ª ed. São Paulo: Brasiliense, 2000; sobre a viagem realizada pelo governador Rodrigo César de Meneses àquelas minas em 1726, ver Laura de Mello e Souza, *O sol*

Em resposta ao requerimento, as pessoas reunidas, entre as quais figurava Gaspar de Matos, pouco ajudaram, pois disseram desconhecer a viagem. Informaram, por sua vez, que o período seguro seria de junho até meados de agosto, depois do que era tempo de cheias, peste e muitos gentios pelo caminho.

Se Matos não havia se deslocado para as minas de Cuiabá, seu relacionamento com a região mineradora era estreito, pois de lá lhe vinham barras de ouro e havia constituído sociedade com Bartolomeu Pais de Abreu no contrato das descobertas auríferas. Mais tarde, as minas de Goiás também passaram a fazer parte de seu raio de atuação, já que participou da sexta parte do contrato de dízimos arrematado por João Lopes Zedas e tinha muitas dívidas a serem cobradas por Gregório de Castro Esteves, genro de Manuel Veloso.[114]

Juntamente com os negócios e a atuação na vida social paulistana, durante as duas primeiras décadas do século XVIII, participou das instituições de poder e prestígio social. Na Ordem Terceira da Penitência de São Francisco, ocupou o posto de vice-ministro em 1711-12 e foi eleito ministro para o biênio de 1719-20. Em 1724, como tesoureiro dos quintos reais da Casa de Fundição, ficou responsável por levar o ouro quintado proveniente das minas de Cuiabá para o Rio de Janeiro, a fim de que fosse remetido para Sua Majestade na primeira frota.[115] Na Câmara Municipal, assumiu os cargos de almotacé em 1725 e 1728, e o de vereador mais velho, em 1727, ofício este para o qual foi novamente nomeado em 1733, já com o título de capitão das ordenanças.[116]

É provável que seu desempenho econômico aliado à inserção nos postos da governança tenham levado os camaristas a nomeá-lo, entre os homens de negócio da cidade, como lançador do donativo real para o ano de 1729, em companhia de Manuel

---

e a sombra: política e administração na América Portuguesa. São Paulo: Companhia das Letras, 2006, p. 317-23.

114 AESP – Inventários 1º ofício – ord. 677 – cx. 65.

115 "Registro de uma portaria que se mandou a João Dias para entregar os quintos a Gaspar de Matos, para irem para o Rio de Janeiro e se remeterem a Sua Majestade 10,444 ½ 8ᵃˢ", *Documentos Interessantes para a História e Costumes de São Paulo*. São Paulo: Typographia Aurora, 1895, vol. XIII, p. 31-2 (Bandos e Portarias de Rodrigo César de Meneses).

116 Até o ano de 1722, quando o escrivão registrava o termo de posse e juramento dos oficiais eleitos para a Câmara, era costume colocar a patente de cada um, caso houvesse. No entanto, em 10 de janeiro de 1722, "requereu o procurador deste senado que era contra direito, e muito notado de todos o dar-se títulos e dignidades aos homens, e oficiais deste senado, e assim requeria que, de hoje em diante, se não tratasse, nem se pusesse, em todas as escritas deste senado, títulos a pessoa alguma, mas que só tratar todos por seus próprios nomes e ofícios que exercerem, com pena a mim, escrivão, de dois mil réis de cada vez que der título algum a quem o não tenha". *Actas da Camara Municipal de S. Paulo 1720-1729*. São Paulo: Typographia Piratininga, 1916, vol. IX, p. 132-3.

Luis Ferraz.[117] Nesta ocasião, o ouvidor geral da comarca, desembargador Francisco Galvão da Fonseca, os oficiais da Câmara, os cidadãos e homens bons da república discutiram de que maneira se havia de cobrar do povo da cidade de São Paulo e seu distrito, anualmente, os dez mil cruzados que haviam prometido para os dotes dos casamentos dos príncipes até que se completassem sessenta mil cruzados.

No ano seguinte, em 18 de outubro de 1729, os lançadores do donativo real eleitos – Gaspar de Matos, José Barbosa de Lima, Aleixo Leme da Silva e o juiz de órfãos Luis de Abreu Leitão – compareceram à Câmara para tomar posse e juramento de seus cargos e foram incumbidos de fazer o lançamento em todas as pessoas brancas, escravos e administrados, entre dez e sessenta anos; em todos aqueles que exercessem os ofícios de alfaiates, sapateiros, carpinteiros, barbeiros, pedreiros, ferradores, ferreiros, ourives e outros mais mecânicos; em lojas de fazenda, tavernas e em tudo o mais que lhes parecesse conveniente. Depois disto, deveriam passar a lançar sobre o gado que entrasse e saísse da cidade, bem como sobre os escravos que nela fossem comercializados e ao seu arbítrio ficaria a exclusão das pessoas que julgassem pobres. A vereação se encerrou com a distribuição das freguesias da cidade – sob responsabilidade de Gaspar de Matos –, de Juqueri, de Nazaré e de Atibaia, entre os lançadores, e a nomeação de mais três para Santo Amaro, Conceição e Cotia.[118]

Após dois meses, em 17 de dezembro de 1729, retornaram os lançadores à Câmara, onde apresentaram as listas dos contribuintes da cidade e suas freguesias. Pelo levantamento, foram consideradas capazes de pagar o novo tributo 10.292 pessoas, entre brancos, escravos e administrados acima de dez anos.[119]

O domicílio de Gaspar de Matos foi arrolado com 7 brancos, 19 servos, um sapateiro e sua loja de mercador, o que lhe obrigou a desembolsar 14$000,[120] uma das maiores contribuições registradas, mas que para ele pouco deveria significar, pois, como já comentado nos capítulos anteriores, as transações comerciais realizadas eram avultadas, envolvendo milhares de mercadorias e empréstimo de dinheiro a juros. Mais de duzen-

---

117 *Actas da Camara Municipal de S. Paulo 1720-1729*. São Paulo: Typographia Piratininga, 1916, vol. IX, p. 593-4.

118 *Actas da Camara Municipal de S. Paulo 1720-1729*. São Paulo: Typographia Piratininga, 1916, vol. IX, p. 632-4.

119 *Actas da Camara Municipal de S. Paulo 1720-1729*. São Paulo: Typographia Piratininga, 1916, vol. IX, p. 647-8.

120 Nuto Sant'Anna, *Metrópole*. São Paulo: Departamento de Cultura, 1953, vol. 3, p. 127. A expressão "servos" é própria ao documento. De acordo com os esclarecimentos do Prof. Dr. Carlos de Almeida Prado Bacellar, a expressão "servo" foi utilizada em diversos momentos do século XVIII para designar a mão-de-obra indígena utilizada na capitania de São Paulo.

O comércio em retalhos de vida 267

tas pessoas que haviam comprado fiado em seu estabelecimento constavam do livro da loja e as dívidas ativas por créditos eram superiores a dez contos de réis.[121]

Embora não se possa assegurar que importasse diretamente produtos do reino, Matos afirmou em seu testamento que "tenho no Rio de Janeiro a fazenda que me veio da minha conta de Lisboa remetida por José Valentim Viegas (...) [e] que neste presente ano me veio também do Porto 640$000 empregados em pano de linho dos quais tenho já recebido a metade e a outra metade se acha ainda no Rio de Janeiro".[122]

Tais declarações podem significar laços estreitos com negociantes do outro lado do Atlântico, colocando-o num patamar distinto da grande maioria de agentes atuantes em solo piratiningano, responsáveis pelo abastecimento da população. Não é à toa que fosse o agente mercantil mais abastado do universo de pesquisa com um patrimônio bruto avaliado em torno de 68:000$000 no inventário datado de 1735.[123]

Antes de falecer, residia na rua Direita, numa morada de casas de sobrado com seus corredores forrados por cima e por baixo, com sacadas nas janelas, de taipa de pilão, cobertas de telhas e quintais murados com bons muros. O mobiliário era composto por dois leitos de jacarandá da Bahia e um pequeno feito na terra à imitação da Bahia; um espelho de vestir com guarnições de ouro; seis bofetes com gavetas; baús, caixas e caixões de madeira de vários tamanhos; um oratório dourado embutido, outro com a imagem pintada de Nossa Senhora do Bonsucesso de barro com coroa de prata e um coração de filigrana de ouro, uma imagem de Cristo de marfim feito na Índia com a cruz e calvário de jacarandá; seis painéis grandes feitos no reino de vários santos com suas molduras de madeira pintadas, dois painéis de Nossa Senhora do Rosário e de Nossa Senhora do Carmo, 22 lâminas de santos com molduras; uma banca de jacarandá em que se comia e outra com os pés torneados; 12 tamboretes da moda de encosto com pregadura dourada grossa feitos na Bahia e mais 15 de pregarias grossas e miúdas.

Além das elevadas quantias em dívidas ativas, dinheiro amoedado, metais preciosos e bens comerciais, o opulento homem de negócio deixou aos seus herdeiros inúmeros imóveis, localizados na cidade e nos arredores, 28 escravos e 2 negras da terra forras.

---

121 AESP – Inventários 1º ofício – ord. 734 – cx. 122.

122 AESP – Inventários 1º ofício – ord. 677 – cx. 65.

123 A realização do inventário de Gaspar de Matos foi tão trabalhosa e demorada pela quantidade de bens avaliados e herdeiros envolvidos que o ouvidor-geral da comarca de São Paulo recorreu ao rei, solicitando que se arbitrasse o valor pago ao juiz de órfãos, responsável pelo processo e partilhas. A decisão régia estipulou o pagamento 60$000. "Carta do ouvidor geral da comarca de São Paulo, João Rodrigues Campelo, para (D. João V), em que expõe que visto um requerimento do juiz de órfãos da cidade, Clemente Carlos de Azevedo Cotrim, para que ele arbitrasse quanto devia levar por um inventário e partilhas que fez por falecimento de Gaspar de Matos, arbitra sessenta mil réis", 23.5.1735, AHU_ACL_CU_023-01, cx. 11, d. 1080 (Projeto Resgate – Documentos manuscritos avulsos da Capitania de São Paulo – Mendes Gouvêa).

Gaspar de Matos foi casado duas vezes. Do primeiro matrimônio com Maria Vieira da Cunha, teve seis filhos e do segundo nasceram cinco. Maria da Silva Leite, a 2ª esposa, era filha de Francisca Silva Teixeira e de Manuel Carvalho de Aguiar, "cidadão de São Paulo, onde muitas vezes ocupou os cargos da república e o de juiz ordinário e de órfãos",[124] nas palavras do genealogista Pedro Taques.

Mas não só o sogro teve relevância na vida pública colonial, pois o avô materno de sua esposa, Gaspar Teixeira de Azevedo, fora capitão-mor e governador da capitania de São Vicente e São Paulo, em 1697, e provedor dos reais quintos dos ouros das minas de Paranaguá e Iguape. Além disso, sua avó materna, Maria da Silva, era descendente de Amador Bueno da Ribeira.[125]

Os dois casamentos ocorreram no seio de famílias da terra, no entanto, esta não foi a prática entre seus descendentes, como já visto para outros casos. Quatro varões seguiram a carreira sacerdotal: Sebastião e Francisco foram religiosos carmelitas, José entrou para a Companhia de Jesus e sobre Gaspar da Soledade só sabemos que foi frade. Já Antonio foi enviado para realizar estudos na Universidade de Coimbra.[126]

Das mulheres, três desposaram negociantes reinóis: Francisca Maria casou-se com Matias Álvares Vieira de Castro, Maria Josefa foi esposa de Francisco de Sales Ribeiro e Escolástica Maria contraiu núpcias com Manuel de Macedo. Atente-se para o fato de que os dois últimos cunhados foram companheiros de viagem na sumaca que partiu do Rio de Janeiro em direção a Santos no início da década de 1720, ou seja, para ambos as ligações parentais advindas após ingresso numa família de comerciantes só vieram a estreitar os laços pessoais previamente constituídos.

Matias Alvares Vieira de Castro era natural da aldeia de Gandra, freguesia de São Cosme de Gondomar, comarca de Penafiel, bispado do Porto, onde foi batizado em 16 de abril de 1708. Embora não tenha informações sobre a data de sua chegada em São

---

124 Pedro Taques de Almeida Paes Leme, *op. cit.*, t. III, p. 113. Manuel Carvalho de Aguiar também casou outra filha com o comerciante reinol Antonio Xavier Garrido, em 1731. Natural da comarca de Barcelos na província do Minho, residira durante 8 anos na freguesia de Nossa Senhora da Encarnação em Lisboa, antes de cruzar o Atlântico. No Rio de Janeiro, demorou cerca de dois meses e logo veio para São Paulo "com seu negócio". Ao chegar, em 1726, apresentou fiador para abrir loja de fazenda seca e, após cinco anos, contraiu núpcias com Ana Joaquina de Aguiar e Silva. Na década de 1730, ocupou os cargos de almotacé, procurador e vereador na Câmara Municipal. Faleceu sem geração. ACMSP – Dispensas e processos matrimoniais – fichas – São Paulo – século XVIII (1731); "Termo de fiança que dá Antonio Xavier Garrido para ter loja de mercador", *Registro Geral da Camara Municipal de S. Paulo 1710-1734*. São Paulo: Typographia Piratininga, 1917, vol. IV, p. 533-4.

125 Manuel Eufrásio de Azevedo Marques, *op. cit.*, t. I, p. 237; Maria da Silva Leite, segunda esposa de Gaspar de Matos, era prima de primeiro grau de Frei Gaspar da Madre de Deus, pois o pai dele, Domingos Teixeira de Azevedo, era irmão de sua mãe.

126 Luis Gonzaga da Silva Leme, *op. cit.*, vol. 8, p. 324-5.

Paulo, os dados disponíveis revelaram que iniciou a vida na colônia como caixeiro na loja de um primo, vendendo a vara e côvado,[127] e, em 1736, ajustou sociedade com o irmão André Alvares de Castro[128] e com o homem de negócio Manuel Soares de Carvalho para levar carregações de fazendas e escravos às minas de Goiás.[129]

Em Vila Boa, permaneceu tempo suficiente para servir aos cargos honrosos da república e para que, em 1748, ao contrair núpcias com Francisca Maria Xavier de Matos, o vigário da vara eclesiástica da capital exigisse os banhos matrimoniais de naturalidade e da referida região mineratória.[130]

O comerciante já tinha a patente de sargento-mor da cavalaria de ordenanças da comarca de São Paulo quando, no ano do casamento, recebeu a mercê de cavaleiro da Ordem de Cristo e ingressou na Câmara Municipal como almotacé. Três anos depois, foi nomeado como tesoureiro da casa de fundição da cidade[131] e como juiz ordinário, cargo que não assumiu, sendo eleito como juiz de barrete o homem de negócio José da Silva Ferrão, o segundo marido de sua sogra, de quem tratarei mais à frente.

Certamente, as relações parentais estabelecidas com uma antiga família da terra unida a uma de comerciantes, a fortuna amealhada aos 40 anos e o título de cavaleiro lhe facilitaram a entrada em outros órgãos de prestígio social para a ocupação dos postos mais elevados: no ano compromissal de 1751-52, foi provedor da Santa Casa de Misericórdia e, em 1762, foi provedor da Irmandade do Santíssimo Sacramento. Faleceu alguns anos depois, uma vez que, no inventário de Carvalho datado de 1772, o testador declarou que o antigo sócio já era defunto.

---

127 IANTT – Habilitações da Ordem de Cristo – letra M – m. 47 – nº 66 – Matias Alvares Vieira.

128 Embora em ramos distintos, os comerciantes e irmãos Castro estabeleceram alianças matrimoniais com a mesma família encabeçada por Gaspar Teixeira de Azevedo, pois, ao se casar com Maria Ângela Eufrásia de Oliveira, em 1739, André Alvares de Castro ingressara na família do capitão-mor e governador da capitania de São Vicente e São Paulo mencionado anteriormente. Maria Ângela, portanto, era aparentada de Maria da Silva Leite, segunda esposa de Gaspar de Matos, e de Frei Gaspar da Madre de Deus e, segundo Taunay, era "herdeira de opulentos negociantes santistas e das mais antigas famílias vicentinas". Affonso de E. Taunay, *Pedro Taques e seu tempo...*, p. 119.

129 AESP – Inventários e Testamentos não publicados – ord. 549 – cx. 72.

130 ACMSP – Dispensas e processos matrimoniais – 4-42-255.

131 As irregularidades na Casa de Fundição ainda perduravam quando, em 1753, Matias Alvares Vieira de Castro, juntamente com os demais escrivães do órgão, encaminharam ao monarca um requerimento, no qual pediam que seus salários fossem iguais aos dos oficiais das outras Casas de Fundição da colônia. "Requerimento do tesoureiro Matias Alvares Vieira de Castro e escrivães da Receita e Despesa, Intendência e Fundição da Real Casa da comarca de São Paulo, João de Oliveira Cardoso, Filipe Fernandes da Silva e Tomás Pacheco Galindo a (D. José I) pedindo que determine que eles vençam salários iguais aos dos oficiais das outras Casas de Fundição", 10 mar. 1753, AHU_ACL_CU_023–01, cx. 20, d. 1975 (Projeto Resgate – Documentos manuscritos avulsos da Capitania de São Paulo – Mendes Gouvêa).

Como assinalado na trajetória de vida que abriu o presente capítulo, Manuel Macedo e Escolástica Maria de Matos tiveram duas filhas que desposaram comerciantes.[132] Sobre o genro Francisco Xavier dos Santos, já foram esboçados comentários, resta-nos, portanto, narrar o percurso do outro casado com Ana Maria.

Originário da freguesia de São Vitor, cidade de Braga, Manuel Antonio de Araújo saiu ainda criança, com 10 ou 11 anos, de sua terra natal em direção a Lisboa, onde residiu dois meses antes de embarcar para o Rio de Janeiro por volta de 1743. De lá partiu para o Rio Grande de São Pedro e naquelas paragens fixou moradia durante um ano e meio. Conduzindo tropas do irmão, seguiu para as Minas Gerais, onde esteve "andando sempre de terra em terra sem permanência em freguesia alguma".[133] Ao longo de 20 anos, fez viagens sucessivas das áreas mineratórias para o sul da colônia, também assistindo em Curitiba, vila em que as testemunhas de seu processo de casamento disseram tê-lo encontrado.

A primeira aparição de Manuel Antonio de Araújo na documentação consultada foi justamente no seu processo matrimonial ocorrido em 1764. Não se tem notícia se antes disso estava em solo piratiningano, nem por quanto tempo. Fato é que, logo após o matrimônio, ingressou como almotacé na Câmara Municipal. Diferente de outros agentes mercantis investigados, sua atuação nos órgãos de poder se restringiu à ocupação de tal cargo, pois mesmo nos anos seguintes ao corte cronológico final desta pesquisa, ele só figura como mestre de campo.

É possível que tenha trazido alguma fortuna do passado como tropeiro, mas certamente usufruiu da herança de sua esposa, já que no censo de 1765, registrado como negociante, declarou o cabedal de 3:200$000. Tal valor, entretanto, era muito inferior ao monte bruto avaliado no inventário aberto em 1790, que correspondia a 18:068$279.[134]

Durante este intervalo de tempo, sua riqueza se tornou mais polpuda em virtude dos negócios na loja de fazenda seca e das transações com animais que continuou a realizar, como se comprova pela solicitação, ao longo das décadas de 1770 e 1780, de três sesmarias em Lajes, Itapetininga e, ainda, entre os matos do rio Piracicaba e os morros

---

132 À época do falecimento de Manuel de Macedo, os cinco herdeiros eram menores e o concunhado Matias Alvares Vieira de Castro foi nomeado como curador dos órfãos, no entanto, três anos depois a viúva solicitou mercê régia da tutoria dos filhos. "Requerimento de Escolástica Maria de Matos, viúva de Manuel de Macedo, moradora na cidade de São Paulo, ao rei [D. José I], solicitando a mercê de lhe ser concedida a tutoria de seus filhos, por morte de seu marido", 16.12.1756, AHU_ACL_CU_023, cx. 4, D.295 (Projeto Resgate – Documentos manuscritos avulsos da Capitania de São Paulo).

133 ACMSP – Dispensas e processos matrimoniais – 4-86-658.

134 AESP – Inventários e Testamentos não publicados – ord. 562 – cx. 85.

de Araraquara, todas destinadas à criação de gado.[135] Além disso, o patrimônio deve ter aumentado com o dote que recebeu pelo segundo casamento com Gertrudes Maria Mendes Pereira, filha do abastado Francisco Pereira Mendes, em 1777.[136]

Novamente viúvo, Araújo voltou ao seio da família de Gaspar de Matos, ao se casar, em 1785, aos 52 anos, com a neta de Francisco de Sales Ribeiro, Ana Joaquina de Andrade. Como tivessem relações de parentesco, foram obrigados a enfrentar os obstáculos colocados pela Igreja Católica.

Logo no início do processo das dispensas matrimoniais, os nubentes humildemente expuseram que, embora se achassem contratados para casar, não podiam efetuar o enlace por estarem ligados no terceiro grau misto com o segundo de afinidade por cópula lícita, impedimento de que solicitavam dispensa. Para obtê-la, após a audição das testemunhas e dos depoimentos dos contraentes, o vigário os penitenciou a "varrerem a sua igreja matriz cada um cinco vezes, serem examinados exatamente pelo reverendo pároco da doutrina cristã, confessarem, se comungarem cada um três vezes, assistirem a três missas paroquiais com velas acesas de meia libra em mãos".[137]

Como se sentissem incomodados com as obrigações impostas, os oradores pediram a comutação de todas as penitências em penas pecuniárias, no que foram atendidos mediante o pagamento de 80$000 para as obras da matriz. Tais práticas deviam ser correntes, pois, ao analisar os casos de impedimentos ocorridos em Campos dos Goitacazes, durante o século XVIII, Sheila de Castro Faria afirmou que "liberavam-se para os casamentos (...) através de dispensas, bastando que os envolvidos pagassem penitência, em orações e acompanhamento de missas, além de custos pecuniários, em moeda ou bens, para os mais ricos, ou em prestação de serviços, para os mais pobres".[138]

O matrimônio, entretanto, só durou até 1789, quando o mercador veio a falecer, deixando à viúva e aos herdeiros dívidas ativas – com devedores disseminados pela cidade, pelas minas do Mato Grosso e pelas vilas de São João de Atibaia, Sorocaba, Santos e Jundiaí –, vários imóveis urbanos e 31 escravos.[139] À inventariante coube a meação de quase nove contos de réis, o que lhe deixou numa situação financeira muito mais confortável do que a que se encontrava no momento do casamento, quando o escrivão da vara episcopal registrou que a oradora, órfã de pai, possuía poucos bens para poder casar com pessoa de sua qualidade e não casando com o orador ficaria inupta.

---

135 AESP – Sesmarias, patentes e provisões – livro 19 – fls.99v; AESP – Sesmarias, patentes e provisões – livro 20 – fls.32; AESP – Sesmarias, patentes e provisões – livro 21 – fls.102vol.

136 ACMSP – Dispensas e processos matrimoniais – 5-52-1261.

137 ACMSP – Dispensas e processos matrimoniais – 5-75-549.

138 Sheila de Castro Faria, *A colônia em movimento* ..., p. 60.

139 AESP – Inventários e Testamentos não publicados – ord. 562 – cx. 85.

Ana Joaquina de Andrade era filha de José Francisco de Andrade e de Ana Maria de Sales, neta materna de Maria Josefa de Matos e Francisco de Sales Ribeiro, bisneta materna de Gaspar de Matos e Maria da Silva Leite.

Francisco de Sales Ribeiro era natural de Lisboa e, de acordo com Silva Leme, "veio de tenros anos de Portugal a São Paulo, onde foi nobre cidadão".[140] Portanto, é possível que aqui vivesse desde os primórdios do século XVIII, uma vez que nascera por volta de 1687. Infelizmente também não disponho da data de seu casamento com Maria Josefa, mas acredito que tenha ocorrido antes ou no início da década de 1730, pois ele já figurava como genro e testamenteiro de Gaspar de Matos em janeiro de 1734.

Pelo menos desde 1730 era possuidor de loja de fazenda seca em solo piratiningano, uma vez que fora arrolado com estabelecimento comercial no rol dos contribuintes do donativo real para o casamento dos príncipes, sendo inclusive nomeado tesoureiro do dinheiro arrecadado.[141] Nesta mesma década, participou das juntas de homens bons responsáveis pelo ajuste do preço da carne e pelo consumo de sal e ainda foi um dos eleitores do tesoureiro dos novos direitos e ordenados dos ouvidores-gerais, após a desistência do referido cargo por Manuel Veloso.

Nos anos de 1750, foi nomeado como depositário do cofre dos órfãos[142] e, mais tarde, depositário dos bens móveis, ouro e prata do Colégio da Companhia de Jesus,[143] após a expulsão dos jesuítas da colônia em 1759.

Ao longo das décadas de 1730 e 1760, circulou por todos os órgãos de poder e prestígio social, ocupando os mais altos cargos. Em 1731, foi provedor da Irmandade do Santíssimo Sacramento; no biênio de 1734-35, desempenhou o ofício de ministro da ordem franciscana; foi provedor da Misericórdia no ano compromissal de 1752-53 e, por fim, assumiu o posto de juiz ordinário da Câmara Municipal em 1763. Entretanto, nesse último órgão, atuava desde 1739, sendo nomeado para os cargos de almotacé e procurador e, durante o ano de 1749, chamado várias vezes para servir como vereador de barrete nas sessões camarárias, em virtude da ausência dos eleitos nos pelouros.

A posição de destaque social alcançada ocorreu simultaneamente ao sucesso na carreira mercantil do homem de negócio, como se comprova pelo cabedal de 8:000$000, declarado no censo de 1765, correspondendo à terceira maior fortuna registrada.

O capitão Francisco de Sales Ribeiro faleceu aos 92 anos, em 1779, deixando uma extensa prole de 11 filhos. Cinco homens seguiram a carreira sacerdotal: Gaspar, João e

---

140 Luis Gonzaga da Silva Leme, *op. cit.*, vol. 8, p. 325.

141 *Actas da Camara da Cidade de S. Paulo 1730-1736*. São Paulo: Typographia Piratininga, 1916, vol. X, p. 27-8.

142 *Actas da Camara Municipal de S. Paulo 1749-1755*. São Paulo: Typographia Piratininga, 1918, vol. XIII, p. 566-7.

143 *Actas da Camara Municipal de S. Paulo 1756-1764*. São Paulo: Typographia Piratininga, 1919, vol. XIV, p. 271-2.

O comércio em retalhos de vida **273**

Antonio se tornaram presbíteros seculares, Joaquim ingressou na Companhia de Jesus e Inácio foi frade franciscano. Mas outros três estabeleceram alianças com membros do próprio grupo mercantil.[144]

Como assinalado nas páginas anteriores, José Francisco e Manuel Francisco casaram-se com filhas de José Rodrigues Pereira, novamente unindo as famílias de Gaspar de Matos e Manuel Veloso. E Ana Maria de Sales se uniu em primeiras núpcias a José Francisco de Andrade.

Proveniente da freguesia de Santa Leocádia de Faradelos, vila de Barcelos, arcebispado de Braga, José Francisco de Andrade já exercia atividades comerciais na cidade de São Paulo desde 1745, quando apresentou fiador para abrir loja de fazenda seca.[145]

Diferentemente de outros comerciantes mencionados, não foi o casamento que lhe abriu as portas para os órgãos de poder local, pois antes mesmo de contrair matrimônio, em 1754, o minhoto já havia participado da Ordem Terceira da Penitência de São Francisco como secretário e da Câmara Municipal como almotacé. Ainda na mesma década, desempenhou o ofício de tesoureiro do dinheiro da Irmandade do Santíssimo Sacramento. Como se vê, embora atuando em instituições prestigiadas, Andrade não chegou a ocupar cargos de maior distinção.

Talvez este fato possa ser explicado pelo desempenho mal-sucedido no mundo dos negócios. No testamento aberto em 1757, o comerciante mencionou a fracassada sociedade com Manuel José Rodrigues na compra de 93 cavalos e o desdobramento trágico da empreitada no envio de tropas às minas de Goiás, conduzidas por José Rodrigues Garcia e Ângelo Almeida de Figueiredo. Além disso, declarou dever na cidade de São Paulo e no Rio de Janeiro, inclusive ao próprio sogro de quem era sócio.

As dívidas deviam ser substanciosas e o preocupavam por temer o encaminhamento de sua alma. A fim de que fossem sanadas, ele instruiu os testamenteiros Matias Alvares Vieira de Castro e Lopo dos Santos Serra a que se pagasse "até o último real com dinheiro ou ouro (...) e para o que ainda se ficar devendo, peço se vá cobrando e dispondo da fazenda, ou bens supérfluos o mais breve que puder ser, e podendo-se também vender a fazenda da loja [...] desonerando-se o comprador delas, de quaisquer dívidas minhas, ou tomando-a em pagamento, tudo isto desejo muito, em ordem a ficar o casal aliviado de dívidas".[146]

Embora não disponha de seu inventário, as palavras do testamento evidenciam que as atividades mercantis estavam claudicantes, e o patrimônio, comprometido pelas dívidas, o que explica a condição de pobreza registrada no processo de casa-

---

144 Luis Gonzaga da Silva Leme, *op. cit.*, vol. 8, p. 326.

145 "Termo de fiança que faz José Francisco de Andrade para abrir loja nesta cidade de fazenda seca", *Registro Geral da Camara Municipal de S. Paulo 1745-1747*. São Paulo: Typographia Piratininga, 1919, vol. VIII, p. 128.

146 AESP – Inventários e Testamentos não publicados – ord. 534 – cx. 57.

mento de sua filha Ana Joaquina com o negociante Manuel Antonio de Araújo, mencionada anteriormente.[147]

Após o falecimento do marido, Ana Maria de Sales contraiu núpcias com o comerciante lisboeta José da Cruz Almada, de cuja união nasceram quatro filhos. A continuação dos negócios ficou a cargo de José Maria da Cruz Almada, sargento mor das ordenanças e camarista no decorrer da década de 1790,[148] que se casou com Maria Perpétua da Luz, neta materna de Tomé Alvares de Castro, "cabeça" de mais uma família de comerciantes registrada no diagrama.

Antes de passarmos à nova família, é fundamental que se encerre a de Gaspar de Matos pela trajetória de um elemento que não era seu descendente, mas que desposou a viúva Maria da Silva Leite no ano seguinte à morte do marido. Refiro-me a José da Silva Ferrão, proeminente homem de negócio atuante na primeira metade do século XVIII.

Natural de Pernes, comarca de Santarém, província de Estremadura, Ferrão se aplicara aos estudos antes de mudar para Lisboa, onde viveu, com toda a gravidade e estimação, durante alguns anos na freguesia de São Cristóvão. Diversamente dos demais agentes mercantis analisados, ele deixou adulto o reino, com trinta e poucos anos, para assumir o ofício de tesoureiro das fazendas dos defuntos e ausentes da cidade de São Paulo, provido pelo rei D. João V em 6 de maio de 1722.[149]

O início da vida na colônia contou, portanto, com o exercício do cargo por sete anos – de 1724 a 1731 – depois do qual passou a se dedicar às atividades mercantis em loja de fazenda seca, onde dispunha de caixeiros, "mandando carregações para várias partes do reino como estrangeiros".[150] no dizer de uma testemunha de seu processo de habilitação a cavaleiro da Ordem de Cristo.

Em 1735, contraiu matrimônio com Maria da Silva Leite, beneficiando-se da avultada herança deixada pelo primeiro esposo.[151] Certamente, a fortuna a que teve acesso, os

---

147 Além de Ana Joaquina, José Francisco de Andrade e Ana Maria de Sales tiveram outro filho, Manuel Francisco, que se habilitou de genere para a carreira eclesiástica. Luis Gonzaga da Silva Leme, *op. cit.*, vol. 8, p. 328.

148 Segundo Katia Maria Abud, José Maria da Cruz Almada era tropeiro. Kátia Maria Abud, *Autoridade e riqueza...*, p. 96 e 129.

149 IANTT – Chancelaria D. João V – livro 66 – fls. 116.

150 IANTT – Habilitações da Ordem de Cristo – letra J – m. 15 – nº 8 – José da Silva Ferrão.

151 ACMSP – Dispensas e processos matrimoniais – 4-6-22. Ferrão procurou se favorecer ainda mais da aliança matrimonial ao solicitar ao rei, em 1739, provisão para administrar os bens dos órfãos de Gaspar de Matos. "Requerimento de José da Silva Ferrão ao rei, solicitando provisão que o autorize a administrar os bens dos órfãos de Gaspar de Matos, com cuja viúva, Maria da Silva Leite, se acha presentemente casado", 21.08.1739, AHU_ACL_CU_023, cx. 2, d. 161 (Projeto Resgate – Documentos manuscritos avulsos da Capitania de São Paulo).

laços familiares estabelecidos e o cargo público já ocupado concorreram para a ascensão político-econômica na sociedade paulistana.

Nos anos de 1735 e 1736, assumiu o cargo de almotacé no órgão concelhio e, no biênio de 1736-37, o de secretário da Ordem Terceira de São Francisco. Neste último ano, sentiu na pele o poder e a força decisória das tradicionais famílias da terra – Pires e Camargo – que impugnaram a eleição de adventícios na Câmara Municipal, entre os quais Ferrão figurava como procurador.

Como mencionado no capítulo 3, a concordata de 1655, firmada pelo Conde de Atouguia, determinava que os juízes, vereadores e procurador eleitos pertencessem às duas famílias e, caso houvesse neutrais, estes também deveriam contar com a sua aprovação. Se, no momento da assinatura do documento, o governador-geral do Brasil pretendia conciliar as facções em luta, na década de 1730, as famílias unidas procuravam fazer frente aos portugueses recém-chegados que, cada vez mais, participavam da vida social da cidade e concorriam com a elite agrária nas posições de mando.

O caso é longo e intrincado, porém merece ser narrado para que se percebam os conflitos entre naturais e reinóis. Na abertura dos pelouros para o ano de 1737, saiu para juiz ordinário José de Góes e Moraes, mas, por impedimento, foi eleito Manuel Antunes Belém de Andrade. Como o procurador Francisco Barbosa estivesse nas minas, procedeu-se à eleição de barrete, em que foi escolhido José da Silva Ferrão. Os vereadores Domingos Barreto de Lima e José Barbosa de Lima foram dispensados da dita ocupação por sentença do ouvidor, que mandou convocar outro pleito, no qual saíram eleitos Bartolomeu de Freitas Esmeraldo, André Alvares de Castro e Francisco Pinheiro de Sepeda. Ou seja, praticamente ocorreu uma nova eleição e os cargos passaram às mãos dos filhos do reino.[152]

Transcorridos alguns dias, em 28 de dezembro de 1736, os almotacés Pedro Taques Pires e João de Siqueira Preto compareceram à Câmara Municipal, como procuradores das famílias Pires e Camargo, exigindo que os camaristas não dessem posse aos oficiais eleitos[153]. Entretanto, contrariando a vontade dos naturais da terra, em 1º de janeiro de 1737, houve o juramento dos juízes novos.[154]

Tal fato bastou para que as desavenças se aprofundassem. Incitado pelas duas famílias, o mestre de campo da vila de Santos, Antonio Pires de Ávila, mobilizou-se para vir à cidade de São Paulo a fim de prender os oficiais do senado. Ademais, em 11 de janeiro, novamente apareceu Pedro Taques Pires na câmara com a provisão do Conde de Atou-

---

152 *Actas da Camara da Cidade de S. Paulo 1730-1736*. São Paulo: Typographia Piratininga, 1916, vol. x, p. 495-9.

153 *Actas da Camara da Cidade de S. Paulo 1730-1736*. São Paulo: Typographia Piratininga, 1916, vol. x, p. 500.

154 *Actas da Camara Municipal de S. Paulo 1737-1743*. São Paulo: Typographia Piratininga, 1916, vol. xi, p. 7-8.

276 A teia mercantil: negócios e poderes em São Paulo colonial

guia, protestando pelas regalias concedidas aos Pires e Camargo. Frente às ameaças e ao documento apresentado, o ouvidor ponderou que se cumprisse o acordo longamente firmado e que o mestre de campo não recorresse a procedimentos violentos e extraordinários, nem prosseguisse na diligência, pois a questão estava posta em tela judiciária.[155]

Passados três dias, na presença dos homens da governança e de membros das duas famílias, foi oficializada a suspensão dos vereadores Esmeraldo, Castro e Sepeda, que nem compareceram ao órgão concelhio.[156] Na mesma sessão, entretanto, foi perguntado aos Pires e Camargo se queriam que o juiz Andrade e o procurador Ferrão – "que não eram das ditas famílias mas antes neutrais e filhos de Portugal" – fossem expulsos de seus cargos, ao que eles responderam negativamente.

Embora com o beneplácito das famílias, os dois portugueses solicitaram em vão a dispensa dos ofícios em favor de membros dos referidos clãs. Para o encerramento da questão, o ouvidor geral perguntou às

> ditas pessoas das famílias se se achavam satisfeitas com o determinado neste termo ou se pretendiam nele mais alguma cláusula ou cláusulas que se houvessem de expressar para assim ficarem satisfeitos, e por eles foi respondido que eles se achavam satisfeitos com o proposto nele e determinado, e não tinham mais que requerer.[157]

---

155 *Actas da Camara Municipal de S. Paulo 1737-1743*. São Paulo: Typographia Piratininga, 1916, vol. XI, p. 11-2.

156 No ano seguinte, os três vereadores suspensos enviaram um requerimento a D. João V, narrando o ocorrido e solicitando que o rei revogasse os privilégios das famílias Pires e Camargo e ordenasse que se elegessem para a Câmara Municipal as pessoas do reino residentes em São Paulo. Entretanto, como já assinalado no capítulo 3, a concordata de 1655 ainda seria alvo de discussão entre naturais da terra e reinóis até 1765, baliza cronológica final da pesquisa. "Requerimento de Bartolomeu de Freitas Esmeraldo, André Martins [sic] de Castro, Francisco Pinheiro de Cepeda, em seus nomes e de todos os nobres naturais do Reino, que se achavam estabelecidos em São Paulo, a (D. João V), dizendo que, tendo sido os três eleitos vereadores do Senado desta dita cidade, e tendo já entrado a exercer sua obrigação por algum tempo, Pedro Taques Pires e alguns parentes quiseram depô-los, contaminando, para esse fim, o governador de Santos, por estar ausente nas minas de Goiás o governador e capitão-general daquela capitania. Como lhe tinham apresentado, no ano de 1738, e requerido que fosse servido, para impedir distúrbios, derrogar as provisões pelas quais permitira que só servissem na Câmara, as famílias dos Pires e Camargo, pediam que fizesse mercê ordenar que se elegessem para a Câmara as pessoas do reino ali estabelecidas", 11.4.1747, AHU_ACL_CU_023-01, cx. 17, d. 1656 (Projeto Resgate – Documentos manuscritos avulsos da Capitania de São Paulo – Mendes Gouvêa).

157 *Actas da Camara Municipal de S. Paulo 1737-1743*. São Paulo: Typographia Piratininga, 1916, vol. XI, p. 15-7.

Se a vitória dos Pires e Camargo sobre os reinóis ficou evidente neste momento, a aquiescência dos familiares pela manutenção dos dois portugueses em postos camarários revela que não era mais possível excluir os adventícios da vida política da cidade. Ademais, o controle sobre o órgão concelhio não era estendido a todas as instituições locais de prestígio social, que passaram a ser, cada vez mais, espaços de atuação do segmento mercantil estabelecido na cidade de São Paulo.

O próprio Ferrão – como tantos outros – não restringiu sua participação à Câmara Municipal, para a qual foi eleito dois anos depois da contenda, em 1739, como juiz ordinário de barrete no lugar do marido de sua enteada, o também comerciante reinol Matias Alvares Vieira de Castro. Já com a patente de capitão das ordenanças, foi ministro da ordem franciscana em 1739-40, provedor da Misericórdia, em 1743-44, e provedor da Irmandade do Santíssimo Sacramento em 1758, quando também se tornou cavaleiro da Ordem de Cristo.

Além disso, coube-lhe a distinção de ser convidado, ao longo da década de 1740, a participar dos eventos religiosos em lugar de destaque. Em 1746, empunhou o estandarte real na procissão de Corpus Christi[158] e, dois anos depois, desempenhou a mesma função no dia da visitação de Nossa Senhora. Seu nome também figurou entre os cidadãos chamados a carregar o pálio e a charola na festa de São Sebastião nos anos de 1749 e 1750.[159] Atente-se para o fato de que, neste último ano, todos os seus companheiros de pálio eram ligados ao mundo dos negócios: André Alvares de Castro, Manuel de Oliveira Cardoso, Alexandre Monteiro de Sampaio, Francisco de Sales Ribeiro e Bento do Amaral da Silva. Nestes momentos de congraçamento social, a cidade de São Paulo assistia não só à passagem dos santos, mas também ao desfile das fortunas amealhadas no comércio.

No caso de Ferrão, o segundo indivíduo mais rico do universo de pesquisa, o patrimônio bruto avaliado à época de sua morte, em 1762, foi de 56:934$468, distribuído em dívidas ativas, bens de raiz e metais preciosos.[160] Tinha cerca de duzentos devedores espalhados por várias regiões da colônia e parte do cabedal assentada em penhores para segurança das dívidas. Em testamento, declarou possuir

---

158 "Registro de dez cartas escritas a vários cidadãos para a festividade do Corpo de Deus", *Registro Geral da Camara Municipal de S. Paulo 1745-1747*. São Paulo: Typographia Piratininga, 1919, vol. VIII, p. 216.

159 "Registro de uma carta a José da Silva Ferrão para levar o estandarte real no dia da visitação de Nossa Senhora"; "Registro de onze cartas para vários cidadãos virem para o pálio e charola da festa de São Sebastião e estandarte"; "Registro de onze cartas para os cidadãos que hão de carregar o pálio, charola e estandarte na festa de São Sebastião", *Registro Geral da Camara Municipal de S. Paulo 1748-1750*. São Paulo: Typographia Piratininga, 1919, vol. IX, p. 154, 265-7, 433-4 (respectivamente).

160 AESP – Inventários e Testamentos não publicados – ord. 541 – cx. 64.

278 A teia mercantil: negócios e poderes em São Paulo colonial

oito moradas de casas nesta cidade, [...] sobrado, e umas térreas, três sítios com gados, escravos e todos os mais trastes da roça, e assim mais um cercado e junto do mesmo da outra parte da estrada umas casas com seu quintal, e desses se paga foro, e assim mais em Santo Amaro um sítio que arrematei em praça em que mora Manuel Alves de Siqueira e umas lavras no morro de Jaraguá com escravos, e mais aprestos de minerar, de tudo tendo posse e carta de data, como serviço de águas, que comprei a Sebastião do Prado Cortez.[161]

Como se vê, era abastado homem de negócio que diversificava as atividades mercantis e vivia das rendas de vários investimentos e empréstimos. Ao falecer, deixou dois filhos – Antonio Bernardo e João José[162] – sobre cujos destinos, infelizmente, não disponho de informações.

5.5. Família de Tomé Alvares de Castro

Originário da freguesia de Santo Estevão do Alboim, comarca de Valença, Tomé Alvares de Castro, assim como outros "cabeças" de famílias de comerciantes, já se encontrava na colônia desde o início dos setecentos e, pelo menos, desde a década de 1710 estava casado com Brígida Sobrinha de Vasconcelos, natural de Santa Ana de Mogi das Cruzes, capitania de São Vicente e São Paulo.

Nessa vila, o casal teve filhos e viveu vários anos, mas, no início do decênio de 1730, a família havia se mudado para a capital paulistana, pois datam desta época os matrimônios de duas filhas. Embora não disponha de informações sobre as atividades econômicas pregressas de Castro, constatei que, em solo piratiningano, possuía uma venda conduzida por escravos e uma loja de fazenda seca, para cuja abertura apresentou fiador em 1753.[163]

Em 1734, já se tem notícia da participação do minhoto em assuntos relativos à vida política da cidade, pois foi um dos eleitores dos tesoureiros dos novos direitos e ordenados dos ouvidores. Capitão das ordenanças, desempenhou os ofícios de escrivão e de provedor da Irmandade do Santíssimo Sacramento e, no ano compromissal de 1746-47, chegou à direção da Santa Casa de Misericórdia.

Neste mesmo período, foi nomeado cabo do bairro de Caguaçu para coordenar os trabalhos referentes aos consertos do Caminho do Mar, convocando os moradores de

---

161 ACMSP – Processos gerais antigos – testamentos – 3-4-7.

162 Pedro Taques de Almeida Paes Leme, *op. cit.*, t. III, p. 114.

163 "Termo de fiança que dá Thomé Alves de Castro para pôr loja de fazenda seca nesta cidade", *Registro Geral da Camara Municipal de S. Paulo 1750-1763*. São Paulo: Typographia Piratininga, 1920, vol. x, p. 232.

sua região para concorrerem com negros e tudo o que fosse necessário para a parcela da estrada que lhes cabia.[164]

Caminhos, pontes, aterrados e estradas sempre foram assuntos discutidos nas sessões camarárias, ao longo do século XVIII, e os gastos para sua execução ou reparos consumiam montantes significativos da receita municipal. A fim de preservar os cofres públicos, os oficiais procuravam sistematicamente transferir as despesas para os habitantes, que se responsabilizavam pela construção do trecho correspondente às suas moradias, sob as ordens dos cabos, em geral, membros das companhias de ordenanças. Desta forma, o órgão concelhio se beneficiava tanto do trabalho e dispêndios alheios como das multas cobradas aos omissos.

Embora a cidade de São Paulo fosse o ponto de distribuição das mercadorias que vinham do litoral, o Caminho do Mar era extremamente precário, dificultando e, muitas vezes, impedindo o transporte de gêneros e pessoas no lombo de animais e de escravos de carga – índios e negros. Durante todo o período estudado, as péssimas condições da estrada estiveram em pauta nas vereanças, e sua reincidência demonstra o pouco alcance das normas municipais para seu melhoramento.

A solução definitiva para o problema, de fato, só começaria a ser esboçada a partir de 1780, quando a Câmara Municipal sugeriu que a estrada fosse financiada com base em livres e espontâneos donativos. Cartas foram enviadas a todos os capitães-mores dos bairros da comarca, solicitando que cada morador declarasse a quantia de seu donativo e assinasse uma lista. Afirmativamente, o volume de doação veio dos oficiais das milícias, fazendeiros e comerciantes. Em alguns casos, os moradores forneceram escravos, trabalharam ou pagaram dias de trabalho como contribuição particular ao projeto.

De acordo com Elizabeth Kuznesof, relatórios com saídas de alguns navios de Santos para Portugal tendo início no período de 1782-86 indicam que, mesmo parcialmente concluída a estrada, as transações tiveram efeitos tangíveis. A última extensão do leito, mais pontes para Cubatão, foi finalizada durante a administração do marechal de campo José Raimundo Chichorro da Gama Lobo (1786-1788).[165] O Caminho do Mar entre São Paulo e Cubatão, no entanto, apenas foi pavimentado na década seguinte com a construção da famosa "calçada do Lorena".[166]

Embora se saiba que a conclusão da empreitada tenha ocorrido em fins dos setecentos, nos idos da década de 1740, os moradores dos bairros de Santana, Conceição, São Miguel, Cotia, Caguaçu, Penha, Borda do Campo, Santo Amaro, Boy, Pinheiros,

---

164 "Registro de quatorze mandados dos oficiais da Câmara sobre o caminho do Mar", *Registro Geral da Camara Municipal de S. Paulo 1735-1742*. São Paulo: Typographia Piratininga, 1918, vol. v, p. 207.

165 Elizabeth Anne Kuznesof, "The role of the merchants in the economic development of São Paulo, 1765-1850", *Hispanic American Historical Review*, Duke Press, 60 (4), 1980, p. 586-7.

166 Sobre o assunto, ver Denise Mendes, *Calçada do Lorena: o caminho de tropeiros para o comércio do açúcar*. São Paulo: FFLCH/USP, 1994 (dissertação de mestrado).

Ubuaçava e Nossa Senhora do Ó, Juqueri, São João de Atibaia e Nazaré foram convocados para mais uma tentativa de execução da obra. Como vimos, ficou a cargo de Tomé Alvares de Castro o trecho de Caguaçu.

Pelo seu inventário, sabemos que era possuidor de uma légua de terras naquela paragem, mas, no censo de 1765, figurou no domicílio situado à rua do Cirurgião Fonseca, que devia ser o mesmo em que habitava antes de falecer, em 1772, registrado no largo da Igreja de Nossa Senhora do Carmo. Também era proprietário de vários imóveis urbanos – muitos dos quais alugava –, de terras em Guarulhos e de um sítio na paragem de Juá.[167]

No final de sua existência, aos 82 anos, foi identificado como lavrador no censo de 1767, o que pode significar que a esta altura da vida tivesse decidido abandonar o mundo dos negócios e viver de plantações e criação de gado. De fato, na composição de sua fortuna líquida, avaliada em 4:725$599, os bens de raiz dos arredores valiam mais do que aqueles localizados no centro da cidade, e os 49 escravos respondiam por cerca de 30% da riqueza. De toda a forma, as dívidas ativas correspondiam à maior fonte de riqueza de seus investimentos.

Tomé Alvares de Castro teve cinco filhos, dois homens e três mulheres, todas casadas com comerciantes reinóis: Manuela Angélica contraiu núpcias com Manuel de Oliveira Cardoso, Brígida Rosa desposou José Pereira de Sampaio e Petronilha da Assunção se casou com o irmão do cunhado, Alexandre Monteiro de Sampaio.

Manuel de Oliveira Cardoso era natural da cidade do Porto, província do Minho. Aos doze anos, por volta de 1722, veio para o Rio de Janeiro, onde residiu alguns anos. Na cidade de São Paulo, já o encontramos em 1730, quando apresentou fiador para abrir loja de fazenda seca.[168] Ao que parece, ainda não tinha estabelecido laços pessoais e parentais em solo piratiningano no ano de 1733, quando o vigário da vara episcopal teve dificuldade em selecionar pessoas que conhecessem seu passado e pudessem testemunhar no processo de casamento, transferindo a justificação das dispensas matrimoniais para o juízo eclesiástico da cidade fluminense.[169]

Ao longo desta década, entretanto, a inserção social se intensificou, e as atividades mercantis prosperaram, como se vê pelo relato de Luis Antonio de Sá Quiroga no processo de habilitação de Manuel de Oliveira Cardoso a cavaleiro da Ordem de Cristo. De acordo com a testemunha, o candidato era um dos principais homens de negócio da cidade, enviando carregações de mercadorias e escravos para diversas regiões.[170] Seu

---

167 AESP – Inventários e Testamentos não publicados – ord. 549 – cx. 72.

168 "Termo de fiança que dá Manuel de Oliveira Cardoso", *Registro Geral da Camara Municipal de S. Paulo 1710-1734*. São Paulo: Typographia Piratininga, 1918, vol. IV, p. 550.

169 ACMSP – Dispensas e processos matrimoniais – 4-4-17.

170 IANTT – Habilitações da Ordem de Cristo – letra M – m. 44 – nº 17 – Manuel de Oliveira Cardoso.

O comércio em retalhos de vida 281

envolvimento com o trato comercial também pode ser avaliado pelas relações pessoais travadas com mercadores, dos quais se tornou fiador durante os anos de 1740 e 1750.

Na Câmara Municipal, participou como procurador eleito em 1739 e desempenhou o ofício de vereador em 1742 e 1751. Porém, nas demais instituições de prestígio social, ocupou os mais altos postos. Foi ministro da Ordem Terceira da Penitência de São Francisco no biênio de 1742-43, provedor da Irmandade do Santíssimo Sacramento em 1751 e, finalmente, provedor da Misericórdia em 1761-62.

Sobre os assuntos cotidianos da cidade, juntamente com outros agentes mercantis mencionados, foi convocado para a discussão sobre o consumo de sal e a necessidade de uma casa para recolhimento dos bexiguentos. Nas cerimônias religiosas, foi convidado a carregar o pálio na festa do Anjo Custódio, em 1745, e na de São Sebastião cinco anos depois.[171]

Como capitão-mor da cidade de São Paulo,[172] foi responsável pela execução do censo de 1765, no qual declarou cabedal de 8:000$000, somente sendo superado pelas fortunas dos homens de negócio José Rodrigues Pereira e Francisco Pereira Mendes. A posição econômica de destaque na sociedade paulistana foi reconhecida inclusive pelo governador Martim Lopes Lobo de Saldanha em 1777, que o considerou "eminente comerciante tido como um dos mais ricos da região".[173]

Manuel de Oliveira Cardoso e Manuela Angélica não tiveram descendentes. No entanto, no testamento aberto em 1795, o comerciante instituiu por herdeiro o filho natural, José Joaquim, que estava estudando na Universidade de Coimbra com o beneplácito de sua falecida esposa. José Joaquim, por sua vez, faleceu solteiro, e não tendo pessoa alguma que por direito lhe devesse suceder à herança, ficou esta abandonada em poder do já citado capitão José Maria da Cruz Almada e colocada em arrematação pública em 1817.[174]

José Pereira de Sampaio foi batizado na vila da Marialva, comarca de Lamego, província da Beira e, provavelmente, foi o primeiro dos irmãos Sampaio a deixar o reino.

---

171 "Registro de um mandado e certidão para serem notificados os republicanos para pegarem no pálio da festa do Anjo Custódio, e charola", *Registro Geral da Camara Municipal de S. Paulo 1745-1747*. São Paulo: Typographia Piratininga, 1919, vol. VIII, p. 62-3; "Registro de onze cartas para os cidadãos que vão carregar o pálio, charola e estandarte na festa de São Sebastião", *Registro Geral da Camara Municipal de S. Paulo 1748-1750*. São Paulo: Typographia Piratininga, 1919, vol. IX, p. 433-4.

172 Em 1761, houve a confirmação régia do posto de capitão-mor da cidade de São Paulo a Manuel de Oliveira Cardoso. "Requerimento de Manuel de Oliveira Cardoso a (D. José I), pedindo a confirmação da (carta) patente que o nomeara no posto de capitão-mor da cidade de São Paulo, vago por falecimento de Manuel Gomes (sic) de Almeida", 17.9.1761, AHU_ACL_CU_023.01, CX. 22, d. 2153 (Projeto Resgate – Documentos manuscritos avulsos da Capitania de São Paulo – Mendes Gouvêa).

173 *Documentos interessantes para a história e costumes de São Paulo*. São Paulo: Typographia Aurora, 1896, vol. XXIII, p. 348, *apud* Muriel Nazzari, *op. cit.*, p. 140.

174 AJESP – Inventários e testamentos – 1º ofício da família – proc. 1347.

De acordo com as testemunhas do processo de habilitação de sua filha, Ana Joaquina, ao Santo Ofício, o pai sempre viveu da loja de mercadorias e de seu negócio de andar no caminho de Minas conduzindo carga de fazenda.[175]

Ana Joaquina contraiu núpcias com o mercador Pascoal Alvares de Araújo em 1757. Foram padrinhos do casal os avós Tomé Alvares de Castro e Brígida Sobrinha de Vasconcelos,[176] e o tio, Manuel de Oliveira Cardoso, foi fiador dos banhos de naturalidade do nubente, batizado na freguesia de Moreira dos Cônegos, termo de Guimarães.

O minhoto saíra de sua terra natal

> com idade de vinte anos e fora à cidade do Porto, da qual saíra embarcado e viera em direitura ao Rio de Janeiro, onde estivera menos de três semanas e viera para a vila de Santos, da qual sem demora se transportara para esta cidade, onde assiste há dezesseis para dezessete anos atualmente sem fazer assistência em outra alguma terra desta América e só no decurso destes anos tem ido algumas vezes ao Rio de Janeiro buscar fazenda para seu negócio.[177]

Como se constata pelo depoimento do contraente no processo matrimonial, a residência em solo piratiningano era antiga, do que se deduz que, antes mesmo do casamento, já atuasse nos órgãos de poder local. De fato, em 1753, ingressara no concelho como almotacé, posto para o qual foi novamente nomeado dois anos depois. Ainda na Câmara, foi eleito como vereador em 1756. Na Irmandade do Santíssimo Sacramento, desempenhou o ofício de escrivão em 1754 e foi secretário da ordem franciscana no biênio de 1756-57. O mercador solteiro inclusive já havia conseguido se habilitar como familiar do Santo Ofício em 1755. De toda a forma, é possível que o matrimônio tenha lhe facilitado a patente de capitão das ordenanças, conseguida no final de 1757, e a ocupação do cargo de vice-ministro da Ordem Terceira de São Francisco em 1759-60, no entanto há que se reconhecer que não esteve à frente de nenhuma das instituições.

No seu caso, parece que os laços matrimoniais tenham sido encarados mais como fortalecimento da carreira mercantil do que como a possibilidade de inserção social, pois desde a década de 1740 já estava estabelecido com loja de fazenda seca e, reiteradas vezes, afiançou mercadores e um negociante de gado. Este último dado é significativo, pois, como comentado nos capítulos anteriores, ele também estava envolvido com o comércio de animais.

---

175 IANTT – Habilitações do Santo Ofício – m. 2 – dil. 31 – Pascoal Alvares de Araújo. Como não constatei a participação de José Pereira de Sampaio nos órgãos de poder local, o comerciante não faz parte do universo de pesquisa, daí a brevidade dos comentários.

176 ACMSP – Registros de Casamentos – Catedral da Sé – Paróquia Nossa Senhora da Anunciação – livro 2 – 1690-1767 – 1-3-16 – fls. 170.

177 ACMSP – Dispensas e processos matrimoniais – 4-65-442.

Quanto à participação nos assuntos de interesse comum à sociedade paulistana, só o encontramos entre os signatários da petição para o restabelecimento da casa de fundição em 1764 e, no ano seguinte, entre os representantes de povo que solicitavam o embargo do sal com destino a Goiás.

A carência do alimento e os altos valores pelos quais era vendido, de fato, constrangeram a população da cidade de São Paulo em todo período estudado. Como visto antes, em 1709, Manuel Veloso e Gaspar de Matos estiveram entre os convocados para o ajuste do preço do sal, em virtude da falhas de abastecimento. Maria Verônica Campos chegou inclusive a conjeturar que a elevação da vila à categoria de cidade estivesse relacionada ao motim do sal ocorrido em 1710.[178] Passados mais de cinquenta anos, o problema ainda não havia sido solucionado a contento.

Em 15 de maio de 1765, a questão era a seguinte: na cidade havia 99 bruacas de sal retidas no armazém pelo contratador Manuel do Valle que pretendia encaminhá-las para as minas de Goiás e se recusava a distribuí-las ao povo. Frente à situação vexatória vivenciada pelos moradores que sofriam com a falta do produto, um grupo de 30 homens – entre os quais Pascoal Alvares de Araújo – apresentou um requerimento aos camaristas, solicitando que a carregação fosse embargada e o contratador, obrigado a vender o alimento à coletividade. Considerando justos os clamores do povo, os oficiais do concelho convocaram o arrematante para que estabelecesse o preço pelo qual seria vendido o sal na cidade de São Paulo. O caso foi encerrado em 20 de maio, quando ficou determinado que cada bruaca custaria 3$200.[179]

Neste mesmo ano, Pascoal Alvares de Araújo figurou no censo com cabedal de 4:000$000, mas no inventário aberto nove anos depois a soma dos bens avaliados duplicou tal quantia.[180] Entretanto, como já assinalado no capítulo 4, seu patrimônio estava praticamente comprometido pelas dívidas passivas. Pelo processo, inteirei-me de que teve quatro filhos e Silva Leme nos dá a conhecer o estado de uma delas, Brígida Maria de Castro, casada com o alferes José de Almeida Ramos.[181]

Em 1762, o sogro de Araújo, José Pereira de Sampaio, falecera e, no ano seguinte, a viúva Brígida Rosa contraiu matrimônio com Manuel Gonçalves da Silva. Mais uma vez, era um comerciante que ingressava na família de Tomé Alvares de Castro.

O novo genro era natural da freguesia de São Bento dos Milagres, vila de Guimarães, província do Minho, onde foi batizado em 15 de fevereiro de 1723. Aos 20 anos, partiu do

---

178 Ver introdução. Sobre o motim do sal, ver John Manuel Monteiro, "Sal, justiça social e autoridade régia: São Paulo no início do século XVIII", *Tempo*. Rio de Janeiro, vol. 4, nº 8, 1999, p. 23-40.

179 *Actas da Camara Municipal de S. Paulo 1765-1770*. São Paulo: Typographia Piratininga, 1919, vol. XV, p. 43-9.

180 AESP – Inventários 1º ofício – ord.642 – cx.30.

181 Luis Gonzaga da Silva Leme, *op. cit.*, vol. 5, p. 777.

reino em direção à América Portuguesa, viajando por várias localidades ante de se fixar em São Paulo.

As testemunhas de seu processo de casamento declararam conhecê-lo das minas de Cuiabá e de Goiás – onde andava pelos caminhos com seus negócios e fazia cobranças em vários arraiais, sem domicílio certo – mas também da cidade do Rio de Janeiro, residindo na freguesia da Candelária. Em virtude da assistência pregressa, foram exigidos banhos das freguesias da cidade fluminense e de Cuiabá. Como o justificante alegasse não dispor de dinheiro para os proclamas, apresentou como fiador chão e abonado o homem de negócio Antonio Francisco de Sá.[182]

É curiosa tal alegação, pois, à época de seu matrimônio, morava na capital paulistana havia mais de dez anos e tinha loja de fazenda seca, afiançada por Pascoal Alvares de Araújo, desde 1752.[183] Como se vê, os mercadores já tinham relações pessoais e comerciais antes de seus respectivos enlaces, e as alianças matrimoniais só vieram a reforçar laços previamente estabelecidos.

Manuel Gonçalves da Silva, entretanto, só começou a participar da vida sociopolítica da cidade depois do matrimônio e sua atuação não teve grande relevo até 1765 – baliza cronológica final da pesquisa –, nem mesmo no período posterior. Naquele ano, o alferes das ordenanças ocupou o cargo de almotacé na Câmara Municipal e o de escrivão na Irmandade do Santíssimo Sacramento.

Diversamente da grande maioria dos agentes mercantis presentes no diagrama, em testamento escrito em 1782, Silva manifestou a vontade de ser amortalhado com o hábito dos religiosos de Nossa Senhora do Carmo e sepultado na capela do Santíssimo Sacramento da Sé Catedral.[184] É possível, portanto, que tenha frequentado a mesa dos carmelitas, mas, como o livro de entrada dos irmãos desta ordem está perdido, as afirmações têm caráter meramente especulativo.

No censo de 1765, declarou cabedal de 4:000$000, tal como o marido da enteada, Pascoal Alvares de Araújo. Seu domicílio estava situado na rua do Canto da Misericórdia e foi descrito modestamente no inventário como uma morada de casas térreas, de taipa de pilão, cobertas de telha.

Embora fosse proprietário de estabelecimento comercial, as fazendas da loja não foram mencionadas em seus bens avaliados em 5:400$515. Como já mencionado no capítulo 4, os principais componentes do patrimônio eram as dívidas ativas, os metais

---

182 ACMSP – Dispensas e processos matrimoniais – 4-82-623.

183 *Actas da Camara Municipal de S. Paulo 1749-1755.* São Paulo: Typographia Piratininga, 1918, vol. XIII, p. 183-4.

184 AESP – Juizado de Órfãos – Manuel Gonçalves da Silva – avulso.

O comércio em retalhos de vida 285

preciosos e os escravos, o que leva a crer que continuasse a realizar negócios nas minas, aos quais se dedicou no início da vida na colônia.[185]

Manuel Gonçalves da Silva e Brígida Rosa tiveram duas filhas, solteiras à época do falecimento do pai. Maria Perpétua, como já vimos, casou-se com José Maria da Cruz Almada, descendente de Gaspar de Matos, e Gertrudes Benedita desposou o capitão Francisco Bueno Garcia Leite.[186]

As informações disponíveis revelam, portanto, uma projeção social tímida associada a uma carreira mercantil mediana, cuja expressividade não pode ser comparada à dos grandes homens de negócio de São Paulo setecentista, entre os quais se destacavam os concunhados Alexandre Monteiro de Sampaio e Manuel de Oliveira Cardoso.

Por volta de 1715, aos 12 anos de idade, Alexandre Monteiro de Sampaio desembarcou no Rio de Janeiro. Antes de se fixar na cidade de São Paulo, o minhoto percorreu as áreas mineratórias de Minas Gerais, residindo em Ouro Preto, e de Goiás, onde assistiu perto de ano no arraial de Santa Ana.

Já morava havia cinco anos na capital paulistana quando desposou Petronilha da Assunção em 1734. Naquela ocasião, o sogro Tomé Alvares de Castro compareceu ao juízo eclesiástico, solicitando que o matrimônio fosse realizado no sítio em que morava no bairro de Caguaçu, pois a filha se encontrava doente e teria muita dificuldade para se deslocar à Igreja da Sé, distante mais de duas léguas daquela paragem com passagens muito perigosas.[187]

Na mesma década do casamento, começou a participar dos órgãos de poder. Desempenhou os cargos de escrivão do Santíssimo Sacramento, em 1737, e chegou a dirigir a instituição em 1754. Na Câmara Municipal, ingressou como almotacé e foi eleito procurador em 1744. Em setembro deste ano, pediu licença aos companheiros para se ausentar, pois necessitava realizar uma viagem de negócios ao Rio de Janeiro. Voltou ainda ao órgão concelhio, em 1752, para exercer o ofício de vereador.

As transações com fazenda seca foram confirmadas em 1745, quando apresentou fiador para abrir loja de mercador,[188] mas também se desenvolviam nas minas de Goiás para onde mandava carregações.

Durante os anos de 1748 e 1750, foi reiteradas vezes convidado para participar das festividades religiosas em lugar de honra. Tomou parte nas procissões de São Sebastião, Corpus Christi e da bula da Santa Cruzada. Entretanto, não compareceu para carregar

---

185 *Idem*. Manuel Gonçalves da Silva também esteve entre os signatários do requerimento pelo restabelecimento da casa de fundição de São Paulo em 1764.

186 Luis Gonzaga da Silva Leme, *op. cit.*, vol. I, p. 834.

187 ACMSP – Dispensas e processos matrimoniais – 4-5-20.

188 "Termo de fiança que faz o mestre de campo Alexandre Monteiro para abrir sua loja nesta cidade", *Registro Geral da Camara Municipal de S. Paulo 1745-1747*. São Paulo: Typographia Piratininga, 1919, vol. VIII, p. 127.

286 A TEIA MERCANTIL: NEGÓCIOS E PODERES EM SÃO PAULO COLONIAL

a charola na comemoração do Anjo Custódio, sendo penalizado pelos camaristas em três mil réis.[189]

Faleceu em 1756 como mestre de campo,[190] deixando uma avultada fortuna de 30:000$000, reduzida a dois terços em virtude das dívidas passivas. Embora as fazendas da loja tenham sido avaliadas no inventário, elas pouco significaram ao montante, principalmente, assentado em dívidas ativas, bens de raiz e escravos.

As localidades em que residiam os devedores são reveladoras da magnitude dos negócios realizados. Muitos se encontravam em solo piratiningano e nos bairros periféricos de Caguaçu, Juqueri, Atibaia, Cotia, Jaguari, Santo Amaro, Tremembé e São Miguel. Mas outros tantos se espalhavam por vilas vizinhas e distantes, entre as quais, Taubaté, Mogi Guaçu, Mogi das Cruzes, Mogi Mirim, Sorocaba, Jundiaí, Araçariguama, Santa Cruz, Juá, Curitiba. Nas áreas mineratórias, possuía créditos em Rio das Pedras e Salgado no caminho de Goiás, Vila Boa, minas do Tibagi, minas de Papuã, Corumbá, minas do Mato Grosso e em Ouro Fino, nas Minas Gerais.[191]

Era proprietário de dois imóveis urbanos, localizados no Pátio da Sé e na rua da Quitanda Velha, de um sítio na paragem de Piracaia e de outro no Ipiranga, defronte ao sítio da Glória, onde faleceu anos mais tarde seu concunhado Manuel de Oliveira Cardoso. Em Mogi Guaçu, também dispunha de uma morada de casas no largo da Matriz e de um sítio nos arredores da vila.

À época de sua morte, a filha mais velha, Maria Clara da Anunciação, já era falecida e Francisco João tinha se tornado conventual dos carmelitas. Alexandre Monteiro de Sampaio e Petronilha da Assunção ainda tiveram mais quatro filhos – Teodósia, José Manuel, Alexandre e Ana Maria –, sobre os quais não disponho de informações.[192]

Um aspecto interessante a ser comentado sobre a família de Tomé Alvares de Castro – e que não pôde ser feito para os anteriores por insuficiência de dados – é que todos os genros faleceram com fortunas superiores a do sogro. Tal constatação joga luz sobre as análises iniciais do capítulo a respeito da preferência dos comerciantes – unidos por laços matrimoniais aos naturais da terra – em casarem suas filhas com reinóis ligados ao mundo mercantil. Os dotes trazidos pelas esposas devem ter colaborado para o incre-

---

189 *Actas da Camara Municipal de S. Paulo 1744-1748*. São Paulo: Typographia Piratininga, 1918, vol. XII, p. 536-7.

190 Em 1745, foi confirmada a carta patente de mestre de campo da vila de Ubatuba a Alexandre Monteiro de Sampaio. "Requerimento de Alexandre Monteiro de Sampaio, a (D. João V) pedindo que lhe seja confirmada a patente pela qual o governador e capitão-general da capitania de São Paulo, D. Luís de Mascarenhas, o nomeou para o posto de mestre de campo do distrito da Vila de Ubatuba", 1745, AHU_ACL_CU_023.01, cx.15, d.1513 (Projeto Resgate – Documentos manuscritos avulsos da Capitania de São Paulo – Mendes Gouvêa).

191 AESP – Inventários 1º ofício – ord. 703 – cx. 91.

192 *Idem.*

mento dos negócios dos agentes mercantis, mas, certamente, as atividades comerciais desenvolvidas foram decisivas para o acúmulo de fortunas ao longo de suas existências.

Outra questão curiosa é o fato de dois mercadores, José e Alexandre, desdobrarem a relação fraterna em laços de cunhadio, tornando-se genros de um mesmo sogro. As ligações temporariamente apartadas pela distância voltaram a se unir no outro lado do Atlântico, não só pelo convívio na mesma cidade como também pela partilha de novos familiares comuns. Alexandre Monteiro de Sampaio, inclusive, uma vez estabelecido em solo piratiningano, mandou buscar o irmão mais novo, Manuel José, a quem acolheu nos primeiros tempos, introduziu no mundo dos negócios e encaminhou para a família do comerciante João Francisco Lustosa.

5.6. Família de João Francisco Lustosa

Batizado em 1698 na freguesia de São Miguel dos Vilarinhos, vila de Guimarães, João Francisco Lustosa chegou à cidade de São Paulo em 1717, onde já vivia seu irmão mais velho Domingos João Vilarinhos havia cerca de um ano.[193]

Dez anos depois, ele figura na documentação simultaneamente como fiador e fiado de Francisco Coelho Santiago, "a pagar por ele todas as condenações das coimas e posturas do concelho".[194] Pela lista do donativo real de 1729, é possível saber que o estabelecimento comercial aberto era uma loja de mercador, localizada em seu domicílio, habitado pelo casal e quatro escravos.[195]

A esta altura, portanto, já havia se casado com Catarina Pacheco de Siqueira, filha de Joana de Siqueira e do português Mateus Pacheco de Lima, e neta materna de Ana Maria de Siqueira e de João Siqueira Ferrão que, segundo Silva Leme, "eram moradores na Conceição dos Guarulhos em suas culturas com muitos índios".[196] Vítima do contágio das bexigas, Catarina viria logo a falecer, pois no processo de habilitação a familiar do Santo Ofício, iniciado em 1731, Lustosa se declarou viúvo.[197]

---

193 IANTT – Habilitações do Santo Ofício – m. 63 – dil. 1215 – Francisco Pinto de Araújo.

194 "Termo que dá às coimas Francisco Coelho Santiago", 22.09.1727, *Registro Geral da Camara Municipal de S. Paulo 1710-1734*. São Paulo: Typographia Piratininga, 1917, vol. IV, p. 544, e "Termo de fiança que dá Francisco Lustosa às posturas do conselho", 22.09.1727, *Registro Geral da Camara Municipal de S. Paulo 1710-1734*. São Paulo: Typographia Piratininga, 1917, vol. IV, p. 545. Geralmente, quando aparecem estas expressões, os termos de fiança se referem ao estabelecimento de venda ou loja de mercador.

195 Nuto Sant'Anna, *Metrópole*. São Paulo: Departamento de Cultura, 1953, vol. 3, p. 128.

196 Luis Gonzaga da Silva Leme, *op. cit.*, vol. 2, p. 96.

197 IANTT – Habilitações incompletas – m. 20 – dil. 45 – João Francisco Lustosa. Ao que parece, o pretendente não conseguiu a carta de habilitação, pois o processo está interrompido.

288 A teia mercantil: negócios e poderes em São Paulo colonial

As epidemias de varíola aterrorizaram a cidade de São Paulo nas primeiras décadas do século XVIII, e o medo dos habitantes foi flagrado pelos membros da comitiva que acompanhou o Conde de Assumar em sua viagem às Minas Gerais, durante a permanência em solo piratiningano. Segundo o autor anônimo do "Diário da jornada", os moradores eram

> summamente medrosos dos Bichigas, e tanto que se algumas tem, morre logo sem duvida alguma; porque o tirão da Casa ainda que seja um filho primogenito, e muy estimado de seus Pays, e o mete no mato ao dezamparo aonde lhe poem farinha, e algum provimento mais para se sustentar e de dias em dias mandão hum negro a ver se ainda vive para mandarlhe mais que comer, e desta sorte ve-a morrer todos por falta de quem trate delles, e de os curar e finalmente são tão aprehensivos deste achaque que tendo noticia que na villa de santos se podesse mandão por guardar na serra de Fernão peacaba para impedir que passe alguam para a cedade.[198]

Daí, o interesse dos camaristas em deixar os negros vindos do Rio de Janeiro de quarentena, ter médico residente na capital e providenciar um abrigo para isolar os doentes, medidas estas que contaram com o endosso de vários agentes mercantis e foram assinaladas nas páginas anteriores.[199]

Lustosa não tomou parte dessas deliberações, porém, foi convocado para discutir sobre questões relativas ao abastecimento alimentar da população: o corte da carne em 1730, a postura do pão e os valores dos molhados em 1735, e, no ano seguinte, o consumo de sal. Em 17 de janeiro de 1739, esteve entre os homens de negócio chamados a contribuir com os preparativos para a recepção do governador D. Luis de Mascarenhas.

O mercador apenas atuou na Ordem Terceira da Penitência de São Francisco, em que ocupou todos os cargos, chegando à direção da instituição no biênio de 1744-45. No entanto, ao longo da década de 1730, foi lançador do donativo real, tesoureiro do cofre dos órfãos e da casa de fundição.

A limitada participação nos órgãos de prestígio social também se vê refletida nos modestos negócios realizados. Até o final da vida dedicou-se à loja de fazenda seca, cujas mercadorias representavam o maior componente de seu patrimônio, avaliado em 3:200$000, secundadas pelos bens de raiz e por nove escravos.[200]

---

198 "Diario da jornada, que fes o Exmo. Senhor Dom Pedro desde o Rio de Janeiro athé a Cid.e de São Paulo, e desta athe as Minas anno de 1717", *Revista do Serviço do Patrimônio Histórico e Artístico Nacional*, nº 3, 1939, p. 304.

199 Sobre o assunto ver Affonso de Taunay, *História da cidade de São Paulo no século XVIII...*, 2º tomo, p. 92-104.

200 AESP – Inventários 1º ofício – ord. 677 – cx. 55.

O comércio em retalhos de vida 289

Ao morrer em 1746, deixou uma única filha, Maria Francisca, que desposou Manuel José de Sampaio dois anos depois.[201] Ficou a cargo do genro, portanto, a continuidade dos negócios do falecido, tanto que apresentou fiador para ter loja em 1749.[202]

Entretanto, o mundo mercantil não era desconhecido para ele, pois esteve envolvido com as atividades do irmão desde que chegara à cidade de São Paulo em 1739, aos 16 anos. De acordo com as declarações das testemunhas de seu processo de casamento, o minhoto sempre assistiu em companhia de Alexandre Monteiro de Sampaio, realizando viagens curtas de negócios para as minas de Goiás, Tocantins, Cuiabá e para o Rio de Janeiro.[203]

Na década de 1750, circulou por todas as instituições de poder local. Iniciou o percurso pela Irmandade do Santíssimo Sacramento, desempenhando o ofício de escrivão e, em seguida, atuou no órgão concelhio como almotacé e procurador. Na ordem franciscana, foi secretário e síndico, e dirigiu a Santa Casa de Misericórdia no ano compromissal de 1759-60.

Em agosto de 1756, foi nomeado pelos camaristas como recebedor do dinheiro do imposto para a reconstrução de Lisboa.[204] Como a capital do reino tivesse sido praticamente destruída pelo terremoto ocorrido em novembro do ano anterior, o rei D. José I solicitou ao povo da comarca de São Paulo ajuda na despesa para a reedificação dos templos sagrados, alfândegas e edifícios públicos. Por ser voluntária a contribuição, os oficiais do concelho determinaram concorrer para o dito propósito por um período de dez anos, ao fim do qual se sentiriam desonerados da obrigação.[205]

Ao contrário do donativo real para o casamento dos príncipes, arrecadado de 1729 a 1735 – quando o monarca D. João V perdoou ao concelho a dívida de vinte mil cruzados que ainda faltavam para inteirar os sessenta mil cruzados exigidos[206] –, parece que este novo imposto não surtiu efeito entre os moradores da cidade de São Paulo ou a arrecadação não teve como destino os cofres metropolitanos. O fato é que até 1763 não houve remessa de quantia alguma à Junta do Depósito Público de Lisboa, como

---

201 No ano anterior, Maria Francisca Lustosa havia acertado casamento com o comerciante reinol Paulo Filgueiras de Carvalho, mas ambos – não se sabe por qual motivo – desistiram do enlace. ACMSP – Dispensas e processos matrimoniais – 4-38-233.

202 "Termo de fiança que faz Manuel José de S. Payo para abrir loja de fazenda seca nesta cidade", *Registro Geral da Camara Municipal de S. Paulo 1748-1750*. São Paulo: Typographia Piratininga, 1919, vol. IX, p. 411.

203 ACMSP – Dispensas e processos matrimoniais – 4-42-257.

204 *Actas da Camara Municipal de S. Paulo 1756-1764*. São Paulo: Typographia Piratininga, 1919, vol. XIV, p. 64-5.

205 *Actas da Camara Municipal de S. Paulo 1756-1764*. São Paulo: Typographia Piratininga, 1919, vol. XIV, p. 59.

206 *Actas da Camara da Cidade de S. Paulo 1730-1736*. São Paulo: Typographia Piratininga, 1916, vol. X, p. 413-4.

se comprova pelo teor de uma carta de Sua Majestade endereçada aos camaristas da capital paulista.[207]

Ainda em 1769, numa provisão dirigida pelo Inspetor-Geral do Erário Régio ao Provedor da Fazenda Real da capitania de São Paulo, a falta de notícia sobre a contribuição dos vassalos paulistas viria à tona. Segundo o funcionário real,

> examinando-se no mesmo Erário as certidões que remetestes dos rendimentos reais dessa capitania, com ela deixastes de enviar as certidões do rendimento do donativo oferecido pelos povos dessa dita capitania para a reedificação desta capital e juntamente outra do que existia em cofre do mesmo subsídio.[208]

Como se vê pelo desenrolar dos acontecimentos, é possível que o cargo para o qual Manuel José de Sampaio fora nomeado tivesse caráter mais figurativo do que efetivo.

Maria Francisca Lustosa faleceu em 1758, deixando quatro filhos e uma meação de 2:449$917 ao marido inventariante. A residência em que moravam na rua de São Bento era de "dois lanços com seus corredores, de parede de taipa de pilão cobertas de telha com seus sótãos, e forradas e assoalhadas e com loja e quintal murado" e fora herdada de João Francisco Lustosa.[209]

É provável que ainda residisse nesta morada em 1765, pois foi identificado pelo recenseador no mesmo logradouro com cabedal registrado de 400$000. Este é mais um caso de descompasso entre a fortuna possuída e a declarada, pois é pouco factível que seu patrimônio tivesse sido reduzido a um sexto em tão pouco tempo. Ademais, em 1763, havia contraído novas núpcias com Mécia de Abreu da Silva, pertencente à elite agrária, certamente dotada para o matrimônio.[210] A contraente era filha de Leonor Siqueira e Albuquerque e de Cláudio Furquim de Abreu que, nas palavras de Silva Leme, foi "nobre cidadão que ocupou os cargos do governo em São Paulo".[211] Do segundo matrimônio, Manuel José de Sampaio faleceu sem geração.

A trajetória de vida de Domingos João Vilarinhos apresenta vários traços comuns à do irmão João Francisco Lustosa. Ele também era possuidor de loja de fazenda seca,

---

207 *Actas da Camara Municipal de S. Paulo 1756-1764.* São Paulo: Typographia Piratininga, 1919, vol. xiv, p. 508.

208 Arquivo do Tribunal de Contas de Lisboa – Contadoria-Geral do território da Relação do Rio de Janeiro, África Oriental e América Portuguesa – Cofre de Correntes – Território e Relação do Rio de Janeiro – cota 4061: Livro de registros das ordens expedidas à capitania de São Paulo, 1766-1806.

209 AESP – Inventários 1° ofício – ord. 689 – cx. 77.

210 ACMSP – Dispensas e processos matrimoniais – 4-83-624.

211 Luis Gonzaga da Silva Leme, *op. cit.*, vol. 6, p. 538.

residia na rua de São Bento e, durante a década de 1730, integrou a mesa da ordem franciscana, assumindo todos os ofícios. Mas, além desta instituição, atuou como escrivão e provedor da Irmandade do Santíssimo Sacramento.

Entretanto, pouca participação teve nas discussões sobre a vida cotidiana da população, sendo apenas indicado e eleito como tesoureiro dos novos direitos e ordenados dos ouvidores-gerais da comarca, em 1734, para suceder Manuel Veloso. Tal como o colega, Vilarinhos tomou posse sob protesto, afirmando que só permaneceria no cargo até janeiro do ano seguinte, depois do que solicitaria isenção, pois era muito ocupado e precisava ir na frota daquele mês ao Rio de Janeiro, provavelmente, a negócios.[212]

Em 1766, o mercador faleceu solteiro e sem descendentes. No inventário, a soma dos bens totalizou cerca de 2:300$000, distribuídos em dívidas ativas, escravos e dinheiro amoedado.[213] Como as fazendas da loja não foram avaliadas e o estabelecimento sequer mencionado, suponho que, no fim da vida, vivesse das rendas dos empréstimos de dinheiro a juros.

Tanto Vilarinhos como Lustosa elegeram como testamenteiro o sobrinho Manuel Francisco Vaz. Natural da freguesia de Santa Eulália de Barrosas, termo da vila de Guimarães, o minhoto vivia na capital paulista desde 1733.[214] Provavelmente, foi introduzido na carreira comercial pelos tios e nela permaneceu, pois foi registrado como mercador no censo de 1765, com cabedal declarado de 600$000.

No domicílio localizado na rua de São Bento – a mesma de seus tios e do viúvo da prima – vivia com a esposa Gertrudes Maria de Castro, curiosamente, pertencente à mesma família de Catarina Pacheco de Siqueira, casada com o tio Lustosa. O pai de Catarina era irmão do pai de Gertrudes, ou seja, as mulheres do tio e do sobrinho eram primas de primeiro grau. Porém, as relações familiares não se restringiram apenas aos parentes que estabeleceram laços matrimoniais na mesma família, uma vez que a irmã de Gertrudes, Maria de Castro Lima, também era casada com o comerciante reinol Antonio da Silva Brito.[215]

Mas isto é o começo de uma outra história que extrapola o diagrama. Se não resistir ao impulso de contá-la, corro o risco reproduzir indefinidamente o poema "Quadrilha", de Carlos Drummond de Andrade.[216] Isto porque as relações familiares que serviram como ponto de partida para a narração de trajetórias de vida acabaram por se mostrar

---

212 *Actas da Camara da Cidade de S. Paulo 1730-1736.* São Paulo: Typographia Piratininga, 1916, vol. x, p. 370-2.

213 AESP – Inventários e Testamentos não publicados – ord. 544 – cx. 67.

214 ACMSP – Dispensas e processos matrimoniais – 4-42-257.

215 ACMSP – Dispensas e processos matrimoniais – 4-51-21.

216 "João amava Teresa que amava Raimundo/ que amava Maria que amava Joaquim que amava Lili/ que não amava ninguém./ João foi para os Estados Unidos, Teresa para o convento,/ Raimundo morreu de desastre, Maria ficou para tia,/ Joaquim suicidou-se e Lili casou com J.

tão importantes e decisivas para os agentes do universo de pesquisa quanto as atividades mercantis realizadas por eles.[217]

Para alguns, o matrimônio significou a porta de entrada no mundo do comércio; para outros, propiciou o fortalecimento de carreiras mercantis já iniciadas em outras paragens e na própria capital. Favorecidos pela organização prévia dos negócios dos parentes das esposas, pelos laços de solidariedade que uniam familiares distantes e pelas relações sociais constituídas, os comerciantes incrementaram seus próprios negócios ligados às transações nas lojas de fazenda seca, ao envio de carregações para várias áreas do centro-sul da colônia e às rendas advindas dos empréstimos de dinheiro a juros.

Se, no alvorecer do século XVIII, os "cabeças" estabeleceram alianças parentais no seio da elite agrária paulistana com vistas a maiores possibilidades de inserção social, vários descendentes se uniram a mercadores reinóis que, por sua vez, perpetuaram a prática dos casamentos endogâmicos. A coesão como grupo social, portanto, era reforçada pelos laços matrimoniais que se desdobravam em parcerias nos empreendimentos, em especial, por sogros e genros.

Desta forma, as atividades comerciais eram transmitidas aos genros e não aos herdeiros varões, preferencialmente, encaminhados à vida sacerdotal, aos estudos em Coimbra ou às famílias naturais da terra. Além da continuidade dos negócios, casar uma filha com um conterrâneo imigrado atrelado à lide mercantil era a estratégia utilizada para garantir um futuro promissor às gerações seguintes.

Os noivos reinóis, por sua vez, ao contraírem matrimônio no seio do grupo mercantil, eram duplamente beneficiados: a prosperidade nos negócios e a mobilidade social pretendidas tinham maiores possibilidades de se concretizar – mediante os dotes e as heranças trazidos pelas esposas e as sociedades ajustadas com os sogros –, e a projeção social almejada era mais facilmente conquistada pelo acesso aos bens simbólicos de prestígio, no caso, a ocupação de cargos nos órgãos de poder.

De fato, o estreitamento de laços de parentesco com pessoas já conhecidas na praça, em geral, favoreceu o ingresso de mercadores nas instituições locais, pois foi comum o desempenho de ofícios logo após o matrimônio. O reconhecimento da importância do papel do comércio na sociedade paulistana setecentista, entretanto, não se restringiu à participação dos adventícios nos redutos quase exclusivos da elite agrária.

Pinto Fernandes/ que não tinha entrado na história". Disponível em: www.memoriaviva.com.br/drummond/poema006.htm.

217 Semelhante constatação já havia sido feita por Helen Osório para os comerciantes do Rio Grande do Sul e por Susan Socolow para os mercadores de Buenos Aires. Segundo esta historiadora, *"el parentesco político era una forza social dinámica en la sociedad mercantil, y el éxito social y económico se basaba en gran medida en la capacidad de un individuo para establecer líneas de parentesco político"*. Susan Socolow, *op. cit.*, p. 63.

Reiteradas vezes, foram convidados a integrar os cortejos religiosos em posições honrosas e convocados a deliberar sobre assuntos cotidianos e fundamentais à coletividade. Questões relativas ao abastecimento alimentar da população, à cobrança de impostos, às condições de higiene, à construção de caminhos, aos preparativos de solenidades, à indicação de oficiais para os mais diversos órgãos foram discutidas pelos agentes mercantis cada vez mais integrados à comunidade paulistana.

Embora os linhagistas tivessem reconhecido a projeção social de vários elementos representados no diagrama, identificando-os pela riqueza, pelo destaque na esfera política e pelas patentes nas companhias de ordenanças, eles ocultaram suas ligações estreitas com a lide mercantil. Desta forma, contribuíram para que os comerciantes ativos na cidade de São Paulo na primeira metade do século XVIII ficassem relegados ao esquecimento.

As microbiografias elaboradas neste capítulo, por outro lado, jogaram luz sobre as trajetórias de vida de vários agentes que permaneceram no mundo do comércio até o fim de suas existências, legando aos descendentes fortunas e negócios. Histórias individuais se confundiram com histórias coletivas, interesses mercantis se mesclaram a alianças matrimoniais, mobilidade e projeção sociais foram conjugadas. Ainda que cada percurso tivesse características próprias, muitas condutas e práticas foram similares, favorecendo o traçado do perfil de um grupo composto por homens que partiram de longínquas freguesias de Portugal, ainda rapazes atravessaram o Atlântico, dedicaram-se ao comércio na colônia e alcançaram proeminência socioeconômica na São Paulo setecentista.

Conclusão

Desde o início da pesquisa aqui empreendida, trabalhei com a hipótese de que a cidade de São Paulo na primeira metade do século XVIII, ou melhor, até a chegada do Morgado de Mateus, não era uma cidade isolada e decadente, mas antes articulada a outras regiões coloniais e animada pelo comércio. Embora vários autores a tivessem caracterizado daquela forma, via de regra encontrava nas obras comentários sobre a dinâmica socioeconômica da população que escapavam ao argumento principal. Não lhes era possível negar o afluxo de reinóis que passavam pela urbe ou nela se fixavam, a localização estratégica da capital como centro de convergência de inúmeras rotas comerciais e, finalmente, a posição econômica de destaque dos agentes mercantis revelada pelo censo de 1765.

Mesmo que esses pontos fossem assinalados, eles apareciam de forma superficial e periférica, como exceções ou potencialidades latentes e não como realidades concretas. Para muitos, a ausência de produtos de exportação e as impressões das autoridades metropolitanas justificavam as análises sobre a pobreza da capitania. Entretanto, a partir da restauração político-administrativa, a capital despontava do ocaso em que estava submersa e, impulsionada pelas atividades mercantis, passava a se desenvolver para nunca mais parar, numa passagem tão abrupta que me custava concebê-la.

Tal dificuldade era ainda agravada pela escassez de estudos específicos e verticalizados sobre a cidade de São Paulo e os atores sociais que nela atuaram entre 1711 e 1765. Estimulada pela lacuna historiográfica aberta pelos estudiosos, passei a perseguir os rastros deixados pelos homens que se dedicaram ao comércio na Piratininga setecentista, pois acreditava terem sido eles os responsáveis pelo desenvolvimento da região naquele momento histórico. O trabalho aqui apresentado procurou transformar a crença em convicção.

Ao investigar as atividades mercantis desempenhadas pelos comerciantes na cidade de São Paulo, deparei-me com uma gama variada de práticas realizadas por múltiplos sujeitos. A fim de distinguir os que estavam atrelados ao trato comercial daqueles que se envolviam com os negócios esporadicamente – expediente usado em toda América

Portuguesa –, decidi dividi-los em dois segmentos, sempre chamando a atenção para as linhas tênues e maleáveis que os separavam em virtude da concentração de várias modalidades mercantis nas mãos de um único sujeito.

O primeiro foi composto pelos agentes formais de comércio, cujas práticas eram regulamentadas pela Câmara Municipal. Neste grupo estavam inseridos os indivíduos reconhecidamente ligados ao comércio fixo e ambulante. Do segundo, fizeram parte os agentes circunstanciais de comércio, ou seja, aqueles que, dependendo da conjuntura, legal ou ilegalmente, obtinham rendas provenientes de transações comerciais – arrematantes de contratos do corte de carne e de bebidas, os senhores de escravos vendeiros ou de negras padeiras, os atravessadores e aqueles que vendiam gêneros em suas próprias casas e nas ruas, infringindo a lei.

Embora tenha procurado caracterizar todos os tipos de atividade mercantil desenvolvidos em solo piratiningano durante o período estudado, optei por concentrar a análise sobre determinados agentes formais – mercadores, homens de negócio, vendeiros, taverneiros, caixeiros, mascates, os que "vivem de seus negócios" e os que "vivem de suas agências" – e constatei que a baixa especialização e diversificação dos negócios eram características das práticas comerciais dos agentes aqui estabelecidos.

Para além das lojas de fazenda seca, os mercadores residentes na cidade paulistana dispunham de escravos vendeiros e de negras padeiras; estavam envolvidos, direta ou indiretamente, com os contratos camarários relativos ao abastecimento alimentar da população; comercializavam escravos em diversas áreas coloniais; traziam carregações do Rio de Janeiro e as enviavam para as regiões mineradoras; emprestavam dinheiro a juros.

Todos os negócios eram permeados por dívidas que prolongavam relações mercantis e pessoais dos dois lados do Atlântico e, ainda, hierarquizavam homens em redes intercambiáveis de controle e sujeição, isto porque o mercado de crédito comportava sujeitos que, simultaneamente, desempenhavam os papéis de credores e devedores, dependendo das praças em que as transações comerciais eram efetuadas.

Embora para o contexto paulistano não caiba a diferenciação entre homens de negócio e mercadores, estabelecida para as cidades portuárias – pois os comerciantes do universo de pesquisa não importavam mercadorias diretamente do reino, nem estavam envolvidos com o tráfico atlântico de escravos –, as fontes evidenciaram que os agentes aqui radicados, identificados pelas duas designações, eram os grandes homens de comércio que controlavam o abastecimento da capital e de outras áreas coloniais.

Entretanto, se a conjugação de várias atividades econômicas poderia trazer o acúmulo de fortunas, alicerçado na posse de bens de raiz e de escravos, ela não garantia o reconhecimento social almejado. Para tanto, era imprescindível que os agentes conquistassem bens simbólicos de prestígio, neste trabalho entendidos como cargos ocupados nos órgãos de poder local.

A pesquisa por comerciantes na Câmara Municipal, Santa Casa de Misericórdia, Ordem Terceira da Penitência de São Francisco, Irmandade do Santíssimo Sacramento, Juizado de Órfãos e Companhia de Ordenanças revelou que as instituições eram permeáveis ao ingresso de adventícios, embora fossem redutos quase exclusivos da elite agrária. É certo que os homens de comércio tiveram mais facilidade para dirigir as irmandades e, inclusive, dominá-las em certos períodos, mas não deixaram de frequentar o órgão concelhio a despeito do controle pelas famílias da terra.

O cruzamento dos nomes dos membros das referidas instituições com os dos agentes formais de comércio selecionados revelou que cem sujeitos atuantes no mundo dos negócios participaram dos espaços de poder entre 1711 e 1765. Ademais, a circulação por dois ou mais órgãos e o exercício dos ofícios mais elevados indicaram a distinção social alcançada por mercadores e homens de negócio em detrimento de outros elementos do grupo comercial. Foi esta centena de agentes mercantis, portanto, que integrou o universo de pesquisa e foram seus nomes que me guiaram, tal como o fio de Ariana, nos labirintos documentais em busca de origens, trajetórias, empreendimentos, fortunas, matrimônios e famílias.

Os dados compulsados revelaram que uma expressiva maioria era reinol e reiteraram as análises sobre o padrão de imigração minhota para outras regiões da América Portuguesa. Igualmente ficou claro que a reprodução do grupo mercantil na praça de São Paulo se fazia pela entrada de elementos novos e não pela sucessão direta ou por recrutamento interno.

Ainda adolescentes, os futuros comerciantes deixaram a terra natal e foram tentar a sorte nas distantes terras da colônia americana, estimulados pelas recentes descobertas auríferas. Amparados por parentes e conterrâneos, muitos jovens recém-chegados, antes de fixarem em solo paulistano, permaneceram na cidade do Rio de Janeiro e percorreram as regiões de Minas Gerais, Cuiabá e Goiás, envolvidos com tropas, carregações e cobranças.

Uma vez estabelecidos no centro da cidade de São Paulo com lojas de fazenda seca e vendas, os sujeitos foram se sedentarizando, realizando viagens curtas de negócios, preferencialmente, para a cidade fluminense e para as minas de Goiás. Para aqueles com maiores cabedais, foram seus caixeiros, correspondentes ou pequenos comerciantes, acompanhados por escravos, os encarregados pelo abastecimento e pelas transações comerciais nas paragens próximas e distantes, articulando a urbe paulistana com outras áreas coloniais.

No processo de fixação na capital, os agentes buscavam construir redes de sociabilidade, aprofundar laços de parentesco e tecer alianças matrimoniais. O alto índice de comerciantes casados mostrou que a opção pelo matrimônio procurava concretizar múltiplas expectativas: o fortalecimento da carreira mercantil, a aquisição de fortuna e a conquista de projeção social.

Embora a origem do corpo comercial fosse externa à capitania de São Paulo e à própria colônia, verifiquei que as esposas escolhidas eram naturais da terra, em geral, nascidas na própria cidade e nas vilas vizinhas. Além disso, foi possível atestar que uma parcela significativa dos comerciantes constituiu relações parentais no seio do próprio grupo mercantil. Se muitos que aqui chegaram no alvorecer dos setecentos se uniram às famílias da terra, outros tantos vindos depois acabaram por contrair núpcias com filhas, netas e sobrinhas de portugueses já residentes e conhecidos na praça, perpetuando por gerações as práticas de casamentos endogâmicos.

Ao contemplar famílias de agentes mercantis ligadas entre si por laços de parentesco, ficou patente que o casamento facilitava o ingresso dos contraentes nos órgãos de poder e de prestígio social, uma vez que a maioria teve uma atuação sociopolítica mais expressiva após as alianças matrimoniais firmadas. O reconhecimento do importante papel desempenhado pelos comerciantes na sociedade paulistana também pôde ser atestado pela sua participação nas procissões religiosas em lugar de destaque, pela responsabilidade assumida nas entradas das autoridades civis e eclesiásticas e pela partilha nas decisões sobre os destinos da cidade e sua gente.

Paralelamente ao processo de inserção social, os negócios se desenvolveram, em especial, favorecendo aqueles que diversificaram investimentos e ganhos. O estudo sobre a composição dos patrimônios evidenciou o peso decisivo das dívidas ativas, dos bens comerciais, dos imóveis e da posse de escravos para o sucesso econômico dos sujeitos envolvidos com a lide comercial na cidade de São Paulo setecentista.

Os comerciantes que permaneceram atrelados ao trato mercantil até o fim de suas existências se mostraram os mais ricos do universo de pesquisa. Não obstante possuíssem bens de raiz nos arredores da cidade, eles residiam no centro da capital, de onde comandavam as transações comerciais, vendendo mercadorias em lojas, emprestando dinheiro a juros, alugando casas, comercializando escravos, enviando carregações às regiões auríferas.

Uma considerável parcela destes homens enriquecidos desenvolveu seus negócios e morreu antes de 1765, inclusive, quando a capitania paulista perdera sua autonomia político-administrativa, o que sugere que a tão propalada pobreza de São Paulo, nesse período, deva ser relativizada. Se os patrimônios avaliados não indicam pujança, tampouco revelam decadência.

Mesmo levando-se em conta a composição das fortunas nos inventários abertos após esta data – quando as autoridades coloniais passaram a incentivar a produção agrícola de exportação na capitania de São Paulo –, nada indica que os comerciantes se sentissem estimulados a converter o capital mercantil em propriedades agrárias destinadas exclusivamente à plantação de cana.

Portanto, diferentemente do constatado para alguns espaços coloniais, a busca por status social entre os homens de comércio mais abastados em São Paulo não passava pela aquisição de imóveis rurais em outras vilas e pela dedicação às atividades agropastoris, considerando-se a pouca representatividade dos negócios agrários em suas fortunas. Detentores de médios e grandes plantéis de cativos, os mais afortunados comercializavam a esta mão de obra e/ou empregavam-na, na cidade, como escravos domésticos e negros de ganho e, nos sítios, para a produção agropecuária, na maioria das vezes, com vistas à própria subsistência.

A análise dos dados também revelou que a propriedade de lojas de fazenda seca foi fundamental para o acúmulo de fortunas, tanto que os proprietários de estabelecimentos comerciais concentravam substancial fração da riqueza considerada no conjunto do universo de pesquisa. Por outro lado, o afastamento das lojas e a migração para a terra, em geral, significaram empobrecimento para aqueles que um dia haviam sido mercadores. Ainda, a avaliação dos patrimônios líquidos do segmento mercantil inventariado indicou uma profunda desigualdade econômica entre os agentes atuantes em solo piratiningano.

Embora as fortunas de comerciantes estabelecidos em outras regiões da América Portuguesa tivessem alcançado cifras bem superiores às registradas na capital paulista, vários agentes do universo de pesquisa focalizados puderam ser considerados ricos e/ou muito ricos, de acordo com critérios de riqueza utilizados pela historiografia. Mas, se nos restringirmos ao contexto da cidade de São Paulo e compararmos os cabedais dos homens de comércio com os do grupo agrário – tanto pelos inventários, como pelo censo de 1765 –, os valores indicam que os mercadores e os homens de negócio eram detentores de avultados patrimônios e integravam a elite econômica paulistana setecentista.

O destaque na hierarquia socioeconômica teve como contrapartida a coesão do grupo mercantil por meio dos casamentos endogâmicos e pela participação ativa nos órgãos locais de poder, uma vez que os comerciantes abastados, ligados por laços de parentesco, desempenharam os ofícios mais elevados e circularam por várias instituições no decorrer do período estudado.

A correspondência entre cabedais e cargos evidenciou que as práticas comerciais, as alianças matrimoniais, a atuação sociopolítica e o acúmulo de fortunas eram componentes estreitamente associados no mundo colonial e, em particular, na sociedade paulistana, em que honra e riqueza cada vez mais se conjugavam. Comércio, poder e família eram, portanto, as linhas mestras que se entrelaçavam na teia mercantil de São Paulo setecentista.

Fontes e Bibliografia

1. Fontes

1.1. Fontes manuscritas

1.1.a. Arquivo do Estado de São Paulo

Inventários e testamentos

Inventários e Testamentos não publicados

Ordem 523	caixa 46 Francisco da Silva Coelho	1750
Ordem 528	caixa 51 Manuel Veloso	1752
Ordem 530	caixa 53 Escolástica Veloso	1753
Ordem 531	caixa 54 Manuel de Macedo	1753
Ordem 532	caixa 55 Manuel Mendes de Almeida	1756
Ordem 534	caixa 57 José Francisco de Andrade	1757
Ordem 541	caixa 64 José da Silva Ferrão	1762
Ordem 544	caixa 67 Domingos João Vilarinhos	1766
Ordem 546	caixa 69 Inácia Maria Rodrigues	1768
Ordem 549	caixa 72 Manuel Soares de Carvalho	1772
Ordem 549	caixa 72 Tomé Alvares de Castro	1772
Ordem 550	caixa 73 Domingos Francisco do Monte	1773
Ordem 562	caixa 85 Manuel Antonio de Araújo	1790
Ordem 565	caixa 88 Jerônimo da Costa Guimarães	1793

Inventários do 1º Ofício

Ordem 528	caixa 51	Agostinho Duarte do Rego	1752
Ordem 623	caixa 11	Manuel de Góis Cardoso	1744
Ordem 631	caixa 19	Antonio Barbosa de Lima	1764
Ordem 636	caixa 24	Jerônimo Pedroso de Barros	1759
Ordem 637	caixa 25	Jerônimo de Castro Guimarães	1798
Ordem 640	caixa 28	Francisco Dias Velho	1735
Ordem 642	caixa 30	Pascoal Alvares de Araújo	1774
Ordem 643	caixa 31	Diogo de Toledo Lara	1743
Ordem 645	caixa 33	Bento do Amaral da Silva	1753
Ordem 646	caixa 34	Inácio de Barros Rego	
Ordem 650	caixa 38	Manuel de Faria Couto	1779
Ordem 651	caixa 39	Manuel José da Cunha	1746
Ordem 653	caixa 41	Manuel Gonçalves da Silva	1783
Ordem 653	caixa 41	Manuel Gonçalves Sete	1755
Ordem 654	caixa 42	João da Silva Machado	1785
Ordem 659	caixa 47	João da Silva Góis	1748
Ordem 659	caixa 47	João Rodrigues Vaz	1746
Ordem 664	caixa 52	Francisco Pereira Mendes	1781
Ordem 665	caixa 53	Manuel Rodrigues Ferreira	1768
Ordem 667	caixa 55	João Francisco Lustosa	1746
Ordem 677	caixa 65	Gaspar de Matos	1734
Ordem 677	caixa 65	Inácio Siqueira Ferrão	1749
Ordem 686	caixa 74	José Barbosa de Lima	1755
Ordem 686	caixa 74	José Rodrigues Pereira	1771
Ordem 689	caixa 77	Maria Francisca Lustosa	1758
Ordem 696	caixa 84	Fernando Lopes de Camargo	1737
Ordem 701	caixa 89	José Francisco Guimarães	1781
Ordem 703	caixa 91	Alexandre Monteiro de Sampaio	1755
Ordem 703	caixa 91	Manuel Luis da Costa	1755
Ordem 705	caixa 93	Manuel de Macedo	1753
Ordem 707	caixa 95	Bartolomeu Correa Bueno	1753
Ordem 721	caixa 109	André Alvares de Castro	1752
Ordem 730	caixa 118	Antonio Francisco de Sá	1782
Ordem 733	caixa 121	João Bueno da Silva	1783
Ordem 733	caixa 121	João Dias da Silva	1727
Ordem 734	caixa 122	Gaspar de Matos	1735
Ordem 737	caixa 125	João Pires das Neves	1720
Ordem 741	caixa 129	Domingos Dias da Silva	1725

Juízo de Órfãos

Avulso	Antonio de Freitas Branco	1783
Avulso	João Rodrigues Vaz	1746
Avulso	Manuel Gonçalves da Silva	1783

Escrituras e procurações

Segundo Cartório de Notas

Livro 1	1742-1743	E13418
Livro 2	1753-1755	E13419

Autos cíveis

Juízo de Órfãos

Abonação	CO5331	15.436	25
Assinação	CO5354	15.414	12
Libelo	CO5402	15.911	05
Libelo	CO5402	15.139	06
Habilitação à herança	CO5380	15.669	25
Habilitação à herança	CO5380	15.366	19
Habilitação à herança	CO5380	15.539	21

Juízo de Resíduos

Contas de testamento CO5470   doc.005

Sesmarias, patentes e provisões

Livros 2 e 3	CO360
Livro 5	CO361
Livro 9	CO363
Livros 12 e 13	CO364
Livro 18	CO366
Livros 19 e 20	CO367
Livros 21 e 23	CO368
Livro 26	CO369
Livro 27	CO370

308 A teia mercantil: negócios e poderes em São Paulo colonial

1.1.b. Arquivo da Cúria Metropolitana de São Paulo

Livro de tombo da Sé (1747-1785)	2-2-17
Livro das eleições e dos inventários da fábrica	1-3-5
da Irmandade do Santíssimo Sacramento (1731-1785)	

Breves Apostólicos (oratórios)

3-62-9	André Alvares de Castro	1750
3-62-13	José Rodrigues Pereira	1751

Dispensas e processos matrimoniais

4-2-9	Alexandre Francisco de Vasconcelos	1721
4-4-16	Manuel Francisco de Melo	1731
4-4-17	Manuel de Oliveira Cardoso	1733
4-4-18	Manuel José da Cunha	1733
4-4-18	Matias da Costa Figueiredo	1733
4-4-18	Tomé Rabelo Pinto	1733
4-5-20	Alexandre Monteiro de Sampaio	1734
4-5-21	José da Silva Brito	1734
4-6-22	José da Silva Ferrão	1735
4-6-22	Manuel de Macedo	1735
4-7-29	Manuel Luis da Costa	1736
4-7-31	Agostinho Nogueira da Costa	1736
4-10-56	José de Medeiros Pereira	1738
4-10-62	Agostinho Duarte do Rego	1738
4-11-67	Inácio da Costa de Siqueira	1739
4-11-73	José Francisco Guimarães	1730
4-12-76	Matias da Costa Figueiredo	1739
4-14-88	Manuel de Souza Santos	1742
4-14-91	Manuel Carvalho Pinto	1741
4-16-101	Antonio de Freitas Branco	1742
4-16-101	Bento do Amaral da Silva	1742
4-16-103	Antonio Fernandes Nunes	1742
4-18-112	Manuel de Souza Santos	1742
4-18-114	Manuel Gonçalves Sete	1742
4-20-125	José Gonçalves Coelho	1751

4-22-133	Bento Ribeiro do Araújo	1743
4-25-150	João Afonso Esteves	1745
4-26-156	Manuel Rodrigues Ferreira	1745
4-29-174	José Rodrigues Pereira	1745
4-38-233	Paulo Filgueira de Carvalho	1747
4-39-239	Antonio da Costa Lobo	1748
4-42-255	Manuel Alvares Vieira	1749
4-42-257	Manuel Francisco Vaz	1748
4-42-257	Manuel José de Sampaio	1748
4-44-270	Francisco Pereira Mendes	1749
4-46-280	Manuel de Faria Couto	1749
4-51-21	Antonio da Silva Brito	1734
4-51-318	José Gonçalves Coelho	1751
4-61-410	João da Silva Machado	1756
4-62-416	Manuel José da Encarnação	1756
4-63-425	Antonio Francisco de Andrade	1757
4-65-442	Pascoal Alvares de Araújo	1757
4-67-453	Domingos Fernandes Lima	1752
4-67-459	José de Moraes Franco	1758
4-75-549	Manuel de Magalhães Cruz	1761
4-79-595	Antonio José Pinto	1763
4-82-623	Manuel Gonçalves da Silva	1763
4-83-624	Manuel José de Sampaio	1763
4-86-658	Manuel Antonio de Araújo	1764
5-6-730	Jerônimo de Castro Guimarães	1766
5-14-819	Domingos Francisco do Monte	1754
5-15-824	João Correa de Figueiredo	1768
5-23-924	Domingos Francisco de Andrade	1771
5-52-1261	Manuel Antonio de Araújo	1777
5-88-1637	Manuel Antonio de Araújo	1785

Processos gerais antigos[1]

1720	Sebastião Fernandes do Rego
1721	Matias da Silva
1730	João Rodrigues Vaz

---

1 Os documentos que fazem parte dos Processos gerais antigos do Arquivo da Cúria Metropolitana de São Paulo não estão catalogados e, por isso, não têm cota. Daí, a necessidade de se precisar a data e o nome do envolvido para localização.

1731	Antonio Xavier Garrido
1748	Manuel José de Sampaio
1749	Matias Alvares Vieira

Processos de divórcio e nulidade de casamento

| 15-1-3 | Gregório de Castro Esteves | 1729 |

Registros de casamento

1-3-16	livro 2	Catedral da Sé	1690-1767
2-2-22	livro 3	Catedral da Sé	1768-1782
1-2-16	livro 4	Catedral da Sé	1782-1794
4-2-23	livro 1	Santo Amaro	1686-1707
10-3-2	livro 1	Cotia	1728-1749

Testamentos

Processos gerais antigos

1762	José da Silva Ferrão
1770	Francisco Pinto de Araújo
1793	André Alves da Silva

Autos cíveis

Processos gerais antigos

1729	Tomé Rabelo Pinto
1730	José Alvares Torres
1731	Cipriano Ribeiro Dias
1734	Manuel Jorge da Silva
1737	Francisco de Sales Ribeiro
1746	Matias da Costa Figueiredo
1748	Pascoal Alvares de Araújo
1748	Pascoal Alvares de Araújo
1749	Francisco da Silva Coelho
1750	Agostinho Duarte do Rego
1750	Domingos Pereira Guedes
1750	Manuel Mendes de Almeida

1751	Domingos Pereira Guedes
1751	José Francisco de Andrade
1751	Lopo dos Santos Serra
1752	Alexandre Monteiro de Sampaio
1753	Francisco Pinto de Araújo
1754	Jerônimo de Castro Guimarães
1755	Alexandre Monteiro de Sampaio
1756	Francisco de Sales Ribeiro
1760	Domingos Francisco de Andrade
1760	Paulo Filgueira de Carvalho
1761	André Alves da Silva
1762	José Gonçalves Coelho
1762	Paulo Filgueira de Carvalho
1762	Manuel José de Sampaio
1765	Manuel de Oliveira Cardoso
1765	Francisco Pinto de Araújo
1765	Paulo Filgueira de Carvalho

Autos crimes

Processos gerais antigos

1732	Manuel Veloso
1743	Manuel Carvalho Pinto
1743	Manuel de Oliveira Cardoso
1748	Francisco Rodrigues Souto

1.1.c. Arquivo do Judiciário do Estado de São Paulo

Inventários e testamentos

Primeiro cartório de família

| Processo 1347 | Manuel de Oliveira Cardoso | 1817 |
| Processo 1895 | Domingos Fernandes Lima | 1812 |

1.1.d. Arquivo Nacional
Livros de escrituras públicas do 2º Ofício de Notas (1711-1750)[2]

---

2 Documentação gentilmente cedida pelo Prof. Dr. Antonio Carlos Jucá de Sampaio.

Relatório do Marquês de Lavradio apresentado ao seu sucessor Luiz Vasconcelos e Souza, 19 de junho de 1779. Disponível em: http://historiacolonial.arquivonacional.gov. br. Acesso em 2 dez. 2006.

1.1.e. Arquivo Público do Estado do Rio Grande do Sul

Livros de notas do 1º tabelionato de Porto Alegre (1772-1787)[3]

1.1.f. Arquivo Nacional da Torre do Tombo

Habilitações do Santo Ofício

Maço 02	diligência 31	Pascoal Alvares de Araújo	1755
Maço 08	diligência 416	Bernardo da Silva Ferrão	1743
Maço 09	diligência 143	Jerônimo de Castro Guimarães	1750
Maço 63	diligência 1215	Francisco Pinto de Araújo	1744
Maço 78	diligência 1424	João Afonso Esteves	1743
Maço 89	diligência 1533	João Alvares Ramos	1748

Habilitações Incompletas

| Maço 20 | documento 43 | João Francisco Lustosa | 1731 |
| Maço 25 | documento 75 | Manuel de Magalhães Cruz | 1753 |

Habilitações da Ordem de Cristo

Letra A	maço 45 nº 55	André Alvares de Castro	1742
Letra B	maço 12 nº 143	Bernardo da Silva Ferrão	1724
Letra F	maço 04 nº 07	Francisco Pereira Mendes	1749
Letra J	maço 24 nº 02	José Rodrigues Pereira	1763
Letra J	maço 15 nº 08	José da Silva Ferrão	1758
Letra M	maço 44 nº 17	Manuel de Oliveira Cardoso	1746
Letra M	maço 46 nº 62	Manuel Veloso	1736
Letra M	maço 47 nº 66	Matias Alvares Vieira	1748

---

3 Documentação gentilmente cedida pela Profa. Dra. Helen Osório (as datas entre parênteses referem-se aos anos dos livros consultados).

Chancelaria D. João V *(próprios)*

Livros 66 e 106

Chancelaria D. José *(próprios)*

Livros 29 e 70

1.1.g. Arquivo do Tribunal de Contas de Lisboa

Contadoria-Geral do território da Relação do Rio de Janeiro, África Oriental e Ásia Portuguesa

Cofre de Correntes
11. Território e Relação do Rio de Janeiro

Cota 4061
Livro de registro das ordens expedidas à Capitania de São Paulo, 1766-1806

1.1.h. Biblioteca Nacional de Lisboa

Seção de Reservados – manuscritos

Códice 4530 – Documentos sobre a capitania de São Paulo

Traslado dos autos de averiguação que se fez por testemunhas e documentos na Junta Real da Fazenda da Capitania de São Paulo sobre a representação que fez o doutor ouvidor José Gomes Pinto de Moraes a respeito das nulidades com que se rematou o contrato dos Dízimos (1774-1777), e de se dever ressarcir à Real Fazenda dos prejuízos que padeceu e dos lucros que lhe pertencem.

1.1.i. Arquivo Histórico Ultramarino – Projeto Resgate (CDs-ROM)

Documentos manuscritos avulsos da Capitania de São Paulo – catálogo 1 – 1644-1830

AHU_ACL_CU_023, cx. 2, d. 161
AHU_ACL_CU_023, cx. 4, d. 295

314 A teia mercantil: negócios e poderes em São Paulo colonial

Documentos manuscritos avulsos da Capitania de São Paulo – catálogo 2 – 1618-1823 – Mendes Gouvea

AHU_ACL_CU_023–01, cx. 3, d. 376
AHU_ACL_CU_023–01, cx. 11, d. 1080
AHU_ACL_CU_023–01, cx. 14, d. 1408
AHU_ACL_CU_023–01, cx. 15, d. 1513
AHU_ACL_CU_023–01, cx. 17, d. 1656
AHU_ACL_CU_023–01, cx. 20, d. 1975
AHU_ACL_CU_023–01, cx. 22, d. 2153

1.2. Fontes impressas

Actas da Camara Municipal de S. Paulo 1701-1719. São Paulo: Typographia Piratininga, vol. VIII, 1916.

Actas da Camara Municipal de S. Paulo 1720-1729. São Paulo: Typographia Piratininga, vol. IX, 1916.

Actas da Camara da Cidade de S. Paulo 1730-1736. São Paulo: Typographia Piratininga, vol. X, 1915.

Actas da Camara Municipal de S. Paulo 1737-1743. São Paulo: Typographia Piratininga, vol. XI, 1916.

Actas da Camara Municipal de S. Paulo 1744-1748. São Paulo: Typographia Piratininga, vol. XII, 1918.

Actas da Camara Municipal de S. Paulo 1749-1755. São Paulo: Typographia Piratininga, vol. XIII, 1918.

Actas da Camara Municipal de S. Paulo 1756-1764. São Paulo: Typographia Piratininga, vol. XIV, 1919.

Actas da Camara Municipal de S. Paulo 1765-1770. São Paulo: Typographia Piratininga, vol. XV, 1919.

Documentos Interessantes para a História e Costumes de São Paulo. São Paulo: Typographia da Companhia Industrial de São Paulo, 1895. (vol. XII: Bandos e Portarias de Rodrigo Cesar de Menezes)

Documentos Interessantes para a História e Costumes de São Paulo. São Paulo: Typographia Aurora, 1895. (vol. XIII: Bandos e Portarias de Rodrigo Cesar de Menezes)

Documentos Interessantes para a História e Costumes de São Paulo. São Paulo: Typographia Aurora, 1896. (vol. XVIII: Avisos e cartas régias, 1714-1729)

Documentos Interessantes para a História e Costumes de São Paulo. São Paulo: Typographia Aurora, 1896. (vol. XX: Correspondência interna do Governador Rodrigo Cesar de Menezes , 1721-1728)

Documentos Interessantes para a História e Costumes de São Paulo. São Paulo: Typographia Aurora, 1896. (vol. XXIII: Correspondência do Capitão-General Dom Luiz Antonio de Souza Botelho Mourão, 1766-1768)

Documentos Interessantes para a História e Costumes de São Paulo. São Paulo: Typographia da Casa Eclectica, s/d (vol. XXIV: Patentes, provisões e sesmarias, 1727-1728).

Documentos Interessantes para a História e Costumes de São Paulo. São Paulo: Typographia Andrade & Mello, 1902. (vol. XL: Correspondência do Conde de Sarzedas, 1732-1736)

Documentos Interessantes para a História e Costumes de São Paulo. São Paulo: Typographia Andrade & Mello, 1902. (vol. XLI: Correspondência do Conde de Sarzedas, 1732-1736)

Documentos Interessantes para a História e Costumes de São Paulo. São Paulo: Imprensa Oficial, 1931. (vol. LIII: Documentos relativos ao "Bandeirismo" paulista e questões conexas, no período de 1674 a 1720. Peças históricas existentes no Archivo Nacional, e copiadas, coordenadas e anotadas de Ordem do governo do Estado de São Paulo)

Documentos Interessantes para a História e Costumes de São Paulo. São Paulo: Instituto Histórico e Geographico de S. Paulo, 1937. (vol. LXII (Recenseamentos 1765 - 1767).

Registro Geral da Camara Municipal de S. Paulo 1661-1709. São Paulo: Typographia Piratininga, vol. III, 1917.

Registro Geral da Camara Municipal de S. Paulo 1710-1734. São Paulo: Typographia Piratininga, vol. IV, 1917.

Registro Geral da Camara Municipal de S. Paulo 1735-1742. São Paulo: Typographia Piratininga, vol. V, 1918.

Registro Geral da Camara Municipal de S. Paulo 1743-1744. São Paulo: Typographia Piratininga, vol. VI, 1918.

Registro Geral da Camara Municipal de S. Paulo (suplemento). São Paulo: Typographia Piratininga, vol. VII, 1919.

Registro Geral da Camara Municipal de S. Paulo 1745-1747. São Paulo: Typographia Piratininga, vol. VIII, 1919.

Registro Geral da Camara Municipal de S. Paulo 1748-1750. São Paulo: Typographia Piratininga, vol. IX, 1919.

Registro Geral da Camara Municipal de S. Paulo 1750-1763. São Paulo: Typographia Piratininga, vol. X, 1920.

Registro Geral da Camara Municipal de S. Paulo 1764-1795. São Paulo: Typographia Piratininga, vol. XI, 1920.

Repertório das Sesmarias. São Paulo: Secretaria de Estado da Cultura, 1994.

Revista do Serviço do Patrimônio Histórico e Artístico Nacional, n° 3, 1939.

ANTONIL, André João. *Cultura e opulência do Brasil*. Lisboa: Alfa, 1989.

CLETO, Marcelino *et alii. Roteiros e notícias de São Paulo colonial (1751-1804)*. São Paulo: Governo do Estado, 1977.

LEME, Pedro Taques de Almeida Paes. *Nobiliarquia Paulistana Histórica e Genealógica*. 5ª ed. Belo Horizonte: Itatiaia; São Paulo: Edusp, 3 vols., 1980.

LISANTI, Luis. *Negócios coloniais (uma correspondência comercial do século XVIII)*, Brasília: Ministério da Fazenda; São Paulo: Visão Editorial, vol.4, 1973.

MADRE DE DEUS, Gaspar da, frei. *Memórias para a história da Capitania de São Vicente*. Belo Horizonte: Itatiaia; São Paulo: Edusp, 1975.

2. Bibliografia

ABREU, Laurinda dos Santos. *A Santa Casa da Misericórdia de Setúbal de 1500 a 1755: aspectos de sociabilidade e poder*. Setúbal: Santa Casa da Misericórdia de Setúbal, 1990.

ABUD, Kátia Maria. "A idéia de São Paulo como formador do Brasil". In: FERREIRA, Antonio Celso, LUCA; Tânia Regina de; IOKOI, Zilda Grícoli (org.). *Encontros com a História: percursos históricos e historiográficos de São Paulo*. São Paulo: Editora Unesp, 1997, p. 71-80.

ABUD, Kátia Maria. *Autoridade e riqueza: contribuição para o estudo da sociedade paulistana na segunda metade do século XVIII*. São Paulo: FFLCH/USP, 1978 (dissertação de mestrado).

ALGRANTI, Leila Mezan. "Escravidão na cidade". In: PINTO, Zélio Alves (org.), *Cadernos Paulistas: história e personagens*. São Paulo: Senac/Imprensa Oficial do Estado, 2002, p. 72-5.

_____. "Famílias e vida doméstica". In: SOUZA, Laura de Mello e (org.). *História da vida privada no Brasil: cotidiano e vida privada na América Portuguesa*. São Paulo: Companhia das Letras, 1997, p. 83-154.

_____. *Livros de devoção, atos de censura*. São Paulo: Hucitec/Fapesp, 2004.

_____. *O feitor ausente: estudo sobre a escravidão no Rio de Janeiro*, Petrópolis: Vozes, 1998.

ARAÚJO, Ana Cristina. *A morte em Lisboa: atitudes e representações, 1700-1830*. Lisboa: Editorial Notícias, 1997.

ARAÚJO, Maria Lucília Viveiros. *Os caminhos da riqueza dos paulistanos na primeira metade do oitocentos*. São Paulo: Hucitec/Fapesp, 2006.

ARAÚJO, Maria Marta Lobo de. *Dar aos pobres e emprestar a Deus: as Misericórdias de Vila Viçosa e Ponte de Lima (séculos XVII-XVIII)*. Braga: Universidade do Minho, 2000 (tese de doutorado).

ARIÈS, Philippe. *História da morte no Ocidente*. Rio de Janeiro: Francisco Alves, 1977.

ARRUDA, José Jobson de Andrade. *Documentos manuscritos avulsos da Capitania de São Paulo (1618-1823)*: Catálogo 2: Mendes Gouvea. Bauru: Edusc; São Paulo: Fapesp/ Imprensa Oficial do Estado, 2002.

_____. *Documentos manuscritos avulsos da Capitania de São Paulo (1618-1823)*: Catálogo 1. Bauru: Edusc; São Paulo: Fapesp/Imesp, 2000.

BACELLAR, Carlos de Almeida Prado Bacellar. "A escravidão miúda em São Paulo colonial". In: SILVA, Maria Beatriz Nizza (org.). *Brasil: colonização e escravidão*. Rio de Janeiro: Nova Fronteira, 2000, p.239-54.

_____. *Os senhores da terra – família e sistema sucessório entre os senhores de engenho do oeste paulista – 1765-1855.* Campinas, CMU/Unicamp, 1997.

_____. *Viver e sobreviver em uma vila colonial: Sorocaba, séculos XVIII e XIX*. São Paulo: Annablume/Fapesp, 2001.

_____; BRIOSCHI, Lucila Reis. *Na Estrada do Anhangüera. Uma visão regional da história paulista.* São Paulo: Humanitas/FFLCH/USP, 1999.

BARBUY, Heloísa. *A cidade-exposição: comércio e cosmopolitismo em São Paulo, 1860-1914.* São Paulo: Edusp, 2006.

BARREIRA, Manuel de Oliveira. *A Santa Casa da Misericórdia de Aveiro: pobreza e solidariedade (1600-1750)*. Coimbra: Universidade de Coimbra, 1995 (tese de mestrado).

BELLOTTO, Heloísa Liberalli. *Autoridade e conflito no Brasil colonial: governo do Morgado de Mateus em São Paulo (1765-1775)*, 2ª ed. São Paulo: Alameda, 2007.

BERGAD, Laird. *Escravidão e história econômica: demografia de Minas Gerais, 1720-1888.* Bauru: Edusc, 2004.

BICALHO, Maria Fernanda Baptista. *A cidade e o império: o Rio de Janeiro no século XVIII.* Rio de Janeiro: Civilização Brasileira, 2003.

_____. "Conquista, mercês e poder local: a nobreza da terra na América Portuguesa e a cultura política do Antigo Regime". *Almanack Braziliense*, nº 2, nov. 2005.

BLAJ, Ilana. "Agricultores e comerciantes em São Paulo no início do século XVIII: o processo de sedimentação da elite paulistana". *Revista Brasileira de História*, nº 142-3, 1º e 2º semestres 2000.

_____. "Mentalidade e sociedade: revisitando a historiografia sobre São Paulo". *Revista de História*. São Paulo: Humanitas/FFLCH/USP, 2000, p. 239-59.

_____. "Pulsações, sangrias e sedimentação: Sérgio Buarque de Holanda e a análise da sociedade paulista no século XVII". In: NOGUEIRA, A. *et alii* (orgs.) *Sérgio Buarque de Holanda: vida e obra*. São Paulo: Secretaria de Estado da Cultura: Arquivo do Estado de São Paulo: USP/IEB, 1988.

_____. *A trama das tensões: o processo de mercantilização de São Paulo colonial (1681-1721).* São Paulo: Humanitas/Fapesp, 2002.

BORREGO, Maria Aparecida de Menezes. *Códigos e práticas: o processo de constituição urbana em Vila Rica colonial (1702-1748)*. São Paulo: Annablume/Fapesp, 2004.

_____; RIBEIRO, Maria Alice Sampaio de Almeida. *Poderes provados, práticas públicas.* São Paulo: Escolas Associadas, 2002.

BOSCHI, Caio César. *Os Leigos e o Poder (Irmandades leigas e política colonizadora em Minas Gerais*. São Paulo: Ática, 1986.

BOXER, Charles R. *O império marítimo português (1415-1825)*. Lisboa: Edições 70, 1994.

BRAUDEL, Fernand. *Civilização material, economia e capitalismo–séculos XV a XVIII: os jogos das trocas*. São Paulo: Martins Fontes, 1998.

BROTERO, Frederico de Barros. *Brigadeiro Jordão (Manuel Rodrigues Jordão): esboço genealógico*. São Paulo: s/e., 1941.

BRUNO, Ernani da Silva. "Introdução e notas". In: CLETO, Marcelino *et alii. Roteiros e notícias de São Paulo colonial (1751-1804)*. São Paulo: Governo do Estado, 1977.

_____. *História e tradições da cidade de São Paulo*. São Paulo: Hucitec, 1991 (vol. I: Arraial de sertanistas, 1554-1828).

_____. *O equipamento da casa bandeirista segundo os antigos inventários e testamentos*. São Paulo: Departamento do Patrimônio Histórico, 1977.

_____. *Viagem ao país dos paulistas*. Rio de Janeiro: José Olympio, 1966.

BURKE, Peter. *Veneza e Amsterdã: um estudo das elites do século XVII*. São Paulo: Brasiliense, 1991.

CALAINHO, Daniela Buono. *Em nome do Santo Ofício: familiares da Inquisição Portuguesa no Brasil colonial*. Rio de Janeiro: Instituto de Filosofia e Ciências Sociais, UFRJ, 1992 (dissertação de mestrado).

CAMPOS, Alzira Lobo de Arruda. *Casamento e família em São Paulo colonial*. São Paulo: Paz e Terra, 2003.

CAMPOS, Maria Verônica. *Governo de mineiros: "de como meter as minas numa moenda e beber-lhe o caldo dourado" (1693-1737)*. São Paulo: FFLCH/USP, 2002 (tese de doutorado).

CANABRAVA, Alice P. "Uma economia de decadência: os níveis de riqueza na capitania de São Paulo, 1765/67". *Revista Brasileira de Economia*. Rio de Janeiro, 26 (4), out/dez. 1972.

CAPELA, José Viriato. "O sistema eleitoral municipal. Eleições, representação e representatividade social nas instituições locais da sociedade portuguesa do Antigo Regime". In: José da Silva Marinho. *Construction d'un gouvernement municipal: elites, elections et pouvoir à Guimarães entre absolutisme e libéralisme (1753-1834)*. Braga: Universidade do Minho, 2000.

_____; BORRALHEIRO, Rogério. "As elites do norte de Portugal na administração municipal (1750/1834)". In: VIEIRA, Alberto (coord.), *O município no mundo português*. Funchal: Centro de Estudos do Atlântico/Secretaria Regional de Turismo e Cultura, 1998, p. 91-115;

CARNEIRO, Glauco. *O poder da misericórdia – A Santa Casa na história de São Paulo*. São Paulo: s/e., vol. I, 1986.

CARRARA, Angelo Alves. *Minas e Currais: Produção Rural e Mercado Interno de Minas Gerais, 1674-1807*. Juiz de Fora: Ed. UFJF, 2007.

CARVALHO, Mônica Muniz Pinto de. *A cidade de São Paulo no século XVIII. Uma sociabilidade constituída em torno de símbolos do poder.* São Paulo: FFLCH/USP, 1994 (dissertação de mestrado).

CAVALCANTI, Nireu. *O Rio de Janeiro setecentista.* Rio de Janeiro: Jorge Zahar, 2004.

CHAUNU, Pierre. *La mort à Paris: 16e, 17e, 18e siècles.* Paris: Fayard, 1978.

CHAVES, Claudia Maria das Graças. *Perfeitos negociantes: mercadores nas Minas setecentistas.* São Paulo: Annablume, 1999.

COELHO, Maria Helena; MAGALHÃES, Joaquim Romero. *O poder concelhio: das origens às cortes constituintes.* Coimbra: Centro de Estudos e Formação Autárquica, 1996.

COSTA, Américo Fernandes da Silva. *Poder e conflito: a Santa Casa de Misericórdia de Guimarães, 1650-1800.* Braga: Universidade do Minho, 1997 (tese de doutorado).

COSTA, Iraci del Nero da Costa; SLENES, Robert; SCHWARTZ, Stuart. "A família escrava em Lorena (1801)". *Estudos Econômicos,* 17 (2), maio-ago. 1987, p. 245-95.

_____. *Vila Rica: população (1719-1826).* São Paulo: FIPE/USP, 1979.

DAVIS, Nathalie Zemon. *The Gift in Sixteenth – Century France.* Madison: The University of Winsconsin Press, 2000.

DICK, Maria Vicentina. "A toponímia paulistana: formação e desenvolvimento dos nomes da cidade de São Paulo". In: PORTA, Paula (org.). *História da cidade de São Paulo: vol. 1: A cidade colonial.* São Paulo: Paz e Terra, 2004.

ELLIS JR., Alfredo. *O ouro e a Paulistânia.* São Paulo: FFLCH, 1948.

_____, Alfredo; ELLIS, Myriam. *A economia paulista no século XVIII.* São Paulo: Boletim da Civilização Brasileira, nº 11, 1950.

ELLIS, Myriam. "São Paulo: da capitania à província (Pontos de partida para uma história político-administrativa da capitania de São Paulo)". *Revista de História,* nº 103, t. 1, vol. 52, 1975, p. 147-89.

EQUIPAMENTOS da Casa Brasileira: Usos e Costumes. Arquivo Ernani da Silva Bruno. Disponível em: http://www.mcb.sp.gov.br. Acesso em: 2 dez. 2006.

FARIA, Sheila de Castro. *A colônia em movimento: fortuna e família no cotidiano colonial.* Rio de Janeiro: Nova Fronteira, 1998.

FARIAS, Jackson Fergson Costa de. *Honra e escravidão: um estudo de suas relações na América Portuguesa, séc. XVI-XVIII.* São Paulo: FFLCH/USP, 2008 (dissertação de mestrado).

FERNANDES, Florestan. *Circuito fechado.* São Paulo: Hucitec, 1978.

FERNANDES, Paula Porta S. (coord.), *Guia dos documentos históricos na cidade de São Paulo: 1554-1954.* São Paulo: Hucitec/Neps, 1998.

FIGUEIREDO, Luciano R. A. *O avesso da memória.* Rio de Janeiro: José Olympio; DF: Ed. UnB, 1993.

FLEXOR, Maria Helena Ochi. *Abreviaturas: manuscritos dos séculos XVI ao XIX.* 2ª ed. São Paulo: Arquivo do Estado, 1990.

FLORENTINO, Manolo; GÓES, José Roberto. *A paz nas senzalas: famílias escravos e tráfico atlântico, Rio de Janeiro, 1790-1850*. Rio de Janeiro: Civilização Brasileira, 1997.

FLORY, Rae. *Bahian society in the midcolonial period: the sugar planters, tobacco growers, merchants and artisans of Salvador and the Reconcavo, 1680-1725*. Austin: University of Texas, 1978.

_____; SMITH, David G. "Bahian Merchants and Planters in the Seventeenth and Early Eighteenth Centuries". *Hispanic Historical American Review*, 58 (4), 1978, p. 571-94.

FRAGOSO, João Ribeiro. *Homens de grossa aventura: acumulação e hierarquia na praça mercantil do Rio de Janeiro (1790-1830)*. Rio de Janeiro: Civilização Brasileira, 1998.

_____; FLORENTINO, Manolo. *Arcaísmo como projeto: mercado atlântico, sociedade agrária e elite mercantil em uma economia colonial tardia*. Rio de Janeiro: Civilização Brasileira, 2001.

_____; SAMPAIO, Antonio Carlos Jucá de; ALMEIDA, Carla. *Conquistadores e negociantes: história das elites no Antigo Regime nos trópicos*. Rio de Janeiro: Civilização Brasileira, 2007.

FURTADO, Júnia Ferreira. "Estudo crítico". In: COUTO, José Vieira. *Memória sobre a Capitania das Minas Gerais: seu território, clima e produções metálicas*. Belo Horizonte: Fundação João Pinheiro – Centro de Estudos Históricos e Culturais, 1994.

_____. *Homens de negócio: a interiorização da metrópole e do comércio nas Minas setecentistas*. São Paulo: Hucitec, 1999.

GINZBURG, Carlo. *A micro-história e outros ensaios*. Lisboa: Difel, 1991.

GOLDSCHMIDT, Eliana Maria Rea. "Matrimônio e escravidão em São Paulo colonial: dificuldades e solidariedades". In: SILVA, Maria Beatriz Nizza da (org.) *Brasil: colonização e escravidão*. Rio de Janeiro: Nova Fronteira, 2000, p. 59-72

GORENSTEIN, Riva. "Comércio e Política: o enraizamento de interesses mercantis portugueses no Rio de Janeiro (1808-1830)". In: MARTINHO, Lenira M.; GORENSTEIN, Riva. *Negociantes e caixeiros na sociedade da independência*. Rio de Janeiro: Secretaria Municipal de Cultura, Turismo e Esporte, Departamento Geral de Documentação e Informação Cultural, Divisão de Editoração, 1993, p. 123-255.

GOUVÊA, Maria de Fátima. "Redes de poder na América Portuguesa – o caso dos homens bons do Rio de Janeiro, ca. 1790-1822". *Revistabrasileira de história*. São Paulo: ANPUH/Fapesp/Humanitas, vol. 18, n° 36, 1998, p.297-330.

GUEDES, Sandra Paschoal Leite de Camargo. *Atitudes perante a morte em São Paulo (séculos XVII a XIX)*. São Paulo, FFLCH/USP, 1986 (dissertação de mestrado).

GUERY, Alain. "Le roi dépensier. Le don, la contrainte et l'origine du système financier de la monarchie française d'Ancien Régime". *Annales*, 39, 1984, p. 1241-69.

Guimarães, Carlos Magno; Reis, Liana Maria, "Agricultura e escravidão em Minas Gerais (1700/1750)", *Revista do Departamento de História*. Belo Horizonte: fafich/ufmg, n° 2, jun. 1986.

_____; Reis, Liana Maria. "Agricultura e caminhos de Minas (1700/1750)". *Revista do Departamento de História*. Belo Horizonte: fafich/ufmg, n° 4, jun. 1987.

Gutierrez, Horacio. "Demografia escrava numa economia não exportadora: Paraná", *Estudos Econômicos*, 17 (2), 1987, p. 297-314.

Hespanha, Antonio Manuel. "La economia de la gracia". In: _____, *La gracia del derecho: economia de la cultura en la Edad Moderna*. Madri, Centro de Estudios Constitucionales, 1993, p. 151-76

_____; Xavier, Angela Barreto. "As redes clientelares". In: Hespanha, A. M. (coord.). *História de Portugal: O Antigo Regime*, Lisboa: Editorial Estampa, vol. 4, 1998, p. 339-49 (Série Acadêmica).

Holanda, Sérgio Buarque de. *Caminhos e Fronteiras*. 3ª ed. São Paulo: Companhia das Letras, 1994.

_____. (dir.). *História geral da civilização brasileira – A época colonial*. Rio de Janeiro: Bertrand Brasil, 2003, t. 1, vol. 2.

_____. *Monções*. 3ª ed. São Paulo: Brasiliense, 2000.

_____. "Movimentos da população em São Paulo no século xviii". *Revista do Instituto de Estudos Brasileiros*. São Paulo, n° 01, 1966, p. 55-111.

_____. *Raízes do Brasil*. 24ª ed. Rio de Janeiro: José Olympio, 1992.

Iglesias, Francisco. "Introdução". In: Coelho, José João Teixeira. *Instrução para o governo da Capitania de Minas Gerais*. Belo Horizonte: Fundação João Pinheiro – Centro de Estudos Históricos e Culturais, 1994.

Imizcoz Beunza, José María (dir.). *Élites, poder y red social: las élites del País Vasco y Navarra en la Edad Moderna (estado de la questión y perspectivas)*. Bilbao: Universidad del Pais Vasco, 1996.

Karasch, Mary. *A vida dos escravos no Rio de Janeiro (1808-1850)*. São Paulo: Companhia das Letras, 2000.

Kuznesof, Elizabeth Anne. "A família na sociedade brasileira: parentesco, clientelismo e estrutura social (São Paulo: 1700-1980)". *Revista Brasileira de História*. São Paulo: vol. 9, n° 17, set. 88/fev. 89, p. 37-63.

_____. "The role of merchants in the economic development of São Paulo: 1765-1850". *Hispanic American Historical Review*, (nov. 1980), p. 571-92.

_____. *Household economy and urban development: São Paulo: 1765 to 1836*. Berkeley: University of California, 1976.

Lebrun, François. *Les hommes e la mort en Anjou aux 17e et 18e siècles*. Paris: Mouton, 1971.

322 A TEIA MERCANTIL: NEGÓCIOS E PODERES EM SÃO PAULO COLONIAL

LEME, Luis Gonzaga da Silva. *Genealogia Paulistana.* São Paulo: Macromedia, 2002. CD-ROM.

LEMOS, Carlos. "Organização urbana e arquitetura em São Paulo dos tempos coloniais". In: PORTA, Paula (org.). *História da cidade de São Paulo: vol. 1: A cidade colonial.* São Paulo: Paz e Terra, 2004.

_____. *Casa Paulista: história das moradias anteriores ao ecletismo trazido pelo café.* São Paulo: Edusp, 1999.

LEONZO, Nanci. *As Companhias de ordenanças na capitania de São Paulo das origens ao governo do Morgado de Mateus.* São Paulo: Fundo de Pesquisas do Museu Paulista da Universidade de São Paulo: 1977.

LEVI, Giovanni. *A herança imaterial: trajetória de um exorcista no Piemonte do século XVII.* Rio de Janeiro: Civilização Brasileira, 2000

_____. "Usos da biografia". In: FIGUEIREDO, Janaína P. Amado; FERREIRA, Marieta de Moraes (orgs.). *Usos e abusos da história oral,* 8ª ed. Rio de Janeiro: Editora FGV, 2006, p. 167-82.

LEWCOWICZ, Ida; GUTIERREZ, Horácio; FLORENTINO, Manolo. *Trabalho compulsório e trabalho livre na história do Brasil.* São Paulo: Editora Unesp, 2008.

LIMA JR., Augusto de. *A capitania das Minas Gerais.* Belo Horizonte: Itatiaia; São Paulo: Edusp, 1978.

LOVEJOY, Paul. *A escravidão na África: uma história de suas transformações.* Rio de Janeiro: Civilização Brasileira, 2002.

LUNA, Francisco Vidal; COSTA, Iraci del Nero. "Estrutura da posse de escravos". In: _____. *Minas colonial: economia e sociedade.* São Paulo: FIPE/Pioneira, 1982, p. 31-55.

_____. "Posse de escravos em São Paulo no início do século XIX". *Estudos Econômicos,* 13 (1), jan./abr. 1983, p.211-21.

_____; KLEIN, Herbert. *Evolução da sociedade e economia escravista de São Paulo, de 1750 a 1850.* São Paulo: Edusp, 2005.

MACHADO, Alcântara. *Vida e morte do bandeirante.* Belo Horizonte: Itatiaia; São Paulo: Edusp, 1980.

MARANHO, Milena Fernandes. *A opulência relativizada: significados econômicos e sociais dos níveis de vida dos habitantes da região do Planalto de Piratininga, 1648-1682.* Campinas: Unicamp, 1999 (dissertação de mestrado).

MARCÍLIO, Maria Luiza. "A morte de nossos ancestrais". In: MARTINS, José de Souza (org.). *A morte e os mortos na sociedade brasileira.* São Paulo: Hucitec, 1983.

_____. *A cidade de São Paulo. Povoamento e população. 1750-1850.* São Paulo: Pioneira/ Edusp, 1974.

_____. *Crescimento demográfico e evolução agrária paulista – 1700-1836*. São Paulo: Hucitec/Edusp, 2000.

MARINS, Paulo César Garcez. *Através da rótula: sociedade e arquitetura urbana no Brasil, séculos XVII a XX*. São Paulo, FFLCH/USP, 1999 (tese de doutorado).

MARQUES, Manuel Eufrásio de Azevedo. *Apontamentos históricos, geográficos, biográficos, estatísticos e noticiosos da Província de São Paulo: seguidos da cronologia dos acontecimentos mais notáveis desde a fundação da Capitania de São Paulo até o ano de 1876*. São Paulo: Martins, 2 vols., 1954.

MARTINS, William de Souza. *Membros do corpo místico: ordens terceiras no Rio de Janeiro (c.1700-1822)*. São Paulo: Edusp, 2009

MAUSS, Marcel. *Ensaio sobre a dádiva*. Lisboa: Edições 70, 2001.

MELLO, Evaldo Cabral de. *A Fronda dos Mazombos: nobres contra mascates – Pernambuco, 1666-1715*. São Paulo: Companhia das Letras, 1995.

MENDES, Denise. *Calçada do Lorena: o caminho de tropeiros para o comércio de açúcar*. São Paulo, FFLCH/USP (dissertação de mestrado).

MENESES, José Newton Coelho. *O Continente Rústico. Abastecimento alimentar nas Minas Gerais setecentistas*. Diamantina: Maria Fumaça, 2000.

MESGRAVIS, Laima. *A Santa Casa de Misericórdia de São Paulo: 1599(?) – 1884: contribuição ao estudo da assistência social no Brasil*. São Paulo: Conselho Estadual de Cultura, 1976.

MONT SERRATH, Pablo Oller. *Dilemas & conflitos na São Paulo restaurada: formação e consolidação da agricultura exportadora (1765-1802)*. São Paulo: FFLCH/USP, 2007 (dissertação de mestrado).

MONTEIRO, John Manuel. "Sal, justiça social e autoridade régia: São Paulo no início do século XVIII". *Tempo*. Rio de Janeiro: vol. 4, nº 8, 1999, p. 23-40.

_____. *Negros da terra. Bandeirantes e índios nas origens de São Paulo*. São Paulo: Companhia das Letras, 1994.

MONTEIRO, Nuno Gonçalo. "A consolidação da dinastia de Bragança e o apogeu do Portugal barroco: centros de poder e trajetórias sociais". In: TENGARRINHA, José (org.). *História de Portugal*. Bauru: Edusc; São Paulo: Unesp; Lisboa: Instituto Camões, 2000, p. 127-48.

MONTEIRO, Nuno Gonçalo. "Os concelhos e as comunidades". In: HESPANHA, Antonio Manuel (coord.). *História de Portugal: o Antigo Regime (1620-1807)*. Lisboa: Estampa, 1998, vol. 4, p. 269-95.

_____. "O 'Ethos Nobiliárquico, no final do Antigo Regime: poder simbólico, império e imaginário social". *Almanack Braziliense*, nº 2, nov. 2005.

_____; CARDIM, Pedro; CUNHA, Mafalda Soares da. *Optima pars: elites ibero-americanas do Antigo Regime*, Lisboa: ICS, 2005.

MOREIRA, Alzira Teixeira Leite. *Inventário do fundo geral do Erário Régio – Arquivo do Tribunal de Contas*. Lisboa: s/e., 1977.

MOTTA, José Flávio. *Corpos escravos, vontades livres: posse de cativos e família escrava em Bananal (1801-1829)*. São Paulo: Annablume/Fapesp, 1999.

NAZZARI, Muriel. *O desaparecimento do dote: mulheres, famílias e mudança social em São Paulo: Brasil, 1600-1900*. São Paulo: Companhia das Letras, 2001.

NEVES, Guilherme Pereira das. *E receberá mercê: a Mesa da Consciência e Ordens e o Clero Secular no Brasil 1808-1828*. Rio de Janeiro: Arquivo Nacional, 1997.

NOVAIS, Fernando Antonio. *Aproximações: estudos de história e historiografia*. São Paulo: Companhia das Letras/Cosac Naify, 2005.

OLIVAL, Fernanda. "Honra, mercê e venalidade: as ordens militares e o Estado Moderno em Portugal (1641-1789)" – resumo. *Anais da Universidade de Évora*, n°s 8/9, jan. 2003, p.285-7.

_____. "Mercado de hábitos e serviços em Portugal". *Análise Social*, vol. XXXVIII (168), 2003, p. 743-69.

_____. *As Ordens Militares e o Estado Moderno – Honra, mercê e venalidade em Portugal (1641-1789)*. Lisboa: Estar, 2001.

OLIVEIRA, Maria Luiza Ferreira de. *Entre a casa e o armazém: relações sociais e experiência da urbanização – São Paulo, 1850-1900*. São Paulo: Alameda, 2005.

ORTMANN, Adalberto. *História da Antiga Capela da Ordem Terceira da Penitência de São Francisco em São Paulo*. Rio de Janeiro: Ministério da Educação e Saúde/DPHAN, 1951.

OSÓRIO, Helen. "Comerciantes do Rio Grande de São Pedro: formação, recrutamento e negócios de um grupo mercantil da América Portuguesa". *Revista Brasileira de História – Brasil, Brasis*. São Paulo: ANPUH/Fapesp/Humanitas, n° 39, vol. 20, 2001, p. 99-134.

_____. *O império português no sul da América: estancieiros, lavradores e comerciantes*. Porto Alegre: Ed. da UFRGS, 2007.

PAIVA, Eduardo França. *Escravos e libertos nas Minas Gerais do século XVIII: estratégias de resistência através dos testamentos*. São Paulo: Annablume, 1995.

PEDREIRA, Jorge Miguel. "Brasil, fronteira de Portugal. Negócio, emigração e mobilidade social (séculos XVII e XVIII)". *Do Brasil à metrópole: efeitos sociais (séculos XVII-XVIII)*. Évora: Universidade de Évora, 2001.

_____. "Os negociantes de Lisboa na segunda metade do século XVIII: padrões de recrutamento e percursos sociais". *Análise Social*. Lisboa, vol. XXVII (116-117), 1992 (2º e 3º), p. 407-40.

_____. *Os homens de negócio da praça de Lisboa de Pombal ao vintismo (1755-1822). Diferenciação, reprodução e identificação de um grupo social*. Lisboa: Universidade Nova de Lisboa, 1995 (tese de doutorado).

PETRONE, Maria Thereza S. *A lavoura canavieira em São Paulo – expansão e declínio (1765-1815)*. São Paulo: Difel, 1968.

_____. *O barão de Iguape*. São Paulo: Companhia Editora Nacional, 1976.

PRADO Jr., Caio. *Evolução política do Brasil e outros estudos*. 9ª ed. São Paulo: Brasiliense, 1975.

PRADO, Paulo. *Paulística etc*. 4ª ed. São Paulo: Companhia das Letras, 2004.

RABELLO, Elizabeth Darwiche. *As elites na sociedade paulista da segunda metade do século XVIII*. São Paulo: Safady, 1980.

REIS, João José. *A morte é uma festa: ritos fúnebres e revolta popular no Brasil do século XIX*. São Paulo: Companhia das Letras, 1991.

_____. "Identidade e diversidade étnicas nas irmandades negras no tempo da escravidão". *Tempo*. Rio de Janeiro, vol. 2, nº 3, 1996.

REIS, Liana Maria. "Mulheres de ouro: as negras de tabuleiro das Minas Gerais do século XVIII". *Revista do Departamento de História*. Belo Horizonte, nº 8, jan. 1989.

REIS, Nestor Goulart. *São Paulo: Vila-Cidade-Metrópole*. São Paulo: Prefeitura de São Paulo, 2004.

RESENDE, Maria Efigênia Lage; VILLALTA, Luiz Carlos (orgs.) *As Minas Setecentistas*. Belo Horizonte: Companhia do Tempo/Autêntica, 2007, vol. 1 e 2.

REVEL, Jacques (org). *Jogos de escalas: a experiência da microanálise*. Rio de Janeiro. Ed. FGV, 1998.

ROCHA, Cristiany Miranda. *História das famílias escravas: Campinas, século XIX*. Campinas: Editora da Unicamp, 2004.

RODRIGUES, Aldair Carlos. *Sociedade e Inquisição em Minas Colonial: os familiares do Santo Ofício (1711-1808)*. São Paulo: FFLCH/USP, 2007 (dissertação de mestrado).

ROMEIRO, Adriana. *Paulistas e emboabas no coração das Minas: idéias, práticas e imaginário político no século XVIII*. Belo Horizonte: Ed. UFMG, 2009

RUSSEL-WOOD, A J. "A emigração: fluxos e destinos". In: BETHENCOURT, Francisco; CHAUDHURI, Kirti. *História da expansão portuguesa*. Lisboa: Temas e Debates, vol. 3, 1998, p. 158-68.

_____. *Escravos e libertos no Brasil colonial*. Rio de Janeiro: Civilização Brasileira, 2005.

_____. "O governo local na América Portuguesa: um estudo de divergência cultural". *Revista de História*, nº 109, 1977, p. 25-79.

_____. *Fidalgos e filantropos, a Santa Casa de Misericórdia da Bahia, 1550-1755*. Brasília: Ed. da UnB, 1981.

_____. "Rotas entre o Brasil e o Império: uma conversa com A.J.R Russel-Wood" (entrevista). *Tempo*. Rio de Janeiro, vol. 3, nº 6, 1998, p. 229-41

SÁ, Isabel dos Guimarães. *As misericórdias portuguesas de D. Manuel I a Pombal*. Lisboa: Livros Horizonte, 2001.

SAIA, Luís. *Morada Paulista*. 2ª ed. São Paulo: Perspectiva, 1978.

SAMPAIO, Antonio Carlos Jucá de. "O mercado carioca de crédito: da acumulação senhorial à acumulação mercantil (1650-1750). *Estudos Históricos*. Rio de Janeiro, nº 29, 2002, p.29-49.

_____. *Crédito e circulação monetária na colônia: o caso fluminense, 1650-1750*, 2004. Disponível em: www.abphe.org.br/congresso2003/Textos/Abphe_2003_75.pdf. Acesso em 01 jan. 2006.

_____. *Na encruzilhada do Império: hierarquias sociais e conjunturas econômicas no Rio de Janeiro (c.1650 – c.1750)*. Rio de Janeiro: Arquivo Nacional, 2003.

SANT'ANNA, Nuto. *Metrópole (Histórias da cidade de São Paulo de Piratininga e São Bernardo do campo em tempos de El-Rei, o Cardeal Dom Henrique, da Dinastia de Avis)*. São Paulo: Departamento de Cultura, vol. 3, 1953.

SCHWARTZ, Stuart. *Segredos internos: engenhos e escravos na sociedade colonial*. São Paulo: Companhia das Letras, 1988.

SERRÃO, Joel (dir.). *Dicionário da História de Portugal*. Porto, vol. 1, s/d.

SILVA, Andrée Mansuy-Diniz. *Une voie de connaissance pour l'histoire de la societé portugaise au XVIIIe siècle: les micro-biographies (sources – méthode – étude de cas)*. Lisboa, nº 1, 1979, p. 21-65 (separata de Clio – Revista de História da Universidade de Lisboa).

SILVA, Flávio Marcus da. *Subsistência e poder: a política de abastecimento alimentar nas Minas setecentistas*. Belo Horizonte: Ed. UFMG, 2008.

SILVA, Janice Theodoro da. *São Paulo: 1554-1880 – discurso ideológico e organização espacial*. São Paulo: Moderna, 1984.

SILVA, Maria Beatriz Nizza da. *Ser nobre na colônia*. São Paulo: Editora Unesp, 2005.

_____. *Sistema de casamento no Brasil colonial*. São Paulo: T. A. Queiroz/Edusp, 1984.

SILVA, Mário José Costa da. *A Santa Casa de Misericórdia de Montemor-o-Velho: espaço de sociabilidade, poder e conflito (1546-1803)*. Coimbra: Universidade de Coimbra, 1996 (tese de mestrado).

SIMONSEN, Roberto. *História econômica do Brasil (1500-1820)*. São Paulo: Companhia Editora Nacional, 1937.

SOARES, Mariza de Carvalho. *Devotos da cor: identidade étnica, religiosidade e escravidão no Rio de Janeiro, século XVIII*. Rio de Janeiro: Civilização Brasileira, 2000.

_____. "O Império de Santo Elesbão na cidade do Rio de Janeiro no século XVIII". *Topoi*. Rio de Janeiro, nº 4, 2002.

SOCOLOW, Susan. *Los mercaderes de Buenos Aires virreinal: familia y comercio*, Buenos Aires: Ediciones de la flor, 1991.

SOUSA, Avanete Pereira. *Poder local, cidade e atividades econômicas (Bahia, século XVIII)*. São Paulo, FFLCH/USP, 2003 (tese de doutorado).

SOUSA, Washington Luis de. *A capitania de São Paulo – governo Rodrigo César de Meneses*. 2ª ed. São Paulo: Companhia Editora Nacional, 1938.

SOUZA, Laura de Mello e. "As religiosidades como objeto da historiografia brasileira (entrevista)". *Tempo*. Rio de Janeiro, vol. 6, nº 11, jul. 2001, p. 251-4.

_____. *Desclassificados do ouro: a pobreza mineira no século XVIII*. 2ª ed. Rio de Janeiro: Graal, 1986.

_____. "Formas provisórias de existência: a vida cotidiana nos caminhos, nas fronteiras e nas fortificações". In: _____. *História da vida privada no Brasil: cotidiano e vida privada na América Portuguesa*. São Paulo: Companhia das Letras, 1997, p. 41-81.

_____. *O sol e a sombra: política e administração na América Portuguesa do século XVIII*. São Paulo: Companhia das Letras, 2006.

SOUZA, Marina de Mello e. *Reis negros no Brasil escravista: história da festa de coroação do Rei Congo*. Belo Horizonte: Ed. UFMG, 2002.

STONE, Lawrence. *The past and the present revisited*. Londres e Nova York: Routledge/Kegan Paul, 1987.

_____. *História da cidade de São Paulo no século XVIII (1735-1765)*. São Paulo: Arquivo Histórico, 1949, vol. I, parte I.

_____. *História da cidade de São Paulo no século XVIII (1711-1720)*. São Paulo: Imprensa Oficial do Estado, 1931, t. I.

_____. *História da cidade de São Paulo no século XVIII (1711-1720)*. São Paulo: Imprensa Oficial do Estado, 1934, t. 2.

_____. *Pedro Taques e seu tempo*. São Paulo: Imprensa Oficial, 1923.

TOLEDO, Benedito Lima de. "O Triângulo e a configuração de suas ruas e largos". In: *Cadernos de Fotografia Brasileira – São Paulo: 450 anos*. 2ª ed. Rio de Janeiro: Instituto Moreira Salles, 2004.

VENÂNCIO, Renato P. "Comércio e fronteira em Minas Gerais colonial". In: FURTADO, Júnia F. (org.). *Diálogos oceânicos: Minas Gerais e as novas abordagens para uma história do Império Ultramarino Português*. Belo Horizonte: Ed. UFMG, 2001, p. 181-92.

_____.; FURTADO, Júnia F. "Comerciantes, tratantes e mascates". In: DEL PRIORE, Mary (org.). *Revisão do Paraíso: os brasileiros e o Estado em 500 anos de História*. Rio de Janeiro: Campus, 2000, p.93-113.

VILLALTA, Luiz Carlos. *Reformismo Ilustrado, censura e práticas de leitura: usos do livro na América Portuguesa*. São Paulo, FFLCH/USP, 1999 (tese de doutorado).

VOVELLE, Michel. *Piété baroque et déchristianisation en Provence au XVIIIe siècle*. Paris: Éditions du Seuil, 1978.

WISSENBACH, Maria Cristina. *Sonhos africanos, vivências ladinas: escravos e forros em São Paulo (1850-1880)*. São Paulo: Hucitec/História Social USP, 1998.

ZEMELLA, Mafalda. *O abastecimento da Capitania de Minas Gerais*. 2ª ed. São Paulo: Hucitec/Edusp, 1990.

Agradecimentos

Este livro é uma versão modificada de minha tese de doutorado em História Social, defendida em março de 2007, na Faculdade de Filosofia, Letras e Ciências Humanas da Universidade de São Paulo. Nele procurei incorporar as sugestões dos membros da banca examinadora composta pelos professores doutores Laura de Mello e Souza (orientadora), Carlos de Almeida Prado Bacellar, Maria Cristina Wissenbach, Leila Mezan Algranti e Júnia Ferreira Furtado, aos quais sou imensamente grata pelas leituras cuidadosas e arguições enriquecedoras.

Durante os anos de pesquisa, pude contar com o apoio de muitos familiares e amigos que torceram para que o trabalho fosse bem-sucedido. A todos agradeço pelo estímulo, pela ajuda e pela compreensão.

À Fundação de Amparo à Pesquisa do Estado de São Paulo, pela concessão da bolsa de doutorado e reserva técnica, durante o período de 2003 a 2007, que não só possibilitaram a dedicação integral à pesquisa, como também as viagens para o levantamento de fontes e para a divulgação de resultados parciais em eventos acadêmicos. Agradeço ainda ao assessor técnico, cujos pareceres sempre contaram com comentários proveitosos que colaboraram para o desenvolvimento das etapas seguintes do trabalho.

À Profa. Dra. Laura de Mello e Souza, pela orientação e parceria. Desde o primeiro momento, acreditou na potencialidade da pesquisa, valorizou as descobertas e apontou caminhos. Sua profunda erudição e rigor analítico, aliados à delicadeza das ponderações, encorajaram-me a ampliar o universo documental e a explicitar conclusões.

Ao Prof. Dr. Jorge Miguel Pedreira, pela acolhida e orientação quando de minha estadia em Lisboa. As indicações precisas e o vasto conhecimento dos arquivos portugueses definiram rumos do trabalho.

Aos membros da banca de qualificação, Prof. Dr. John Manuel Monteiro e Prof. Dr. Carlos de Almeida Prado Bacellar, pelas fundamentais considerações, incorporadas ao trabalho final. Ambos contribuíram mais do que imaginam para reflexões e o encaminhamento da pesquisa.

Aos funcionários do Arquivo do Estado de São Paulo, pela disponibilidade e dedicação, em especial a Eduardo Verzoni e à Roberta Teixeira, do setor de consulta. Às pesquisadoras Elizabeth dos Santos Bernardo e Sônia Maria Troitiño Rodriguez, pelo gentil empenho na busca de documentos considerados perdidos. Não poderia deixar de agradecer a André Oliva Teixeira Mendes que me mostrou o caminho das pedras para chegar aos inventários, tão caros a esta pesquisa.

Ao Diretor do Arquivo da Cúria Metropolitana de São Paulo, Sr. Jair Mongelli Júnior, pela indicação perspicaz de fontes que deram novo sentido ao trabalho. Igualmente ao secretário da instituição, Sr. Roberto Júlio Gava, pela solicitude, interesse nas informações contidas nos documentos e pelo entusiasmo sempre que um novo comerciante era incorporado ao universo da pesquisa.

Para a pesquisa e a estadia em Portugal, contei com o auxílio de muitas pessoas. A Profa. Dra. Heloísa Liberalli Belotto gentilmente indicou-me com precisão fundos documentais sobre a capitania de São Paulo guardados na Biblioteca Nacional de Lisboa. Andréa Slemian esclareceu dúvidas sobre trâmites burocráticos, fornecendo-me materiais próprios que facilitaram a organização dos preparativos. Meus sogros Waldyr e Marina e minha cunhada Maria Tereza, sempre carinhosos, contribuíram para que a viagem tivesse algo a mais. A eles agradeço de coração.

Em Lisboa, fui recepcionada por Renata Resende e Márcia Moisés Ribeiro, com quem pude compartilhar um cotidiano intenso de pesquisa. A consulta aos arquivos e as conversas nos momentos de descontração estreitaram laços de amizade, que transformaram as colegas de orientação em confidentes e companheiras. Na mesma cidade, agradeço a Lilian e Jaime Kopke, brasileiros residentes em terras lusitanas há muitos anos, e aos adoráveis João e Maria, pela calorosa hospitalidade e agradável convivência.

A Aldair Carlos Rodrigues agradeço pela consulta e transcrição de documentos valiosos à pesquisa, por esclarecimentos precisos, pelo auxílio com a informática e pelas trocas de informações e angústias que aproximam nossos trabalhos. É mais um colega de orientação que tem se mostrado amigo para toda hora.

Mais uma vez, amigos de longa data estiveram afetuosamente presentes em momentos cruciais da pesquisa e deram-me segurança para continuar em frente. Alguns ajudaram a tomar decisões, outros leram versões do texto e debateram ideias, mas todos mostraram que os motivos que nos uniram no departamento de História, nos inícios da década de 90, tinham razão de ser. A Gabriela Pellegrino Soares, Rafael de Bivar Marquese, Paulo César Garcez Marins, Stella Scatena Franco e Monica Duarte Dantas, todo meu agradecimento.

Cassiana Buso Ferreira e Guilherme Antonio Baptista foram excepcionais para o desenvolvimento desta pesquisa. Nossa convivência iniciada em ambiente de trabalho se desdobrou em amizade sincera. Sempre animada e incansável, Cassiana ajudou a digitar a infinidade de dados em Excel; descobriu o programa para a "árvore genealógica" e me ajudou a montá-la; leu e comentou várias partes do trabalho. Guilherme foi responsável pela construção do precioso banco de dados e pelas alterações dezenas de vezes solicitadas. Seus conhecimentos em informática e a presteza em resolver problemas técnicos suavizaram os desesperos momentâneos. Agradeço profundamente aos dois pelo interesse e participação no trabalho.

Para Maria Alice Sampaio de Almeida Ribeiro, não encontro palavras de gratidão. Amiga desde os tempos de graduação, vem partilhando de minha vida como irmã. Sua ajuda durante o processo de pesquisa foi inestimável. Interlocutora arguta, ouviu com atenção os dilemas do trabalho, discutiu questões e propôs alternativas. Foi imprescindível na reta final, quando, mais uma vez, com o zelo que lhe é peculiar, leu e corrigiu os capítulos da tese.

À minha querida família não tenho como agradecer e dedico este trabalho. Meu avô Walter, que nos deixou há alguns anos, mostrou-me que a bondade e a paciência são virtudes de pessoas raras e especiais. Nos lanches semanais de fim de tarde, pude contar com o aconchego e o carinho de minha avó Cida, sempre disposta a ouvir sobre homens e vivências de São Paulo antigo.

Minha irmã Cristina é companheira inseparável. Em meio a uma vida agitada e cheia de compromissos profissionais e acadêmicos, sempre encontrou tempo para ouvir as agruras cotidianas e as pequenas conquistas de cada parte da pesquisa. Leu algumas passagens e ficou empolgada com histórias passadas tão distantes de sua área de atuação. Quantas vezes não ligou só para saber como estava e desejar boa sorte, dando-me alento para continuar o trabalho. Durante o doutorado, meu cunhado Eduardo chegou à família e se uniu aos que torciam pelo sucesso da empreitada.

Meus pais, Irandy e Nelly, são bênçãos e portos seguros. A todo momento me acolheram e acompanharam a pesquisa de perto. Sempre amorosos, auxiliaram-me a tabular dados, a resolver impasses, a tomar decisões e a viajar com mais tranquilidade. O amor incondicional, a confiança em mim depositada e a certeza de que tudo daria certo foram esteios que fizeram com que a jornada fosse mais suave e prazerosa.

Thales, meu querido, há um bom tempo escolheu a mesma beira de estrada e o lado ensolarado que achei para caminhar. Desde sempre apoiou minhas escolhas e acreditou neste trabalho. Ao fim de cada dia, pude dividir as descobertas feitas, as ideias em gestação, as dificuldades da pesquisa e as ansiedades da redação da tese. Infinitas vezes sentou-se ao meu lado para ler trechos em construção e assegurar que as análises estavam claras. Ouviu e opinou, deu-me força e coragem, desviou-me de questões menores. Viver ao seu lado me faz ter a convicção de que tudo vale a pena.

Há quem diga – e são muitos – que fazer uma tese de doutorado é um trabalho penoso e solitário. Pode ser. Mas amigos, familiares e amores tão verdadeiros e envolvidos atenuam dificuldades e tornam o caminho mais fácil de ser seguido.

Entre a defesa da tese e a publicação do livro, nasceu meu adorado filho André que, se não acompanhou o desenvolvimento da pesquisa, esteve presente no processo de reescrita e revisão do texto para edição. A ele este livro também é dedicado.

ESTA OBRA FOI IMPRESSA NO OUTONO DE 2010 PELA GRÁFICA PARMA.
NO CORPO DO TEXTO FOI UTILIZADA A FONTE ADOBE GARAMOND PRO EM
CORPO 10,5 E ENTRELINHA DE 14 PONTOS.